Wiesner, Amerikanische Motorräder

Wolfgang Wiesner

AMERIKANISCHE MOTORRÄDER

Motorbuch Verlag Stuttgart

Umschlaggestaltung: Gunar Braunke unter Verwendung eines Dias aus dem Archiv des Autors

ISBN 3-613-01362-2

1. Auflage 1990
Copyright © by Motorbuch Verlag, Postfach 103743, 7000 Stuttgart 10.
Ein Unternehmen der Paul Pietsch-Verlage GmbH & Co.
Sämtliche Rechte der Speicherung, Vervielfältigung und Verbreitung sind vorbehalten.
Druck: Maisch & Queck, 7016 Gerlingen
Bindung: Karl Dieringer, 7016 Gerlingen
Printed in Germany

Inhalt

Einstieg 7
Ahoi! 9

PIONIERE IM NEULAND 11

Schnelle Peseta 11
Radler 13
Steherrennen 16
George M. Hendee & Oscar Hedstrom 16
Pennington 18
Auto-Bi 19
Indian I 19
Warwick 21
Orient 21
Teddy Roosevelt in Sturgis 23
Geer 28
Mitchell 28
Curtiss 29
Indian II 45
Crouch 47
Duesenberg 48
Wagner 48
Armac 49
Marsh-Metz 50
Waverley, P. E. M. 51
Triumph 51
Excelsior Autocycle 52
Page 59
PS – HP – cu. in – ccm 59
Indian III 62

ON THE ROAD 65

Straßen 66
Lincoln seiner und andere Highways 67
Das nationale Hauptstraßennetz bis in die Zwanzigerjahre 68
Cannonball Baker's traurige Bestandsaufnahme 69
Kohle machen 70
Steine klopfen 70

V-TWINS 73

Yale 85
Michaelson Minneapolis 85
Flying Merkel 86
Floyd Clymer 87
Reading Standard 90
Flanders 93
Feilbach Limited 95
Cyclone 96
Indian IV 97
Indian V 98

BOARD- UND DIRT-TRACKS:
RENNEN UND REKORDE 101

Boardtracks 101
Dirttracks 108
Marion, Indiana 115
Europa 119

VIERZYLINDER:
DAS ANDERE AMERIKANISCHE KONZEPT 129

Pierce 130
Henderson 131
Militaire 134
Underslung 134
Militaire: Wer, Wo, Warum 135
Sinclair 135
Was und Weshalb 135
Militaire wird Zivil 136
Bi-Autogo – Ein noch wilderes Monocar .. 139
ACE 140
Clevelander Cleveland 143
Henderson-Excelsior 143

SCHWERE ZEITEN, WEITE STRECKEN 146

Zwanziger Jahre 146
Leserbriefe 152
Transkontinental 153
Arbeit 155
Ford 156
Video killte den Radio-Stern und Ford
schaffte das Motorrad ab – oder wenigstens beinahe 156

DER LETZTEN ZWEI GOLDENE EPOCHE 159

Indian VI 159
Flotte Singles 170
Motorrad-Händler und -Mensch Fritzie Baer 175
Crocker 178
Hillclimber 180
1929 Indian Euro Roadracer 184
Harley-Davidson 184
Knucklehead 185
Sport Scouts 194
Run what'cha brung – Fieldmeets 197
Class C 205

Bullen auf Bikes 208
Indian Four 211
M. C. Fritzie's Roamers 213
Lifestyle 217
Statistisches 224
Militär 225

SPASS AUF UND MIT KLEINEN RÄDERN 228

Autoped 228
Hubley 229
Vindex 230
Friction Drive, Neracar 230
Cushman 232
Mustang 235

ON THE ROAD AGAIN 236

F. A. M. und AMA 236
Die neuen Glides 239
Sport nach dem Krieg 242
Daytona 200 247
Die Japaner kommen! 258
Clymer-Münch-Indian 259
Shovels und Sportsters 264
Im roten Bereich 271
The Wild Ones und Easy Riders: Freiheit – die sie meinen 272
Fliegender Donner 280
Evolution 286
Harley-Davidson Springer Softail 292

Daten und Tabellen 294
Schluß 309

Literaturverzeichnis 310
Amerikanische Motorradmarken 312
Personenindex 316
Sachindex 318
Fotonachweis 320

Einstieg

Der Autorenname Wolfgang Wiesner schließt mehr ein als meine Mickrigkeit. Zuerst und zumeist meine Frau Christel, die Euphorie wie Horrorpassagen dieses Trips mitmachte und teils auch verursachte. Motorradfreunde und Sammler, die uns unterstützten, einen Verlag, auf dessen Aufbereitung unseres Materials zum Buch ich mich freue und eine geduldige Verlegerin.

Die auf den Farbseiten abgebildeten Motorräder sind Zeugnisse menschlicher Geschichte, Kultur, Entdeckerdranges und Freude. Als wir sie fotografierten, teils fahren durften, hatten sie ihre durchschnittliche Lebenserwartung oft schon vier-fünfmal hinter sich. Wir können sie hier nur bewundern, weil sich die nun aufgeführten Freunde klassischer amerikanischer Motorradmarken mit Schrott und Optimismus um ihren Erhalt oder ihre Wiederherstellung bemühten. Sie ließen uns in ihren Archiven und Unterlagen kramen und unbezahlbare Unikate zum nächstbilligen Copyshop schleppen. Ihnen ist dieses Buch zu verdanken.

Herzlich grüßen wir: Butch, Lousie und Tom Baer, Benito Battilani, Achim von Barnekow, Andy, Doc und Maria Batsleer, Jim Beck, Bob und Sid Chantland, Tom Chess, Bob Clifton †, E. J. Cole, Bruce Chubbuck, Willie G. Davidson, Bud Ekins, Bill Healing, Carlo Heller, Dean Hensley, Bill Hoecker, Tom Holthaus, Wolfgang Hübner, Uwe Illgner, Joe Koller, Dr. Helmut Krackowizer, Jim Lattin, Heiner Lübbert, Jürgen Mohrmann, Richard Morris, Friedel Münch, Lysle Parker, Mike Parti, Horst Schallert, Stefan Schnitzler, Christian Timmermann, Gregory Walter, Psycho Ward, Ingo Warnke, Paul Watts, Stephen Wright.

Weil wir uns für amerikanische Marken interessierten, lernten wir sie überhaupt oder besser kennen. Ihre Motorrad-Schätze strahlten eine streßfreie, nicht europäisch/japanische Mentalität aus. Die humaneren amerikanischen Konzepte schufen Charakter-Motorräder, die die Liebe zu ihnen mit niedriger Nerven- und Umweltbelastung erwiderten. Wir infizierten uns mit unsrer Freunde Krankheit. Die lachen und sagen, uns hätte es auch erwischt. Falls einem aus diesem Buch der gleiche Virus anfällt: Keine Angst, es tut nicht weh!

Weiter als das sagenhafte Atlantis scheint uns der amerikanische Motorradkontinent von gestern entfernt. Wir erreichen ihn über historische Fakten und romantische Erzählungen. Ich kenn keinen andern Weg dahin, mag die Anfahrt lang sein, Ankunft und Verweilen lohnen.

Ahoi!

Stromaufwärts schrauben wir uns die Zeit hoch. Kurs Vergangenheit, in der Verkehr individual und Technik abenteuerlich wie unschuldig scheinen. Konstruktionen ihrer Entwickler Persönlichkeit spiegeln und Motorradbauer noch keine windschlüpfigen Joghurtbecher, motorisierte Eierbecher basteln. Unterwegs betrachten wir erstaunliche Umstände, ungewöhnliche Technik, gewöhnliche wie außergewöhnliche Menschen. Für Spannung, Unterhaltung, Gelegenheiten zum Lachen sollte gesorgt sein.

Wiesner hat Euch mit wenig genug Gespartem, Verstand und Mühe diesen Dampfer gezimmert. Als Material diente am Zeitenstrand Aufgelesenes, dumme Fragen an alte Kerle, Auswurf von Kopiermaschinen, in Gebrauchtbuchläden Angeschwemmtes. Kein Traumschiff, mit dem wir weiße Flecken der Motorradgeschichte bereisen. Euer Käp'ten hat kein Hochsee-Patent, dürft' keine Titanic auf'n Eisberg lenken und der Motorradpäpste Regeln kümmern ihn nicht. Im Gegenteil, uns wird erschüttern, wie sich diese Gefilde in Wirklichkeit unterscheiden von dem, was seriösere Kollegen und Magazine so und so viele Mal voneinander abgeschrieben haben.

Wir erleben Vergangenheit weitgehend an originalen Bilddokumenten ihrer Zeit. Wenn mal so eins versoßt ist und nicht moderne Qualität aufweist, dann hatte ich kein Besseres. Trost beim Brilleputzen: Den Menschen aus der Zeit, über die diese Bilder berichten, waren sie gut genug.

Pioniere im Neuland

Schnelle Peseta

Weil sie die machen wollten, ließen die Spanier Columbus gen Westen steuern. Den hinterher schiffenden Engländern, Franzosen, Portugiesen, Holländern, Dänen, Schweden und unsern Brandenburg-Preussen ging's um ihren Sterling, Escudo, Gulden, Taler oder was auch immer. Was sich in Amerika ausbuddeln, abpflücken, erschießen ließ, wurde nötigenfalls eingesalzt, eingesackt, aufs Schiff gepackt und nach Europa gebracht. Herrliches Holz, Pelze, Farben, die neue Modedroge Tabak, Baumwolle, Mais und andere Gemüse, Fische.

Zurück nach Nordamerika beförderten Europas Schiffe Kaufleute, gierige Glücksritter, unglückliche Gläubige. Gläubiger in Europa vermieteten ihre Schuldiger zwecks Abarbeitung deren Passiva auf Tabakplantagen. Englische Gerichte delegierten Sträflinge gerne auf zehn Jahre in die ausgerechnet Virginia – nach Königin Elizabeths angenommener jungfräulicher Verfassung – benannte Kolonie.

In Virginia freilich waren junge Frauen rar. Aufgegriffene Huren, Ehebrecherinnen, arme Frauenzimmer verschiedener Güte, doch gut genug für die Siedler dieser Kolonie, wurden in London oder Liverpool regelrecht versteigert und aufs wartende Schiff getrieben. Ob Weib, ob Mann, wer seine Jahre auf den Plantagen überstanden hatte, blieb meist lieber drüben, rechte Heimat für den Neuanfang einer Biographie. Allemal lasteten Europas verhaßte Feudalverhältnisse weniger schwer auf dem riesigen Neuland. Nachfolgende religiöse wie Wirtschafts-Emigranten ergänzten eine erwachende amerikanische Denkart mit brüderlichen und tatkräftigen Einstellungen. Ein praktisches Volk mit soliden Siedlungen, anstrengender Ackerbestellung, anspruchsvollem Bootsbau, gefährlichem Walfang und geschicktem Bescheißen der naiven Indianer. All das verlangte und förderte eigne Kraft und Cleverneß, handwerkliche, technische, bald wissenschaftliche Fähigkeiten und verlieh Selbstrespekt.

Die Kolonisten mochten des Königs arrogante Beamte nicht, was auf Gegenseitigkeit beruhte. Britische Behörden zeigten kein Interesse an verarbeitenden Industrien in ihren Kolonien. Produktionsmittel blieben daheim. Grade drei Dampfmaschinen ließen die Briten ins riesige Nordamerika passieren. Von königlichem Rechts wegen wurde der Eigenbedarf der Kolonien im Mutterland hergestellt und von dort in die Kolonie geschafft. Trotz des Wissens um Amerikas reiche Eisenerz-Lagerstätten blieben die wenig erschlossen. Schließlich schaufelten Engländer so Zeugs ja schon ans Licht des Mutterlandes.

London genehme Rohstoffe wurden gefördert und exklusiv – das ohne Exportzölle – nach England geliefert. Wurden dortselbst weiterverarbeitet und alsdann von britischen Transiteuren profitabel retour in die Kolonien spediziert. Waren die Waren wieder im Ursprungsland, waren sie teure Fertigprodukte – zuzüglich Importsteuer. Die da Lebenden fühlten sich mit ihren eigenen Schätzen schäbig ausgenutzt. In Merry Old England mochten Adel, Fabrikanten, Banker, Handelsgesellschaften diese Sorte Spaß wohl leiden; doch bei Geld und Gewinn hörte schon bei den Amis in spe der Spaß auf. Christlich, angelsächsisch und weiß, könne man sie doch nicht trietzen wie x-beliebige unzivilisierte Eingeborene. Sie begriffen, daß es dem unflexiblen Londoner Kolonialregime wurscht war, ob das auszubeutende Gastvolk lila aussah, Esperanto sprach, an Quetzalcóatl oder Wotan glaubte, solange es sich nur plündern ließ. Amerikaner forderten politische und ökonomische Freiheiten, Menschenrechte sowie eigenständige Teilnahme am Welthandel. Sonst gäben sie ihre Untertanenrolle auf. Schon vor ihrem Freiheitskampf hatten Vertreter der amerikanischen Kolonien Erfindungen, Verfahren und Fabriken Europas studiert. Sie kauften dort halb- und illegal Dampf- und Werkzeugmaschinen ein. Offenbar funktionierten die Apparate nicht schlechter, selbst wenn Amerikaner sie bedienten. Könnten sie Produkte herstellen, würden sie die erst recht verkaufen können. Auf ihre Seite des Atlantiks flössen dann die Profite.

Der amerikanischen Republik Gründerväter begannen ihre Revolution. Die Freiheitsbewegung, die grad gegründeten dreizehn Vereinigten Staaten mußten rüsten, investierten teures Kapital und gutes Personal in ihre Zeughäuser von Springfield,

Massachusetts, sowie Harper's Ferry, Virginia. Die miese Versorgungslage ihres Landes lehrte Amerikas Mechaniker intelligent zu improvisieren.

Um Anlagen maximal zu nutzen, ertüftelten Maschinenbauer ausgebuffte Methoden zur Produktionsvereinfachung. Für die Standardisierung wie Austauschbarkeit von Bauteilen wurden gängige Werkzeugmaschinen verbessert, Fertigungs-Abläufe perfektioniert, Meßgeräte erfunden. Drehbänke wurden mit Spannvorrichtungen so ergänzt, daß Rohstücke gleichzeitig in mehreren Arbeitsgängen bearbeitet werden konnten und so z. B. die Holzschafte der Karabiner gleichförmig ausfielen, manuelle Nacharbeiten zum Einpassen des Gewehrschlosses unnötig wurden.

Des Schlosses einzelne Bauteile planten Werkzeugmacher synchron mit den Halterungen und Führungen seiner Fertigungsmaschinen. Die Maße der Teile wurden korrekter als je eingehalten und mit Maßschablonen, genauen Prüflehren und anderen Instrumenten nachgemessen. Ungelernte trainierte man zu Maschinenführern aus, sie bildeten die Basis der Produktion. Die Ausgeschlafenen unter ihnen wurden Einrichter und Monteure. Im alten System paßten vorher hochqualifizierte Facharbeiter, die Fitter, alle Teile individuell an und fügten sie dann zusammen. Die angelernten Monteure ersetzten nun die Fitter, die stattdessen Prüfung und Abnahme leiteten. Funktionierte die neue Methode, ergab sich bei mindest gleichbleibender Qualität weitaus höhere Produktivität und das mit weniger erfahrenem Personal. Werkstücke gelangen baugleicher als zuvor. Unter Kriegsbedingungen im Feld konnten nun beschädigte Waffen-Teile fast beliebig mit anderen ausgetauscht werden, ohne die neue Teilekombination erst aufwendig anpassen und optimieren zu müssen. Ein lebenswichtiger materieller Vorteil für die junge U.S. Army.

Waffenherstellern bedeutet Krieg optimales Marketing. Liefern, liefern, liefern und das zu garantierten Preisen. Irgendwann ging bisher jeder Krieg aus, war Frieden. Da verbrauchen sich Waffen nicht so schnell. Die Arsenale fuhren ihre Produktion runter, sagten vielen ihrer Beschäftigten Bye Bye. Die Rüstkammern Neuenglands hatten extensiv neue Techniken eingesetzt. Ihre Werkzeugmacher und Mechaniker waren ihrer Erfahrungen wegen gefragt, infizierten Neu-England und ihre weitere Heimat mit dem Virus des vergleichsweise fortschrittlichen »American Manufacturing System«, stellten Manufakturen um, richteten Fabriken ein. Statt die mehr denn je fehlenden industriellen Güter – nun teurer als je – importieren zu müssen, stießen amerikanische Fabriken bald Nadeln, Nägel, Feder, Achsen, Badewannen, Öfen, Küchengerätschaften, Werkzeug, Zuckermühlen und Draht aus. Solche Erfolge hoben Moral und Versorgungslage der Republik, ihrer Unternehmer und Finanziers Profitgier und Tatkraft. Die Uhren- und Handwaffen-Produktion wurde weiter mechanisiert. Nach einer Pleite halfen Sam Colt ein Krieg mit Mexico und sein neuer Partner Eli Whitney wieder auf die Beine. Whitney schlüsselte einzelne Herstellungsvorgänge detailliert auf und reduzierte die Arbeit seiner Maschinenführer auf jeweils eine sich wiederholende Tätigkeit. Trotzdem konnten die wegen ihrer mechanischen Genauigkeit berühmten Trommelrevolver, die patentgeschützten Colts, nicht so schnell gebaut wie verkauft werden. Längst war die Nachfrage international, Colt errichtete ein Werk in England. Whitney gründete Fabriken für seine eigenen Werkzeugmaschinen, die in ihrer Branche ebensolchen Weltruf errangen wie seines Landes Handelsbilanz verschönten.

Anderen Praktikanten des American System gelang Ähnliches bei Schriftsatz- und Druckmaschinen, solchen zur Holzverarbeitung, Schiffen und sogar Lokomotiven. Der Güter- und Frachtverkehr innerhalb der USA verlagerte sich von den Kanälen mehr und mehr auf Eisenbahnen. Endlose Meilen Schienen wurden gefertigt und zum weltgrößten Netz verflochten. Auf dem waren Förderstätten von Erz und Kohle mit Eisen- und Stahlwerken schnell wie günstig verbunden. Wirtschaftliche Konzentrationsprozesse in den Schwerindustrien kombinierten die Rohstoff-Lager mit den Werken auch organisatorisch. Wer mehr davon wissen will, soll Stichwortverzeichnisse nach Namen wie Carnegie, Frick, Morgan absuchen. Jedenfalls wurden gewaltige Gewinne eingefahren – und die großteils zurück investiert in innovativere Stahl-Fertigungs, Press-, Walz- und Schweiß- Verfahren.

1844 patentierte Charles Goodyear eine Methode, Kautschuk mit Schwefel zu vulkanisieren. Der Gummi erhielt konstante Konsistenz, im Sommer weder zu weich, noch im Winter zu hart. Gummi wurde in ständig anderen Formen verarbeitet, eroberte stetig neue Anwendungsgebiete. Gummi-Bänder, Gummi- Reifen, Gummi-Schläuche, Gummi-Schuhzeug, Gummi-Schutze (ahem) blieben nur ein Anfang. Herstellern herkömmlicher Produkte erleichterten automatische und halbautomatische Werkzeugmaschinen die zunehmende Spezialisierung. Manche Branchen setzten sich großteils aus Teile-Zulieferern zusammen. Deren Abnehmer kauften diverse Teile, setzten sie in ihren Werken zusammen und vertrieben sie unter ihrem Namen. Viele Wagon Works z. B. erstanden Achsen, Räder, Deichseln, Verdeckrahmen für ihre Plan- oder Transportwagen bei Spezialisten, die oft nichts anderes als eben dieses eine Teil fertigten. 16 Holzspeichen-Spezialisten führte allein das Branchenbuch des Staates New York auf. Trotzdem oder gerade deshalb wurde der Markt von den Studebaker-Brüdern dominiert, die ihre Teile und Wagen fast komplett im eigenen Werk schufen. Getragen wurde die Studebaker-Produktion von den neuesten, aber selben Maschinen, die die Branche ebenfalls erwerben konnte. Hydraulisch arbeitende Pressen, Blechstanz-, Form-, Säge-, Seil-, Schmiede- und andere Spezialmaschinen. Vor allem lag das Studebaker-Werk inmitten der endlosen Studebaker-Wälder, den Werkstoff Holz gab's also billig und im Überfluß.

Die Macher trivialer Artikel planten in übereinstimmend grandiosen Dimensionen. Aus William Colgates Fabriken hüpften zu Millionen kleine Seifenwürfel auf die Märkte. Die beiden Partner Procter und Gamble widmeten sich zum Anfang ihrer Karriere der milliardenfachen Kerzenfertigung aus dem neuen Paraffin, das aus Öl gewonnen wurde und Bienenwachs obsolet machte.

Und erst der Bürgerkrieg. Waffentechnik sowie -produktion erstürmten neue Höhen. Unaufhaltsam stießen die Yankee-Werke Tötungsmaschinen und Munition aus. Die DuPonts lieferten das zum Gebrauch der Waffen nötige Pulver; in industrieller Massenabfertigung krepierten Soldaten unter Artilleriebombardements und Maschinengewehrbeschuß. Nach dem Krieg wurden die in ihm gemachten Vermögen uminvestiert, stellte die Konjunktur flott von Zerstörung auf Aufbau, von Rüstung auf Zivil um. Die DuPonts z. B. stiegen groß in zivile Chemieverfahren ein.

Die endlosen Räume von Nordamerika landwirtschaftlich auszubeuten, ließ sich nur mit Agrarmaschinen ordentlich anstellen. Ohne Ganzstahlpflüge, Ernte-, Mäh-, Dresch- und Binde-Maschinen hätte die wachsende Stadtbevölkerung nicht gefüttert werden können. McCormicks und John Deeres Geräte gingen erst hinaus ins Land und von da in die weite Welt. Die war derart anspruchsvolle Technik zu derart akzeptablem Preis nicht gewöhnt.

Den Farmer waren's die Mähmaschinen, Nähmaschinen den Textilunternehmern und später der Schneiderin und Hausfrau. Mit denen konnten die Unmengen von Stoff, den die Maschinenwebereien ausstießen, endlich zügig bearbeitet werden. Bis 1890 war der Nähmaschinenmarkt ziemlich abgedeckt, Werkzeugmaschinen-Hersteller und Nähmaschinen-Fabrikanten fragten sich »Was nun?« und schauten sich suchend

nach der nächsten in Massen abzusetzenden Mechanik um. Die Remington Small Arms Company fand als erste die Schreibmaschine. Ein weiterer Apparat, der komplexe Fertigung mit besonderer Präzision erforderte, der draußen auf dem Markt dringend und in Massen gebraucht wurde. Registrierkassen waren der Nachfolgehit, jeder Krämerladen stellte sich letztendlich so'n Instrument hin.
Telegraphen wurden produziert, elektrische Feuermelder, ab 1871 Sandstrahlgebläse, seit 1873 Produktion von Stacheldraht. 1876 meldet Alexander Bell sein Telefon als Patent an, erhält auf der gleichjährigen Weltausstellung in Philadelphia Goldmedaille wie Kapitalangebote, gründet 1877 seine Firma, die ab 1878 Bell Telephone Company heißt. Aus Thomas Alva Edisons Liste: 1877 Grammophon, 1878 Glühbirne, Bleisicherung. Hätt' unser Uropa damals gezielt tausend Dollar plaziert, wie säh unser heutig' Kontostand aus?
Providence, Rhode Island, wurde Zentrum für Präzisionsmaschinen. In Pittsburg, Pennsylvania, konzentrierte sich die Schwerindustrie und in Akron, Ohio, die Gummifabrikation. Kalamazoo: Papierproduktion, Battle Creek: Lebensmittelverarbeitung, Paterson: Seidenherstellung, Detroit: Automobile. Noch lange vor dem Auto war als erstes wirklich individuelles Transportmittel das Fahrrad dran. Bei ihm gleichfalls kein langer Aufenthalt. Ungebremst vervielfachten sich im immer schnelleren Rhythmus Werke, Handel und Organisationen vollkommen neuer Industrien. Nirgendwo sonst ließen sich Finanziers so auf Herstellung moderner Massenprodukte ein wie in den USA. Der nötigen Investitionen Kapitalanforderungen überstiegen bald jedes Maß und waren fast nur noch von Finanzkonzernen zu tragen. Banken verkoppelten sich mit Investoren und Industriellen, bewegten ungeahnte Summen und wollten mit den Produkten und Leistungen ihrer Industrien nur noch mehr Kapital erwirtschaften. Mit dem sich anhäufenden Kapital stiegen sie wagemutig in wieder neue, innovativere Techniken ein. Die Käufer im Lande selber konnten die Warenflut nicht mehr aufnehmen und all die Dinge bezahlen. Nur ein weltweiter Absatz schützte die USA vor der Katastrophe des Berstens und gleichzeitigen Aushungerns. Aggressive Banker und Händler jagten auf unserem Planeten herum, setzten sich fest, eroberten bekannte Märkte, erschlossen neue und leiteten den Reichtum der Welt in die USA.
Man mag's kaum glauben, wie gründlich innerhalb der historisch lächerlich kurzen Zeit weniger Jahrzehnte eigentlich einfache mechanische Geräte und Verfahren die Art und Weise verwandelten, in der wir Menschen arbeiteten, dachten, uns unterhielten, ausnutzten und bekämpften. Die menschliche Produktivkraft explodierte, der einst als groß und unverletzlich angesehene Planet sollte ihr bald zu klein werden und sie schließlich gefährden.
Die Welt wird früh genug untergehen, wir verweilen jetzt beim Fahrrad. Das anstrengend kurbeln zu müssen, seine progressive Produktion, seine Fahrer und Macher riefen das amerikanische Motorrad ins Leben.

Radler

Mitte des 19. Jahrhunderts hatten, jeder für sich und auf seine Art, der schottische Schmied Kirkpatrick Macmillan, der französische Wagner Pierre Michaux, der Schweinfurter Instrumentenbauer Philipp Moritz Fischer Tretpedale als Antrieb an das bis dann wenig beachtete Laufrad gesteckt. Die Idee war gut, kommerziell so vielversprechend, daß sich die Erfinder jahrelang drum stritten, wer denn nun als erster drauf kam. Wegen der unklaren Rechtslage fiel einem von Michauxs Mitarbeitern, Pierre Lallement, die nächste gute Idee ein, er wanderte in die USA aus, wo noch keiner von diesen Kurbelrädern wußte. Mit einem Partner patentierte und fabrizierte er die da. Aber sei es der Geräte mangelnde Qualität, ihr bescheidenes Marketing, die Amerikaner jener Zeit konnten sich nicht für sie erregen. Ihre Störrigkeit zerstörte Lallements Perspektive, mittellos ließ er sich 1867 aus der neuen Welt wieder nach Frankreich segeln, wo wir seine Spur nicht weiter verfolgen. Wo aber sein alter Chef Michaux mittlerweile von sich reden machte. In großen Serien produzierte Michaux-Räder wurden in Frankreich populär und später in die USA exportiert.

Nur mit dem Vorderachsenantrieb, ohne Übersetzung oder Getriebe, mußte zur Erhöhung möglicher Geschwindigkeit immer mal wieder das vordere Antrittsrad

Mit »Standard« Hochrädern begann der Radsport in den USA. Ohne Übersetzung brauchten die Sportler enorme Kraft, um Drehmoment zu halten.

vergrößert werden. Bis schließlich welche auf 250 cm Durchmesser gerieten. Ganz schön lange Beine brauchte ein Pedaleur, um eine Frontachse so weit unter seinem Schritt zu bewegen. Die Bezeichnung Hochrad erklärt sich von selber. Ohne Sturz so'n Ding anzuschieben, zu besteigen, balancieren und dann in Bewegung zu halten, war keine leichte Übung. In New York z. B. konnte das bei Hochradschulen gegen Gebühr erlernt werden. Doch bei allem Geschick, der viel zu hohe Schwerpunkt garantierte des Gerätes Sturzgefahr.

Ende der 1880er Jahre erschien aus Europa das »Safety-Bicycle« in seiner heutigen Form, mit ihm kam man dem Ideal des persönlichen Fortbewegungsmittels ein ganzes Stück näher. Auf ihm zu reiten war unkomplizierter als auf dem unpraktischen »Ordinary« Hochrad, und es war ein billigerer, sauberer Individualtransport als der auf Rössern aus Fleisch und Blut. Folgende Zutaten machten es den Massen noch genießbarer: Rohrrahmen verschiedener Höhen, die von Reynolds in England eingeführten Eisenfelgen mit Drahtspeichen, Vollgummi-, bald Ballonreifen Typ Dunlop, Vorderradbremse, -federung, Schutzbleche, später Wechselgetriebe (alles Details, die wir künftig irgendwann am Motorrad wiederfinden).

Für dies Stahlroß waren die Amerikaner jener Zeit reif. Das Safety war profitabel und reizte amerikanische Fabrikanten wie Erfinder, es besser, schneller und davon dann viel mehr als die europäische Konkurrenten zu bauen. Die Fahrradindustrie der USA sollte Pionier echter Massenproduktion werden, und ihr Pionier wiederum, ein praktischer Yankee, hieß Albert A. Pope.

Colonel Albert A. Pope galt als glühender Bewunderer von Abraham Lincoln, dem pragmatischen und melancholischen Humanisten im Präsidentenamt. Im amerikanischen Bürgerkrieg war Pope kein »Kentucky-Colonel« ehrenhalber, er gehörte dem Stab von General Ulysses Grant an, Oberbefehlshaber der Unions Armee (und späteren US-Präsidenten). Wieder Zivilist, gründete Pope mit 900 $ einen Betrieb am Boston Dock Square, dann 1876 in Hartford, Connecticut, seine allererste Pope Manufacturing Company. Ursprünglich produzierte diese patentierte Kleinartikel wie z. B. Luftpistolen. Im selben Jahr sah er auf der Philadelphia Centennial Exposition erstmals Fahrräder. Ein Engländer baute ihm für 313 $ den Prototyp eines Holzrades. Statt diesen aussichtslosen Typ zu produzieren, schlug er lieber 95 importierte Räder aus Europa los. Das ging so schnell, daß er noch 1877 ins warm werdende Fahrradgeschäft stieg, weitere Hochräder kaufte und Fahrradfahrschulen gründete. Die fütterten ihre Studenten mit Popes Hausmarke, ihr Bedarf war geweckt. Um ihn zu decken, kontraktierte er 1878 die Weed Sewing Machine Company, die ihm zum Bau seiner Columbia Räder eine ihrer Hallen, die nötigen Maschinen und Mitarbeiter mit Know-how überließ.

Eine gängige unternehmerische Praxis jener Jahre. Die Weed Sewing Machine Company war ebenso nicht als fertig funktionierende Produktionseinheit auf den Planeten gefallen. Der alte Weed hatte nach dem Bürgerkrieg erkannt, was die Menschen nun bräuchten: Neue Nähmaschinen. Er mietete sich in Hartford, Connecticut, bei der Sharps Rifle Mfg. Co. ein, wo dann Näher Marke »Weed« entstanden. Davon verkaufte er mehr als Sharps Gewehre, drum verkaufte Sharps bald die allein zur Waffenproduktion dienenden Maschinen sowie Inventar. Den Rest der Mechanik, Werkhallen, Büros sowie gut trainierte Beschäftigte ergatterte Weed. Weed übernahm Sharps' Superintendenten, George A. Fairfield, der zählte schon vorher im Colt-Werk von Hartford als brillanter Maschinist und ausgesprochener Künstler des Gesenkschmiedewesens.

An dem lag's also nicht, daß sich Weed's Näher nicht gegen die besser vermarktete

Pope's frühe Hochräder entstanden in einer angemieteten Halle der Weed-Nähmaschinenfabrik.

und preiswertere Qualitätsmarke Singer behaupteten. Weil Weed's Fabrik nicht ausgelastet war, paßte ihm Pope's Auftrag wohl. Anfänglich bedurfte allein die Montage eines Rades eine knappe Stunde. Das war – verglichen mit den drei Minuten eines Springfielder Gewehres – viel zu lang. 800, dann 1200 Räder der Marke Columbia zählten anfängliche Jahresausstöße. Nicht so viel, aber gewinnversprechender als Weeds Nähmaschinenumsatz.

Wie Sharps mit Weed, so ging's Weed mit Pope. Colonel Pope kaufte Weed auf, behielt die meisten Maschinen und Mitarbeiter. Die Dreh-, Fräs-, Schleif-, Bohr-, Gewindebohr-, Revolverdrehmaschinen konnten übernommen werden. Wesentliche Unterschiede von der Waffen- und Nähmaschinenfertigung zu der von Fahrrädern lagen in Größe der Teile sowie der Notwendigkeit von Kugellagern. Schleifverfahren für Kugellager verlangten neue Maschinen, deren Prinzipien wurden aus der Nadelproduktion sowie der optischen Industrie abgeguckt. Fürs Vernickeln und Lackieren der Räder brauchte es nun größere Bäder und Öfen.

Popes Superintendent Fairfield führte elektrisches Widerstandsschweißen ein, das viel Schmiederei überflüssig machte. Er modifizierte seine Gesenkschmiede-Methoden für die Fahrradfertigung, fuhr die Produktion bis auf fünfzig Stück am Tag und monatlich 1200 Räder hoch. Fairfield sollte den alten Colonel überleben, noch die Pope-Motorrad- und dann die Pope-Automobilfertigung superintendieren, bevor er Jahrzehnte später, nach einem Leben zwischen fallenden Gesenkhämmern, laufenden Maschinen und auf- und absteigenden Unternehmern, in seinen wohlverdienten Ruhestand trat.

Bürgerkriegsoberst Albert A. Pope, Pionier der amerikanischen Fahrrad- und – später – Motorradszene.

Als ehemaliger Stabsoffizier wußte Pope, daß strategische Einbrüche nicht mit Kleckern sondern Klotzen erzielt werden. Und klotzen tat er erst mal mit Propaganda. Einem Charles Pratt half er das Buch »The American Bicycler« zu verfassen. Zusammenfassend besagte es, daß nichts so des Lesers Gesundheit und Lebensfreude erhöhe und nichts so seine Kosten und Ärgernisse senken könne, wie ein Fahrrad, am besten das der Marke Columbia, der teuersten von Pope. Pope pushte dieses Buch, obendrein initiierte und sponsorte er die alle vierzehn Tage erscheinende »Bicycling World«, dann den »Wheelman«. Pope mitbegründete und unterstützte den nationalen Radfahrer-Verband sowie die League of American Wheelmen. Er zog Strippen im Better-Roads-Movement, inszenierte Fahrrad-Plakat- und -Schlager-Wettbewerbe und organisierte 1883 in Springfield die erste Trade-Show.

Popes Begeisterung für das Rad stand außer Zweifel, allein er unternahm so teure flankierende Maßnahmen nicht, um das Gattungswesen Mensch über zwei dünne Räder zu plazieren. Er dachte konkret kaufmännisch und unternehmerisch, ließ sich alles patentieren, was bei ihm am Produkt oder Produktion an Neuerungen und Verbesserungen anlief. Außerdem kaufte er sich schon lange vor der Jahrhundertwende in die amerikanische Verwertung eines jeden für muskelbetriebene Zweiräder wichtigen internationalen Patentes ein. Wer in seinem Land ein Fahrrad verkaufen wollte, kassierte im Richtpreis gleich etwa zehn Dollar für Colonel Pope mit. Mit seinen Lizenzeinnahmen konnte er sich eine wilde Meute bissiger Anwälte leisten. Die hetzte er auf alles und jeden, der die Wahrung seines Beinahe-Monopols nicht ausreichend respektierte.

Der Colonel schaffte mehr als Patente und Anwälte ran, er gründete eigene und ruinierte andere Fahrrad- wie Zuliefer-Betriebe. Was er nicht unter Kontrolle kriegte, kaufte er. 45 Firmen vereinigte er in seinem dominierenden »bicycle-trust«, der American Cycle Mfg. Co. (ab 1903 Pope Mfg. Co.). Er behielt gerne die Originalnamen seiner eingekauften Fahrradmarken bei, um regionale oder qualitative Unterschiede zu signalisieren. Columbia galt als die führende, entsprechend teure Spitzenmarke.

Colonel Albert A. Popes herrlichste Zeit waren zweifellos die »Bicycle Craze«-Jahre von 1885 bis 1895. Alles trug reiche Früchte, was Pope gesät, gehegt und gepflegt hatte. Ob Mann, ob Weib, ob jung, ob alt – jeder wollte ein Rad haben. Radfahrer brauchten keine Droschken, elektrische Trams oder volle Dampfzüge mehr. Oder nicht mehr so häufig. Man radelte zur Arbeit, zu Besuchen, sonntags zu Kirchen wie Ausflugszielen. Besondere Radstraßen entstand. Um die Millionen Radler bemühten sich Radfabriken, -läden, -clubs, -zeitschriften und Zubehörversender.

Im Jahr 1895 veräußerte die Branche Stück für Stück eine Million und zweihunderttausend einzelner Safety Bicycles, die Mehrzahl von ihnen aus Popes Werken. Im Kampf um den Fahrrad-Markt wuchsen sich die Produktionstechniken des industriellen Ostens voll aus. Um mit ihm in Konkurrenz treten zu können, brachte später der Mittelwesten revolutionäre Metallverarbeitungsmethoden hervor. Als die zum Tragen kamen, boomte der Boom nicht mehr. Immer mehr und noch mehr Räder hatten den Markt gesättigt. Wofür Pope je nach Qualität und Ausstattung Jahre vorher noch sechzig bis über hundert Dollar nahm, das bot Sears & Roebuck im 1901er Katalog zwischen zehn und zwanzig Dollar an. Die Nachfrage ebbte weg, nur sinkende Preise kitzelten den müden Kaufreiz noch etwas wach.

Bei allem Velociped-Enthusiasmus, morgens vor dem Aufstehen quälten Muskelkater und die Erkenntnis, daß es anstrengt, mit menschlicher Energie ein Zweirad fortzubewegen. Alle hungerten in den USA nach den neuen Techniken der muskelschonenden motorisierten Räder. Die dynamisierten nun den Markt, brachten Geld und Kunden zurück. Preise brauchten nicht mehr nach Eigenkosten plus magerer Marge obendrauf kalkuliert zu werden, sondern konnten nach dem berechnet werden, was ein von den neuen Möglichkeiten und der aufgeregten Presse benebeltes Publikum grade noch zahlen konnte.

Die self propelled cycles, sich selbst bewegende Räder, von denen »Bicycling World« so gerne schrieb, hatten Pope längst gestochen. Er griff ins Regal und nahm in eigener Regie konstruierte Motoren sowie teils zugekaufte Aurora-Motoren und von seinen Radmarken verschiedene Rahmen-Konfigurationen heraus. Das Fahrrad kriegte irgendwo Motörchen, Batteriekasten, Tank und noch 'ne Kette extra ran- oder eingesteckt. Schon war es je nach Marke ein Motor Bicycle, Moto Cycle oder Motorcycle. Dem konnte der Händler dann ein Schildchen mit dem Fünf-, Sechsfachen des Radpreises anhängen – ohne Sorge drauf sitzen zu bleiben. Pope rüstete so Cleveland, Columbia, Hartford und Tribune zum Motor-Rad hoch. 1902 kaufte er eine Robinson Motor Vehicle Company auf und stückelte ab 1904 mit weiteren Käufen und Gründungen auch noch den Pope Automobil-Trust zusammen. Weiß der Teufel, hätte der liebe Gott Albert A. Pope nicht 1909 zu sich geholt, hätte der noch ein Flugzeug-, Düsenjet- und Interstellar-Raumschiff-Imperium über Planeten und den Kosmos gestülpt.

Steherrennen

Die Safety Räder, deren Erscheinungsbild unseren heutigen entspricht, wurden mit dem ausgehenden 19. Jahrhundert in Alltag und Sport Standard. Mit den neuen Rennrädern stieg die Popularität des Fahrradrennsports gewaltig. Jeder bessere Ort legte eine Zement- oder Holzbahn an. Für die Holzstadien waren keine Erdbauarbeiten nötig, sie wurden an ihren Holzgerüsten hochgezogen und waren am schnellsten und billigsten zu erstellen. Aus Raumgründen und wegen der Attraktivität für die Zuschauer, setzte sich allgemein der Typus mit den steilen Wänden durch. Rennorte und -termine waren relativ gut koordiniert, was vielen Racern ermöglichte, an einer großen Zahl von Veranstaltungen teilzunehmen. Sie kabbelten sich vehement und jeweils eine lange Saison lang. Was dafür sorgte, daß der Radsport in den USA zum populärsten Zuschauerereignis gedieh. Die Radrennen nahmen zwischen zehn- bis über zwanzigtausend zahlende Betrachter auf. Baseball, damals Sport Nummer Zwei, träumte nicht von solchen Zahlen und war meist mit einem Viertel davon zufrieden. Spektakuläre Steherrennen ließen ihre Zuschauer toben. Auf endlos langen Rahmenkonstruktionen gewaltiger Fahrräder – den Triplets, Quarts, Quints – saßen drei, vier, fünf Pedaleure und zischten ihre Runden um die Holz- oder Zementbahnen. Tief

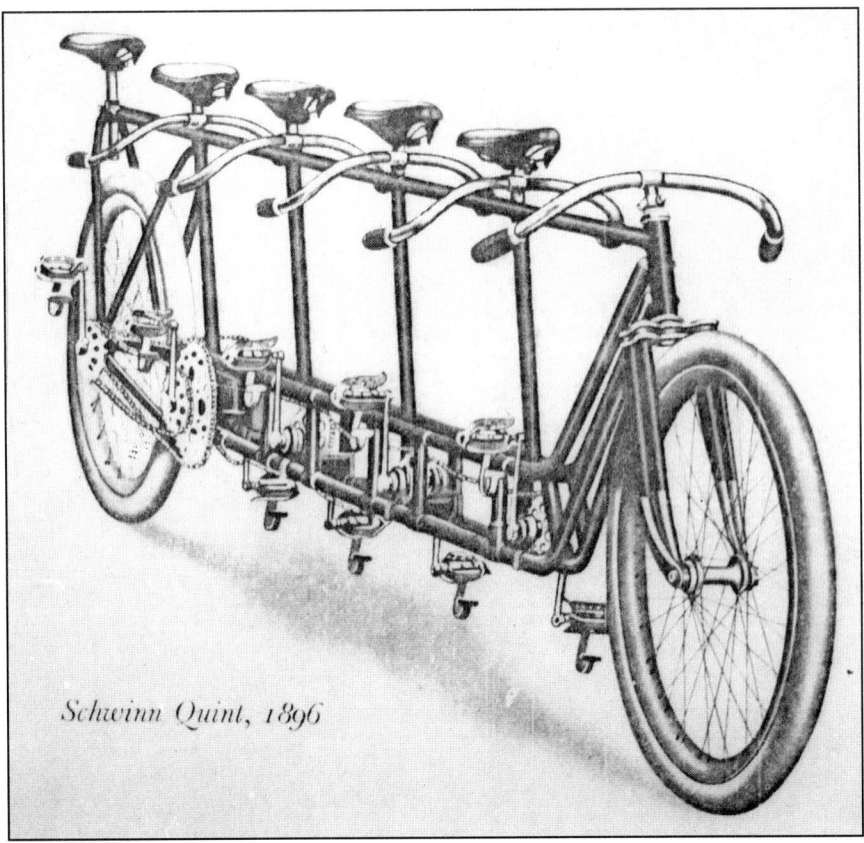

Schwinn-Quint, 1896. Motoren waren Zukunftsmusik. Menschliche Muskelkraft betrieb Schrittmacher-Maschinen. Die Entwicklung eskalierte von Tandem-, Trio-, Quart- bis zu diesem extremen fünfsitzigen Quint-Pacer.

geduckt, in ihrem Windschatten angesaugt, strampelten professionelle Spitzenradler. Sobald das Pacerteam müde wurde, flippte der Solist im fliegenden Staffelwechsel zu einer neu auf den Kurs getretenen, frischeren Führungsmaschine. Beim sagenhaften Zuschauerzuspruch, der langen Saison und den zahllosen Rennkursen, checkten Europas clevere Radprofis, daß man sich am ehesten in den USA goldene Speichen erstrampeln könne. Wobei ihre amerikanischen Kollegen Antritte in der alten Welt auch nicht verachteten.

Die Rad-Champs waren Stars der Jugend ihrer Zeit. Der kommerzialisierte Kult um sie nicht weniger albern und überhitzt, als er es heute mit den Sportcracks ist. Sammelbildchen an Zuckerriegeln, Werbeeinsatz, politischer Mißbrauch usw. usf. Der berühmteste unter ihnen, Frank L. Kramer, einer der größten amerikanischen Athleten aller Zeiten, war 16 Jahre am Stück und dann noch zweimal zwischendrin amerikanischer Meister. Einer, der ihm Meisterschaftsabonnement und Siegesserie unterbrach, hieß Marshall W. Taylor, der als »Major« Taylor bekannt wurde. Dem Major wurde oft klar gemacht, daß er als einziger schwarzer Profi des Sports schwarzes Schaf sei und entsprechend behandelt. Major Taylor trat dann einige Saisons in Europa an, wo er die meisten Meister Europas meisterte und zur lebenden Legende wurde. Die Radsportzeitungen auf unserer Seite des Atlantiks priesen ihn, seine französischen Manager linkten ihn. Seine später erschienenen Erinnerungen schmecken bitter von der Enttäuschung jener Jahre.

Kurz vor der Jahrhundertwende brachten auf einmal französische Rennfahrer wie Albert Champion in die Staaten alle möglichen Monstermotoren für ihre neuartigen Pacer-Tandems mit. Die waren vielleicht nicht mal schneller als Sechssitzer, aber eine neue Sensation, weniger personalintensiv, die hölzernen Bahnen vibrierten von den Baßtönen der Motoren, und das Publikum liebte es genau so. Die Zuschauer schoben ihre Gunst von den strampelnden Jungs zu den donnernden Motoren der neuen Pacer. Auf denen bediente der Hintermann die Hebeleien des Motors und der Tandem-Vordermann lenkte.

Clevere Veranstalter legten zusätzliche Action in ihr Programm und ließen Solo-Pacer gegeneinander antreten. Nach allem, was wir jetzt wissen, starteten Pacerpiloten auf Fahrradrundbahnen den amerikanischen Motorradsport.

George M. Hendee & Oscar Hedstrom

George M. Hendee erradelte schon mit 15 Jahren Amateurtitel und errang 1882 die erste offizielle Amerikanische Meisterschaft im Radrennsport. Die Einmeilen-Meisterschaft hielt er fünf Jahre. 1885 wurden ihm seine 2 Minuten 34 Sekunden über eine Meile als Weltrekord anerkannt, später reduzierte er die auf 2:31. Radsport war ihm das Höchste, alles andere im Leben stellte er darauf ein und – obwohl formal Amateur – zählte er zu den frühen Radprofis. Bei 309 Starts errang er 302 Siege, eine unglaubliche Überlegenheit. Seine unbedingte Einstellung übertrug sich in eines Rennens Atmosphäre, die Zuschauer bewunderten »Our George« – unsern Schorsch – und mochten ihn. Rennen mit ihm waren besser besucht. Veranstalter waren bereit, Hendee Startgelder zu zahlen, wofür sich Hendee immer brav mit echtem oder wenigstens gut gespieltem Einsatz bedankte. Er wurde das, was die Amis einen »Crowd-pleaser« nennen.

George M. Hendee gewann die erste US-Radmeisterschaft und verteidigte seinen Titel zweimal. Er mühte sich, Zuschauern eine gute Schau zu bieten und war enorm beliebt. Seine Preisgelder investierte er in eine eigene Fahrradfertigung.

Carl Oscar Hedstrom, Radrennfahrer und Konstrukteur, früher Schöpfer eines Motor-Schrittmachers. George M. Hendee beauftragte ihn, ein Motorrad zu entwickeln.

Sein Geld investierte er – in Fahrräder natürlich. Hendee war an der Worcester Bicycle Manufacturing Co. in Middletown, Connecticut, wesentlich beteiligt oder sie gehörte ihm ganz. Allgemein wurden die von dort stammenden »Silver King« Räder als »die Hendees« bezeichnet. Dieses Unternehmen, das erst hohe Standard-, dann normalere Safety-Räder herstellte, trieb er mit Kraft voran. Persönlich nahm er auf Safety-Rennrädern an Wettbewerben nicht mehr teil, initiierte und beteiligte sich dann zu 50 Prozent an der Springfielder Radbahn. Außerdem sponsorte er ein paar junge Rennradler.

***

Aus dem Land der Mitternachtssonne in das der unbegrenzten Möglichkeiten wanderten Papa und Mama Hedstrom aus, als Carl Oscar neun Jahre alt war. Die schwedische Familie landete in New York und lebte fortan in Brooklyn. Carl Oscar besuchte die Hauptschule und anschließend eine Uhrengehäusefabrik, die er Jahre später als gelernter Werkzeugmacher verließ. Zu der Zeit nahm er schon an Radrennen teil. Er gewann gegen beste Besetzung die Anderthalb-Meilen-Meisterschaft von 1899. Ihn interessierte zu der Zeit fast mehr, schnelle Räder zu bauen als zu fahren. Er verkaufte etliche an gute Leute. Als dann französische Motoren anlandeten, bekam er als einer der ersten an der Ostküste Zugang zu ihnen. Als Radsportler trat Carl Oscar Hedstrom weiter bei Steherrennen an.
Er erzählte von einem, bei dem die ihm Windschatten und damit höheres Tempo liefern sollende Fournier-Stehermaschine so lahm und ungleichmäßig lief, daß er sie schließlich genervt überholte und weit hinter sich ließ. Was Carl Oscar veranlaßte, ab 1898 ernsthaft mit Motoren zu experimentieren. Mit seinem Bekannten Charles Henshaw, ursprünglich aus Boston, hatte er 1899 eine zuverlässige Steher-Maschine gebaut. Zusammen fuhren Henshaw und Hedstrom damit erfolgreich Steher-Rennen. Vorne Henshaw als Lenker, hinter ihm unser Oscar, der dem ihm folgenden Radler Windschatten erteilte und mit den Armaturen spielte, Gas und Zündung zugab oder wegnahm, sicherheitshalber vor den Vollgasstücken der Geraden heftig die Ölpumpe drückte. Ginge der Motor fest, stürzte die Pacer Mannschaft ab und risse mutmaßlich noch ein andres Team mit. Henshaw und Hedstrom haben – eventuell ihres ungewohnt hohen Tempos wegen – während ihrer Tourneen Radler mehrmals gewechselt.
Im Cycle-Colliseum von Springfield, Massachusetts, erhielten sie für einen Sommer ein gut dotiertes Engagement und distanzierten da unter dem Zuspruch der Zuschauer so häufig ihre Konkurrenz, daß George M. Hendee, Mitbesitzer des Kurses, sie beeindruckt ansprach. Er war begierig, professionell in die neue Technik einzusteigen. Hedstrom auch. Die beiden kannten sich schon von Hedstroms gelegentlicher Tätigkeit in der Worcester Radfabrik. Doch diese einwandfreie Saison hatte Hendee den jungen Mechaniker in einem anderen Licht gezeigt. Hendee hatte Geld und Vision für die neue Technik, Hedstrom offenbar Ideen und Gefühl für sie. Im Januar 1901 unterschrieben sie auf der New Yorker Radmesse im Madison Square Garden einen Vertrag, gemäß dem sie partnerschaftlich »Motor Bicycles« bauen würden.
Hedstrom zeichnete fast einen DeDion-Motor nach, der bei Versuchen ziemlich bald eine Leistung von 1¾ PS lieferte und zufriedenstellend funktionierte. Als Motorradproduzent in spe mietete George M. Hendee ab 1. Februar 1901 von seiner Worcester Bicycle Mfg. Co. in Middletown, Connecticut, Maschinen, Männer und einen Raum.

Pennington

George M. Hendee oder Colonel Albert A. Pope waren längst nicht die ersten Motorradproduzenten der USA gewesen. Zählt man etliche Versuche mit Dampfmotorrädern nicht mit, so gebührt wahrscheinlich Edward Joel Pennington die Ehre, 1893 Amerikas erste Motorradfirma gegründet zu haben und die nächste und die nächste und die nächste auch. 1893 reichte er im Namen seiner Motor Cycle Company of Cleveland sein erstes automotives Patent ein und stellte bald darauf sein Motorrad vor. Der Motor hatte zwei Zylinder, je einer rechts und links vom Hinterrad auf Rahmenauslegern montiert. Die Pleuel wirkten direkt auf die Hinterradachse, nutzten so das Rad als Kurbelwelle und Schwungrad. Eine Pumpe spritzte Sprit in den Brennraum, ein elektrisches Was-auch-immer, das Pennington als »unique electrical device« bezeichnete, entflammte das Gas, setzte die Kolben in Bewegung. Das schnuckelig ausschauende Motorrad bewegte sich aus eigener Kraft, bis sich nach ein paar hundert Metern die Kolben in den Zylindern festfraßen. Für seine Demonstrationen vor Presse und Publikum bestand E. J. auf Sälen mit Parkettfußböden. Offenbar überforderte die Überwindung des Rollwiderstandes Schmierung und Kühlung des Pennington-Motors. Dessenungeachtet waren die Zuschauer tief beeindruckt und ließen sich das arglos als kleines Entwicklungsproblem veranschaulichen,

Penningtons »Elektro-Öl-Maschine« nutzte Hinterachse und -rad als Kurbelwelle und Schwungrad. Länger als ein paar hundert Meter führte Pennington seine Fahrzeuge nie vor. Benzinzufuhr, Zündung, Kühlung, Abdichtung der Zylinder: ob und wie immer sie funktionierten – ahnungslose Anleger glaubten seinen Beteuerungen mehr als den eigenen Augen.

das mit wenig Zeit und mehr Geld sicher zu lösen wäre. Inzwischen könne man die Produktion vorbereiten, die nötigen Mittel für Grundstücke, Gebäude, Werkzeugmaschinen sowie Penningtons angemessenen Lifestyle bereitstellen. In die profitgeilen Phantasien von Besitzern zu vielen Geldes, die aber noch mehr davon haben wollten, malte er großartige Bilder gewaltiger Werke, von denen aus Pennington motorcycles, automobiles und motorboats die Welt monopolisieren würden.

Pennington würde sein Know-how, seine avantgardistischen Geheimformeln in ein gemeinsames Unternehmen einbringen, der oder die Partner nichts als Geld. Einer, der ihm aufsaß, war der Möbelhersteller Thomas Kane aus Racine, Wisconsin. Den melkte E. J. trocken, dafür hieß die Aktiengesellschaft, in der Kanes Penunzen versickerten, Kane-Pennington. Irgendwann merkten seine Kapitalgeber, daß sie zwar immer mehr Geld investierten, aber Penningtons Mobile immer noch nicht vermarktungsfähig waren. Die kleinen Entwicklungsprobleme kümmerten den Chefkonstrukteur nicht so sehr, denn er hatte genug zu tun, in Saus und Braus zu leben. Seine »Teilhaber« erschwerten ihm das weitere Verbleiben in den USA.

Er schiffte sich 1896 nach England ein. Wo ihm gleich der fetteste Fisch an die Angel ging: Harry John Lawson. Dem gehörten Patente am Safety-Fahrrad, Lizenzgebühren aus aller Welt häuften sich auf seinen Konten und erleichterten ihm die Finanzierung eigener Fahrradfabriken. Lawson wollte erst recht im Zukunftsmarkt der motorbetriebenen Fahrzeuge die erste Geige spielen. Für sein British Motor Syndicate Ltd. kaufte er alle Patente, die ihm für Motorräder und Autos wichtig schienen. Dabei war er nicht sparsam und landete auch Top-Investitionen. 40000 britische Pfund war ihm das Recht wert, Daimler-Fahrzeuge fürs britische Commonwealth zu produzieren, 20000 Pfund für eine DeDion-Bouton Lizenz, 20000 Pfund für Bollees Motor-Tandem. Selbst für Lawson viel Geld, am liebsten bezahlte er mit Aktien seines entstehenden Motor-Syndikats. Pennington bestand beim Verkauf seiner Patente auf 100000 Pfund Sterling cash. Aus verständlichen Gründen hatte er wenig Vertrauen zu Aktien oder gar zu seinem Motorrad.

Lawson organisierte die ersten Aktiengesellschaften der britischen Auto- und Motorrad-Industrie. Pennington setzte sich 1900 mit dem bei ihm hängengebliebenen Geld wieder in die USA ab. Wo Investoren über die neuen profitversprechenden Techniken noch derart erregt und im unklaren waren, daß E. J. ihnen weiter den großen Konstrukteur und Industriellen geben konnte. Seine Gesten und Attitüden verstanden viele als den Charakter und die Kompetenz, die sie nur vorspiegelten. Der »Standard Catalog of American Cars, I« charakterisiert Edward Joel Pennington so: »One of the earliest and most flamboyant flim-flam artists in the history of the American automobile«. Also, einer der ersten…puh: »Auffallenden Mumpitz-Künstler«. »Flamboyant Flim-Flam Artist«, das gibt mehr Aroma ab als das Nachgedeutschte. Doch nun langsam und der Reihe nach.

Denn die Pennington-Autos hatte er auch schon konstruiert. Dazu stellte er mit vielleicht einem Meter zwanzig Abstand zwei dieser hier abgebildeten Motorräder nebeneinander, verband sie, legte über die Rahmen Bretter, auf denen er eine Bank verschraubte. Wer hätt' ihm verbieten können, das vielversprechende Konzept weiter zu entwickeln und dazu die geldliche Unterstützung seiner Mitmenschen zu fordern. Um einer neuen Ära einmalige Investment-Chance anlagewilligen Kleinstadt-Bankern, naiven Klein-Industriellen, vertrauensseligen Großfarmern und reichen Witwen bieten zu können, wirbelte der immer mit Pomp und Grandeur auftretende E. J. wie ein Tornado übers weite Kontinental-Nordamerika. Hinter sich lassend weite Schneisen gebouncter Schecks, geknickter Gimpel, verwüsteter Hoffnungen.

Auf einmal kam Ruhe um ihn auf, vielleicht war er im Knast oder hatte reich geheiratet. Erst 1910 versuchte er es noch einmal und prozessierte wegen Patentverletzungen ausgerechnet gegen die Hendee Mfg. Co., Hersteller der Indians. Hätte er Intelligenz, Einfühlungsvermögen und Geschicklichkeit statt in immer neue Abgreiftricks in sein dilletantisches Motörchen investiert, hätt' ich E. J. heute nicht als con-man lächerlich machen können, sondern tät ihn hier als Motor-Pionier abfeiern. Sei's drum, als Verkörperer blind draufgehenden kraftvollen amerikanischen Unternehmensgeistes ist er auf jeden Fall was wert.

Auto-Bi

Erwin Ross Thomas hatte beim alten Pope als Superintendent von dessen Cleveland-Fahrradfabrik gewirkt und war von da mit H. J. Hass, einem anderen fähigen Pope-Mitarbeiter, ausgebüchst. Beide bauten in Buffalo, New York, Fahrräder und später kleine Motoren, ähnlich denen von de Dion. Auf der Toronto Messe 1899 gewann ihr Motor unbestritten die Goldmedaille. Stimmt Thomas' spätere Behauptung, daß er noch vor der Jahrhundertwende Amerikas erster und einziger Hersteller leichter Motoren und Motorräder war, gewann er die Medaille gegen wenig Konkurrenz. In seiner Werbung hätte er vielleicht nicht mit beiden widersprüchlichen Aussagen gleichzeitig angeben sollen. Jedenfalls gründete er nach allem, was mir vorliegt, noch 1899 seine Auto-Bi Company zwecks Vereinigung seiner Fahrräder mit seinen Motoren zu Auto-Bi Motor-Rädern. Die erreichten ihren Markt mit als erste. Der Branchenpionier stieg in die Werbung für seine Auto-Bi ein. Fast gleichzeitig startete er als Hersteller von Automobilen der Marke Buffalo. Im Herbst 1902 vereinigte Thomas dann seine Auto-Bi Company mit seiner Buffalo Automobile Company zur E. R. Thomas Motor Company. Seine Motorräder führten fortan den Doppelnamen Thomas Auto-Bi, die dreirädrige Sorte taufte er Auto-Tri. Die Buffalo Automodelle stellte er dann als seine ersten Thomas Wagen Modell 16, 17 und 18 vor. Thomas »Nummer Soundso« hört sich nicht furchtbar aufregend an. Der Chef taufte seine Autos ab 1904 Thomas Flyer und gab seinen sportlichen Ambitionen mit Meldungen zu großen Rennen nach.

Keine Siege, aber Plätze in den vorderen Dritteln wurden erfahren. 1908 lag das von Zeitungen gesponsorte automobile Interkontinentalrennen New York – Paris an. 13341 Meilen durch Nordamerika, China, Sibirien, Rußland, Ost- und Mitteleuropa. Thomas präparierte Team und Auto, z. B. ließen sich mit extra profilierten Reifen weglose Äcker und Steppe leichter durchpflügen; oder: mit seinem Draisinen-Zubehör konnte der Thomas-Flyer-Pilot George Schuster auf Bahnschienen teils lange Riemen abgleiten. Für den Fall der Fälle richtete der organisationsfreudige Thomas entlang der Strecke Depots ein. 170 Tage, nachdem George Schuster den New Yorker Times Square verlassen hatte, trödelte er als erster in der Pariser Innenstadt ein. Der Sieg wurde in den USA als nationale Großtat erlebt und gefeiert. Thomas Flyer gingen weg wie warme Semmeln. Erwin R. Thomas ließ seine Motorräder sein und scheffelte ein paar Jahre Geld mit seinen Flyern. Das stieg ihm ins Gemüt, vielleicht war das seine ja wirklich das beste Auto der Welt. Der Gedanke, daß es das nicht bleiben würde, blieb ihm fremd. Statt in die Weiterentwicklung seiner Flyer, investierte er in ein Taxi- Werk sowie eine zweite Automarke. Von da an ging's

Thomas Auto-Bi, 1901, »Verbesserungen gegenüber dem Vorjahresmodell: Rahmen und Gabel verstärkt; Antriebs-Vorgelege entfällt, Riemenspanner setzt unten an, verliert weniger Leistung; Benzin- und Öltank vergrößert, das Öl fließt direkt ins Kurbelgehäuse und muß nicht mehr alle 50 Meilen in eine Tasse gefüllt werden. Vereinfachte und verschönerte Verdrahtung mit verstärkter Isolierung. Der Preis blieb bei $ 200.-«

bergab, die Qualität der Flyer ließ im Vergleich zur Konkurrenz nach. Thomas sah den gierigen Pleitegeier über sich schweben, verkaufte seine Firma 1911 an die United States Motor Company und verzog sich in den Ruhestand.

Indian I

In der Worcester Bicycle Mfg. Co. hatte Carl Oscar Hedstrom schon vorher Rennräder und Motortandems zusammengestellt. In deren Räumen vollendete Hedstrom das erste Indian Moto Cycle. Dabei verwandte er einen verstärkten Silver King-Radrahmen. Das Fahrzeug funktionierte bald zur Zufriedenheit. Hendee bat zum 25. Mai 1901 Investoren und Journalisten um ein Treffen an der Cross Street. Nach einigen Erklärungen tuckerte Hedstrom mit dem hilfsmotorisierten Fahrrad den steilen Hügel an der Cross Street hoch. Was wollte man von einem Motor-Rad jener Jahre mehr erwarten, als daß man mit ihm einen Anstieg erklettern konnte – ohne zu schwitzen oder sich zu quälen. Angeblich soll Hedstrom danach einen ausgewachsenen Mann mit dessen Rad an seine Indian angehängt und mit hoch gezogen haben. Jedenfalls gaben sich alle Anwesenden beeindruckt.

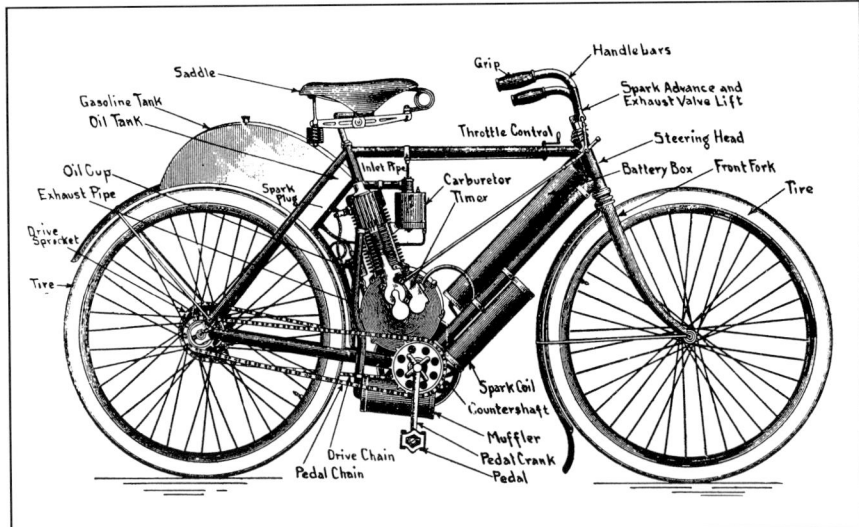

Erst bediente man Zündung und Vergaser mit Hebeln am Rahmen. Ab 1904 wurde die Zündung mit dem rechtem Lenkerdrehgriff aktiviert, der linke steuerte ab 1905 das Gas. Trockenzellen-Batterien und Zündspule befinden sich in den runden Behältern am vorderen Rahmenrohr. Der Geschwindigkeitsbereich reichte von sechs bis vierzig Meilen. Was passierte mit der ersten Indian? »Nun, die existiert nicht mehr. Ich nahm sie auseinander und verbrauchte die Teile in späteren Maschinen«, antwortete der alte Oscar Hedstrom.

Hendee, Mitglied der Handelskammer Springfield, schlug deren anderen Mitgliedern vor, sich an der Kapitalsausschreibung zu beteiligen. Schnell waren $ 20000 gezeichnet. Mit Maschinenfabriken wurde verhandelt, im Ergebnis fuhren Hendee und Hedstrom nach Aurora, Illinois, zur Aurora Automatic Machinery Company. Die fertigte den Motor nun in Serie, für Entwicklung, Formen und Produktionseinrichtung erhielt im fernen Middletown Hendee fortan ein anteiliges Deputat, über das hinaus mußte er seine Motoren bezahlen. Hedstrom logierte sich als Untermieter in Aurora ein und überwachte die Herstellung des Motors. Hendee kümmerte sich wieder zu Hause um die Rahmen, andere Komponenten und deren aller Endmontage.

Das komplettierte Produkt taufte man auf Hendees Vorschlag »Indian«, bestimmt gedachte er damit auch seiner Urgroßmutter. Diese hatte als blutjunge Indianer-Prinzessin einen Richard Hendée geheiratet. Einen Hugenotten, der nach Nordamerika gesegelt war, nachdem Frankreichs König und Katholiken den Hugos die Ausübung ihrer Religion verboten. Die meisten dieser fleißigen, ehrlichen Menschen mußten allerdings nicht über den Atlantik; Preußens Alter Fritz nahm von ihnen so viele, wie er nur kriegen konnte.

Zurück zu George M. Hendee: Statt Sentimentalitäten listete er Argumente: Die Kundschaft könne aus dem Markennamen auf ein amerikanisches Produkt schließen. Der Verweis auf die Ureinwohner des Kontinents assoziere einen Pionier der Branche und nutze das latent vorhandene schlechte Gewissen gegenüber den Indianern. Vor noch nicht zwanzig Jahren hatten die Sioux-Indianer revoltiert und waren zu Tausenden massakriert worden. Jetzt traten die gezähmten Indianer kaum noch in Erscheinung, keiner hatte Angst vor ihnen. Beinahe Witzfiguren waren sie geworden, bißchen bemitleidet und mit nachträglicher Sympathie bedacht, die nichts kostete und den Indianern nichts mehr brachte.

Soviel brachte es den neuen Motorrädern auch nicht, das erste Geschäftsjahr schloß mit einem $ 25000 Minus ab. Reifenfabrikanten und Zulieferer legten wenig Vertrauen in das neue Produkt Motorrad und dessen neuen Werke, sie räumten kaum Zahlungsziele und keinen Kredit ein. Die ersten Indian-Händler legten sich keine großen Läger an. Üblich war's, daß ein Händler sich vom Kunden den Preis des gewünschten Modells plus Frachtkosten auszahlen ließ, sich in die Bahn nach Springfield setzte, das Ding dort kaufte und dann damit zum wartenden Käufer zurückfuhr. Dem Unternehmer Hendee ist es zu verdanken, daß Indian nicht wie viele andere Marken mit eben demselben Produkt unterging. Hendee nahm an Wettbewerben wie Ausstellungen teil, reiste als Vertreter herum.

Obwohl manche Indian-Freunde sogar noch heute meinen, es wiese als Banause oder Kenner aus, ob einem im »Moto Cycle« kein R fehle, sondern bei all den Motorcycles sonst ein angeberisches R zuviel drin sei, so wollte doch die Hendee Mfg. Co. gemäß ihren 1902er Anzeigen noch »Motor Bicycles« verkaufen. Der Imagespezialist Hendee wechselte dann auf »Moto Cycles«, weil das seine Produkte näher an die Pioniere der Motorisierung schob. Die meisten von denen hatten über ein Jahrzehnt zuvor ihre frühen knatternden und rollenden Experimentalgeräte Moto Cycles genannt, erst die zweite Generation fummelte semantisch korrekt mit Motorcycles oder Motor Bicycles rum. Sprichst du also gegen dein Sprachgefühl vom Indian Moto Cycle, ziehst du damit den Hut weniger vor Indians Tradition als vor Hendees Schlitzohrigkeit und erweist mehr Respekt vor der Marke frühen Werbern als vor seinen Erbauern. Erst deren spätere Nachfolger in Springfield würden den Indians das R wieder in ihren Gattungsnamen einfügen.

Aurora konnte seine Motoren selbst nutzen und führte ab 1902 eine eigene Motorradmarke: Thor. Aurora konnte auch an andere Firmen verkaufen, die die Motoren in eigenen Rahmen verbauten und unter ihrem Namen verscherbelten. Manchen etablierten Fahrradwerken und Hinterhoffirmen schien der Aurora-Motor zu teuer, die kopierten ihn lieber oder ein französisches Vorbild.

Apache, Auto-Bi, Columbia, Crescent, Imperial, Marsh, Merkel, Mitchell, Monarch, Orient, Rambler, Warwick verbauten eigene, oft ähnliche Versionen. Überwiegend setzten sie ihre Einzylinder in Satteltragerohre ihrer – manchmal verstärkten – Fahrrad-Rahmen.

Das strapazierte die Rahmen, auch kamen die Schwerpunkte der motorisierten Fahrräder zu hoch.

Viele dieser Marken schraubten auf die hinteren Schutzbleche die bei Zulieferbetrieben bestellten »Camelback«-Tanks.

Manche schnitten sich auch ihre eigenen. Auspüffe, Ketten, Ritzel, Rücktritte, Vergaser, Verstellhebel, alles konnte von Teilelieferanten preiswert und in guter Qualität geordert werden. Besonders im Nordosten und nördlichen Mittelwesten schossen Motorrad- und Zulieferfirmen wie Pilze nach einem Herbstregen aus dem Boden. Weil es noch kaum eigene Motorenbau-Erfahrungen oder angepaßte Fertigungs-Maschinen gab, quälten sich junge Konstrukteure beim Suchen eigener Wege.

***

Ich blättere grade durch die Seiten einer »Bicycling World« vom Frühjahr 1902. Ziemlich vorne schreit die Hendee Mfg. Co., Springfield, Mass., auf einer ganzen Seite: »There Is Only One Indian Motor (!) Bicycle And We Make It.« »Also, es gibt nur ein Indian Motor Rad und die Hendee Co. macht es.« Darunter eine breite Abbildung der rechten Seite des Indian Motor Bicycle. Das Werbe-Bla-Bla reinzuziehen, fehlt mir die Lust, ich öffne die nächste Seite... Verdammich! Auf der steht eben diese Indian, nur von links fotografiert, und mit der bewirbt sich nun eine Warwick Cycle & Automobile Co., ebenfalls aus Springfield, Mass., um die Gunst des geneigten Lesers. Allerhand. Ich schlage erstaunt die Seite zurück, doch da steht's noch in fetten Lettern geschrieben: »Only One Indian«! Beide Reklamen so offenbar bezahlte Anzeigen und nicht die Rätselecke mit scheinbar gleichen Zeichnungen der beliebten »Zählen Sie die Unterschiede«-Sektion. Trotzdem betrachte ich beide Bilder mit der Lupe, den einzig erkennbaren Unterschied zur vorgeblich einzigartigen Indian zeigt das Tank-Abziehbild der Warwick.

Das hätte ich von der Hendee Mfg. Co. aber gerne erklärt und blicke nochmals auf ihre Bekanntmachung. Ach so, diesen Satz übersah ich: »There Is Only One Oscar Hedstrom and he not only designed each and every part of it, but HE DEVOTES HIMSELF EXCLUSIVELY TO THE INDIAN.«

»Nur den einen Oscar Hedstrom gibt es, der nicht nur jedes einzelne Teil designt hat, sondern sich ausschließlich um die Indian kümmert. Der Werbetext jubiliert fort, daß andere Motor-Räder aussehen mögen wie Indians, aber ihre Ähnlichkeit solle einen nicht bluffen, denn die seien überhaupt nicht »verhedstromt« (Hedstrommed).

Weil ab hier das Werk seinen Carl Oscar Hedstrom nur noch als Oscar führt, verzichten auch wir fortan auf dessen ersten Vornamen Carl.

Was immer Oscar Hedstroms Indianer vom restlichen Motorrad-Pack unterschied, sie waren fast vom ersten Tag an gefragt.

Ab 1902 bezog die Hendee Mfg. Co. eigene Räumlichkeiten in Springfield. Laut einem Indian-Prospekt von damals eine ehemalige Schule. Sie war der erste Eckstein des fortan wachsenden Indian-Fabrikkomplexes. Noch bis 1904 bezog man Motoren von der überbeschäftigten Aurora Mfg. Co., die mit ihren Lieferungen kaum nachkam. In Springfield wurde beschlossen, teure Produktions-Maschinen zu kaufen und Vorbereitungen zu treffen, auch die Motoren selbst zu machen. Seit 1904 produzierte die Hendee Mfg. Co. ihre Indians allein und ohne Zweifel geriet ihr der Indian-Einzylinder spätestens seit Aufnahme der Eigenproduktion zu den bestverarbeitetsten des Marktes.

Warwick

Die Warwick Cycle & Automobile Co. des A.O. Very war, wie weiter oben erwähnt, im selben Ort wie Indian – Springfield, Mass. – beheimatet und da sogar länger im Geschäft. 1897 wäre Verys zahlungsunfähiges Fahrradwerk fast vor die Hunde gegangen. Scheinbar übernahm er sich mit kapitalintensiven Automobilplänen, doch irgendwie klappte es noch und 1900 stand sogar ein Auto-Prototyp vom Runabout-Typ, der ab 1901 in Serie gefertigt wurde. Der Warwick-Wagen war mit einem DeDion-Motor ausgerüstet und mit $ 850 ausgepreist. Viel zu teuer, zu schwer und zu lahm. Entsprechend selten seine Abnahme. Weil er mit seinem Auto offenbar nur seine Lager vollstopfte und beim weiteren Verlauf der Dinge baldigst hätte neu anmieten müssen, beschnitt Very das geplante Ausmaß seiner Automontage.

Nun besaß Very einen zwar teuer eingekauften, aber überflüssigen Posten kleiner französicher Mötorchen. Also preßte er diese in seine Fahrräder. Anfänglich fanden diese Absatz, Very bestellte bei Aurora neue Motoren und soll bei seltenen Bedarfsspitzen auch welche von Hendee bezogen haben. Dabei mußte er immer wieder Kredite aufnehmen, Lieferanten hinhalten. »Built On Honor«, in aller Ehre gefertigt, Verys Werbespruch beruhigte weder der Käufer noch der Teilhaber Sorgen. 1902 schaffte ein Warwick-Automobil die Springfielder Labor Day Parade als einziges von Anfang bis Ende. Warwicks waren also so schlecht nicht. Die Gläubiger waren's, die ließen Very keine Ruhe, erst gab er die Motorräder auf, dann zog er sich 1905 ganz aus dem Geschäftsleben zurück.

Orient

Eine Fahrradfabrik aus Massachusetts mehr, die 1893 gegründete Waltham Mfg. Company, die dem Besitzer Charles Hermann Metz zur Fertigung seiner Orient-Fahrräder diente. Metz hatte noch andere Pläne, doch kein Geld dafür. Charles A. Coffin, Präsident der General Electric Co. gab ihm welches, unter der Vorgabe, daß der ihm um einen General Electric Motor ein Elektro-Automobil serienreif entwickle. 1898/99 probierte Metz mit seinen Angestellten John W. Piper und George M. Tinker sein Glück, dessen Ergebnis sie aber nicht beglückte. Coffin hatte sich für dieses Strom-Auto den Namen Orient vorgestellt, unter dem wurde es auch im Februar 1899 auf der New Yorker Cycle And Automobile Show vorgestellt.

Niemand war so recht zufrieden damit, eine Produktion unterblieb. Charles Metz schienen Verbrennungsmotoren für eine künftige Motorisierung angemessener. Tinker und Piper glaubten eher an Dampfmaschinen. Sie lösten sich nicht grade im guten Einvernehmen von Metz und seiner Waltham Mfg. Company, um ihre eigenen Dampfautos namens Waltham zu fertigen. Was die Beziehungen untereinander sicher nicht verbesserte.

Sicher gab es kurz vor der Jahrhundertwende Hersteller, die Motor und Fahrrad verbanden. Schwer festzustellen, welche die erste gebrauchstüchtige Marke war. Orient-Trike und Thomas Auto-Bi scheinen die aussichtsreichsten Kandidaten.

Metz hatte im Frühjahr 1899 Import und Vertrieb der DeDion-Bouton Drei- und Vierräder übernommen. Außerdem beeindruckten ihn konstruktive Merkmale des leichteren französischen Aster-Motors mit seinen anfänglich bronzenen Kurbelgehäusehälften. Also bestellte er von Aster aus Frankreich Motoren. Seit 1900 bot er mit dem Markenzeichen Autogo eigene mit Aster oder DeDion-Motoren ausgestattete Drei- und Vierräder an. Um dieselbe Zeit setzte er 355 cm³ Aster-Maschinen in dick verstärkte Fahrradrahmen. Diesen betont stabil gebauten ersten Motorrädern verlieh er seine inzwischen wieder verfügbare Schutzmarke »Orient«. Ein Orient-Reiter gewann das erste überlieferte Rennen Californiens. Als dann auf dem Kurbel-Gehäuse statt »Aster« bald »Orient« geprägt stand, blieb die Orient ansonsten gleich. Ob Charles Metz den in Frankreich hat raufgießen lassen oder ob er den Franko-Motor mit oder ohne Lizenz einfach kopiert hat, weiß ich nicht. Der Beginn seiner eigenen, von Aster unabhängigen Motorenproduktion ist mit 1902 datiert. Die schweren Orient galten als schlagfeste und vortreffliche Konstruktionen, sie zählten zu den frühen Standards der Branche.

Nach langer Vorarbeit erschien 1902 sein erstes Orient-Automobil, von diesem Runabout (einfacher Buggytyp, mit Lenkstange gesteuert) verkauften sich im selben Jahr gerade 50 Stück. Weil er sich modellmäßig und finanziell verzettelt hatte, mußte Charles andere Teilhaber in seine Waltham Mfg. Co. reinbitten. Bald lag er seinen Partnern quer, verkaufte seine Anteile und verließ sein Werk. Coffin holte sich als neuen technischen Leiter Leonard Gaylor, Konstrukteur bei den Tribune-Radwerken, einer Pope-Tochtergesellschaft in Pennsylvania. Der schuf den billigen Orient Buckboard, das Miniauto, das das Werk die nächsten Jahre über Wasser hielt.

Metz übernahm einen anständigen Posten in der Redaktion des »Cycle and Automobile Trade Journal«. In einem Konkurrenzblatt, der zur Pope-Sphäre gehörigen »Bicycling World« von Anfang 1903, wurde Metz Ehrerbietung gezollt. Orient wird als »The oldest Motor Bicycle and one of the most used« aufgeführt. Als ältestes Motor Rad und eines der am meisten Gebrauchten. Diese Aussage muß nicht bedeuten, daß Orient als erster wirklich gebrauchsfähige Motorräder in den USA produzierte. Auch die »Bicycling World« war sich dessen schon damals nicht sicher und führt andermal die Thomas Auto-Bi als »America's Pioneer Motor Bicycle«. Beide Marken nutzten in ihren allerersten Modellen jedenfalls französische Motoren, Orient mehr die von Aster, Thomas die von DeDion.

Mit der Überlegung, daß Kupfer Hitze zehnmal besser ableitet als Guß, und Graugußzylinder sich ohne Kühlrippen leichter und kostengünstiger gießen ließen und diese Ersparnis vielleicht den Aufpreis von Kupfer ausgliche, umgab Gaylor blanke Graugußzylinder mit kupfernen Kühlrippen. Auf dieses Prinzip riskierte das Unternehmens Gedeih und Verderb seines Motorrad-Sektors und pries es in seiner Werbung. Was im Kopf und auf dem Papier funktionierte, tat im echten Leben weder Orient noch seinen Kunden denselben Gefallen. Bald nachdem der Motor heiß war, konnte er mit Frühzündungen verärgern und spürbar Kompression verlieren.

Charles Metz hatte sich inzwischen als Produzent, oder vielleicht nur Montageleiter, seiner Metz-Motorräder selbständig gemacht. Deren Komponenten kaufte er vom Zubehörmarkt zusammen und achtete auf sorgfältige Nachbesserung derselben. Auch Fertigung und Vertrieb der fast wie Indians dreinschauenden »Metze« schienen durchdacht, diesmal wollte er mit einem auf dem Markt längst akzeptierten Design ganz auf sicher gehen. Eine Weile winkte eine freundliche Zukunft, hielt er dieses sein erneutes Unterfangen für gesichert. Doch besonders im Osten der USA schlief die Konkurrenz nicht, mußten zu viele Marken um verwöhnte Kunden kämpfen. Die waren vom ursprünglichen Indian-Look fast gesättigt. Teile für solch überholte Stilmotorräder wurden immer billiger angeboten. Firmenzusammenbrüche sowie zugestiegene schnelle Geldmacher erhöhten das Angebot, die Nachfrage nach altmodisch Dreinschauendem, wie eben auch der Metz, rutschte weg.

Um mithalten zu können und den immer höher geratenen Kapitalanforderungen für ein modernisiertes Werk zu entsprechen, fusionierte Charles Metz im Herbst 1905 seine Firma mit der American Motorcycle Co., die bisher die seinerzeit moderne Marsh fertigte.

An die Kupferkühlung machte sich Jahre später General Motors wieder ran. Weil das Ford Model T mit seinem Niedrigpreis die Konkurrenz erdrückte, fiel GM- Konstrukteur Charles F. Kettering Anfang der Zwanziger ein, daß Autos ohne Wasserkühlung sich leichter und kostengünstiger produzieren ließen. Er entwickelte luftgekühlte Vier- und Sechszylinder-Motoren für eine neue Chevrolet-Generation. General Motors stellte eine Probeserie von 759 dieser »copper cooled cars« her, fertigte aber selbst mit all seinen Möglichkeiten kein überzeugendes Produkt. Weil Ketterings Motoren überhaupt nicht glänzen konnten, konnte Alfred P. Sloane brillieren. Als einer der jüngeren GM-Prokuristen wies er ziemlich schnell die Unrentabilität des Kupfer-Kühlungs-Konzepts nach. Worauf sich sein Marsch an die GM-Spitze beschleunigte. Braucht nicht extra gesagt zu werden, daß Sloane während seiner langen GM-Präsidentschaft die Finger von weiteren Kupferkühl-Experimenten ließ.

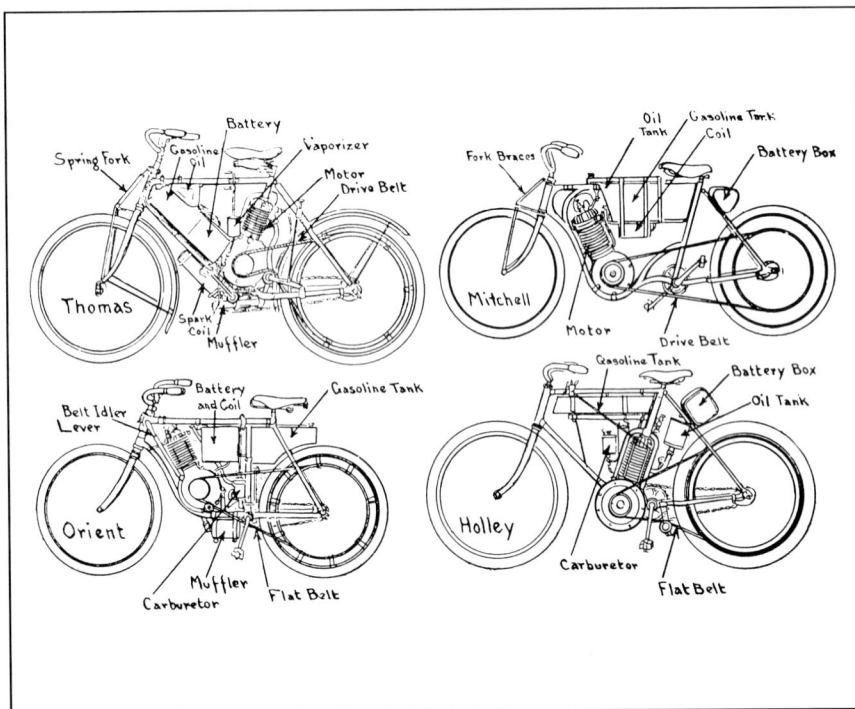

Zur ersten Generation zählen außerdem Holley, Mitchell, Victoria, Holmes, Salisbury, Buckeye, Sturges, Lewis und Tinkham. – Letzte frühe Marken, die ihr Produkt französisch »Motocycle« benannten. Meist besaßen die frühen Motorräder Tropföler. Bei geöffnetem Ventil lief das Öl durch ein Glas. Der Biker zählte die Tropfen, an ihrem Rhythmus richtete er seine Schmierbedürfnisse aus.

Teddy Roosevelt in Sturgis

Der Dakota-Sioux geheiligte Jagdgründe sind die Black Hills of Dakota. Früher durchstreifte sie der rote Mann nur auf Mustang oder Mokassin. Der kurze weiße Vater in Washington, Teddy Roosevelt, hatte – zum Schutz vor seiner eigenen Rasse – die grandiose Landschaft vor 1910 zum Black Hills National Park erklärt. Jahrzehnte später legten andere weiße Männer ihrer hetzigen Faulheit wegen breite Asphaltbänder durch der Sioux Heimat. Über die rollt man heuer auf den weichen, schwarzen Walzen der Wundermaschinen des weißen Mannes, vorangetrieben von rhythmischen Explosionen in Gußeisentöpfen. Im August strömen die Reiter derselben von überall her nach dem Ort Sturgis in den Schwarzen Hügeln.

Die weißen Krieger betrachten ihre Maschinen, ihre Frauen, sich selbst, quatschen, saufen, kiffen und huren rum. Verschmutzen oft ihre Sinne, anstatt auf ihren Eisenpferden nüchtern durch die heilige Landschaft zu reiten und offen Gottes große Gunst zu genießen. Wer ausreitet, der lobt reiche Aussicht, gute Straße, schöne Kurven und fällt beinahe vom Bock, wenn er unter dem Mount Rushmore National Monument zirkelt. Als zwanzig Meter hohe bleiche Büste starrt ihn unvermittelt Teddy Roosevelt an. Neben ihm und ebenfalls von einem Bildhauer namens Gutzon Borglum aus Fels gesprengt wie gehauen: George Washington, Thomas Jefferson und Abraham Lincoln. Der kurze Teddy genau so hoch wie der endlos lange Abe Lincoln. Teddy hätt's befriedigt, Lincoln hätte gelacht. Zu viele Motoristen hielten schon ihr Auge zu hoch von der Straße und fielen drum auf sie.

***

Tote Monarchen, Staatsmänner und -frauen für eine freie Menschengemeinschaft zu produzieren, einst Hauptanliegen der Anarchisten: Im September 1901 schoß ein junger polnischer Einwanderer aus nächster Nähe auf US-Präsident William McKinley, der den erlittenen Wunden erlag. Die Präsidentschaft ging an seinen damals 42jährigen Vize Theodore Roosevelt.

Ins neue Zwanzigste Jahrhundert führte Roosevelt eine Union, die keine Einkommenssteuer kannte und in der ein Prozent der Bevölkerung ihren Sieben-Achtel-Anteil des Wohlstandes noch vergrößerte. Bei guter Gesundheit und fünfzig bis sechzig Wochenstunden brachte ein Fabrikarbeiter etwa 500 Dollar im Jahr nach Haus. Zehn Dollar die Woche, kein Urlaub, keine soziale Sicherheit. Öde Realitäten, an denen sich bis dann wenig änderte, von weniger Nachrichtenwert als das, was unverantwortliche Unternehmer mit überflüssigen Gewinnen unternahmen. Die Klatschspalten der Zeitschriften platzten von Darstellungen, wie Neu- und Altreiche Geld verprotzten: immer aufwendigere Yachten, immer exquisitere Stadt- und Landhäuser, immer wildere und aufwendigere Parties, die Hunderttausende kosteten. Selbst sündhafte Moden und Spleens dekadenter Schmarotzer schienen alltäglich. Um überkitzelter Redakteure Respekt zu erheischen, mußte man schon seine Hunde mit Diamanten-Halsbändern Gassi führen lassen.

***

Überkandidelte Attitüden würden selbst dummen Reichen keine sinnvolle Existenz verschaffen, wenn auch im Luxus, so vegetierten sie dennoch nutzlos dahin. Teddy Roosevelt, selbst mit goldenen Löffel im Mund groß geworden, interessierten tatkräftige, mutige Menschen. Im fast noch Wilden Westen hatte er Jahre vorher ein neues

Stadtverkehr 1905, auf New Yorks feiner 5th Avenue.

Leben harter Arbeit begonnen, nebenbei romantischen Legenden der Eroberung des Westens nachgespürt. Bald schien ihm ein aus der Fertigkeit mit dem Trommelrevolver oder dem fixen Umgang mit Rindern definiertes Heldentum grade noch gut für kitschige Szenarien von Groschenromanen und Bühnenstücken.

Amerikanischer Pioniere Wagemut, Wildheit und Risikobereitschaft wandte sich unbekannten Zielen zu, die nun in technischen, wirtschaftlichen und sozialen Sphären lagen. Deren neue Grenzen erkunden und von ihnen umrissene Gebiete nachfolgenden Mitmenschen erobern, müßte seiner Zeit wirkliche Helden schaffen. Die erwartete Teddy Roosevelt ungeduldig und wollte zu ihnen gehören.

Oft aus dem Nichts kamen solche Männer, er traf sie, forderte sie, und sie akzeptierten, bewunderten ihn. Vieler ihrer Namen sind uns heute fast als die von Übermenschen geläufig. Damals waren sie meist nervöse, überreizte, von Geldsorgen geplagte Mitmenschen, die etwas in sich trugen, was größer als sie und fast zu schwer war. Ihre schöpferische Bürde erdrückte sie oder ließ sie über sich hinauswachsen. Ihr Kampf untereinander verlangte mehr Einsatz, Schlauheit und Geduld als Ausleseprozesse vorher. Ihre Geschichten, wie sie triumphierten oder versagten, wird hier teilweise erzählt.

Die Wright-Brüder, Henry Ford, Glenn H. Curtiss, Fred S. Duesenberg waren einmal Radsportler gewesen, hatten frühe Motoren und Motorräder konstruiert, experimentierten dann lieber mit Autos oder Flugmaschinen weiter. Was immer in ihnen brannte, sie konnten ihre Umwelt nur damit anstecken, wenn sie ihre Ideen konstruktiv, produktionstechnisch und marketing-mäßig umsetzten. Sie schafften es alle nicht im ersten Anlauf. Henry Ford gründete mehrere Firmen, Anleger mißtrauten ihm. Die Wrights, Fahrradhändler, riskierten – und verloren teils – elterliche Guthaben, Haus und Radladen. Bis sie schließlich der Welt ersten Motorenflug realisierten. Ihre Familie wird weniger die große Tat als die großen Schulden durchlebt haben. Fahrrad- und Motorradfabrikant Fred Duesenberg mußte bei lächerlichen tausend Dollar Minus Bankrott erklären, hätte sein Bruder das Genie nicht durchgezogen, ein herrliches Kapitel amerikanischer Automobilgeschichte fehlte. Glenn Curtiss überstand seine zahllosen Stürze mit selbstgebauten Fahr-, Motorrädern, Automobilen, Booten und Flugzeugen oft nur glücklich und zufällig.

***

1877 gründete sich die in New York erscheinende THE BICYCLING WORLD und berichtete noch vor der Jahrhundertwende regelmäßig über Motor-Fahrräder. Um das potentiellen Lesern zu signalisieren, erweiterte sie mit »MOTORCYCLE REVIEW« ihren Titelanspruch und hieß fortan THE BICYCLING WORLD AND MOTORCYCLE REVIEW. Konkurrenzblätter wie »Moto Cycle« und »Horseless Carriage« berichteten nicht nur über Zweiräder, sondern über das ganze Spektrum pferdelosen Transportes. Anfangs des Jahrhunderts standen der Entwicklung neuartiger Fahrzeuge viele Wege offen, keiner konnte wirklich wissen, welcher in die Zukunft führen würde, welches Konzept das aussichtsreichste war. Dampf- und Elektroantrieb schienen in manchem überlegen und einer möglichen Kundschaft eher vertraut als der Verbrennungsmotor. Amerikanische Tüftler hatten die Dampfvehikel am weitesten geführt. US-Firmen wie Locomobile, Stanley und White nahmen in diesem Bereich weltweit eine Spitzenstellung ein, exportierten über ein Viertel ihrer Produktion.

Einige zweirädrige Dampfmodelle machten allerdings sehr früh klar, daß für den Gebrauch im Motor-Rad eigentlich nur der kleine, relativ leichte Benzinmotor in

Theodore Roosevelt. In seiner Präsidentschaft erwachte das amerikanische Jahrhundert, die Automobil- und Motorradindustrie.

Frage käme. Hätten die Franzosen den Daimlermotor nicht gezähmt und zum Typ De Dion oder Aster verkleinert, gut möglich, daß eine besser angepaßte Dampfmaschine das erste maschinelle Haustier geworden wäre.

Schienen Automobile in den westeuropäischen Metropolen anfangs des Jahrhunderts schon alltäglich, waren in den USA selbst Motorräder keinesfalls weit verbreitet. 1901 registrierte New York City an selbstbetriebenen Fahrzeugen: 800 dampfbetriebene, 500 Elektromobile und grade 250 Benzinkutschen und Stahlrösser. Chicago listete 200 Elektrische, 150 Bedampfte, 100 Benziner. Boston: 220 Dampf, 90 Elektro, 50 Benzin. Philadelphia: Dampf 160, Benzin 130, Elektro 50. National Electrics, Buffalo Stanhope, Pope Waverley und Pope Columbia boten Elektrische an. Colonel Pope hatte auf alle Möglichkeiten gesetzt, als er die aber einige Jahre darauf wertete, zogen sich seine Firmen aus dem Elektro-Geschäft zugunsten des Benzinbetriebs zurück.

Die Allgemeinheit, besonders auf dem Lande, mochte die neuen Maschinen nicht sonderlich. Anfänglich meist aus dem dekadenten Europa importierte Spielzeuge für Playboys, unnötig und angeberisch wie Zigarettenrauchen, Uhren am Handgelenk und zur Schau getragene Tennis- wie Golfschläger. Die lauten und stinkenden Dinger erschreckten Pferde, und Politiker, die ja auch von Dummen gewählt werden wollten, zeigten sich lange mit nix von alledem. Theodore Roosevelt verlautbarte 1905 einigen Journalisten, er habe bisher nur zwei Auto-Ritte unternommen und plane erst mal keine weiteren, weil sein Chauffeur bei der zweiten Ausfahrt für zu schnelles Fahren gestoppt, zur Verantwortung gezogen worden wäre und er drum die schlechte Publicity fürchte. Er muß das augenzwinkernd gesagt haben, denn natürlich hielt er Autos im Weißen Haus und fuhr selbstverständlich gerne mit.

***

Seine Regierung erhob zum Schutz der eigenen, spät erwachenden Automobil- und Motorrad-Industrie auf Importfahrzeuge einen 45prozentigen Einfuhrzoll. Ausländische Anbieter mußten zusätzlich Fracht- und Verwaltungskosten und damit hohe Verbraucherpreise kalkulieren. Sie entzogen sich teils diesen Bedingungen eines direkten Wettbewerbs, indem z.B. französische Firmen Lizenzen zum Nachbau vergaben. NSU aus Neckarsulm umging den Tarif anfänglich, indem es eine US-Tochterfirma, die NSU Motor Co. in New York gründete, die niedriger verzollte Bauteile aus Deutschland einführte und erst in den USA zu Motorrädern montierte.

Die hohen Importabgaben erleichterten amerikanischen Herstellern ihre Chancen am Markt und sicherten mehr als das finanzielle Überleben. Erst ihre Auswirkungen ermöglichten es, für den großen, abgeschlossenen US-Markt nach selbständigen, neuen Lösungen zu suchen. Eigenständige Ergebnisse ergaben sich im technischen Sektor und ergänzten sich mit flankierenden Maßnahmen der Administration.

Auf eine Hubraumbesteuerung gemäß europäischem Modell, die dort die Spaltung des Angebotes in starke Luxusfahrzeuge und beinahe minderwertige Massenprodukte verursachte, wurde in den USA verzichtet. Weniger einengende Gesetze und Vorschriften sowie die Notwendigkeiten des riesigen, fast straßenlosen Kontinentes ließen eine freiere Einstellung auch zum Motorrad entstehen. Nicht, viel Leistung aus wenig Hubraum rauszuquetschen oder Rahmen möglichst leicht (und zerbrechlich) zu gestalten, zählte als Entwicklungsziel, sondern Benutzer-Freundlichkeit und Robustheit. Statt stressiger Leistung ergab sich souveräne Kraft, statt kreischender Drehzahl bullerndes Drehmoment. US-Maschinen benötigten zu ihrer Aufwertung weniger Gadgets und beschränkten sich dafür aufs – immer reichlich vorhandene – Wesentliche. Amerikanischer Marken Modellwechsel geschah ruhiger, ihre Modellpflege ging tiefer. Ihre allgemein solide Verarbeitung war auf eine lange Produkt-Lebensdauer gerichtet.

Die weitere Entfaltung der heimischen Industrie als Basis breiten Wohlstandes begriff Teddy Roosevelt als Weg zur sozialen Gesundung, der an zerreibenden Spannungen vorbeiführte und gleichzeitig im Einklang mit den Idealen der »American Dream«-Philosophie stand. Nicht den »Freien Welthandel« wollte er beschneiden, sondern heimatlichen Firmen das Überleben wenigstens im heimischen Absatzgebiet ermöglichen.

Innerhalb seiner folgenden Amtszeit fielen zigtausende, oft qualifizierte, gut bezahlte, neue Arbeitsplätze in Industrie, Handel und Gewerbe an. Für einfachere Tätigkeiten sank der Reallohn aber eher. Weil Einwandererströme nach wie vor ungehindert ins Land flossen, inzwischen meist aus Osteuropa, bestand in den Industriezentren nie Mangel an Menschen, die ihre oft wenig sachkundige Arbeitskraft billig feil boten.

Als die US-Automobil- und Motorradbranche sowie das an ihr orientierte Dienstleistungsgewerbe mit eigenständigen, »amerikanischen« Produktionen den Markt überzeugt hatte und aus eigener Kraft zu existieren vermochte, im windgeschützten Raum sogar Kartelle bildete, senkte Roosevelt Schutztarife. Hätte er aber einer prinzipienlosen Handelsfreiheit freien Lauf gelassen, hätten US-Firmen den Vorsprung der europäischen Konkurrenz nur mit minder bodenständigen Schöpfungen und nur viel später einholen können. In den USA wären nationales Einkommen und Volkswohlstand verspätet und weniger drastisch angestiegen.

Verstöße gegen Antitrust-Vorschriften nahm er ernst, brachte verschiedene Monopole vor Gerichte, die dann manche auflösten. Colonel A. Popes fast erfolgreiche Bemühungen, die Fahrradbranche zu monopolisieren, wurden z.B. vereitelt. Wobei dies noch im Vergleich zu Petroleum- und Eisenbahn-Trusts einen der harmloseren Versuche darstellte, einen Markt zu beherrschen. Roosevelt glaubte trotz offenbarer Unzulänglichkeiten an den »American Way«, seine ständigen Verbesserung zu mehr Gemeinwohl und aller Mitbürger Einsichtsfähigkeit. Sein »Square Deal« sollte den am Tische Amerikas Sitzenden die Spielkarten gesellschaftlicher Bedingungen neu und gerechter mischen.

Schickten seine Vorgänger noch die Armee zu Gewaltaktionen in bestreikte Bergbaugebiete, machte er Ähnliches verlangenden Minen- und Firmeninhabern klar, daß es nicht Aufgabe eines Präsidenten sei, unzufriedene Bürger zu terrorisieren und erschießen, sondern eher Ursachen ihrer Wut zu erforschen und wenn möglich zu beheben. Als gelegentlicher Vermittler überzeugte er bei großen Streiks, die kraft seines Prestige mit besseren Bedingungen für die Werktätigen beendet wurden. Er initierte Gesetze, die mehr Rechtsordnung in die Klassenbeziehungen brachten. Als Präsident beschnitt er Unternehmern die Möglichkeiten, ungehemmt Ressourcen des Landes auszubeuten. Er war treibende Kraft erster Naturschutz-Regelungen. Sein Volk wird ihn für die Schaffung der herrlichsten Nationalparks dieser Welt ewig lieben.

Zwar beschimpfte er den aufrührigen Schriftsteller Upton Sinclair öffentlich als Mistschmeißer (muck raker), doch der abgewichste Politiker wird gewußt haben, daß er damit die erregte Diskussion über dessen Buch »Der Dschungel« – die skandalösen Hygienezustände und Arbeitsbedingungen in Schlachthöfen beschreibend – nur noch mehr anheizte. Was er wohl wollte, denn unter dem öffentlichen Druck, den eine von ihm eingesetzte Kommission mit ihren Veröffentlichungen weiter verschärfte, konnte

Auf dem Rad Gaslampen-Anzünder Teddy Roosevelt, der Licht und Unruhe in New Yorks korrupte Schattenwelt bringt.

Die drei Davidson-Brüder Arthur, Walter, William und ihr Freund William Harley planten statt eines Motor-Rads, ein richtiges Motorrad. Ihr batteriegezündeter Motor war relativ zuverlässig. Drei PS betrug seine Leistung, 76 mm Bohrung und 89 mm Hub, Hubraum knapp 400 cm³. Man radelte das Ding auf ca. 10 km/h, spannte dann per Hebel den Leder-Antriebsriemen, der warf den Motor an. Der aushängbare Riemen besaß zu der Zeit gegenüber der Kette Vorteile und diente als Kupplung und Leerlauf. Seine mangelnde Haltbarkeit sowie sein Rutschen bei schlechtem Wetter waren Mankos. Gebremst wurde mit Rücktritt. Harley-Davidsons Erste konnte sich mit Fahrzeugen etablierter Firmen messen.

er bald darauf erstmals Mehrheiten für verschärfte Lebensmittelgesetze (Pure Food and Drugs Act, 1906) erreichen.

Beschimpften ihn Sprachrohre konservativer Großunternehmer anfänglich – und immer wieder mal – als Sozialisten, ließen sie das meist sein, wenn sie merkten, wie das nur auf sie zurückfiel. Der draufgängerische und doch auf ihr Wohl bedachte »Teddy« Roosevelt wurde von seinen Landsleuten als Verkörperung ihres neuen Menschentyps, des tief demokratischen, unkonventionellen sowie unbekümmert energischen Amerikaners geradezu vergöttert. Roosevelt liebte es, den am meisten beachteten Job seines Landes auszufüllen, tat Gutes, ließ sich gern dabei fotografieren und redete noch lieber darüber. Als junger Präsident unterhielt er seine Mitmenschen vortrefflich, brachte saft- und kraftvolle Abwechslung in Amt und Presse und kümmerte sich recht wenig um spießige Normen.

Man stelle sich vor, seine zu der Zeit 17jährige Tochter aus erster Ehe rauchte öffentlich auf Washingtons Straßen! Seine ebenso unerzogenen Kinder aus zweiter Ehe verwandelten das Weiße Haus in ein Tollhaus, tobten und schrien darin, wie Kinder das halt zu Hause tun. Außerdem bot Teddys Vorleben Stoff zur Unterhaltung und zu romantischen Illustrationen.

Heute tät' man Teddy Roosevelt vielleicht als »Macho« einordnen und träfe mit dem Titel nur äußere Phänomene, nicht sein Wesen. Weil sich das so sehr mit der nationalen Mentalität deckt und seine Biographie einiges an Vorgeschichte und Rahmenbedingungen selbstverständlich auch unseres Buchthemas bebildert, sei mir bitte erlaubt, darin zu schwelgen:

Als asthmatischer Sprößling einer einflußreichen Sippe zwang sich das Kind zu viel Sport. Die von holländischen Einwanderern abstammende Familie nahm den Knaben auf Reisen nach Europa und dem Mittelosten mit. In Dresden ließen ihn die Eltern einige Monate, dort in Sachsen sollte er Deutsch lernen. Ob das Hochdeutsch wurde? Der mickrig Gebaute und von Schulkameraden gern Getrietzte, trieb früh Krafttraining und erlernte das Boxen. In dem brachte er es zu einiger Meisterschaft, noch als junger Anwalt war er als kampfbereites Hähnchen berüchtigt, dem auf jede, auch eingebildete, Ehrabschneidung wütend der Kamm schwoll.

Der Jura-Student in Harvard rannte, wo andere gingen, schloß seine Fächer, wenn mal nicht als Bester, dann unter den Besten ab. Seine Neugier an der Welt blieb ihm bis in den Tod ungesättigt, seine schlechten Augen lasen sich durch Bibliotheken. Die Seegefechte des bislang letzten Krieges zwischen Großbritannien und den USA – 1812 – analysierte und interpretierte er in einem viel beachteten Buch. Der Eliteclub Porcellian nahm ihn darauf und eben nicht seiner Ahnenreihe wegen auf. Jahrzehnte später renommierte er damit vor unserem alten Kaiser Wilhelm II. und Edward dem VII., King der Briten. Die waren pikiert, verstanden nicht recht, daß sich einer nicht mit der Position beschied, die ihm allein seine Herkunft garantierte.

In der Republikanischen Partei wirbelte Roosevelt aktiv. Man wählte das aufgeregte kleine Kerlchen mit der dicken Brille zum Beigeordneten in New York City. Familie und Vermögen ebneten seinen politischen Aufstieg. Roosevelt fiel es leicht, gegen Korruption vorzugehen: Wer die Taschen voll hat, was soll der die Hand aufhalten? Mit dem Aufdecken von allerlei Schiebereien im Verwaltungs-Apparat machte er sich bei denen drinnen un- und bei denen draußen beliebt. Ein anderer kurzer Amerikaner mit Zukunft, Samuel Gompers, damals ein junger Führer der Tabakarbeiter-Gewerkschaft (später Gründer und treibende Kraft des amerikanischen Gewerkschaftsbundes), führte den jungen Roosevelt durch Elendsviertel, wo sozial kleine Menschen vegetierten. Roosevelt gab seinen unreflektierten ökonomischen »Herr im Hause«-Standpunkt auf, geriet in den Ruch sozialer Laxheit und in Parteikabale. Sein weiterer Aufstieg entsprach nicht mehr seinem dynamischen Ehrgeiz.

In einer offenbaren Liebesheirat hatte er sich früh gebunden, seine Frau starb bei Geburt der einzigen Tochter. Er kaufte eine Rinder-Ranch in den Dakota Badlands am Fuß der Schwarzen Hügel von Dakota, nicht zu weit von Sturgis entfernt. Hier wirkten zu seiner Zeit auch Wild Bill Hickock, Calamity Jane und andere Wild West Legenden. Die ungezügelten Menschen, die weiten Räume ergriffen ihn mit ihrer freien, dabei gefährlichen Atmosphäre.

Der Viehzüchter Roosevelt schrieb ein neues Buch »The Winning of the West« (wie der Westen erobert wurde«, oder so ähnlich) und für Ostküsten-Zeitungen Artikel, die das energische Lebensgefühl der Westler deklamierten. Auf dazu veröffentlichten Fotos steckte er in eines Outlaws Outfit, und obwohl seine Augen hinter dicken Brillengläsern verschwimmen, guckte er wie ein Echter durch sie durch. Man mochte ihn als spintisierenden Romantiker belächeln, seine Ranches warfen Gewinn ab, die hatte er im Griff. Auf Dauer hatten ihm der Wind, die Ochsen und Kühe aber nicht genug zu sagen, Menschen und deren Lebensbedingungen wollte er formen. Der gelangweilte Rancher verließ die Dakota Badlands, um in die Politik zurückzukehren.

Skandale waren inzwischen reichlich angefallen, die Wähler erinnerten sich seiner Integrität. Als Pionier des Westens auftretend, versprühte er mehr Tatkräftigkeit als je. Energisch füllte Teddy nach und nach diverse Posten aus, verwies auf seine Meriten und schrie nach mehr. Um ihm das Maul zu stopfen, bestallte man ihn endlich als Unterstaatssekretär der Marine, schließlich hatte er ja mal ein Seekriegsbuch veröffentlicht. Auf der untersten Ebene der Regierungsmannschaft krebste er umher, wesentliche Entscheidungen mußten vom Minister, Kabinett sowie Präsident

Roosevelts nicht so dynamischer Nachfolger Taft liebte Motorradrennen...

McKinley abgesegnet werden. Nun war er doch ins Joch politischer Ochsentour gerutscht, was ihm nicht paßte.

In Präsident McKinleys erster Wahlperiode verschärften sich Spannungen mit Spanien um den Einfluß in den Philippinen und Südamerika. Der Unterstaatssekretär des Marine-Ministeriums glaubte an die Unvermeidbarkeit der militärischen Konfrontation mit den Spaniern und wußte sehr wohl um die moderneren Kriegsschiffe der US-Navy. Präsident und Minister sahen das lockerer, nahmen wie gewohnt frei. An einem Wochenende verfügte Roosevelt, quasi als Wachhabender der Regierung, über die Macht der US-Navy. Seinem Schützling Commodore Dewey übermittelte er den Befehl, die spanische Pazifikflotte in der Manila-Bucht anzugreifen. Die technisch überlegenen Amis schossen die überraschten Spanier zusammen, die, nachdem 381 Spanier tot oder schwerverletzt wurden, die weiße Flagge hißten. Keine Kugel ihrer Armada hatte einen US-Dampfer getroffen. Allein ein übergewichtiger Mechaniker der US-Navy erlag einem Hitzschlag.

...mochte den jungen Erwin Baker, der sich auf Kurzstrecken- und Straßenrennen für seine späteren Kontinentalrekorde einstimmte.

Als in den USA bekannt wurde, daß Teddy Roosevelt nicht nur eigenmächtig einen Krieg ausgelöst, sondern gleich die erste Schlacht gewonnen hatte, jubelten dem Erfolgreichen die Medien zu. Doch unter den übergangenen Ministern seines Kabinetts hatte sich der Eigenmächtige unmöglich gemacht. Das störte ihn wenig.

Für den amtlicherseits unerwarteten Krieg mußte die gerade 28000 Mann zählende US-Wehrmacht schnellstens vergrößert werden. »Junge gute Schützen und gute Reiter« wurden zur Bildung von Freiwilligen-Regimentern aufgerufen. An geeignet scheinende Mitglieder vergab der Präsident Offizierspatente. Teddy nahm eins, er wollte aus behördlicher Langeweile raus ins echte Leben, der Roosevelt-Clan finanzierte ihm die First Volunteer Cavalry Division, die später als »Roosevelt's Rough Riders« berühmt wurde, benannt nach ihrem Finanzier, Führer und Oberstleutnant Theodore Roosevelt. Die Rough Riders stürmten auf Kuba die verteidigte St.-Juan-Anhöhe.

In den USA fanden sich Journalisten und Maler, die nicht Dabeigewesenen zeigten, wie Teddy mit gezogenem Säbel der Attacke seiner Schwadron voranstürmte. Normalerweise wird der Auftraggeber solcher Schlachtendarstellungen haltlos übertrieben als Supermann ins Bild gerückt. Aber über Roosevelts persönliche Tapferkeit, seinen unbedingten Siegeswillen, bestand nirgends Zweifel. Jedem war bekannt, daß er eine auffallenssüchtige und auffallende Persönlichkeit war, sicher wird er bei solchem Anlaß niemand Vortritt gelassen haben. In Interviews und Artikeln nach dem Krieg rasselte Teddy nicht mehr mit seinem Säbel, sondern überlegte konstruktiv Formen des Friedens. Die Amis liebten ihren Helden umso mehr, die Presse überschlug sich in Lobpreisungen.

Dabei vergaß sich leichter, daß er den Krieg wohl allein ausgelöst, aber nicht solo gewonnen hatte. Trotz Opfern schien den meisten – und vor allem den reichsten – Amerikanern der Preis für ihr neues Imperium niedrig. Die Philippinen und Kuba wurden politisch wie wirtschaftlich von US-Interessen verwaltet. Für seinen zweiten erfolgreichen Wahlkampf nahm McKinley den Helden zum Vizepräsidentschafts-Kandidaten. Monate nach Antritt seiner neuen Präsidentschaft erlag McKinley einem Attentat, Roosevelt folgte ihm im Amt.

Er verstärkte die globale Rolle der USA, besonders in Mittel- und Südamerika. Seine Verwaltung sicherte in diesen Staaten großen US-Firmen das Sagen. Um z. B. den Bau des Panama-Kanals zu erzwingen und ihn später kontrollieren zu können, zettelte er Putsche in Kolumbien an, nahm diesem Staat die Landbrücke nach Mittel- und Nordamerika fort und gründete auf ihr den neuen Staat Panama. 1905 war der Panama-Kanal fertig, durch den die US-Navy sehr viel schneller vom Pazifik zum Atlantik und umgekehrt verschoben werden konnte. Die USA besaßen globalstrategisch beste Positionen.

Weil sie aus vorher relativ teuren Artikeln enorm günstige Massenwaren schuf, sorgte die längst das Wirtschaftsleben bestimmende industrielle Fabrikation für breite Beschäftigung und gesteigerte Kaufkraft. Waren die Läden voll, wurden sie auch leergekauft und bald wieder gefüllt. Trotz immer noch schreiender sozialer Ungerechtigkeiten erfaßte in Arbeit und Lohn Stehende ein Gefühl von Wohlstand und Vorwärtskommen.

Zweifellos hätten die Amerikaner Roosevelt ins höchste Amt auch ein drittes Mal genommen, allerdings unterwarf er sich der Präsidenten-Tradition, nur zwei Amtsperioden zu dienen, übergab seinem Parteifreund William Howard Taft die Kandidatur und 1909 das Amt. Dann unternahm er eine lange Afrika-Tour. So vieles gab es noch zu sehen und zu erleben.

Glich Roosevelts Präsidentschaft einem endlosen Feuerwerk, das die erstaunten Amerikaner immer wieder erfreut beklatschten, so schien Tafts Administration träge und langweilig. Der dicke, gutmütige Taft machte medienmäßig wenig her. Zeitschriften, hinter denen großes Geld stand, mochten ihn nicht sonderlich. Taft brachte mehr Antitrust-Prozesse in Gang, modernisierte die Verwaltung, griff Kinderarbeit an, sorgte dafür, daß Höhe und Quelle von Parteispenden veröffentlicht, die Einkommenssteuer gesetzlich verankert und in Behörden der Achtstunden-Tag eingeführt wurde. Außenpolitisch nutzte er statt der Peitsche – Marineinfanterie und Kanonenboote – das Zuckerbrot von Geld und guten Worten.

Machthaber lateinamerikanischer Staaten gehorchten nun US-Firmen, wie z. B. United Fruit, nicht mehr stramm. Unverhüllt kassierten sie, um deren Geschäftstätigkeit zu begünstigen. Offene Korruption verrottete das öffentliche Leben mancher Länder, was zu Unruhen und Rebellionen gegen diese Verhältnisse führte. Schließlich intervenierte US-Militär 1912 doch in Nicaragua.

Mit europäischen Nationen versuchte Taft eine internationale Gerichtsbarkeit aufzubauen, um ökonomische und nationale Widersprüche ohne Krieg regeln zu können. Sein eigener Senat ließ ihn dabei im Stich. Bei gutem Willem fehlte dem gemütlichen, großen Mann Fortune. Er resignierte zunehmend, verlor das Interesse an seinem Job und döste bei Reden oder Verhandlungen manchmal ein, wurde darum umso mehr angegriffen. Gern und häufig besuchte er damals Motorradrennen, die galten als wirklich spannend, und bei denen wird er kaum eingeschlafen sein.

Geer

Harry R. Geer aus St. Louis, Missouri, firmierte in seiner Werbung als »The MOTOR CYCLE MAN«, der »Motorrad Mann«. Ein ziemlich guter Fahrer muß er gewesen sein, 1903 hielt er alle Rekorde von einer bis zehn Meilen im Staate Missouri. Wobei wir über die Qualität einer etwaigen Konkurrenz nichts wissen. Aber rausstellen tat er sich gerne in seinen Anzeigen: »He is not an old, bald-headed-has-been, but a young, energetic, hustling American«, kein alter, glatziger Ehemaliger sei er, sondern ein junger, energischer und umtriebiger Amerikaner. Als genau das letzte war der Versandspezialist in der frühen Motorrad-Szene bekannt: »Supplies and Repairs for any Motor Cycle on Earth.« Teile und Reparaturen für jedes Motorrad der Welt. Das werden 1902 weniger als heute gewesen sein, und doch bekam er 1902 89 Seiten eines Motorrad- und Zubehör-Kataloges voll. Direkt vertrieb er seine eigenen Geer-Modelle sowie als Vermittler A.B.C., California, Holley, Indian, Marsh, Merkel, Mitchell, Orient und Thor. Er kaufte gebrauchte Maschinen auf und annoncierte sie ebenfalls.

Eine andere Spitzenidee war sein »Motorcycle Livery Stable«, der während der St. Louis World's Fair an Besucher und Touristen Motorräder vermietete. In seinem 1903er Katalog bietet er einen sauber aussehenden V-Twin eigener Produktion an: »The motor gives full 11.2 H.P. on the brake« Auf der Bremse zeige der Motor echte 11.2 PS. Um den baute er einen extra langen Bock, von diesem Modell ist mutmaßlich keins mehr erhalten. Die Geer V-Twins mäßigten sich im Aussehen, wurden kürzer, aber waren immer noch zu lang und hießen »Geer Green Egg«. Sein Einzylinder Modell taufte er »Blue Bird«. Falls es Erklärungen oder Anekdoten zu seinen Namensgebungen gibt, so kenne ich sie noch nicht.

Für Eigenbauten und Garagenprojekte, den homebrews, verschickte er Gußstücke, Blaupausen, Rahmen, Zündungen, Elektrik, Dichtungen, Bauanleitungen – alles und das günstig. Jemand, der sich das nicht zutraute, konnte sich von ihm ein Duplikat z. B. einer Indian oder Mitchell bauen lassen. Der Clone käme den Käufer viel billiger als das Original. In jenen wilden, enthusiastischen Pionierjahren muß Geer ein wahrer Hacker der Szene gewesen sein. Umsonst beantwortete Geers Team Fragen isolierter Motorradbesitzer aus der ganzen Union, auch wenn sie nicht seine Kunden waren. Ganz gemäß dem Slogan: »Ask Geer, he knows what's what« (Frag Geer, der weiß, was Sache ist). Die Menschen werden es ihm nicht gelohnt und es wird sich für ihn nicht bezahlt gemacht haben. Seine Spur verliert sich vor dem Ersten Weltkrieg.

Die Blue Bird wurde mit 4 PS gewertet, sie hatte verschiedene Antriebsriemen zur Wahl und war schneller als die Mitchell. Sie wog ca. 65 kg, ihr Preis stand auf $ 200,-. Auseinander genommen wurde sie in einer Holzbox verpackt und zuzüglich Fracht entsprechend Geers Zonensystem versandt.

Mitchell

Im letzten Drittel des vorigen Jahrhunderts zimmerte die Mitchell Wagon Company bei Racine, Wisconsin, solides Pferdefuhrwerk, Land- und Überlandwagen, Stadtbuggys und Kutschen. Ihr Gründer und Besitzer war Henry Mitchell, der keinen Sohn, »nur« eine Tochter zeugte und großzog. Die umwarb heftig ein William Turnor Lewis, der privat im Leben von Tochter und Vater und geschäftlich bei der Firma Mitchell bald die Hauptrolle spielen sollte. Als er Mitchells Töchterchen heiratete, wurde Lewis Teilhaber seines frisch gebackenen Schwiegervaters. In den 1890er Jahren gründete er die Wisconsin Wheel Works, die Fahrräder und ab 1901 auch ein Motor Bycycle mit 1¾ PS Motor herstellte. Für 1902 standen dieses 2 H.P. Modell sowie die größere 3½ H.P. im Programm, die der Geer Blue Bird so verdammt ähnlich sah. Mitchells liefen nicht besonders schnell, auch verkauften sie sich nur

Die Geer Blue Bird von 1902 steht heute in Cole's Antique Village in Houston, Texas.

»Rainmaker« Hansen, einer der wenigen, der mit einer Mitchell Rennen bestritt und – noch seltener – der Erfolge heimste.

langsam. Mit ein Grund war vielleicht der geflochtene Lederriemen, der das Hinterrad antreiben sollte. In diesem Jahr benutzten noch Thomas und Merkel einen ähnlichen Riemen, der leichter aus seiner Führung rutschte als es flatbelts hätten tun können. Lewis war das auch nicht so wichtig, er wollte sowieso lieber Automobile produzieren. Die wurden mit mehr Bedacht und Sorgfalt konstruiert als die Motorräder und von 1904 bis in die zwanziger Jahre erfolgreich an den Kunden gebracht. In den Depressionsjahren stieg William Lewis noch einmal um, als er seine Automobilfirma in die heutige Mitchell & Lewis Company hinüber wachsen ließ, die auf landwirtschaftliche Geräte spezialisiert war.

Curtiss

Noch September, doch es schneite während der letzten fünf, sechs Fahrtstunden im Norden des Staates New York. Als wir uns Hammondsport näherten, tauchten am Straßenrand Plakatwände mit Weinwerbung auf, es regnete nur noch. Ah ja, ein Weinanbaugebiet hat milderes Klima, trotzdem krochen wir nachts bibbernd ins Motelbett. Der Morgen darauf eröffnete einen heiteren Herbsttag, inmitten von Weinbergen bestrahlte eine freundliche Sonne einen malerischen Ort am Keuka-See, dem westlichen der Three-Finger-Lakes. Hier wuchs Glenn H. Curtiss auf und verbrachte die meiste Zeit seines Lebens. Im kleinen Curtiss-Museum würdigt das Städtchen seinen Sohn, der es über die Kontinente bekannt machte. Oder schon mal was von Hammondsport gehört, vor diesen Zeilen, über Curtiss? Eben. Der Besuch dort zählt zu den Freuden an der Vorbereitung dieses Buches.

Mit Glenn H. Curtiss haben wir einen Hecht unter den Pionieren der amerikanischen Motorrad-Branche erwischt. Was lehrt einem ein Pionier Neues? Seine Fehler. Wir genießen den erst unbeholfen tapsenden, dann energischen Aufbruchsgeist, mit dem ein Motor-Pionier seine Zeit beschleunigte und seine Mitmenschen erregte, schwelgen in Meldungen des »Hammondsport Herald«. Der berichtete oft und wahrscheinlich gern über seinen Anzeigenkunden Curtiss. Was sonst so am Anfang unseres Jahrhunderts Weltbewegendes passierte in einer kleinen amerikanischen Stadt, wurde nebenbei mitgeteilt.

Glenn H. Curtiss' Vater besaß einen kleinen Pferdegeschirr-Laden, wo er auch andere Lederwaren verarbeitete und verkaufte. Er starb 1882, als Glenn grade vier war. Acht harte, arme Jahre folgten, bis die Mutter einen Charles Adams heiratete. Die neue Familie zog nach Rochester/New York. Wahrscheinlich adoptierte der Stiefvater Glenn und seine Schwester Ruth nicht, denn beide behielten ihren Nachnamen Curtiss.

Glenn entwickelte sein Verständnis für alles Mechanische, indem er alle Geräte und Maschinen, derer er habhaft werden konnte, auseinandernahm und nachfolgend oft zusammenfügte. Als Junge brillierte er mit kleineren wie größeren Reparaturen und besuchte weniger begeistert öffentliche Schulen. Gut war er nur in naturwissenschaft-

Der junge Glenn auf seinem Rennrad, etwa 1893.

Viele Bastler und Tüftler wollten statt fertiger Lösungen lieber eigene finden. Curtiss bestellte für seinen Eigenbräu Gußteile bei Versandfirmen. Später verkaufte er ebensolche, selber produzierte Elemente.

Von Anfang an nahm er mit seinen Maschinen an Rennen teil.

besser leiden. Bei jeder Anfahrt mühte er sich, die Zeit der letzten zu unterbieten. Vielleicht hat's ihn zu sehr angestrengt, denn schließlich verblieb er bei der Großmutter. Geld verdiente er nun als Assistent beim Hammondsporter Fotografen Saylor, wo er sich aber nicht entfalten konnte. Mit seinen mechanischen Ausdrucksfähigkeiten überstrahlte er die lokale Jungmännerszene, galt als Abenteurer- und Siegertyp. Im Winter kufte er auf dem fixesten Schlitten hügelab, auf dem zugefrorenen See sauste sein Segelschlitten am hurtigsten.

In der schneefreien Zeit galt er als rasender Radler, er trainierte regelmäßig in den Hügeln der Umgebung. Der Drugstorebesitzer James Smellie eröffnete das erste Radgeschäft am Ort und stellte ihn ein. Für die jungen Radler der Umgebung besaß Curtiss wegen seiner Rennerei hohen Status und enttäuschte sie auch als findiger Mechaniker nicht.

Smellies Werkstatt schmiß er nach zwei Jahren und beschloß wachen Geistes, selbständig zu werden. Seit *1897* führte er einen eigenen Fahrradladen. Im Winter, der Saure-Gurken-Zeit der Radbranche, diversifizierte er sich, hängte über den Radladen ein großes Schild: »Industrial Incubator« – Industrieller Brutschrank. In dem stellte er aus alten Dosen Acytelen-Gasbereiter und -behälter her, brachte elektrische Klingeln wieder zum Bimmeln und schaute, was er sonst an Reparaturaufträgen bekam.

Er nahm während der Saison weiter an Rennen teil und gewann regionale Meisterschaften. Schnell war er, weil seine Mechaniker-Fantasie seine Strampelenergie ergänzte. Was er im Kopf hatte, brauchte er nicht in den Beinen zu haben. Rohre seiner Räder und Felgen schliff er leichter und fräste eigene Ritzel, damit die Übersetzungen zur jeweiligen Strecke paßten. National bekannt wurde sein Sieg im New York-Philadelphia-New York-Rennen. Eine Profi-Perspektive im Radrennsport strebte er nicht mehr an, das Fahrrad hatte er so schnell gefahren, wie sich ein Fahrrad schnell fahren ließ. Um Roleur bleiben zu wollen, waren die Möglichkeiten der am Horizont auftauchenden neuen Bewegungsformen zu aufregend. Curtiss wollte Gestalter einer noch schnelleren Zukunft werden.

Wohl der erste gebrauchsfähige Motorrad V-Twin Amerikas, der Curtiss-Hercules von 1903.

lichen Fächern, ausgezeichnet in Mathematik. Sein Highschool Abgangsdiplom bezeugte hundert maximal mögliche Arithmetik-Punkte, 99 in der Algebra, 80 noch ausreichende Grammatik-Punkte, gerade 75 Pünktchen für Rechtschreibung und Wortwahl seines Englisch. Seine Lehrer charakterisierten ihn dennoch als scharfsinnigen Theoretiker und konsequenten Umsetzer praxisbezogener Pläne. Neben der Schule hatte er als Telegrammbote der Western Union gejobt und davon angeregt, für sich eigene Telegraphiergeräte aus Holzspulen, Nägeln, Blech und Draht gebastelt. Später montierte er Fotoapparate und Optiken bei Eastman Kodak in Rochester. Er ordnete sich nicht recht in seine Familie ein, radelte fast jedes Wochenende die 75 Meilen nach Hammondsport und zurück. Dort mochte die Oma den Halbstarken

Im Lokalblatt taucht er mit einer Eigenanzeige vom *30. Mai 1900* auf. Er führe Fahrräder der Marken National (aus Bay City, Michigan), Cleveland, Manson und Eagle. Von all den Rädern, die er dies Jahr schon verkauft habe, wäre keins zur Reparatur in den Laden zurückgekehrt. Ein Sonderverkauf stehe grade an, Markenräder mit Listenpreisen zwischen zwanzig bis fünfunddreißig Dollar gebe er kurzfristig für 18.95 US-$ ab. In unbeschwerter Kaufmannslogik folgerte er, man spare einen bis fünfzehn Dollar, indem man neunzehn (bei ihm) ausgäbe.

Seine jetzigen großen Ausmaße verdanke sein Fahrradgeschäft seinem vorsichtigen und konservativen Management. Vorsicht und Konservatismus also. Solch Eigenschaften schrieb, außer er sich selbst, kaum jemand Curtiss zu. *August 1900:* Um die häßlichen Kästen, Schachteln sowie anderen Abfall um sein Fahrradgeschäft an der Pulteney Straße zu verbergen, zog Curtiss entlang der Straße einen hohen Plankenzaun.

März 1901: Markenräder von 13.50 US-$ aufwärts! Im Juni gleichen Jahres hatte James H. Smellie den rührigen Konkurrenten satt und verkaufte sein Fahrradgeschäft sowie seine Filiale im zehn Meilen südlichen Bath an Curtiss. Smellie verlautbarte, sein Drugstore, die Medical Hall, wäre inzwischen so beliebt, daß er es für nötig erachte, seine gesamte Aufmerksamkeit dem Drogengeschäft zu widmen, besonders, wo er jetzt eine neue, hervorragende Serie von Mitteln und Extrakten auf den Markt brächte. Kurz drauf schaltete Curtiss eine Annonce: Um seinen um Smellies Vorrat erweiterten Lagerbestand hervorragender Fahrräder zu reduzieren, würde er diese preislich reduzieren.

Auf eine Anzeige im »Scientific American« bestellte er einen Satz Gußstücke. Bearbeitet und montiert sollten die Teile ein Motor werden. Nach Ausschleifen und Feilen maß die Zylinderbohrung 75 mm, der Hub 100 mm. Der Motor allein wog 90 Kilo. Glenn fügte ihn vor allerhand Bewunderern in einen dafür zersägten Radrahmen, an den schraubte er Räder, Pedale und Sattel, setzte einen Eigenbau-Vergaser ein und zündete das Getüm. Alle zehn Umdrehungen detonierte der Motor mit derartiger Unwucht, daß er fast aus dem Rahmen sprang. Vielleicht mußte das so sein, Curtiss setzte sich oben drauf, und schon ging's hochgestimmt los. Der halbe Ort war auf den Beinen, die andere Hälfte rief der Explosionslärm herbei. Alles bestaunte und bejubelte Curtiss' erfolgreiche Runde um den Stadtpark. Er hebelte den Vergaser auf, das Gerät sollte zeigen, was es hergab. Nicht zu wenig, alles ging etwas schnell, schon drosch er runter zum See. Rechts und links lagen Boote am Ufer, standen Wagen im Weg, überall johlende Leute, nervöse Gäule. Ein freier Sprung ins Wasser war nicht möglich. Längst wußte er, was er in der Begeisterung an seinem Motorrad vergessen hatte: Bremse und Rücktritt. Der wilde Ritt war beendet, als er gegen einen Baum prallte.

Eine Weile herrschte im Herald Ruhe um Curtiss. Die Lake Keuka Navigation Company kündigte an, daß sie ein Sonderschiff einsetze für Teilnehmer der Feier am Soldaten Monument in Penn Yan (Ort ca. 15 Meilen entfernt am anderen, dem nördlichen Ende des Sees). De Croat, der vor kurzem das Saylor Photo Studio übernommen hatte, meldete, daß er vor Abfahrt und nach Ankunft das Studio offenhalten werde, sicher eine feine Gelegenheit für Veteranengruppen, sich uniformiert lichtbildnern zu lassen. Ein Service, der durchaus Profit versprach. In der Nähe des Sees stand ein Soldatenheim für alte und verkrüppelte Veteranen.

Obwohl allseits das neue »Horseless Age« abgefeiert wurde und Curtiss sich aggressiv um Verkäufe bemühte, warf sein Geschäft mit der pferdlosen Mobilität in seinem Ort nicht genug ab. Er erweiterte sein Programm und nannte seinen Laden nun Harness

Den Zweizylinder steckte er in einen unten offenen Rahmen, so sah das getriebelose Motorrad dann aus. Ab 1905 hieß seine Marke »Curtiss«.

Erster Erfolg in Ormond Beach, Florida, 26. Januar 1907, voll Stolz signierte er das schnell entwickelte Bild und sandte es nach Hammondsport. Die Meile in 46 2/5 Sec., ca. 75 mph.

Frühjährliche Seespiegelung in Nevada.
Das gewaltige und wunderschöne Amerika zu erfahren und sich an ihm zu erfreuen: damals wie heute bester Grund für ein Motorrad: Genuß auf zwei Rädern ohne Filter, ohne Glas- oder Gummischutz – bleibt der tiefste.

Ohne Rennstreß – Ausflug mit Freunden auf »Hercules« Motorrädern mit Tandemsitzen, ca. 1902–1905. Links Mr. und Mrs. Leonard Waters, rechts Glenn Curtiss und Frau Lena.

And Bicycle Store. Harness bedeutet in diesem Zusammenhang Pferdegeschirr. In die Regale kamen zudem Horse Furnishings, diverse Artikel für Roß und Reiter bis hin zu beider Bekleidung. Wer sich oder seinen Gaul nach eigenem Gusto anziehen wollte, auch dem konnte Curtiss helfen, er führte nunmehr auch Nähmaschinen.

Den Hammondsporter Damen entwickelten Geschmackes, denen Selber-Nähen oder Selbstgenähtes nicht zumutbar war, bot sich ab Anfang Oktober eine modische Alternative. Miss M. K. Keough lud zur dreitägigen Eröffnung ihrer Feinschneiderei und Boutique. Sie annoncierte, Miss De Lany engagiert zu haben. Eine Putzmacherin einschlägigen Rufs im Galanterie- und Modewarengewerbe, deren Hüte sie als erfahrene Verwenderin schöner Muster, persischen Samtes, feiner Federn samt denen von Straußen ausweisen. All die neuesten Neuigkeiten der Putzmacherkunst wären nun auch am Orte – bei ihr – zu finden.

Im November erschöpfte das Soldatenheim mit 1706 Insassen seine Aufnahmekapazität. Inzwischen mußte Curtiss sein zweites Motorrad gefertigt haben, im *Januar 1902* gab er dem Herald zu Protokoll, Numero Uno wäre zu schwer gewesen und hätte zu viel Leistung für diese Gegend besessen. Wer dabei gewesen war, wußte, was er meinte. Curtiss gab seinen Fehlschlag als Einstimmung zur Verkündung seines nächsten Triumpfes zu. Schon längst wäre sein neues, besseres, sein zweites Motor Cycle fertig, das ein perfekter Erfolg zu sein scheine. Den zweiten Motor hatten sie in Kirkham's Machine Shop in Bath montiert, Bohrung: 3,5 in., Hub: 5 in.. Der brachte das Rad bis auf allemal 30 Meilen. Mit ihm erkletterte Curtiss die meisten Hügel der Umgebung.

Damit könne er ohne Sorgen eine Serienfertigung starten, hätte ihm vor kurzem ein Fabrikant geschrieben. *Anfang März* kaufte ihm ein Pennsylvanier die zweite Maschine ab. Die Dritte geriet zum Moto-Tandem. Vorne mit waagrechter Stange der männliche Rahmenteil, dahinter ein geöffneter, für die Lady. Die Curtiss-Information im März: er plane, den Schwerpunkt seines Ladens in Bath auf Motorräder zu legen und überlege, ein weiteres Fahrradgeschäft zwanzig Meilen südöstlich, in Corning zu eröffnen. Im April war seine Vierte fast vollendet.

Mitte Juni hatte er Walters, dem Bäcker von Corning, das Tandem angedreht und erzählte dem Reporter, überall träfe er auf tunliche Nachfrage nach seinen Motorrädern. Ein weiteres Gerät baue er für jemand in Bergen, New Jersey. Im *August 1902* kolportierte der Herald, daß Thomas A. Edison meine, in dreißig Jahren seien die Dampf- durch Elektroloks ersetzt, und daß dann elektrische Fahrzeuge überall das Pferd verdrängt hätten. Der Redakteur sah das nicht so und gab dem Hammondsporter Standartenträger dieser Zukunft einen netten Seitenhieb: Ein Pferd könne zwar mal austreten oder durchgehen, dafür würde es nie gegen einen Baum knallen und könne auch nicht explodieren. Das läßt den Schluß zu, daß 1901 zwar Curtiss seinen spektakulären Sturz halbwegs überstand, aber nicht sein Gefährt.

Thomas, 1901.
Originaltext: »The Twentieth Century Wonder – Wunder des 20. Jahrhunderts. Nur ein Teil der Aufmerksamkeit, nötig für Pferd und Kutsche, hält Rad und Motor in bestem Zustand und gewährt einen Dienst, der ungemein verläßlicher und schneller ist.«

Orient, 1903.
Eine Wiederherstellung des kalifornischen Restaurateurs Mike Parti.

Indian, 1902.
Motorleistung 1¾ PS, Gewicht 50 kg. Im Cameltank eine Gallone Sprit. Steve McQueen besaß sie, bei seiner Nachlaß-Auktion in Las Vegas ersteigerte sie unser Freund Butch Baer.

Die Crouch Bj. 1906
stammt aus der Mike Parti Collection, Vaughn Dutch zog die goldenen Pinstripes.

James Garner auf einer Harley-Davidson 5:35,
beide Hauptdarsteller einer TV-Serie, in der Sheriff Garner ca. 1910 in einem Westernstädtchen für Respekt vor dem Gesetz sorgt. Die Modellbezeichnung 5:35 bezog sich auf 5 PS Normleistung aus 35 cu.in., 500 cm³. Die Maschine stammt aus Bud Ekins' Veteranenstall. Bud fuhr auch die Stunts.

Indian Twin, 1908.
Der Typ erschien 1907, Hubraum ca. 600 cm³. Bis auf den Motor, natürlich, war er mit dem Einzylinder identisch.

Mike Parti mit zwei Schmuckstücken,
Pierce Single, 1910 und Excelsior Autocycle Twin, 1911.

Harley-Davidson, 1913.
Jim Beck, Chopperbauer aus Pomona seit den Sechziger Jahren, wollte Geschichte und
Tradition verstehen und entdeckte seine Liebe zum Motorrad der Pionierzeit vor Weltkrieg I.

Flying Merkel, 1912,

Model 57, 1000 cm³, Eclipse-Kupplung, Troxel- oder Persons-Sattel, Merkel-Teleskopgabel und Hinterradfederung, eingekapselt im schrägen Rahmenrohr unterm Sattel. Ebenfalls im Rahmen einbezogen der aufrechte Öltank. Der Grundpreis betrug 225 $, Gepäckträger kostete 5 $ extra.

Yale, 1913,

7 PS-Klasse. Designer, nicht Konstrukteure, durchdachten die Kühlrippen, die Luftstrom wie Wärmeabstrahlung nicht optimierten. Beweis: Die aufmerksamen Konkurrenten griffen nicht auf diese Idee zurück. Das Motorgehäuse scheint für die 800 cm³ der beiden Zylinder etwas geräumig.

Thor, 1915,

1220 cm³, Zylinderwinkel 50 Grad, Einlaßventile und kugelgelagerte Kipphebel sind umschlossen. Zahnräder im Steuergehäuse betreiben Ventilsteuerung, Zündung, Ölpumpe. Thors kamen erst aus Aurora, dann aus Chicago. Eine Arbeit von Richard Morris.

Indian Big Twin, 1915,

Der 42-Grad-V-Motor zeigt noch seine Herkunft vom Hedstrom-Aurora-Single, den auch Thor anfangs nutzte. Die Indian-Hinterradführung war der Merkels unterlegen. Der in die Jahre gekommene Hedstrom-Motor erlebte sein letztes Jahr, seine von Charles Gustafson gezeichneten Nachfolger warteten schon.

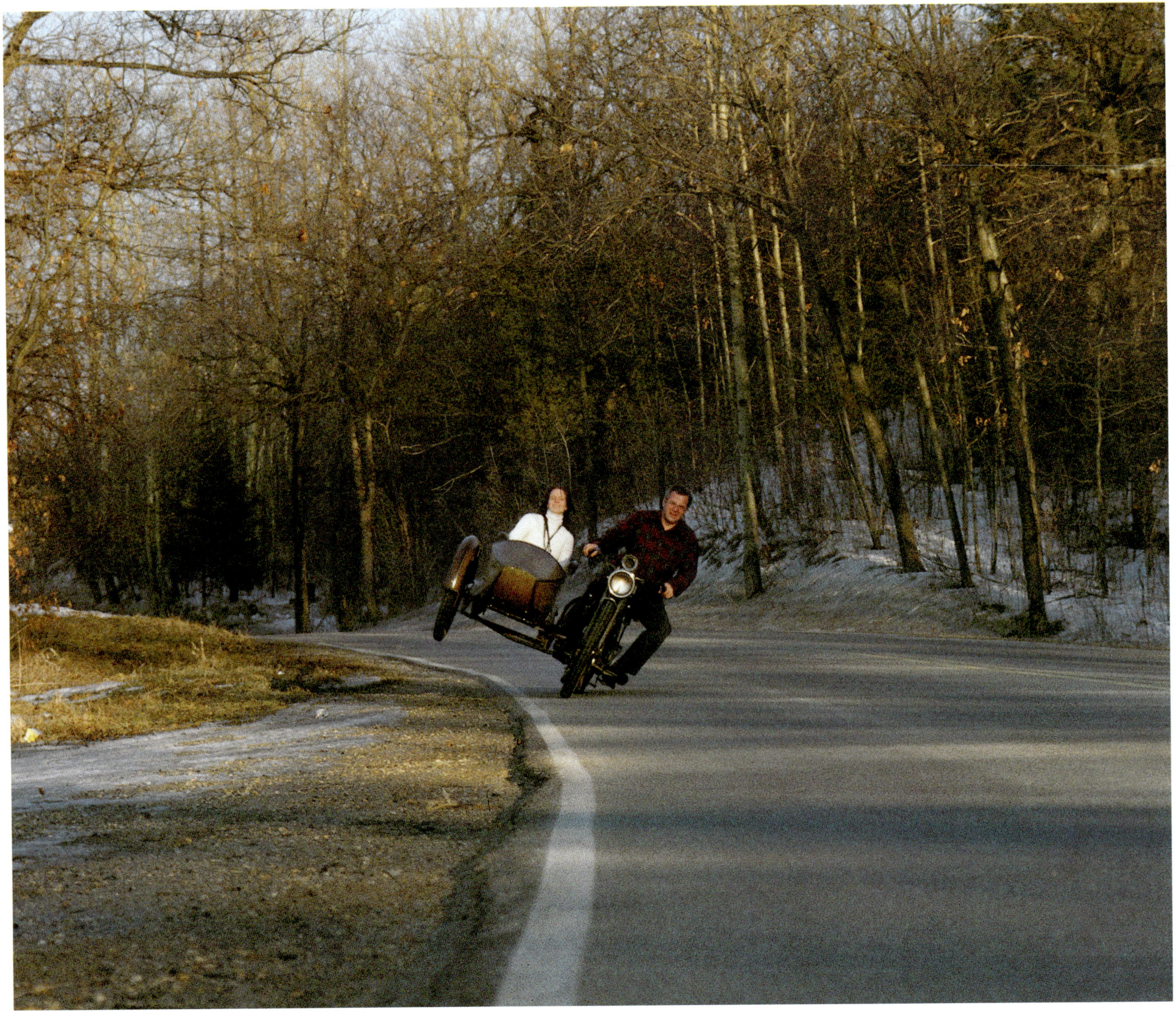

Sein Harley-Gespann von 1916

besitzt noch so viel Dschumm, daß Joe Koller Christel einen ordentlichen Schreck einjagt, als er das Boot liftet. Das Fahrwerk ist so stabil, daß er bei 80 km/h ohne Anstrengung balancieren konnte.

Motorentechnik entdecken, der Rennleidenschaft frönen, davon leben und seiner strukturschwachen Gemeinde helfen: Wie mußte ihn das befriedigen. G.H. Curtiss Mfg. Company in Hammondsport, N.Y., 1907 aus der Vogelperspektive.

Im selben Blatt sank der Dampfer »Cricket« nahe seinem Dock, das Geheimnis »Warum?« blieb erstmal mit ihm in fünf Meter Tiefe. Ende August installierte man in Curtiss Läden und Haus Telephone, diese nützlichen Zeitsparer. Anfang September hätte die untergegangene »Cricket« den regulären Liniendienst über den Keukasee aufnehmen sollen. Zu diesem Termin fand man wenigstens raus, daß Bisamratten ein Loch durch ihren Boden genagt hätten und die Behebung des Schadens allein auf 500 Dollar käme. Im Oktober veräußerte Curtiss seine Pferdezubehör-Abteilung an einen anderen Händler im Ort.

Januar 1903 – vor kurzem hatte Glenn ein Motorrad nach Californien versandt. Über eine Lieferung von 100 Exemplaren seiner neuen Motorradmarke »Hercules« verhandele er mit irgend jemand in Neuseeland, gleich neben Australien. Wie hätte das die Redaktion nachprüfen können? Für den Fall, daß aus dem Geschäft nichts würde, reiste Glenn zwecks Kontakt-Knüpfung zur »Automobile Show« nach New York City. Die Exponate in den Ausstellungsboxen, das Auftreten ihrer Verkäufer, so gut mußte er das allemal können.

Erstmals veröffentlichte er im Februar einen Katalog, dessen kurzerhand Kernaussage war, daß die Hercules schlußendlich zwar die anspruchsloseste, aber zur gleichen Zeit die beste, stärkste und schnellste Maschine überhaupt sei. Vielleicht sprach sich das zu rasant rum, denn gleich im März rief er bei der Herald-Redaktion an: Die Überhäufung mit Aufträgen habe ihn überwältigt. Neues Aufsehen erregte er, als er – als erster Kunde des Hammondsport Post Office überhaupt – einen eingeschriebenen Expreßbrief erhielt. Vielleicht war was dran am Motorradwirbel und trug dieser mit Schuld am totalen Reinfall der diesjährigen Horse Traders Convention am Park Hotel. Denn in Artikeln und Leserbriefen wurde gerätselt, warum die Pferdehändler kein einziges ihrer Tiere loswurden. Nicht mal ein Tausch mit Wertausgleich fand statt.

Im *Mai 1903* spedierte Curtiss vier seiner hervorragenden Hercules Motorräder. Doch sein wirklicher öffentlicher Durchbruch erfolgte, als er siegreich vom Memorial Day Motorcycle Hillclimb bei New York City zurückkehrte. Sein Hammondsport – ein Ort der selbst bei Volkszählungen kommender Jahrzehnte selten mehr als tausend Einwohner listete, ging Ga-Ga für den Mann, der die neue Zeit und ungeahnten Ruhm an den Keuka Lake brachte. Das Hammondsport Orchester gab ihm an seinem Haus »Hillcrest« ein Ständchen. Vor einer Abordnung örtlicher Honoratioren und Geschäftsmänner überreichte Reverend Carlisle dem Sieger eine schön geschnittene gläserne Fruchtschale.

Im Juli übernahm Curtiss die Vertretung von Orient Automobilen, L.D. Masson hieß sein erster Kunde. Mit dessen Orient Buckboard und Dr. Alden unternahm er einen Ausflug nach Prattsburg, hin und zurück 36 Meilen. Vier Stunden waren sie weg, von denen hätten sie aber fast die Hälfte unterwegs an Gespräche mit Neugierigen verwandt. Kurz drauf preschte der Orient mit Curtiss am Lenker und dem leichteren

Masson als Copilot den Mt. Washington Nonstop hoch, und zwar über den Weg, der als Wendeltreppe berüchtigt war. Seine taubstumme Schwester Ruth weilte im August zu Besuch, wollte bald nach Rochester, wo sie hoffte, eine Lehrerstelle an der Taubstummen-Schule zu erhalten. Curtiss brachte sie hin, verband den Trip mit geschäftlichen Abstechern nach Batvia und Syracuse. In Syracuse startete er beim Zwei-Meilen Rennen für Motorräder, das er nach spannenden Gefechten kurz vor dem Ziel mit einer Viertelmeile Vorsprung anführte bis die Zündung ausfiel. Gedemütigt sah er einen Konkurrenten nach dem andern an sich vorbeibrettern. Die Idee, per Pedaltreten die letzte Strecke ins Ziel zu überwinden, sei ihm erst nach dem Rennen gekommen.

Jeder auf seiner Hercules, ritt er mit Charles Kirkham, seinem Maschinenbauer, im Oktober nach Frankfort bei Utica, hin und rück allemal 200 Meilen. Anlaß waren Gespräche mit dem aus Kalifornien angereisten Mr. Benbow. Benbow hatte die Anfang 1903 nach Californien versandte Hercules ebendort kennengelernt und wollte so einen Motor für sein neues Luftschiff »California Arrow« nutzen. Es sollte im Luftschiffwettbewerb der großen St. Louis Ausstellung starten. Curtiss gab sich besondere Mühe, Baldwin und sein Pilot Roy Knabenshue gewannen später das national beachtete Ereignis. Curtiss war tief beeindruckt.

Bald drauf brannte Benbows Fabrik in Californien so gut wie aus, seitdem arbeitete er stärker mit Curtiss zusammen und ließ viel von ihm produzieren. In Providence, Rhode Island, stellte Curtiss einen neuen Weltrekord für Einzylinder-Motorräder auf, als er seine Hercules in 56⅖ Sekunden über die Meile jagte. Wobei der Begriff Weltrekord relativ verstanden werden sollte und nur bedeutete, daß irgendein Verband auf der Welt diese Zeit als Rekord anerkannte.

Maschinenbauer Kirkham starb im Dezember, seine Söhne übernahmen Sägemühle wie Metall-Werkstatt und verstärkten die Zusammenarbeit mit Curtiss. Der besuchte im Januar 1904 die nunmehr Motorcycle Show geheißene Ausstellung in New York City, wo er mit Zulieferfirmen Verträge schloß. Von dort begab er sich direkt zum »Ormond-Daytona Carnival«, wo er für den 28. Januar 1904 Presse, Schiedsrichter und Offizielle zur Begutachtung geplanter Rekordfahrten einlud. Als alles versammelt, das Ritual ordnungsgemäß eingeleitet und der Motor warm war, brauchte Curtiss sich nur noch auf dem Tank zu krümmen und den Gasschieber aufzuhalten, um bekannt zu werden.

Was geschah, fand die Eclipse Machine Co. aus Elmira, N. Y., Hersteller der Morrow Motorcycle Coaster Brakes, so mitteilenswert, daß sie ganzseitige Anzeigen in der Fahrradpresse schaltete: Während der Rennen des Ormond-Daytona Carnival unterzog Glenn H. Curtiss aus Hammondsport, N. Y., den neuen Morrow Motorrad-Rücktritt erfolgreich einem schweren Test. Ohne seine verläßliche Bremse hätte er die Leistung seines Zweizylinder Hercules Motor Bicycle so nicht ausnutzen können. Mit Morrow beendete er beide Wettbewerbe als Erster, das Ein-Meilen- in 59⅕ Sekunden, das Zehn-Meilen-Rennen in 8 Minuten und 45⅖ Sekunden.

Curtiss muß gemeint haben, daß ihn sein Motor und nicht seine Bremse so schnell machte. Auf der geraden Strandstrecke sowieso. In der nächsten Bicycling World setzte er in einer Anzeige für seine Hercules Einzylinder bereits voraus, daß dem Leser bekannt war, daß das Hercules Double-Cylinder Motorcycle das schnellste serienmäßig hergestellte Motorrad dieser Welt ist. Aber, fragte er ihn, »Wußtest Du, lieber Leser, welche von den in Amerika Gemachten die nächst schnellste Maschine ist?« Niemand muß da lange raten, weder damals noch hier und heute. Natürlich war es der Hercules-Einser! Und das nächststarke wie widerstandsfähige Motorrad ebenfalls. Auch seine Einfachheit, seine leichte Reitfähigkeit, der nie rutschende, dabei sanfte Riemenantrieb, verdienten des Lesers Beachtung. Weil der Anzeigenraum so knapp wie teuer sei, könne man nicht alle Vorzüge auflisten, wollte wer mehr über die Herculesse erfahren, so schreibe der doch bitte an die G.H. Curtiss Mfg. Co. in Hammondsport, N. Y., die ihm dafür einen ihrer Kataloge zurücksende.

Über Nacht erwarb er mit seiner Rekordfahrt Ruhm. Es berichteten ausführlich: alle Branchenblätter, Tageszeitungen in Florida und New York, selbstverständlich der heimische Herald. Gemischte Beiträge erschienen in Jugend- und Technikmagazinen, knappere Meldungen in Zeitschriften auf nationaler und staatlicher Ebene. Statt überall dort über zu viel Zeit viel Geld in Annoncen reinzustecken, investierte er für seine Medienpräsenz in Wirklichkeit grade einen Haufen Briefe und Telephonate, eine Reise in den Osten sowie die Feintuning-Arbeit an seinem Motorrad.

Weniger intelligente Rechner hätten Blut geleckt. Taten sie auch, etliche junge Marken ließen neue Rekorde purzeln. Für spektakulärere Höchstleistungen mußte Curtiss auf dickeren Geschützen vorfahren. Das nahm er sich fest vor und war ihm kein Problem. Ein Problem war, daß der bessere Bastler der gekitzelten Kundschaft die Motorräder nicht liefern konnte, die er ihr so großmäulig versprach. Von einer selbst bescheidenen industriellen Produktion war er weit entfernt.

Die Public-Relations-Lektion, mit niedrigen Kosten bekannt zu werden, hatte er erlernt. Nun versuchte er die Fortgeschrittenen-Prüfung. Minimiere den Eigenanteil und maximiere den Gewinn. Das projektierte Werk erforderte ihn, überfordernde Investitionskosten, die öffentliche Hand sollte was übernehmen, ohne daß ihm die öffentliche Meinung das übelnahm. Sowas ging damals genau so, wie heute auch: mit Politik. Während unserer Gattungsgeschichte setzen Interessensverbände über ihre Handelsgehilfen, die Politiker, ihre eigennützigen Sonderbelange durch. Curtiss war an vielem interessiert, die Tricks und Kniffe aber, mit denen Wirtschaft und Politik miteinander kungelten, ihm noch nicht geläufig. Eine einfache, aber wirksame Standard-Eröffnung aus dem (heut noch gültigen) Lehrbuch war sein nächster Zug. Er stellte dem Geschäftsmänner-Verband von Owego – 60 Meilen im Osten – in

DOUBLE CYLINDER, 8-9 H. P.

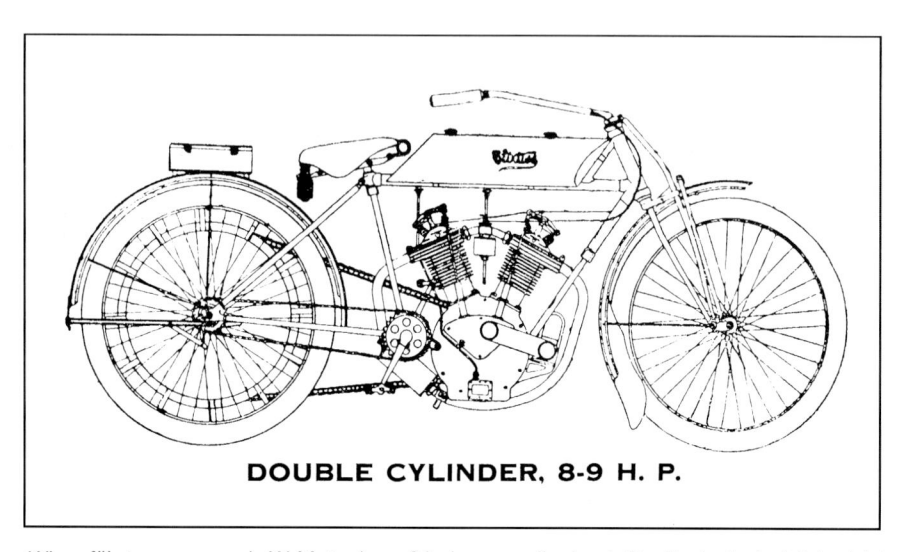

Wie erfährt man, was ein W-Motor kann? Indem man ihn baut. Der Dreizylinder blieb nicht lange im Curtiss-Programm.

Ein scheinbar spinnerter Rennradler voll Weisheit, tiefer als seine Mitmenschen schauen konnten. Manchen, die ihn einst belachten, gab er nun Arbeit und Brot. Mit Angestellten, ca. 1904–6. Hinten links Glenns Frau Lena, rechts Martha Gregory. »Tank« Waters hält's Motorrad, Glenn Curtiss (mit Hut) hinterm Vorderrad.

Aussicht, ihr Städtchen mit einer aussichtsreichen Motorrad-Fabrik an die Vorderfront moderner Industrien zu plazieren. Arbeitsplätze, Sekundärgeschäfte, Gewinn für alle, nie gesehenes Steueraufkommen. Allerdings müßten Stadt wie Handelskammer was dazu tun. Gewisse Angebote der Owego-Geschäftsgemeinde waren so substantiell nicht. Aber bombastisch präsentierte Curtiss sie der Hammondsporter Handelskammer: Oh, Owegos Offerten seien so schmeichelhaft... viel weniger hier ließe ihn der Verführung widerstehen und hielte ihn in seiner schönen Heimatstadt am Keukasee, von der er nicht fort wolle und zu deren Nutzen... Er wird Bürgschaften und kommunale Steuerverschonungen erreicht haben, was ihn für etwaige Kapitalgeber attraktiver machte und seine Verhandlungsposition mit ihnen stärkte.

Am Sonntag, dem 15. Juni 1904, kehrte der für die »Cricket« in Dienst genommene Dampfer »Mary Bell« von der ersten Fahrt zurück, als ein Flammrohr der Dampfmaschine hochwuschte, den Heizraum mit brennender Kohle füllte. Die Kleidung des Heizers Maxwell fing sofort Feuer, er sprang von Bord und in den See. Der gerade an der Seite der nun leistungslosen »Mary Bell« treibende H. G. Layton zog ihn in sein Ruderboot und pullte mit Macht zum Anlegeplatz. Man brachte Maxwell zu Dr.

Vielleicht schuf er Dinge nur, um sie zu verwerfen und danach zu verbessern. Eine weitere V-Twin Version.

Auf seiner Achtzylinder am Strand von Daytona Beach, gleich nachdem er seinen unglaublichen und Jahrzehnte bestehenden 137 mph (220 km/h) Rekord aufgestellt hatte.

Babcock, der die schlimmen Brandwunden behandelte. Heißer Dampf und kochendes Wasser hatten besonders Gesicht und Genick getroffen. Trotz seiner großen Schmerzen konnte Maxwell zum Haus von James Jones in der Orcard Street laufen, wo er blieb, bis er wieder nach Penn Yan konnte. Die Mary Bell lief auch bald wieder im Ausflugsverkehr.

Die staatlichen Dampfkesselinspektoren Preston und van Keuren begutachteten Anfang Juli den zusammengeflickten Dampfer und zogen ihn aus dem Verkehr, bis neue Kessel installiert wären. Die Keuka Navigation Co., hatte nur noch die alte, kleine »Wanderer« in petto. Den Sommerfahrplan ersetzte ein Notplan. Aber wie in der Vergangenheit würde ein befriedigender Verkehr aufrecht erhalten. Die Company trommelte gegen übertriebene Sicherheitsvorkehrungen. Unterließ das dann, als um die Zeit im New Yorker Hafen ein größeres Dampfschiff explodierte und viele Opfer forderte. Stattdessen wurde die Erneuerung von Hülle und Dampfmaschine der auf Trockendock liegenden alten »Holmes« beschleunigt, die dann, renoviert, »Yates« getauft werden sollte.

Zum 300 Meilen Endurance Run New York City-Albany am 2. Juli reiste Curtiss an, hatte unterwegs Pannen und konnte sich nicht mehr am längst gestarteten Rennen beteiligen. Immerhin machte er beim weniger glamourösen Economy Test mit, ein Quart Benzin bewegte seine Hercules 22 Meilen. Der nächste 300 Meilen Endurance Run lief zwischen New York und Cambridge, Maryland. Da flutschte es, er traf mit perfekter Wertung und 15 Minuten Vorsprung an zwei Kontrollstellen ein, bis er weiter vorne einem durchgehenden Pferdegespann in die Quere geriet, wobei die Scheiben der Antriebsriemen brachen. Wat solls, in Cambridge lagen noch andere Rennen auf dem Halbmeilenkurs an, für die er Nenngelder zahlen konnte. Nun war eine scharfe Kurve schuld, daß er sich gleich im ersten Durchgang hinlegte, dabei Körper wie Maschine so derangierte, daß er auf weitere Starts und den möglichen Gewinn eines Blumentopfs verzichtete.

Als er nach Hause kam, ließ man den Dampfer »Yates« ins Wasser. Anfang August erreichte ihn aus San Francisco per Telegraph seine bisher größte Order. Fünf Hercules V-Twins sollten während der St. Louis Exposition eine nicht näher bezeichnete Flugmaschine antreiben. Mitte August empfingen Mr. und Mrs. Glenn H. Curtiss in allen Ehren Mr. und Mrs. Leonard C. Waters aus Buffalo. Ich nehme an, beim Besuch ging's um endliche Freigabe von Finanzen, denn zwei Wochen später kündigte er den Bau seiner Fabrik auf seinem Grundstück an. Entgegen alter Väter Brauch legte er seine Fabrik oben auf dem Hügel an. Schwere Rohstoffe und Materialien mußten hochgezogen und geschleppt werden, während die daraus entstandenen naturgemäß leichteren Endprodukte von allein abwärts rollen konnten. Obwohl die Mopeds mit eigener Kraft sogar locker hätten bergauf fahren können.

Seine Flugmotoren von vor über 80 Jahren wirken selbst heute akzeptabel. Ein Dr. Silverton aus Milwaukee, Wisconsin, bestellte bei ihm einen Achtzylinder, den er dann in seiner eigenen Flugmaschine verwenden wollte. Curtiss experimentierte lange mit dem Design. Schließlich landete er bei einem V8, dessen Zylinder 90 Grad auseinander standen und mit jeweils 3¼ inches bei einem quadratischen Hub-Bohrungsverhältnis. Für Funken sorgte eine Hochspannungszündung, zwei Vergaser

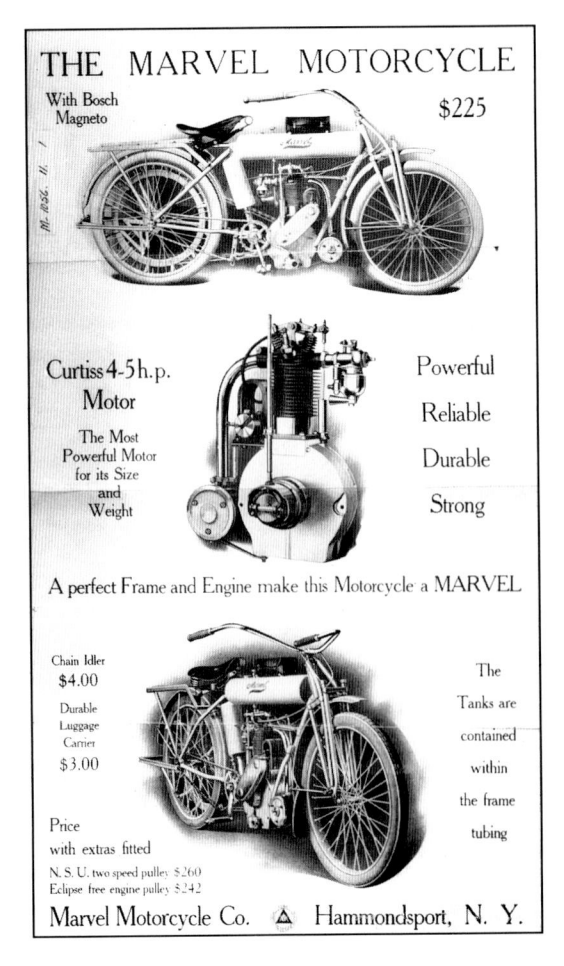

Nachdem er sich zunehmend auf Flugzeugbau konzentrierte, nahm er seinen Namen aus der Motorradbranche. Für einfache Bikes gründete er die Marke Erie. Curtiss schuf später noch die Marvel mit ihrem eigenartigen Ventil-Mechanismus.

fütterten je eine Viererreihe des V8, eine Ölpumpe schmierte die Innereien. Auf mindestens 40 PS schätzte man die Leistung dieses Ungetüms. Mit Dr. Silverton vereinbarte Curtiss, daß er vor Übergabe genug Zeit habe, die Maschine selbst zu testen und es gerade das richtige dafür wäre, Anfang 1907 in Daytona/Ormond eine Weltrekordfahrt zu versuchen.

Den Klotz von Motor verschraubte er in einen eigenen stabilen Rahmen, der vorn auf einem Motorrad- und hinten auf einem Autoreifen rollte. Das ganze kam mit einem Renntwin und einer Supersingle in eine Holzbox und mußte erst mit Pferdefuhrwerk, dann per Bahn an die Ostküste gebracht werden, wo es auf einen Dampfer kam und nach weiteren Tagen in Florida angelandet wurde. Hört sich nicht nur umständlich an, war es auch. Straßen nach Florida gab es keine, eine Eisenbahnverbindung hatte sich auch noch nicht gelohnt.

Am 28. Januar 1907 stellte Glenn Curtiss mit seinem einspurigen Monster auf dem glatten, festen Strand von Ormond Beach, Florida, den damals so unglaublichen wie wahrhaften Geschwindigkeits-Weltrekord von 136,36 Meilen per Stunde auf.

Sein »Middle Initial« H. stand bei Glenn H. Curtiss für Hammond, habe ich wo gelesen. Ob das so ist und was sein zweiter Vorname mit dem Ortsnamen zu tun hat, werde ich beim nächsten Besuch des Curtiss-Museums erfragen. Wer's vor mir tut, möge mir die Antwort mitteilen. An Glenn H. Curtiss' Exempel begreifen wir etwas von der Mentalität der damals oft jungen Gründerväter. Dazu Umstände und Atmosphäre, in der neugierige Amerikaner neue Horizonte, Abenteuer, Geld und Ruhm suchten. Wer um die Jahrhundertwende Verstand und Pioniergeist besaß, der bewies den nicht mehr in der Erschließung des weiten wilden Westens. Der las Fachbücher, experimentierte mit Mechanik, Guß und Zündung, belastete opferbereite Familie und Freunde bis die ruiniert, restlos erschöpft waren oder das Vehikel lief, gar Käufer fand. Dann zählen wir Nachgeborenen seine Motor Company zu den über 2000 US-Auto- oder über 300 Motorradfirmen, die es irgend wann mal in den Vereinigten Staaten von Amerika gab.

Von denen hielten es bis in die achtziger Jahre drei Hersteller von Automobilen und einer von Motorrädern aus. Wären Curtiss' Chuzpe, Energie und Verstand bei seinen Motorrädern verblieben, hieße neben Harley-Davidson eine andere US-Motorrad-Marke heute wohl Curtiss. Doch er wollte höher hinaus und sprang aus der Bratpfanne ins Feuer. Vom heimatlichen Boden am Keuka-See und dann von dessen Oberfläche schraubten ihn seine Motoren und Fluggeräte hinauf in die erdennahe Troposphäre. Er gründete die Curtiss-Werke, stritt mit der Firma der Wright-Brüder endlos vor Gerichten um Flügelanstellwinkel, bis er schließlich als eigenständiger Entwickler anderer Prinzipien als die der Wrights anerkannt wurde. Bald stießen seine Flieger durch die Tropopause in die Stratosphäre. Vor seinem Tod – 1930 – bot sich süße Rache, als sein Werk das der Wrights schluckte. Der vereinigte Firmenname Curtiss-Wright mußte ihm absurd scheinen. Lange nach seinem Todesjahr stieg Curtiss' Name höher als ihn seine eigenen wilden Phantasien vielleicht je führten. Jedenfalls bis zum Mond und weit darüber hinaus. Die Nasa setzt Geräte und Komponenten von Curtiss-Wright ein. Auch die Leser, die keine Astronauten sind, werden aus ihren niederen Schichten schon von den bei Luftverkehrsgesellschaften beliebten Curtiss-Wright Triebwerken und Komponenten bis auf immerhin zehn, zwölf Kilometer über den Meeresspiegel hoch gestoßen und wieder runter gebracht worden sein.

Wenn Du da oben das nächste Mal eine schöne Wolke siehst, nimm einen Schluck auf den fliegenden Motorradler aus Hammondsport.

Indian, II

In New York fand 1902 das erste weit beachtete Motorradrennen der USA statt. Eine Indian gewann, wonach das Werk es sich 'was kosten ließ, das noch nicht Dagewesene bekannt zu machen. Wie überhaupt immer Geld für Werbung und Sport da sein mußte. Die Firma betrieb während ihrer Existenz den Rennsport intensiv, beschickte selbst Wettbewerbe und unterstützte auch Privatfahrer, am liebsten natürlich die erfolgreichen und bekannten.

Der Unternehmer Hendee besaß seine Hauptbegabung in dem, was heute Marketing heißt. Damals nannte man das, worauf sich Hendee so gut verstand, einfach Verkaufen. Er handelte mit einem Produkt, das ähnlichen Produkten verdammt ähnlich sah, wollte aber mehr damit verdienen. Konnte ein Kunde nicht mit eigenen Augen erkennen, was den höheren Preis rechtfertigte, dann mußte Hendee den Unterschied halt hinter dessen Augen, ins Hirn, in den Bereich des Glaubens verlagern. Dazu bediente er sich teurer Anzeigen und bot der sensationsabhängigen Presse Rekorde und andauernde Erfolge im Rennsport an.

1902, 03, 04 gewannen Indians große Endurance Runs und Hillclimbs. Die Chefs selbst besuchten nicht nur Rennstrecken, um sehen und gesehen zu werden. Sie fuhren auch persönlich Rekorde und Pokale ein. In Florida krümmte sich Oscar Hedstrom auf seinem Moped zusammen und hetzte mit Vollgas den harten Strand von Daytona bis Ormond Beach lang. Vielleicht bist Du, lieber Leser, während eines Florida-Trips selbst mal mit seinem heute fast gemütlich scheinenden km/h Tempo den harten, flachen Strand runter. Beoachtet Dich die Polizei dabei, kassiert sie. Damals beachtete die halbe Welt den Rekord, feierte den schnellen Oscar auf seiner schnellen Indian. Bald nicht mehr ganz so tollkühn, leitete Hedstrom aber die Indian-Rennabteilung und, soweit er Zeit fand, führte er als Teamchef seine Indian-Mannschaft, zumindest bei größeren Veranstaltungen. George Hendee, inzwischen füllig um die Taille, teilte lieber auf Endurance Runs seine Zeit genau ein, denn bei den ruhigeren Zuverlässigkeitsfahrten zählten Gleichmäßigkeit wie Pünktlichkeit. Auf der 1904er Weltausstellung in St. Louis erhielt Indian den ersten Preis. Auch kleinere Messen und Ausstellungen wurden von Hendee oder Hedstrom mit Indian-Schaustücken bereist, manchmal sollen sie fast wie Marktschreier auf das Motorrad-interessierte Publikum eingewirkt haben.

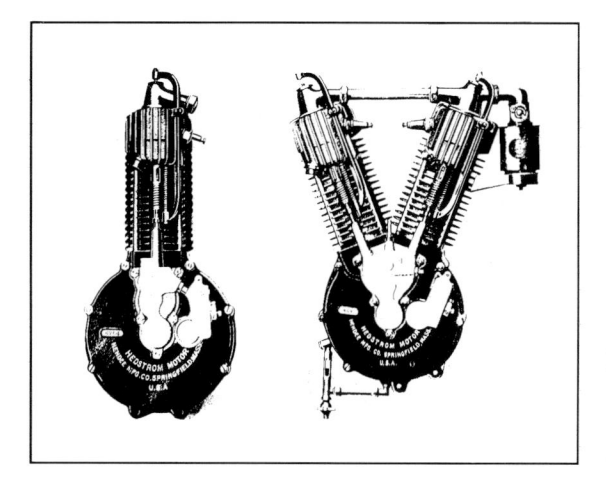

1907, Hedstrom Ein- und Zweizylinder-Motor, mit vom Auslaßventil geführten Bügeln, die das Schnüffel-Einlaßventil zusätzlich mechanisch ansprachen.

Hedstroms Straßen-V-Twin erschien 1907, in der 5-PS-Klasse, ca. 600 cm³, seine Abkunft vom Single zeigt er eindeutig. In der Patrone über dem Vorderschutzblech ist die Feder der cushion fork eingekapselt.

Das Indian-Werk 1907

Die patentierten Bowdenzüge verkaufte über authorisierte Vertreter allein Colonel Bowden – teuer natürlich.

Drum zog Indian eine aufwendige Mechanik vor und reichte 1904 diese Kardangelenke zum Patent ein. Was aus dem Antrag wurde, konnte ich nicht nachprüfen. Jedenfalls nutzten um die Zeit noch einige Firmen derart aufwendige Mechaniken, bis sie sie doch durch Bowdenzüge ersetzten. Die Kunden bestanden auf den praktischeren Zügen. Vermutlich wurden bei gestiegenen Umsätzen Bowdenzüge auch billiger als Indians Gestänge und bald verbaute diese keine Marke mehr.

Cushion Fork hieß ab 1905 Indians erste einfache Vorderradfederung. Im Stil des augenblicklichen Indian-Hauptgebäudes, der früheren Schule, wurde 1906 ein größerer Anbau zwischen Wilbraham und State Street fertiggestellt.

Jahre später verstand »Motorcycle Illustrated« Oscar Hedstrom so, daß er am Entwurf und der architektonischen Ausarbeitung der ersten Indian-Gebäude Anteil hatte. Vielleicht meinte Hedstrom selbst eine Umgestaltung und Einrichtung der ersten nachträglich errichteten Trakte, und der Redakteur hatte ihn mißverstanden.

Ein verläßlich gutes Geschäft bedeutete ab 1905 das mit Polizeibehörden und Ämtern von Staaten und Städten. New York, Boston, Baltimore, Cleveland, St. Louis, Toledo und Los Angeles setzten neben zahllosen anderen Städten Indians-Motorräder ein. Das U. S. Post Office zählte zu den noch größeren Kunden. Die Wirtschaftskrise 1907 schloß viele industrielle Firmen Neuenglands, doch die Hendee Mfg. Co. boomte. Entlassene hochqualifizierte Facharbeiter klopften an Hendees Tür und wurden eingelassen.

Im September und November 1907 ließ sich Hedstrom Details einer Einlaß-Ventilsteuerung patentieren, die ab 1908 die bisherigen Schnüffelventile ersetzte. Das Einlaßventil wurde nicht direkt über Stößel von der Nockenwelle gesteuert, sondern ein gefederter Bügel am hohen Außenventilschaft übernahm den mechanischen Antrieb des Einlaßventils. Was uns heute wie Gebastel eines Heimwerkers ausschaut, wird damals seinen Dienst getan haben. So vertrackt sich das liest und schreibt, so funktionierte dieses System doch irgendwie und holperte nur 1908. Es hatte aber den einen Zweck erfüllt, die gelagerten Schnüffelmotor-Bestände halbwegs modernisiert weiter veräußern zu können. Ab 1909 besorgten zwei Nocken auf der untenliegenden Nockenwelle die Beatmung. Einer wirkte auf das Auslaßventil, der andere bewegte den Stößel zum Kipphebel des Einlaßventils. Ein- und Auslässe von Hedstroms Motoren waren nun mechanisch gesteuert.

Indian rüstete von Anfang an seine Maschinen mit Kettenantrieb aus. Immer mal bei Rennmaschinen und 1910 bei einzelnen Straßenmodellen setzte Indian aber doch auf den Riemenantrieb – in Verbindung mit einem Planetengetriebe sollte sich das aber als Reinfall erweisen. Indian verfügte als erste Marke über richtige Getriebe mit zwei, später mit drei Gängen. Indian gab der Branche über Jahre wichtige Anstöße und Beispiele. Mechanisierte Schmierung, gefederte Vordergabeln und Hinterradschwingen, Magnetzündung, elektrische Beleuchtung, Fußboards, wenn Indian es mal nicht als erste Marke anwandte, dann mit am ehesten. Folgerichtig sahen viele Motorradler die Indians als Wegweiser der Entwicklung ihrer Branche. Vom Wigwam verwandte Features und Gadgets wurden von der Konkurrenz sehr genau beachtet und erhielten oft den Charakter eines Industriestandards.

Im Indian-Katalog von 1908 liest sich, daß der Chefkonstrukteur im Herbst 1904 seinen ersten V-Twin vollendete. Nach zwei Experimental-Jahren wird der im 1906er Katalog in einer Rennmaschine gezeigt, die als Indian Double Cylinder Racer knapp fünfzig Kilo wiegen und immerhin 350 Dollar kosten sollte. Indians Einzylinder-

Straßenmotorrad behielt sein $ 210 Preisschild. Auf den ersten Blick sah es aus, als ob Hedstrom seinem nun schon bewährten Motorblock einfach ein zweites Loch gegeben und in das noch einen Zylinder gesetzt hätte. Hedstroms V-Twin Kurbelgehäuse war aber wuchtiger, bei größerem Durchmesser. Gewöhnlichen Sterblichen ohne Rennambitionen, die nur ein besseres, elastischeres Straßenmotorrad wollten, stand Hedstroms V-Twin ab 1907 zur Verfügung. Und zwar in der 5-PS-Klasse, was einem Hubraum von 38.61 ci entsprach. Er kostete $ 260. Bis auf den Motor, natürlich, war der Twin identisch mit der Single, und beiden sah man ihre Abstammung vom Fahrrad nach wie vor deutlich an. 1908 gabs den Straßentwin so wie im Jahr zuvor und für $ 360 obendrein als Rennmaschine in der 7-PS-Klasse. Bald darauf erschienen die im kommerziellen Bereich geschätzten Tri-Vans und Tri-Cars.

Trotz steigender Konkurrenz wuchs der Umsatz sehr schnell, die Verwaltung kaufte Grund und Boden zu. 1910 stand der zweite, grandiose Komplex zwischen Wilbraham- und State Street, harmonisch an den ersten gekoppelt. Die dann in Anzeigen aufgestellte Behauptung, Indian verfüge nun über die größte Motorradfabrik der Welt, ist schwer zu bewerten. Was immer entspricht dem Begriff »weltgrößte Fabrik«: verbauter Raum, verkaufte Motorräder? Harley-Davidson jedenfalls und später Excelsior stritten Indians Anspruch vehement ab und stellten in ihren Anzeigen und Prospekten klar, daß sie jeweils das größte Motorradwerk der Welt wären. Heute wie damals ein Paris-Urteil, welcher der drei prallen Göttinnen man den Apfel auch reiche, die beiden anderen würden sich nimmer drüber freuen.

Noch bevor alle Wände hochgezogen waren, startete die Produktion in den unteren Stockwerken des Neubaus. Riesige Segel wurden über die Baustelle gezogen, damit viele der inzwischen insgesamt 3000 Beschäftigten in ihren rundum drei Schichten nicht zu sehr mit den Wetterunbilden Neuenglands in Berührung kamen. Was die Kollegen ohne Pause schufen, verpackten andere, der Versand adressierte die Kontingente an weltweit 1800 Händler, und auf einem Indian-eigenen Gleis luden Packer die Kisten in bereitstehende Güterwagen.

Kontinuierlich veränderte Hedstrom die Fahrwerke der Straßenmaschinen. Ab 1909 bog und verwandte das Werk endlich Schleifenrahmen, die ein zusätzliches waagerechtes Versteifungsrohr erhielten. Bisher übliche Diamantrahmen waren noch für eine Übergangszeit erhältlich. »Cradle Spring Fork«, die blattgefederte Vordergabel, die die doch etwas vom Alltag überforderte »Cushion Spring Fork« ablöste, war eine fortschrittliche und wichtige Änderung im Modelljahr 1910. 1911 kosteten das 20 ci (300 cc) Einzylinder-Modell mit Batteriezündung $ 225.00, mit Magnetzündung $ 250, der 31 ci oder 500 cc Batterie-Single 250, magnetgezündet 275 Dollar. Die Twins wurden nur mit Magnetzündung ausgeliefert, die 38 ci oder 600 cc Ausführung für 300 Dollar und die mit 61 ci, (975 cc), 325 Dollar.

Crouch

W. Lee Crouch, Teilhaber, dann wohl Besitzer der Werkstatt von Pierce & Crouch in New Brighton, Pennsylvania, hat scheinbar sein ganzes Leben lang rumexperimentiert. Seit 1895 tat er das mit Benzin-Vehikeln, Ergebnis: ein Einzylinder mit drei PS. Im 1896er American Motor Vehicle Directory von »The Motocycle«, wird er schon als Hersteller von Motocycles geführt. Im gleichen Jahr baut er einem Arzt ein Einzelstück von Auto, das er selbst bei einem Rennen startete, damit aber ausfiel. Vielleicht war er frustriert, er zog um nach Baltimore, Maryland und stieg um auf Dampfautos.

Walter Goerke, Oscar Hedstrom, Robert Stubbs und A.G. Chapple bei Rekordversuchen am Strand von Daytona, 1909.

Zur falschen Zeit aufs falsche Pferd gesetzt. Seine Crouch Mfg. & Transportation Co. of Baltimore ging dortselbst noch 1900 Pleite. Er muß dann nach Stoneham/Mass. gezogen, aber am Ball geblieben sein. Ein J.M. Linscott, Manager der Cycle & Sundry Co. in Boston/Mass. gab Crouch 1903 ein Motorrad in Auftrag, das wahrscheinlich erst 1904 auf den Markt kam.

Gemäß den damaligen Bildern hatte sie 1904 einen kürzeren Rahmen als die im Farbteil Abgebildete. Der Radstand wurde 1906 deutlich verlängert. Ohne die Zündung zu verstellen, ließ sich der Vergaser von vier bis zwanzig Meilen gut kontrollieren. Mit verstellter Zündung konnte man nochmals drauflegen, der Motor ging bis auf 3800 rpm Drehzahl. Die Crouch wog ca. 60 Kilo und kostete $ 200. Die Preise müssen in den nächsten Jahre gesunken sein, denn Motor Cycling berichtet

T.T. Twospeed Model, 7 HP, 61 c.i.,

von der Boston Motor Show im März 1910, daß die drei Crouch-Modelle wegen ihrer ungewöhnlich (unusually) günstigen Preise auffielen. Leider sei die Firma auf die Umgebung von Boston beschränkt. Wahrscheinlich war auch ihre Zeit langsam abgelaufen.

Das Hub-Bohrungsverhältnis des abgebildeten Crouch Einzylinder Motors ist mit 3 1/16 × 3 1/16 quadratisch, Zylinder und Zylinderkopf sind in einem Stück gegossen. Das Kurbelgehäuse Material ist Leichtmetall, die zwei Schwungscheiben sind aus Grauguß, alle Kurbel- und Pleuellager aus gehärteter Bronze, alle Wellen aus Stahl. Gebremst wurde mit der Corbin Duplex coaster brake, mit dem Rücktritt also.

Crouch zog um nach Lancaster, dann Circleville, Ohio, wo er 1914 mit einem Autohändler die Produktion des Circleville Cyclecar vorbereitete. In dieses Unternehmen brachte er seinen Crouch Motor ein. Einen automatischen Anlasser und eine Lichtmaschine für elektrisches Beleuchtung hat er dazu entwickelt, sogar der Preis von $ 425,- stand fest. Zu einer Serie ist es wohl nicht mehr gekommen.

Wagners Briefkopf von 1903 zeigt sein Motor Tandem, ein Konzept, das auch andere Marken versuchten und ebenfalls wieder fallen ließen.

Duesenberg

Wirklich und genau *der* Duesenberg. »Cycle and Automobile Trade Journal« meldete im März 1903, daß der Fahrradhersteller Fred S. Duesenberg in Iowa seinen Bankrott erklärt habe. Fred Duesenberg hatte Fahrräder und Fahrräder mit Duesenberg Hilfsmotor gebaut und verkaufen wollen. Gegen 2115 Dollar und 95 Cents Schulden stünden nur noch $ 1075,50 Guthaben. Für die Differenz wurden seine Werkstatt und Maschinen versteigert. Damit schied Fred Duesenberg als möglicher Motorradbauer aus. Fred meinte, er habe sich im Zweiradgeschäft unmöglich gemacht, prepelte eine ganze Weile rum, fuhr Autorennen, designte den Mason Wagen und schloß sich der von seinem Bruder Augie gegründeten Duesenberg Motor Company als Chefingenieur an. Deren weitere Geschichte gehört nicht hierher und läßt sich woanders lesen. Sie ist in zahllosen Büchern und Artikeln durchgekaut worden.

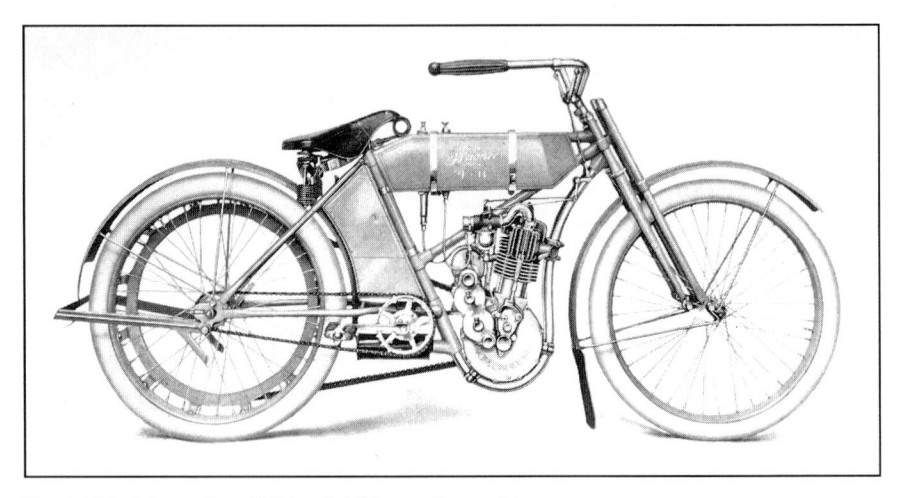

Tourist Model aus dem 1911er Jubiläums-Prospekt

Wagner

Wagner Motorräder trugen die Postboten des nördlichen Mittelwestens über die schlechten Landstraßen hin und wieder zurück. Mehr wollten die nicht, dickere V-Twin Brocken wären nur schwerer durch den häufigen Schlamm zu schieben gewesen. Bei Farmern und Vertretern in ländlichen Regionen galt die Wagner ebenfalls was. George Wagners Motorcycle Company bestand von 1901 bis 1914 in St. Paul, Minnesota. 1902 patentierte George seinen eigenwilligen Schleifen-Rahmen. Der Auslaßkrümmer war stabil mit dem vorderen Rahmenrohr verbunden, die Gase flossen direkt durch ein Loch in das Rahmen-Vorderteil. Das verließen sie unter der Pedallagerung. Den Auslaß direkt in den Rahmen zu führen, diese Idee praktizierte 1901 auch Joseph Merkel bei seinem ersten Motorrad. So stellt sich die historische Frage der Patentwürdigkeit. Merkel hat das damals weiter nicht gekümmert, er verließ dieses exzentrische Konstruktionsmerkmal sowieso sehr bald.

Bei Wagner blieben diese »front frame tube exhaust pipe« (Vorderrahmenrohr-Auspuff), die diagonale Verstrebung des Rahmens, der Riemenantrieb des Hinterrades sowie das Schnüffel-Einlaßventil konsequente Design-Merkmale. Wagner baute nur Einzylinder – solide, verläßliche Geräte. Allerdings so konservativ, daß sie 1914 altmodisch wirkten und als überholt galten. Modische Fisematenten, wie einen zweiten Zylinder, Getriebe, Kupplung oder Kettenantrieb wollte er gar nicht einführen. Er meinte, daß ihm auch so seine Markt-Nische für das ordentliche, gepflegte Bauernmotorrad sicher sei.

Bestimmt beharrte Wagner nicht nur aus Störrigkeit auf seinem Konzept. Zum Fenster raus sagte er, daß solch' technische Neuerungen weder ausgereift seien noch seinen Ansprüchen genügten, und praktizierte Abstinenz. Die Kosten der Neuentwicklungen und für den höheren Fertigungsaufwand werden ihm das Hauptargument gewesen sein. Zu seiner Verbitterung wollten die Kunden Neues.

Einmal jedoch lieferte er ein ganz eigenartiges Einspurfahrzeug: das Wagner Two-

Kaum eine Frau startete damals bei Rennen, nur Clara Wagner kam auch mal als erste an. Umso unsinniger mutet der FAM Funktionäre Beschluß an, ihr den sportlichen (und menschlichen) Respekt zu verweigern.

Engine Tandem, noch bemerkenswerter als das abgebildete Tandem mit nur einem Motor. Ähnlich wie dieses bestand es aus einem Wagner-Herrenrahmen, einem Wagner-Damenrahmen, irgendwo dazwischen die zwei über das Tandemgestänge verteilten Motoren, die ihre Gase natürlich weiter in den Rahmen verpufften. Die Motoren schickten von ihren Kurbelwellenfortsätzen jeder für sich ihren Riemen auf die Antriebsfelge am Hinterrad. Außer einer schlecht kopierten Abbildung, die sich hier nicht reproduzieren läßt, weiß ich von keinem Foto, der Rahmen selbst ist längst entrohrt und ruht irgendwo im Motorrad-Nirwana.
Und wenn Wagners Tochter Clara nicht gestorben wäre, dann lebte sie heute noch. 1910 nahm sie z.B. am Chicago-Indianapolis Endurance Run der F.A.M. teil und gehörte zu den wenigen, die eine perfekte Punktzahl erzielten. Die wurde ihr einmal mehr nicht gut geschrieben. Warum? Weil sie anderen Geschlechts war als die Offiziellen der F.A.M. Genauso gut hätte für diese ein Doberman gewinnen können. Einige Zeitschriften veröffentlichten Diskussionen in Leserbriefspalten. Das brachte FAM-mäßig nichts, aber Veranstalter luden sie gern ein, damit sie außer Konkurrenz startete, was sie erfolgreich und inoffiziell in diversen Rennen tat. Seitdem war sie eine allseits bekannte Motorrad-Persönlichkeit und gab ein progressives Rollenmodell ab. Ob sie bewußt plante, Vorreiterin eines gerechteren Geschlechter-Verhältnisses zu werden, ist nicht bekannt. De facto war sie es, zeigte, daß Frauen selbst im Motorsport, dem heiligsten Gral männlicher Selbstbestätigung, eine gute Figur machen konnten.

Armac

Wie es damals gern hieß: der Gründer ist auch der Erfinder. 1902 in St. Paul, Minnesota, konstituierte A.J. McCollum die Armac-Motorcycle Co., um das von ihm konstruierte Armac Motorrad zu produzieren und zu verkaufen. Die Geschäfte liefen nicht gut oder erforderten mehr Investitionen, um richtig anzulaufen. Den besseren Teil von US-$ 50000 steckte 1905 ein E.W. Keller rein und war nun Armacs Präsident. E.W. selbst zog nach Chicago, Illinois, sein neues Werk Armac nahm er mit, und zwar in die oberen zwei Etagen eines sonst anderseits genutzten Werk in der Carroll Avenue 472–478. Ich nehme an, daß in den unteren Stockwerken irgendeine Keller Mfg. Co. oder so ähnlich fleißig war, von der er auch der Präsident war. Gründer McCollum diente Keller als Produktionsmanager. Der Name der Firma wurde zu Armac Motor Company gekürzt, ihr Programm erweitert. Die nunmehrige Company bot außer ihrem Motorrad der Menscheit zum Kaufe an: Seiten- und Vorderwagen sowie ein vierrädriges Runabout. Das letztere, ein breites, dickes und verstärktes Holzbrett mit vier hölzernen Karrenrädern, trieb ein Armac Motorrad Motor über Riemen an. Das lief weder auf der Straße noch im Verkauf besonders. 1907 wurden die schlanker gewordenen Resourcen des Werkes ganz auf das Motorrad konzentriert.
Die Armac wurde nach Wahl mit Riemen- oder Kettenantrieb geliefert. Die waren übrigens untereinander austauschbar, wer also seinen Riemen nicht mehr mochte, der verkettete sich. Für Ketten- wie Ledertransmission konnte man Ritzel oder Trommeln für verschiedene Übersetzungsverhältnisse ordern. Gegen das hölzerne Image liefen nun die Werber an, als Standardspruch klopften sie: »Built like a Watch«. Wie wir gleich sehen, gingen McCollums Meßgeräte vor.
Das Werk garantierte bei der Single volle 3 PS bei 1500 rpm. sowie eine Höchstgeschwindigkeit von 45 mph. Vielleicht hat ein mißgünstiger Konkurrent ein Magazin

Armac Single, 1907, von Jim Beck aus Pomona, Calif., wieder aufgebaut.

veranlaßt, einen neuen Motor auf der Bremse nachzumessen. Bei denen wieherten komplette drei Pferde erst bei 1800 U/min.

Kein Grund zur Arroganz, andere Firmen gaben viel mehr an – und verkauften mehr. Die Armac war nicht Feinmechanik, aber ein solid gebautes Ding. Auf einem Leichtmetall-Kurbelgehäuse erhob sich ein in einem Stück gegossener Grauguß-Zylinder mit 3 in. Bohrung und 3½ in. Hub. Den Brennraum begaste ein Breeze Vergaser. Zwei 4,5 inch Shelby Rohre sind als tragende Teile mit Verbindungsstücken in den Rahmen hartgelötet, das Oberteil formt den 2-Gallonen-Benzintank, das Standrohr hält das Öl. Nun endlich, weist das Werk bescheiden hin, wären dank dieses Designs die Tage undichter Tanks vorbei. Der Motor, hebt die Firmenliteratur ausdrücklich hervor, dient nicht als tragendes Rahmenteil. Andere Hersteller hatten derartige Konstruktionen in einen Verruf gebracht, den die ums Überleben fuchtelnde Armac Motor Co. nicht unverdientermaßen erdulden wollte. Im Gegenteil, Zweiganggetriebe mit Kupplung in der Radnabe, für sanfteres Fahren, wurden produziert, aber nicht mehr eingebaut.

»To Try is To Buy«, wer also die Armac probefühle, der kaufe sie auch. Wieviel zu einer Probefahrt antraten, kann man nur raten. Sicher ist: Es waren nicht genug, die sie danach kauften. Noch 1908 hatte es sich ausge-armact.

Offenbar waren E. W.'s Erwartungen bezüglich der Attraktivität auswechselbarer Sekundärantriebe zu optimistisch und er auf Restposten von Ritzeln, Riementrommeln, Radfelgen usw. sitzengeblieben. Allein würde er den ganzen Ramsch nie los. Ein Partner namens Risque kam rein. Risque spricht sich aus wie »risk« – Risiko. Keller war das keine Warnung, er machte weiter mit der Keller & Risque Motor Company, nun wieder St. Paul, Minnesota. Das erste Geld verdiente K & R als Motorrad-Zubehörfirma, besonders günstiges Hauptangebot: der heftig beworbene »K & R Conversion Kit«. Wer ein riemenbetriebenes, getriebeloses Motorrad der ersten Generation ohne Schaltung sein eigen nannte, ersetzte unter seinem hinteren Schutzblech die gewohnte Speichenfelge mit einer Kupplung und Zweigang-Getriebe in der Radnabe und kam besser vom Fleck. Es gelang auch, etliche K & R Conversíson Sets abzusetzen.

Bald vertrieb K & R ein sauber ausschauendes Einzylinder-Seitenventil-Motorrad eigener Produktion, das wir »Tourist« nennen wollen, weil es so hieß. Allerdings stand auf dem Tank T.T.S. geschrieben. Wieweit McCollum sie konstruierte weiß ich genau so wenig wie die Besitzverhältnisse der Keller & Risque Motor Co., nehme aber an, daß Keller und McCollum Miteigentümer waren. Ob und was diese Firma nach ihrem 1909er Katalog noch machte – für diese Information wäre ich dankbar. Später, 1914, finanzierten Wilmingtoner Anwälte mit US-$ 250000 eine Keller-Car Co. of Chicago, die im selben Jahr ein karossiertes Cyclecar-Cabrio mit luftgekühltem Zweizylindermotor anbot und noch im selben Jahr Konkurs ging. Ich spekuliere, daß E. W. Keller damit zu tun hatte und in schäbiger Schadenfreude finde ich das schon deswegen erwähnenswert, weil mal Juristen ordentlich zur Ader gelassen wurden. Wer die Freude nicht teilt, kennt das Leben nicht oder schlimmer: kennt es und ist Jurist.

Marsh-Metz

Nach der etwas exzentrischen Orient setzte Charles Hermann Metz aus Waltham/Mass. erstmal auf Nummer Sicher und verschrieb sich dem frühen Industriestandard der Fahrräder mit Aurora-Thor-Motor und Kettenantrieb. Ähnlich der frühen Indian geriet seine Metz. Mit der wurde er am 18. September 1905 Teilhaber der American Motor Co. in Brockton, Mass., die die originelle Marsh fabrizierte. Schon seit ihrem Erscheinen 1900 war die Marsh eine eigenständige Entwicklung, in der eine Vorstufe dieses hier abgebildeten Motors im unten offenen Rahmen hing und die sich eines Riemenantriebes bediente. Die folgenden Marsh-Metzens der American Motor Co. waren eigentlich Marshs. Hier die 1909 Einzylinder M.M. Special mit Batteriezündung, NACC rating 3½ PS, Bohrung 3¼ × 3¹³⁄₆₁ Hub. Ein eigener Vergaser wurde verwendet, wie die Firma überhaupt stolz darauf war, relativ wenig angelieferte Teile einzubauen. Bei der preisgünstigen M.M. Special, offenbar von Metz in die neue Firma eingebracht, stand der Motor noch im Sattelträgerohr, die Special kostete 200 $. Mit Riemenantrieb gab das Werk eine Geschwindigkeitsspanne zwischen 5 bis 45 mph an. Wobei es besonders die Bergfreudigkeit betonte. Die M.M. Twins mit weit gestrecktem 90° V-Twin bauten sehr niedrig und wurden wegen ihrer niedrigen Sattelposition gerühmt.

Der elegante, niedrige Marsh-Metz Twin, 1100 cm³, Magnetzündung zwischen den Zylindern.

Schnittzeichnung des Marsh Single.

P.E.M. von 1912. Joe Koller restaurierte den einst in Jefferson, Wisc., entstandenen 500 ccm, 5 PS OHV-Single und recherchierte seine Geschichte.

Waverley, P.E.M.

Perry E. Mack hatte schon 1905 sein erstes Motorrad gebaut und es ausführlich ausgetestet, wobei er einen schweren Unfall erlitt. Damit war das Motorradfahren erstmal für ihn erledigt. Fortan beschränkte er sich auf reine Konstrukteurstätigkeit und fuhr nur noch seine Kleinstautos. Bis er sich 1909 an der Gründung der Waverley Mfg. Co. in Jefferson, Wisconsin, beteiligte. Einige Jahre zuvor unterhielt die Pope Motor Car Company ein Waverley Department in Indianapolis, Indiana, welches unter der Benennung Waverley »Electric Vehicles« vertrieb, das man aber bald wieder aufgab. Damit hatte Perry E. Macks Firma nichts zu tun, deren Zweck war, eigene kopfgesteuerte Ein- und V-Zweizylinder herzurichten und sie kleineren Firmen und Rennfahrern zum Einbau in deren eigene Fahrwerke zu verkaufen. Ein Einstieg in größere Geschäfte war sicher gewünscht. Perry E. Mack war die konstruktive Kraft der Firma, die 500 ccm Ein- und 1000 ccm V-Zweizylinder »Waverley«- oder »Mack«-Motoren waren seine Werke, er zeichnete auch starre Rahmen, gefederte Vordergabeln und später Rahmen mit Hinterrad-Federung für die in Angriff genommenen Waverley-Motorräder. Für diese Arbeit war er einmal pauschal bezahlt worden. Die von ihm durchdachten Teile wurden aber so oft verkauft, daß er diesen Widerspruch nicht mehr recht verstehen wollte. Den zu akzeptieren wollte ihm seine Firma leichter machen, und taufte den 1912er Waverley Single nach seinen Initialen und zu seinen Ehren P.E.M. Das hielt ihn aber nicht bei der Stange, denn statt mehr Ruhm wollte Mack mehr Geld. Wahrscheinlich wegen dieser finanziellen Kabbeleien verließ Perry die Company und nahm damit der Waverley Mfg. Co. den einzigen Grund, dieses Motorrad so zu benennen. Es wiederum Waverley zu heißen, schien auch peinlich. Nach nur zehn P.E.M.-Monaten wurde das gleiche Motorrad als »Jefferson« ausgeliefert. Noch 1914 zog sich die Waverley Company ganz aus diesem Geschäft zurück. Macks weiterer Lebensweg führte ihn zur Smith Mfg. Co., die das Motor-Hilfsrad Smith Motor Wheel baute.

Triumph

«Konkursverwalter führt Triumph weiter» lautete die Schlagzeile. Bei einem Vermögen von $ 130000 gegenüber Forderungen von $ 62000 – wer kann denn da Pleite machen? Die Triumph Mfg. Co. aus Detroit, Michigan konnte es. Gegen Gläubiger aus dem Baugewerbe müßten sich selbst Haie ihrer Haut wehren. Amerikas Triumph erlag vereinten anwaltlichen Bemühungen seitens der Haverkorn Contracting Co., der Standard Electric Co. sowie einer Strelinger Co., allesamt Bauausstatter aus Detroit.

Haverkorns Ansprüche leiteten sich vom erweiternden Um- und Neubau der Triumph Anlagen in der Woodbridge Street 51–55 her, die Standard Electric Co. verkabelte dieselbe und rüstete das Werk mit etlichen elektrischen Anlagen aus, die Strelinger Co. lieferte diverses Baumaterial. Die drei Geschäftsführer derselben hatten Wind davon bekommen, daß Kreditgeber aus der Motorradbranche überlegten, sich die Höhe ihrer ausstehenden Schulden amtlich bestätigen zu lassen.

Treu und Glauben sowie Geschäftspraxis der Baulöwen beleuchtet eindrucksvoll ihre fast unmittelbare Reaktion. Mit allen Mitteln drängten sie auf Zahlung der Rechnungen und ließen sich nicht von Zusagen, Versprechungen oder vordatierten Schecks beeindrucken. Nur Cash und das sofort.

Warum half keine Bank, sie hätte doch in solcher Situation ihren Schuldner bequem überzinsen können? Eine einflußreiche Securitiy Trust Co. sorgte sich allerdings auch um ihre eigenen Triumph-Einlagen, Mißtrauen und Angst der Bauleute hatten Geschäftsleute und Banker angesteckt.

Dem Schuldner Triumph blieb nur der Gang zum Gericht, das einen Konkursrichter einsetzte, der übernahm das Werk, begutachtete, schätzte es und verlautbarte bald, daß die Triumph-Situation eigentlich ziemlich anständig sei. Teile für 2000 Motorräder seien vorhanden, 1280 Maschinen seien schon verbindlich geordert, wegen vieler Anfragen im Werk rechne man mit weiteren Bestellungen. Dementsprechend schlug der Richter vor, die Montage der Maschinen wenigstens bis zur Auslieferung dieser

Das aus der Mode gekommene Schnüffelventil im Einlaß, mechanisches im Auslaß, beide enorm groß, gaben dem wechselgesteuerten, langhubigen Motor von 500 ccm sechs PS. Magnetzündung, Zweiganggetriebe, 28″ Räder, 58 inch Radstand. Ölschauglas im Kurbelgehäuse.

Order fortzusetzen. Schon bei Bezahlung dieser restlichen Triumph Motorräder könnten die Gläubiger jeden ausstehenden Dollar komplett zurückerhalten. Obwohl doch die Ausstattung der Fabrik mit Fertigungsmaschinen sich nicht zu Bargeld machen ließ, weil sie teils auf Ratenbasis bezogen oder gemietet war und an Lieferanten und Verleiher zurückging. Offenbar wurde eine gesunde Firma, die mehr Vertrauen verdient und Zeit gebraucht hätte, fast sinnlos geopfert.

In ihrer Ausgabe vom 16. November 1912 bestätigte die Redaktion BICYCLING WORLD AND MOTORCYCLE REVIEW, daß die Triumph Mfg. Co. zwar insgesamt gerade acht Monate im Geschäft gewesen sei, diese aber bis zum Zusammenbruch dynamisch und blühend schienen. Als Triumph Verantwortliche grüßten Präsident L. R. M. Brownson, sein Vize C. C. Wormer, Schatzmeister George W. Sherman und Geschäftsführer M. B. Duffield.

Und noch im ersten Oktoberheft 1912, knapp sechs Wochen bevor die Einzelheiten des Konkurses veröffentlicht wurden, hatte eben diese BICYCLING WORLD AND MOTORCYCLE REVIEW dasselbe Werk – und indirekt auch dessen Baufirmen – in einem Bericht unter folgender Überschrift gefeiert:

»Besuch bei den Triumph Werken in Detroit, Michigan.«

»In heutigen Zeiten, wo man nach besseren Bedingungen in den Fabriken schreit, beeindruckte uns bei einem Rundgang durch das Werk, wie gut diese Firma sich um ihre Mitarbeiter kümmert. Die Triumph Mfg. Co. ist in der East Woodbridge Street in einem feinen vierstöckigen Gebäude aus Ziegelstein untergebracht, das sicher als ein Modell moderner Fabrikgestaltung gelten kann. Wenn der Besucher von Punkt zu Punkt in der Anlage herumgeführt wird, vermittelt sich ihm, daß hier tatsächlich ein Ort ist, in dem der Arbeiter unter günstigsten Umständen produzieren kann.«

»Gemanagt von Männern, die seit Anbeginn der Motorradindustrie an vorderster Front standen, marschiert das Triumph Motorrad immer unter den wachsamen Augen von Experten durch die verschiedenen Stadien seiner Fertigung. Das Glaubensbekenntnis, aus dem heraus sich die Triumph Mfg. Co. gründete, besteht darin, daß allein qualifizierte und erfahrene Arbeiter in den zahlreichen Abteilungen der großen und gut ausgestatteten Fabrik arbeiten dürfen.«

»Ein Großteil des ersten Stockwerkes ist dem Büro der Geschäftsführung vorbehalten. Ein großer Lagerraum sowie die galvanische Abteilung zur Nickelbeschichtung teilen sich das restliche Stockwerk. Der Besucher erhält im Erdgeschoß einen ersten Eindruck zu erbauender Motorräder, wo, nachdem die Endmontage der Motoren im dritten Stock stattgefunden hatte, sie hierher gebracht werden, um auf ihre Leistung geprüft zu werden. Dieser so wichtige Part in der Entstehung eines Motorrades wird extrem modern gelöst.«

»Eine geräumige, mit 50 Glühlampen bestückte Schalttafel ist hier fest mit einem Dynamo verbunden. In die Dynamohalterung wird ein neuer Motor eingeklemmt und treibt, erstmal gestartet, den Dynamo an, der die Lampen in der Tafel speist. Der Motor hat das Maximum von mehr als sechs PS erreicht, wenn die 50 Lichter glühen. Jede Maschine wird 15 Minuten getestet. Alle Arbeit an Rahmen und Gabel wird im Erdgeschoß erledigt, wo auch die Zylinder und Kolben einem Hitzetest unterworfen werden, um sie auf Verziehungen zu untersuchen, bevor sie zur Motorenmontage zugelassen werden.«

»Der zweite Stock dient der maschinellen Metallverarbeitung, alle Maschinen sind modern und in jeder Beziehung auf dem neuesten Stand. Eine fein ausgestattete Werkzeugmacherei ist angegliedert, und hier erhält auch jeder Motor seine Wassertauchprüfung, um etwaige Lecks auszuschließen.«

»Im dritten Stock werden die Motoren montiert und befindet sich das große Lager, jedoch haben die einzelnen Abteilungen auf jeder Etage eigene Lagerplätze, was die Abläufe sehr erleichtert.«

Wer sich jetzt wundert, was im vierten Stock passiert, dem muß ich eine autorisierte Antwort schuldig bleiben, die restliche Beschreibung des Firmenrundganges müßte auf der nächsten Seite dieser Zeitschrift folgen, in den fast achtzig Jahren seit ihrem Erscheinungsdatum entfernte die aber irgendein Barbar. In der Aufzählung der Abteilungen fehlten bisher Lackiererei, Endmontage der Motorräder, Versandabteilung sowie Kantine oder Eßraum für die Beschäftigten. Wir gehen bestimmt recht in der Annahme, daß der vierte Stock sie beherbergte.

Excelsior Autocycle

Nahe der Chicagoer Randolph Street-Brücke etablierte sich 1876 die Excelsior Supply Company. Sie nahm in den späten neunziger Jahren (voriges Jahrhundert natürlich) Fahrräder und Zubehör in ihr Programm. 1905 wurde beschlossen, sich im Motorradbau zu versuchen, ein Walter Hekscher hatte ein zu der Zeit schon nicht mehr modernes Konzept in Angriff genommen und der Firma angeboten. Wie heißt es: der Berg kreißte und gebar eine Maus… 1907 wurde das erste Excelsior Autocycle – ein Einzylinder mit Schnüffelventil, Riemenantrieb, ohne Getriebe – der Menschheit präsentiert. Warum zur Entwicklung eines solchen Ladenhüters von Antriebssatz fast zwei Jahre verstreichen mußten, läßt sich heute kaum noch klären. Der Rahmen war nach unten offen und bezog das Kurbelgehäuse als tragendes Element ein. Die Verarbeitung bereitete einen manierlichen Eindruck.

Fluch der frühen Jahre: Anlassen per Hand.

Manche Kollegen schrieben, Ignaz Schwinn hätte schon 1907/08 die Excelsior Cycle Supply gekauft. Nach Firmenliteratur sowie Meldungen in Motorcycle Illustrated vom 2. und 16. November 1911 übernahm er die Firma aber erst 1911. Ignaz Schwinn stammte aus Franken in Germany, wo er nach beendeter Maschinistenlehre durch das heimatliche Süddeutschland der 1880er Jahre radelte, dabei jobbte er hier und dort. Das Fahrrad faszinierte ihn, in Frankfurt entwickelte er einige für die späteren Adlerwerke. Die Chicagoer World's Fair 1891 drüben im legendären Amerika wollte er erleben und schiffte sich in die neue Welt ein. In der zeichnete er neue Fahrräder, z.B., für Fowler und International. Allerhand was er drauf gehabt haben muß, sonst hätte nicht der Chicagoer Fleisch-Magnat, und mit ihm 1895 das Fahrradwerk Arnold, Schwinn & Co. gegründet. Mit viel Kapital, weitem Händlernetz, guten Produkten und sportlichen Erfolgen wuchs das zur führenden Marke der USA. 1908 konnte Schwinn seine Partner auskaufen. Der Aufkauftermin scheint Indiz dafür, daß Schwinn 1908 vielleicht Excelsior-Anteile besaß, aber vom zusätzlichen Kauf noch eines Motorradwerkes wahrscheinlich überfordert gewesen wäre. Seine Banken wollten sicher weitere Kredite erst nach Bestätigung seiner Führungsfähigkeit als Alleinbesitzer der Fahrradfabrik einräumen. Aber natürlich ruhte sein wachsames Auge längst auf dem wachsenden Motorradmarkt und lauerte auf Gelegenheiten.

Seine Stunde kam, als das Chicagoer Werk 1911 in Geldengpässe rutschte und am Strudeln war. Beim Excelsior-Einstieg räumte Schwinn dem kalifornischen Agenten Whitsell Sonderkonditionen ein und konnte so eine Order auf 2000 Maschinen besorgen. Die brachte Excelsior über die ersten Runden der Schwinn-Ära. Die eben noch in finanziellen Schwulitäten steckende Chicagoer Motorradklitsche »Excelsior Supply Company« drehten und nannten Ignaz und sein Sohn Frank Schwinn zur Weltmarke »Excelsior Motor Manufacturing and Supply Company« um. Mit dem neuen Namen erschien auch das berühmte Markenzeichen mit dem X auf Tank und Werbung.

Vom Ein-Meilen-Boardtrack Stadion von Playa Del Rey bei Los Angeles war 1912 ein lauter Excelsior Paukenschlag zu vernehmen. Einige Runden wurde Lee Humiston auf seiner Excelsior Rennmaschine mit einer Geschwindigkeit von über 100 Meilen gemessen. Sein Versuch; eine neue Rekordmarke über die gesamte Hundert Meilen Distanz zu setzen, mißlang ihm aber. Als Schnitt kamen 68 mph. raus, der Rekord lag bei 69 mph.

Ein Murray Fahnestock veröffentlichte im zweiten Novemberheft 1913 der Motorcycle Illustrated Eindrücke seines Rundganges in den Excelsior Räumlichkeiten. Zunächst imponierte ihm die Lagerhaltung. Offenbar produzierte das Werk auf Vorrat, ganze Hallen waren mit vorgefertigten Teilen gefüllt. Teile wären leichter zu lagern als komplette Motorräder, erklärte man ihm. Nach Eingang der Bestellungen könne man die Motorräder dann ordergemäß zusammenfügen. Der Fahrwerkmonteur brauchte für seinen Part zwei Stunden, der Motormonteur hatte zehn Stunden zum Verbinden der Motorenteile untereinander und zu ihrer Installation im Rahmen Zeit. Dieser Vorgang wäre sehr erleichtert, weil die Teile im Fertigungsprozeß sehr genau gemessen würden. Unter anderem messe man mit Grenzrachenlehren. Das eine Maß hieße »Go on«, das andere »Ausschuß«. So wären die akzeptierten Teile problemlos austauschbar und für ihre schließliche Montage keine aufwendigen Nacharbeiten nötig.

In England etikettierten die 1896 ins Leben gerufenen Bayliss Thomas Werke etwa seit 1902 ihre Motorräder mit dem Markennamen »Excelsior«. Doch hatte sich schon 1901 eine beim deutschen Brandenburg gelegene Motorradfabrik unter dem Namen

Ignaz Schwinn war schroffer Individualist und Ein-Mann-Unternehmer. Obwohl Sohn Frank später Einfluß auf das Werk hatte, unternahm Ignaz jeden Tag in der Firma einen regelmäßigen Rundgang. Nach der morgendlichen Inspektion des Motorradwerks ging er gewöhnlich zur Fahrradfabrik in der North Kildare Street hinüber.

Maschinenraum im Excelsior Werk

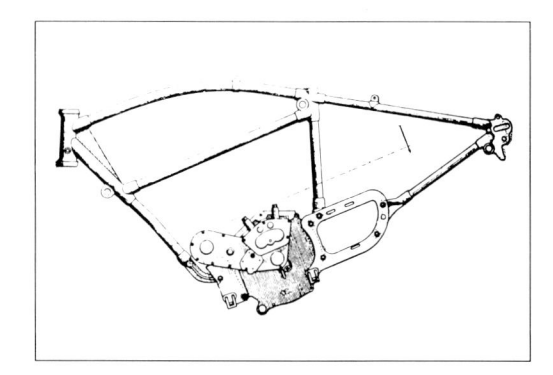

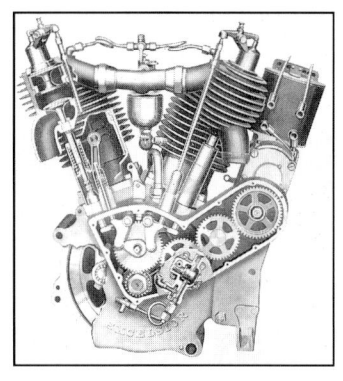

Links: Der patentierte Excelsior-Rahmen, tragende Teile waren Motor und Getriebebehälterung. – Excelsior Big Twin bis Ende des Ersten Weltkrieges, mit Berling-Magnetzünder, Schebler-Vergaser. Der Kickstarter befand sich auf der linken Seite, der 3-Gang-Schalthebel neben dem Tank.

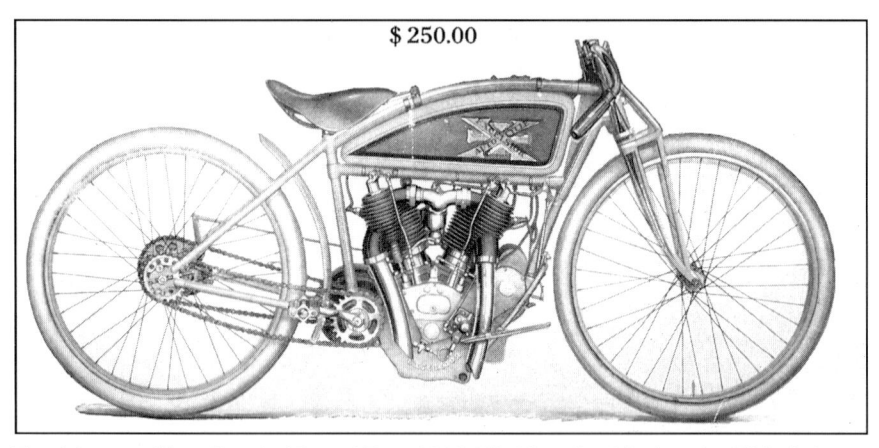

Excelsior s. c., Short Coupled Speed Type 1916. Für 265.– $ gab's den eine Weile keine Konkurrenz duldenden »Big Valve« Racer, mit besonders großen Ventildurchmessern (2,25 inch, 54 mm) und Luftdurchsatz.

Excelsior konstituiert und sich die Marke schützen lassen. In Deutschland mußten die englischen Excelsiors als Bayliss Thomas auftreten, weil die deutschen Excelsiors keine Verwechslungen wollten. Die bestimmt nicht schlechteren britischen Excelsiors sorgten nun bei sich daheim und im Commonwealth dafür, daß sie exklusiv und sonst niemand Excelsior heißen dürften. Als dann aus Chicago amerikanische Excelsior-Exporteure nach England kamen und ihre Excelsiors los werden wollten, machten ihnen Anwälte der britischen Excelsior klar, daß sie das nicht unter dem Namen Excelsior konnten. Ich schätze, spätestens dann, und das sehr schnell, prüften die Ami-Excelsiors nach, ob ihr Name Excelsior in den USA und Umgebung für sie – und sonst niemand – geschützt war. Nach einigem Hin und Her trat der Chicagoer Koloß in Großbritannien unter falschem Namen an. Alle dorthin exportierten Modelle hießen erst American Excelsior und ab den Zwanzigern – und dem Riesenerfolg der Super-X – auf einmal auch die Bigtwins aus Chicago Super-X, von den Super-Xs durch ihre angehängte Cubikzahl unterschieden.

Am 19. Juni 1915 ging das 300 Meilen Staffelrennen am Readville Park bei Boston – das größte seiner Art im Osten – an Bob Perry und Carl Goudy, das Excelsior-Team. Jeweils nur ein Pilot eines Teams durfte auf der Strecke sein, abgewechselt wurde so ähnlich wie beim Sechstagerennen der Radler. Nach 4 Stunden, 24 Minuten, 1⅕ Sekunden und bei einer errechneten Durchschnittsgeschwindigkeit von 68 Meilen hatte Goudy das Ziel erreicht. Als Zweiter zischte Sorenson ins Ziel: Mit 25 Meilen Rückstand! Die weißen Thors kamen noch vor dem dritten, dem Heimteam Indian an, das auf seinen sicher nicht langsamen Achtventilern gestartet war. Pope lief als vierte Mannschaft ein.

Nach ungläubiger Kontrolle und folgender offizieller Beglaubigung von Siegerzeit und Rundenzahl brach unter den Excelsior-Leuten Jubel aus. Nach der Siegerehrung hatten Kollegen und Zuschauer Gelegenheit, die aus Chicago mitgebrachten neuen 61 ci Excelsior Rennmotoren zu bewundern. Die enormen Auslaßports und zugehörigen Krümmer fielen sofort ins Auge. Hinter ihnen verbargen sich Ventile von 54 (!) mm Durchmesser, weit mehr als bei mehrfach hubraumgrößeren Automobilmotoren. Das britische »Motor Cycling« beurteilte im September 1915 den für das Modelljahr 1916 neu vorgestellten »American Excelsior«-Racer mit 61 ci bzw. 1000 cc. Besonders beeindruckt kommentierte man, wie unheimlich schnell diese Rennmaschine dank der großen Ventile sei.

Der verdammt gute Wells Bennett hatte das Pech, daß es den höllisch besseren Cannonball Baker gab.

Auf dem Chicago Boardtrack gewann Carl Goudy am 12. September 1915 den Entscheidungslauf zur amerikanischen Meisterschaft. Goudy stellte 1915 über verschiedene Distanzen fünf Geschwindigkeitsrekorde auf. Lee Humiston besorgte weitere Rekorde. Bob Perry quirlte mit seiner Bigvalve-X so wild und erfolgreich auf den Dirttracks herum, daß ihn das Werk in seiner Werbung zu Ende der Saison als »King of the Dirt Tracks« herausstellte. Einen Namen auf den Chicagoer Wundermaschinen machten sich auch Joe Wolters, Glen Stokes und Wells Bennett, der seine Überland-Langstreckenerfolge startete. Die erst in der zweiten Saisonhälfte zum X-Team gestoßenen Lorenzo Boido und C. A. Hillard hefteten weitere Lorbeeren an das Chicago-Banner.

Bei den Erfolgen der »Big Valve« Renner erstaunt, daß Excelsior 1916 einen V2 Achtventiler seines Konstrukteurs J. A. McNeil auf Rennen sandte. Eben diesen Gedanken müssen Excelsior-Verantwortliche ebenfalls gedacht haben, als bei mehreren Auftritten keine erfolgreichen Plazierungen erfolgten. Das Werk konzentrierte sich wieder ganz auf den Big-Valve. McNeil probierte nebenbei und später verstärkt andere Konfigurationen aus. Am 8-Valve-Design feilte er weiter, es kam aber zu keinen als erfolgreich vermerkten Auftritten.

Einen Werksrundgang bietet eine gut gelaunte Excelsior-Broschüre jener Jahre an. Der lange Marsch durch das große Chicagoer Werk beginnt im Büro von Senior- und Junior-Chef. Über Ignaz und Frank Schwinn wird nichts Neues gesagt. In der Verkaufsabteilung zwei Herren an Schreibtischen, auf jedem hohe Papierstapel, Bestellungen hoffentlich. Die bringt die »beauty squad«, die Schönheitsbrigade rein, vier junge, gut im Saft stehende Kerle, die reisenden Vertreter der Firma. M. E. Erskine wird angepflaumt, er sei bekannt für seine persönliche Schönheit, als Träger feiner Moden und »divil amang the wemen«, Teufel unter den Weibern. George L. Evans errang sich seinen Ruf als Verkaufskanone, als er es schon mit 21 schaffte, seinen als harten Verkäufer branchenbekannten Vater an reingeholten Aufträgen zu übertrumpfen. In der Kreditabteilung ein runder, vertrauenserweckender Leiter mit einigen Sekretärinnen. Eine Zehner-Reihe Stenotypistinnen in einem länglichen Büro unterhält des Werkes Postverkehr. Voll endloser Regale steht die Kundendienstabteilung, von den Decken hängen Fahrwerksteile und Felgen, die hier arbeiten, müssen schnell wissen, wo sie ein benötigtes Teil finden.

An Kavernen erinnern die Lagerräume. In ihnen stauen sich im Jahr u. a. zehn Kilometer schwere Ketten, je 20000 Magnete, Vergaser und Sättel. 50000 Zylindergußstücke, 60000 Kolben, 60000 Reifen und Hunderte Tonnen anderes Material warten darauf, in die Motorradfertigung zu fließen. 300 Kilometer nahtlos gezogener Rohre ziehen zuerst in die Rahmenabteilung, um da gebogen und eingepaßt zu werden. In der Hartlötabteilung werden sie fest miteinander verbunden. Nachdem sie abgenommen sind, marschieren sie in die Lackiererei, wo sie, wie die Tanks, Schutzbleche, Primärgehäusedeckel und Werkzeug- oder Batteriekästen in mehreren einzelnen Lagen beschichtet und gebacken werden. Andere Rohre wurden zu Lenkern gebogen, mit Auspuffrohren, Armaturen und außen exponierten Teilen in der Galvanik gesäubert, beschichtet und poliert.

Ignaz Schwinn dachte in großen Dimensionen, seine Excelsior-Fabrik geriet entsprechend, 1914.

Der leichte Excelsior Zweitakt-Einzylinder von 1916, preiswerter Motorradeinstieg jener Jahre.

Bob Perry auf der mit Cyclone-Teilen montierten OHC Excelsior Rennmaschine, kurz vor seinem schweren Unfall im Ascot Speedway von Los Angeles.

55

In der Rennabteilung verlegte sich John McNeil auf eine Weiterentwicklung des OHC V–2 Typs, mit dem Cyclone vor einigen Jahren Furore machte. McNeil wird schon zu Zeiten von Cyclone mit dem Motor in Berührung gekommen sein. Die bekannten Piloten Bob Perry und Garl Goudy beteiligten sich an diesen Bemühungen. Wie die Cyclone-Variante der Reading Standard Werke, sah auch der Excelsior Königswellen-OHC verdammt so wie das Vorbild Cyclone aus. Obwohl der Rahmen unten offen war, war die Rennmaschine sehr hoch. Es gab mit dem Handling und dem Leistungseinsatz des Motors Probleme. Auf dem Ascot Speedway bei Los Angeles kam Bob Perry im Januar 1920 von der Bahn ab und erlag seinen Verletzungen. Als er das in Chicago erfuhr, soll Ignaz Schwinn in einem Wutanfall mit einem Schmiedehammer die restlichen OHC Werksmaschinen und Teile zerschlagen haben. Perry soll sehr mit den Schwinns befreundet gewesen sein. Schwinn gab dem Spitzensport seine Absage. Arthur Constantine wechselte 1920 von Buick zu Harley-Davidson, wo er an der Modernisierung der F- und J-Reihe beteiligt war. In Milwaukee wurde auch an einer verkleinerten 750 cm³ Version des J-Motors gearbeitet, Motor und Getriebe in einem Gehäuse. Alles in einem langen, niedrigen Rahmen. Excelsior brauchte dringend ein Konkurrenzprodukt zur immer populärer werdenden Indian Scout. Der junge Rennfahrer und Konstrukteur Joe Petrali, dem eine glorreiche Zukunft, besonders mit Harley-Davidson, bevorstand, entwickelte und pflegte mit Constantine eine leichte, schnelle und Super-X getaufte Maschine. Diese sah schon wie eine schicke, kleine Harley aus und war sofort ein Verkaufserfolg.

Excelsiors »Super-X« und Indians »Scout« waren außergewöhnlich moderne, flotte und robuste Motorräder, die den Ruf der amerikanischen Motorradindustrie weltweit verstärkten. Im Kampf um Marktanteile wie auch leistungsmäßig waren Super-Xs wie Scouts den kleinen 350 cm³ Einzylinder Harleys überlegen, bei den Bigtwins standen die bei aller Robustheit dynamischeren Harley-Davidsons besser da.

Als Excelsior die Super X schon produzierte, wechselte der Konstrukteur A. R. Constantine 1928 von Harley-Davidson zu Excelsior.

Super X 1930

1927er Super X. Seit ihrem Erscheinen war die schnelle, robuste Super-X ein Verkaufserfolg. Indian und Excelsior duellierten sich im Kampf um Marktanteile mit zwei außergewöhnlich schnittigen Waffen, der »Scout« und der »Super-X«, die den kleinen 350 cm³-Harley Singles überlegen waren.

Unterwegs in Amerika 1915. Ein Pärchen mit seinem Harley-Davidson Gespann.

Nur ein Sammler freut sich über Gerümpel für viel Arbeit und Geld: Jim Lattin, ein begnadeter Restaurator.

Page

Die Page Motor Vehicle Company gründete sich im Sommer 1905 mit 50000 US-$ Stammkapital. Ort der Handlung Providence, Rhode Island, Kapitalgeber: einige reiche dortige Geschäftsleute. Akteure: als Designer J.H. McHardy, Verkaufschef A. A. Page, Bruder von Victor W. Page. Victor zeichnete als Konstrukteur alles Mechanische. Mir liegt nur eine bildlose Ankündigung vor. Der Preis wurde genauer angegeben: 750 US-$. Ihr Auto Marke Page mit 84 inch Radstand hatte einen luftgekühlten 10 HP Zweizylinder OHV-Motor, der seine Arbeit unter einer schützenden Haube tun sollte, aber auch als Motorradtriebwerk geplant war. Dann war Pause, im Februar 1906 reorganisierte sich das Werk neu und hatte drei Runabouts gefertigt. Irgendwann 1907 war wieder Ruhe.

Die brauchte Chefkonstrukteur Victor Wilfred Page auch, denn er schrieb ganz lange Riemen über alles Maschinelle, besonders gern über das, was Räder und einen Motor hatte. Seine Fachbücher wurden in mehrere Sprachen übersetzt und in den Lehranstalten etlicher Länder eingesetzt. Schließlich galt er als mechanische Allroundautorität. Noch vor dem Ersten Weltkrieg fand er die Zeit, »Early Motorcycles« zu schreiben und 1912 zu veröffentlichen. Heute eine eins-a-Quelle, aber ab und an weht's einen staubtrocken an. Er schrieb und lehrte weiter, bis die USA in den Ersten Weltkrieg einstiegen und er als technischer Offizier eingesetzt wurde. Aus dem Krieg kehrte er als Major zurück und fand Gefallen daran, wenn man ihn auch in der zivilen Welt mit »Major« titulierte.

So viele Marken, Zahlen, Konzepte.

PS – HP – cu.in – cm³

Die ersten Jahrzehnte klassifizierte man Motorräder nicht wie in Europa nach Hubraumgröße, sondern nach schematischen PS-Werten. Diese allein theoretische PS-Zahlen entsprachen nicht, oder selten, der wirklichen PS-Leistung eines Motors. Allerdings errechneten sie sich auch irgendwie aus den Werten, mit denen der Hubraum kalkuliert wird, wie wir unten sehen. Die in der Verkaufsliteratur, oft auch der Presse, aufgeführten PS sind also meist Zuordnungsziffern und nicht die gemessene, wirkliche Motorenkraft. Die lag meist über dem Wert, manchmal – besonders in der Pionierzeit – allerdings auch darunter. Zwar scheinbar eine PS-Zahl, handelt es sich in Wirklichkeit bei den amerikanischen PS-Klassen um Hubraumzuordnungen.

Rechts: Schaut der Freund neben seiner 1913er nachdenklich oder angestrengt drein? Das Werk taufte die populäre Single »Silent Gray Fellow« – Ruhiger grauer Kamerad -, ihr Motorengeräusch lag unterm Branchenschnitt, doch lauter als ein Gaul klang sie allemal.

Harley-Davidson 1909 (ganz links) Bill Harley experimentierte mit verschiedenen V-2 Designs, 1907 liefen seine ersten Zweizylinder. Ein Prototyp davon, in einen modifizierten Serienrahmen gesteckt, wurde auf einer Ausstellung gezeigt. Harley hatte das Kurbelgehäuse so verstärkt, daß zwei modifizierte Single-Zylinder draufpaßten.

THE HARLEY-DA...

HARLEY DAVIDSON VISITS H...

Harley Davidson and Harley-Davidson sound alike. And out of that fact comes confusion for Harley Davidson and Harley-Davidson.

Harley Davidson is the world's champion fancy and speed ice and roller skater, as many thousands of people know. He is the winner of 2,500 prizes in various fields of sport and has competed and exhibited in nearly every civilized country in the world. When Harley Davidson is not circling the globe his home is in St. Paul, Minn., not far from the home of the Harley-Davidson motorcycle.

As everyone familiar with motorcycles knows, the name of the Harley-Davidson machine and the Harley-Davidson Motor Company resulted from the association of William S. Harley and the three Davidson brothers, Walter, Arthur and William, when they combined their brains, mechanical knowledge and skill in the production of motorcycles without giving a thought to the possibility of confusion with the name of Harley Davidson, world's champion skater.

Der Rollschuh-Champion Harley Davidson besucht Harley-Davidson. Namensgleichheit verpflichtet.

Unten links: Ein großes Werk, moderne Werkzeugmaschinen, über 500 Mitarbeiter: nach Jahren Motorenbau für Konfektionäre, die immer häufiger auf Eigenbauten wechselten, blieb der Aurora Automatic Machinery Company nur die Flucht nach vorn. Eigene Motorräder, Marke »Thor«, wurden nun hergestellt. Thor De Luxe Twin, 1909. 750 cm³, 6 Nenn PS, 75 kg., Radstand 135 cm, Schnüffelventil-Motor, Schleifenrahmen, Thor Cushioned Fork mit pneumatischem Dämpferelement. Schweres Maschinenöl war empfohlen, alle 10 bis 12 Meilen sollte man die Ölpumpe durchdrücken.
Preis $ 300.-

Und so geht's: Multipliziere die Zylinderbohrung in Inch mit sich selbst, das Ergebnis multipliziere mit 0.7854, was da raus kommt wird mit der Länge des Hubs mal genommen. Diese Summe wird durch 7 geteilt, das Resultat auf- oder abgerundet und schon ist der PS-Wert erreicht. Für Menschen, die nicht so schnell abstrakt denken können:
Nehmen wir an, ein Zylinder hat 3 inch Bohrung und 3 inch Hub, was durchaus gängige Werte sind. Der Anfang ist also noch verführerisch leicht:

$$3 \times 3 = 9$$
$$9 \times 0{,}7854 = 7{.}0686$$
$$7{.}0686 \times 3 = 21{.}2058$$
$$21{.}2058 : 7 = 3{.}0294$$

3.0294 runden wir nach unten ab und wissen nun, daß ein Einzylinder-Motorrad mit 3 inch Bohrung und 3 inch Hub 21 ci (350 cc) Hubraum hat und dieser zur 3 PS-Klasse gehört.

Wer eine andere Methode probieren will, dem sei sie anhand einer Zylinderbohrung von 3 inch und eines 3½ inch Hub erläutert. Wieder potenzieren wir die Bohrung, multiplizieren das mit dem Hub, die Zahl nehmen wir mit 1800 mal und teilen das mit Mühe Erreichte durch 18000.

$$3 \times 3 = 9$$
$$9 \times 3\tfrac{1}{2} = 31{.}5$$
$$31{.}5 \times 1800 = 56\,700$$
$$56\,700 : 18000 = 3{.}15$$

Wer's nicht glaubt, kann den Taschenrechner aus der Schublade holen. Und wer sowas für unnötigen Humbug hält, der hat wohl recht. Uns Banausen reicht eigentlich schon das:

Klasse   3 HP = 21.0 ci = 350 cm³
         5 HP = 30.5 ci = 500 cm³
         6 HP = 45.0 ci = 750 cm³
         9 HP = 61.0 ci = 960 cm³
        12 HP = 74.0 ci = 1200 cm³

»The Wonderful Thor Transmission«, elastische, kugelgelagerte Untersetzung am Kurbelgehäuse, verbunden mit einem Zweigang-Getriebe in der Hinterradnabe. Thor blieb etliche Jahre dabei und vielleicht mit zu viel Modellen in verschiedenen Getriebe- und Motor-Versionen im Geschäft. Den 1000 cm³ Twin maß man mit 18 PS. Während der Kriegswirtschaft verließ Aurora auf Nimmerwiedersehen die Motorradbranche und schuf fortan Kleinartikel.

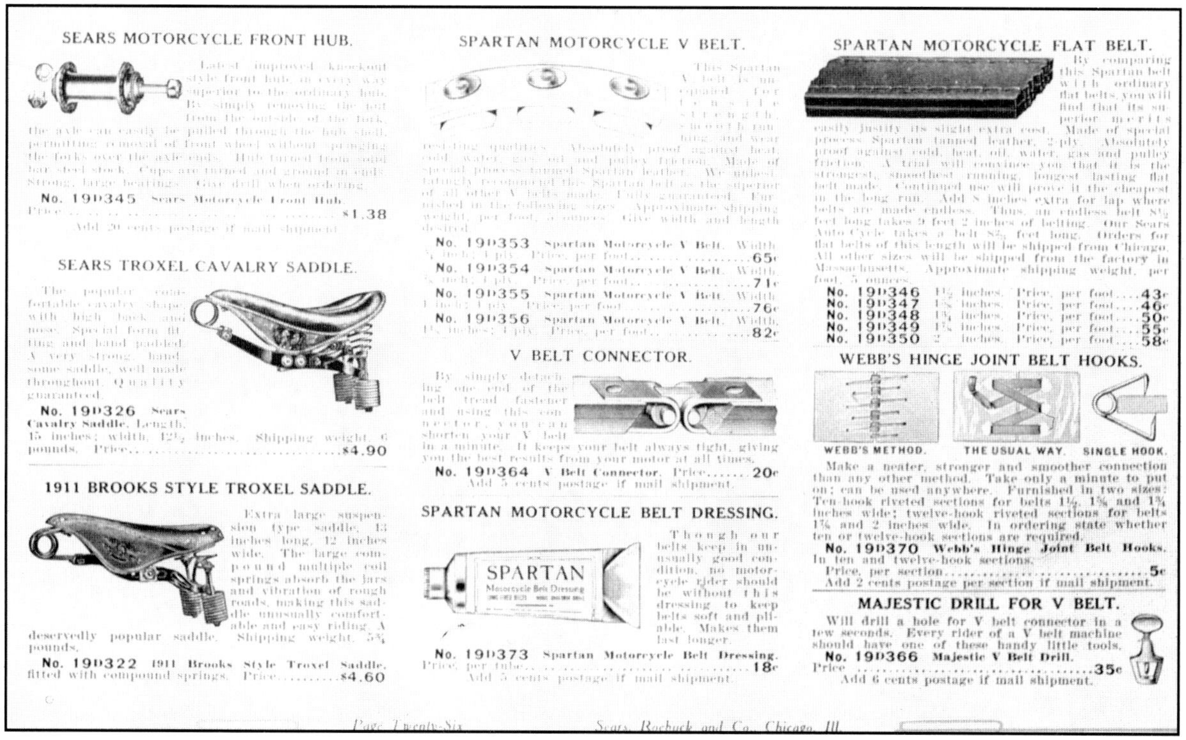

Sears aus Chicago, schon größtes Versandhaus der Welt, führte in seinen Katalogen auch Motorrad-Bekleidung, Werkzeug und Zubehör. Sears bot jahrelang Motorräder eigener Marke an; zumeist aufgekaufte Restbestände ruinierter Firmen mit Sears Aufklebern. Eigene Singles und Twins mit Spacke De-Luxe Konfektionsmotoren schlugen nicht an. Sears stieg aus, reduzierte auch sein Motorradzubehör.

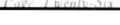

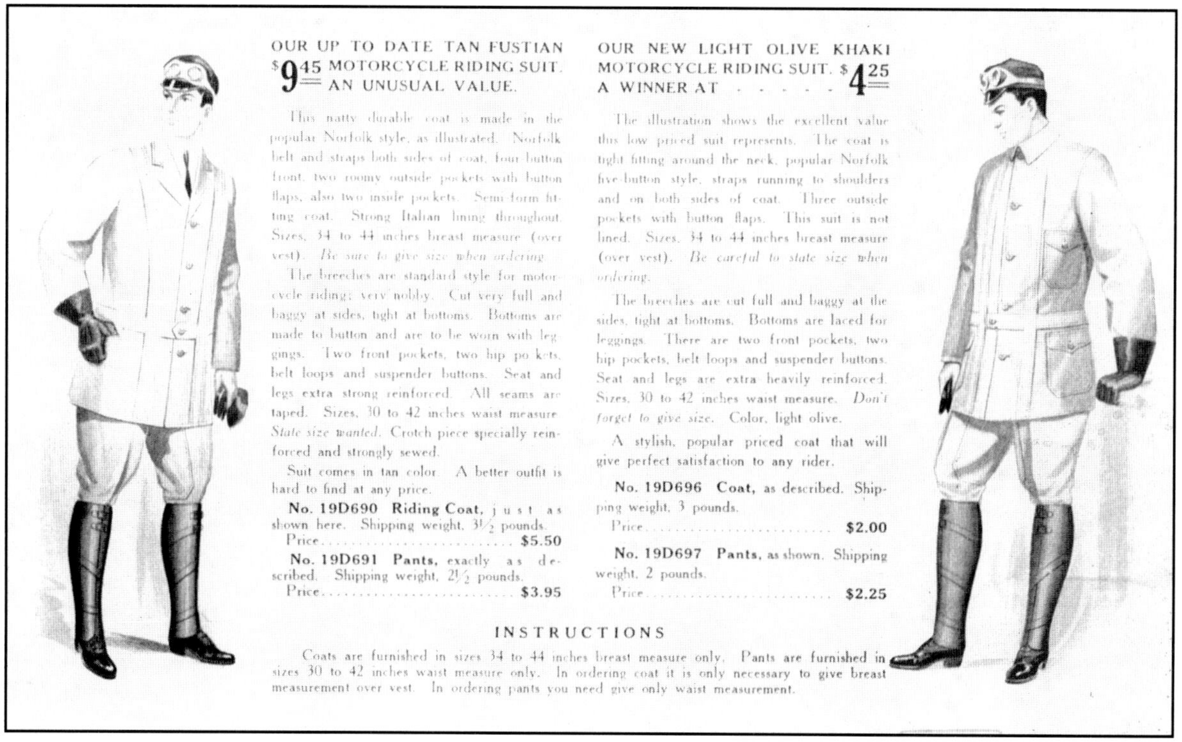

Die Katalogseiten geben eine Idee von Klamotten und Preisen, besonders das Riemenzubehör dürfte interessant sein.

Indian, III

Billy Wells, Indian-Importeur in Großbritannien, hatte mit Fabrikmaschinen schon einige Jahre erfolglos versucht, die TT zu gewinnen. Oscar Hedstrom dampfte 1911 selbst als Indians Team Captain zur britischen Isle of Man. Mit nahm er einige eigens getunte Racer und gute Piloten. Das Tourist Trophy Rennen auf der Insel führte im Juli 1911 erstmals über den kurvenreichen Mountain Course. Der maß 37,5 Meilen und mußte fünfmal umrundet werden. 187 Meilen, gut 300 Kilometer auf den selten gut ausgebauten Straßen über Hügel, Berge, flaches Terrain und durch Ortschaften. Der lange Anstieg zum Snaefell Mountain galt als maschinenmordende Passage. Von den 59 Startern erreichten nur 28 das Ziel, die ersten drei von ihnen auf Indian. Oliver Godfrey Erster, Alan Moorhouse Zweiter, Charles B. Franklin Dritter.

Die Indian ließen sich mit einem Zweiganggetriebe schalten, ihr Sekundärtrieb per Kette war bei feuchtem Wetter über die dann schlüpfrigen Riemen erhaben. Zu der Zeit galt auf der Isle of Man allein eine Hubraumbegrenzung der Maschinen, ihre Zylinderzahl war unerheblich. Damit waren zweizylindrige Indians den oft auf Einzylindern antretenden Konkurrenten bauartbedingt überlegen. Was ihren Erfolg nicht zu sehr schmälert, denn natürlich beteiligten sich auch andere kettenangetriebene Twins am TT-Rennen.

Auf der britischen Hochgeschwindigkeitsstrecke Brooklands nahm eine Indian als erste 300 Meilen unter 300 Minuten, blieb mit 280 Minuten sogar deutlich darunter. Bis auf die Zwei-Meilen-Meisterschaft wurden in den USA alle FAM Titel von 1912 mit Indians erfahren. Der Sieger des gut beschickten 1912er Grand Prix von Frankreich rollte auf einer Indian ins Ziel.

»Laughing Indian«, lachender Indianer, vor dem Ersten Weltkrieg scheffelten die Rennmaschinen des Werks Siege. Einige der erfolgverwöhnten Piloten nähten sich solch große Symbole hinten auf ihre Lederhosen, etwas über die Spalte zwischen den Pobacken. An wem immer so einer vorbeizog, den lachte vom Hintern des offenbar Überlegenen Konkurrenten der grinsende rote Hund frech aus und wird ihm das Verbleiben in dessen Windschatten psychologisch nicht leichter gemacht haben.

***

1913 deklarierte man den 22. Februar, Washingtons Geburtstag, einen nationalen Feiertag, erstmals zum »Indian Day«. An diesem Tag sollten Indian-Händler fortan mit Clubeinladungen, Parties und Modellvorstellungen die Saison eröffnen. Am Indian Day 1915 zählten Händler Besucher und Interessenten und meldeten die nach Springfield weiter, wo man insgesamt 150000 addierte.

Am Indian T.T. Modell 1913 überraschte der »Cradle Frame«, der eigenwillig von Blattfedern gedämpfte Rahmen. Joseph Merkel hatte Jahre davor seinen Merkels eine erste Hinterradfederung spendiert und gab diese als zu teuer und unbefriedigend auf. Indian sollte den »Wiegenrahmen« Jahre beibehalten. Im Januar 1914 verkündete das Werk, es habe nun seinen 100000. V-Twin montiert und verschickte 300000 Kataloge, im Juni nochmals genau so viele Kataloge.

Oliver C. Godfrey gewann die Tourist Trophy 1911

Indians späterer Chefkonstrukteur Charles B. Franklin wurde Zweiter bei der Tourist Trophy 1911.

Indian 1908. Das Wigwam bot seine Rennmaschine mit dem Hedstrom torpedo spark coil an, die optionale Magnetzündung kam $ 40 extra. Hub 3¼«, bore 3⁷⁄₁₆«, 60.32 ci Hubraum, Schnüffelventil war noch Standard, mechanisch bewegte optional. Bedüst wurde durch einen Hedstrom carburetor. Die »cushion fork« Vorderradfederung ließ sich mit einer Schraube außer Kraft setzen. Gewicht des Renners 55 kg, als Farbe Royal Indian Blue, Black oder Indian Red wählbar. Hubraum, sauber polierte Innereien, fein gewuchtete Kurbelwelle, gelöcherte Kolben, leichtere Pleuel, alles machte den Renntwin verdammt schnell – für damalig Zeiten. Werksseitig garantiert 65 mph und die »Mile-A-Minute« Statusmarke.

Der letzte Hedstrom Motor von 1915

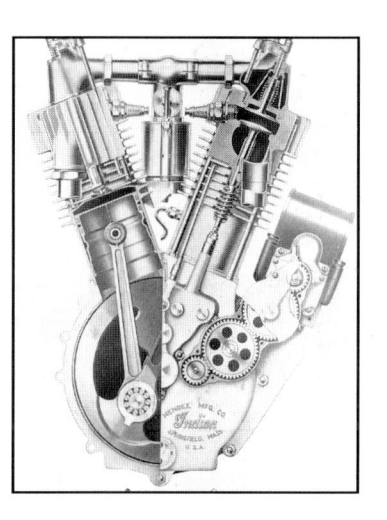

Hendee Special 1914. Vorne die dicke Trommel zwischen Fußbrett und vorderem Zylinder – elektrischer Anlasser und Anlage in einem.

Der bis dahin einsam führende Imageträger der US-Industrie gab sich 1914 mit der Hendee Special eine Blöße. Komplette elektrische Anlage, andere noch nicht ausgereifte Features und vor allen Dingen der elektrische Anlasser überforderten Batterien und Generator des Tourenmotorrads zu sehr. Zu recht blieben die Kunden mißtrauisch und verlangten, daß Indian lieber endlich einen guten Kickstarter installieren sollte. Die Hendee Special Verluste waren weniger finanzieller als moralischer Natur. Damals erregten sich Indian-Verantwortliche über das Debakel mit der Hendee Special.

Chefingenieur Hedstrom hatte sich gegen die Vorbereitung dieses Projekts Hendees gewehrt. Was im Vorfeld zu etlichen Konfrontationen mit diesem führte, weshalb Hedstrom wohl seine Einstellung zum Werk änderte. Als mobiler

George M. Hendee, weltmeisterlicher Radrennfahrer, Visionär und Unternehmer.

Gentleman fand Hedstrom immer mehr Gründe für ausgedehnte Dienstreisen. Indian-Aktien stiegen in den boomenden Jahren um dreißig Prozent. Da kann man sich dann schon mal ab und zu ein Eis mit drei Kugeln und Schlagsahne leisten. Oscar Hedstrom wohnte schon eine Weile nicht mehr in Springfield, hatte sich bei Portland, vierzig Meilen entfernt, sein Herrengut eingerichtet. Auf dem führte er das Leben eines Landedelmannes, wer solches Dasein im kuscheligen Heim kultiviert, der fährt nicht gerne jeden Morgen vierzig Meilen zur Arbeit in die Fabrik – er müßte ja plemplem sein. Im März 1913 teilte er mit, er wär einfach des Arbeitens müde geworden (just got tired of working) und bräuchte eine längere Vacation. Auf dem Gut kümmerte er sich um seine Landwirtschaft, die Zucht von Edelpflanzen, Tieren, ritt, golfte, segelte und ließ sich ein paar schöne Powerboote zimmern. In denen steckten Achtzylinder, die er noch persönlich zu mehr Leistung motivierte. Mindestens zweimal gewann er die Motorboot Meisterschaften von Connecticut. Von allen Clubs dieses Planeten trat er dem damals snobistischen Royal Automobile Club of Great Britain sowie dem Springfield Yacht and Nyasset bei.

Die schön gedachte Hendee Special wurde Indians erster fetter Flop. Statt einer erfolgreichen »Electra Glide« ihrer Ära eher ein zweirädriger »Ford Edsel« jener Zeit. Wer die Special trotzdem gekauft hatte, stellte sie bald enttäuscht in die Scheune, weil sie nicht recht lief und keiner sonst sie haben wollte, er hatte seinen Erben einen Riesengefallen getan. Das Ding ist heute selbstverständlich ein Sammlertraum. So ist der Lauf der Welt.

George M. Hendee wird wohl erst geflucht, aber bald darauf seinen Herrgott kniend für sein Überleben und ungeheures Glück gepriesen haben; er retournierte wegen Querelen im Werk Anfang Mai 1915 sein Erster Klasse Ticket der transozeanischen Cunard Lines. Seit Jahren waren ihm seine regelmäßigen, etwa eine Woche dauernden Seefahrten nach Liverpool, um daraufhin in England mit Handelspartnern zu konferieren, Urlaub und Anlaß zu Meditation und verbessertem Neubeginn. Besonders im Frühjahr und Sommer brauchte er kaum Angst vor Stürmen zu haben und konnte sich auf die Annehmlichkeiten einer verwöhnenden First Class Kreuzfahrt einrichten.

1914 und 1915 war er schon mehrfach mit der Lusitania nach Großbritannien und zurück gedampft. Die Motorradpresse berichtete über seine Abfahrten und Ankünfte. Offenes Geheimnis war, daß die Cunard-Line-Schiffe außer Passagieren auch Gerät, das von Armeen verwandt werden konnte (z. B. Motorräder und Beiwagen) luden und seit geraumer Zeit Du Pont sogar in ihnen bestellte Munition für das Krieg gegen Deutschland führende Großbritannien ausliefern würde.

Die deutsche Botschaft in den USA gab Warnungen heraus, daß die deutsche Seekriegsleitung die H. M. S. Lusitania nicht als neutrales Schiff verstehen könnte, weil ihr Meldungen über Waffentransporte vorlägen. Trotzdem kümmerte das fast keinen der 1100, teils amerikanischen Passagiere. Nach geltendem Seerecht, hätten deutsche Kriegsschiffe die Lusitania höchstens entern und in einen deutschen Hafen bringen dürfen. Passagiere neutraler Länder (wie die USA bis 1917) hätten dann freigelassen werden müssen, nicht interniert werden dürfen. Jedenfalls torpedierte ein deutsches U-Boot die Lusitania am 7. Mai 1915, die darauf, mit allen Menschen, im Atlantik versank. Auch Arthur Davidson, der mit der französischen und britischen Armee Geschäfte machte, war ein häufiger Lusitania-Passagier, war aber zu der Zeit schon in Europa. Bekanntermaßen schlug mit diesem vielleicht begründbaren, dennoch ungeheuren Verstoß gegen internationales Seerecht die öffentliche Meinung der USA gegen das kriegerische deutsche Reich um. Die USA sollten aber erst ab 1917 aktiv Krieg führen.

***

Charles Henshaw, Hedstroms Partner aus Radler- und Steher-Tagen, übernahm nach der Jahrhundertwende die Bostoner Vertretung von Auto-Bi, der Motorradmarke von Erwin R. Thomas. Als Thomas sich auf Autos verlegte, wechselte Henshaw mit. Nachdem ein Thomas Flyer 1908 die Fernfahrt New York–Paris gewann, war die teure Marke eine amerikanische Institution. Ein paar Jahre werden auf Henshaw die Taler geregnet haben, bis die Flyer-Qualität nachließ und Thomas Pleite machte. Mit Fred Graves, einem anderen neuenglischen Rennradler der frühen Jahre, gründete Henshaw in Boston die Henshaw Motor Company. Geplant waren Herstellung und Vermarktung von Cyclecars, später von Automobilen. 1914 wurde das erste Henshaw Cyclecar angekündigt, aber auf eine wirklich erfolgte Vorstellung fand sich nirgendwo ein Hinweis. Bild haben wir erst recht keins, aber anderswo in diesem Buch finden sich typische Beispiele der Cyclecar-Gattung zum Vergleich. Von einer Henshaw-Autofabrik war dann nichts mehr zu vernehmen.

Pancho Villa, der mexikanische Bandit oder Revolutionsführer – je nach Geschmack – gab begeisterte Kommentare über seine Indian ab.

On the Road

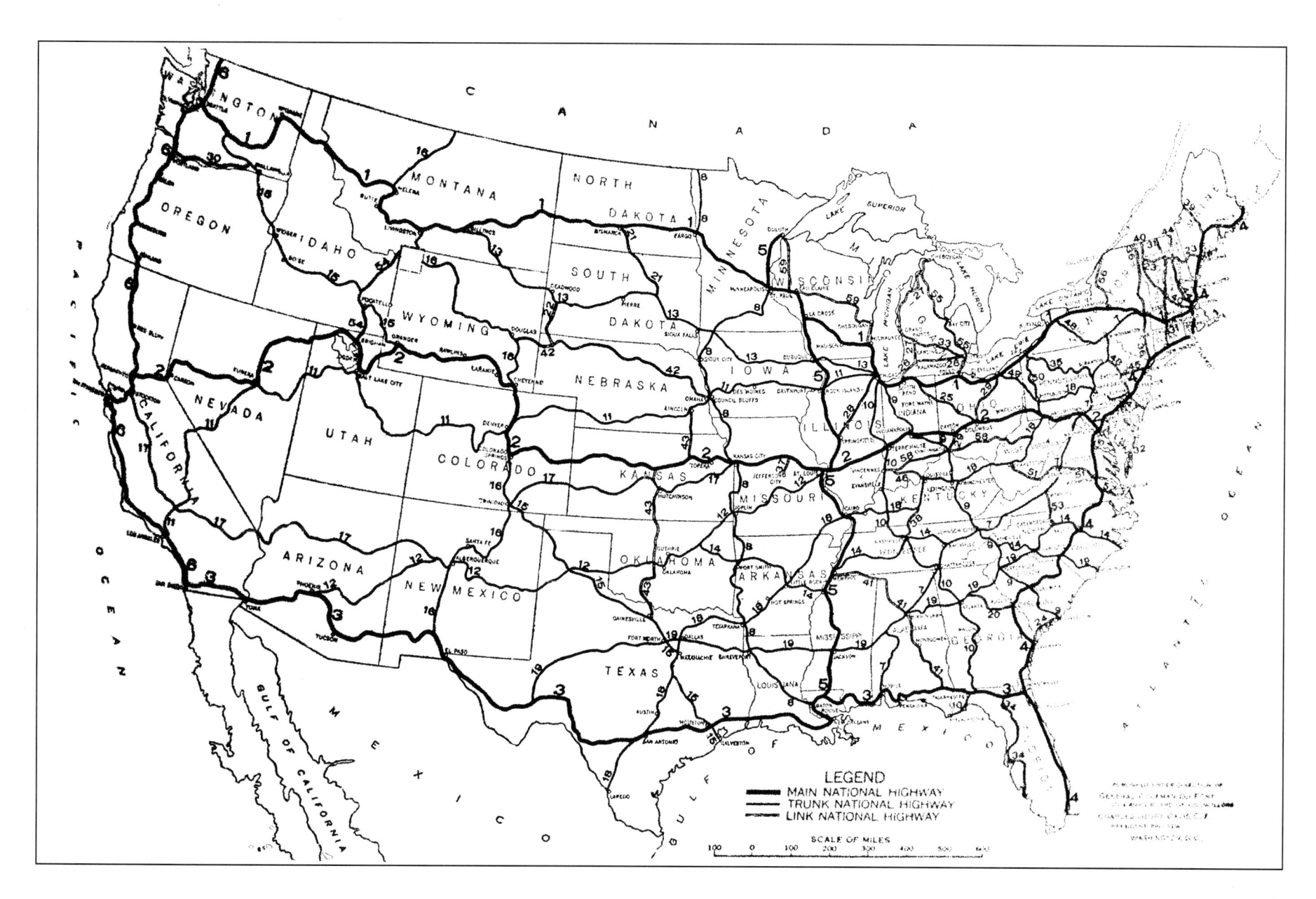

Straßen

In der den großen Köppen der Gäule findet sich kein Verständnis, daß Motorräder laut und schnell sein müssen. Pferde sind Fluchttiere, erschrickt eins, rennt es. Ein Gespann Runaways ist kaum zu zügeln, das wissen wir aus unzähligen Western. Helden dauert's bei allem Können lange Einstellungen lang. Was war von Fuhrknechten zu erwarten, die ihre Tagesfron mit Minimühe runterziehen wollten. Gingen ihnen vorbeibrausender Motorräder wegen erstmals die Gäule durch, werden sie Maschinen-Reiter wenig gemocht haben. Innerhalb bewohnter Gebiete gingen Auslaßgase und Lärm durch einen Dämpfer, außerhalb der Städte öffneten die Biker meist den Hebel am Auspuff, so wurden sie schneller und lauter. Motorradler hielten dagegen, daß mehr als sie jene, jene sie gefährdeten: Unberechenbare Zossen vor nachts unbeleuchteten Karren, Hufnägel und Pferdeäppel sorgten für platte Reifen und Stürze.

In der Tauperiode, im Herbst und Winter waren die Matschtrassen des Mittelwestens, Nordens und Ostens fast unpassierbar. Die Post übte Druck für ein moderneres Straßensystem aus und schaffte Unmengen Motorräder an.

Wer auch recht hatte, langfristig behaupteten sich auf des Landes Straßen motorgetriebene gegen pferdegezogene Vehikel. Apropos Straßen: Außerhalb von Ortschaften waren die damals nicht vorhanden oder furchtbar. Auf unebenen fanden Hufe Halt, von ihnen Kutschierte konnten gemächliches Holpern und Wackeln eher ausgleichen, als Motorisierte bei höherem Tempo Straßenlöcher und Huckel ertrugen. Motomenschen reichte nicht, daß sich durch Stadt wie Landschaft und von A nach B ein Pfad zieht. Glatt, platt und breit solle er sein.

In unserem über Jahrhunderte dichtbesiedelten und eng verwebten Europa waren die Handelswege zwischen Metropolen und Rohstoffgebieten ausgebaut, ergänzt von Poststrecken. Weiter wurden für unser Fürsten schönstes Hobby, beutereiche Feldzüge zu führen, strategisch wichtige Verbindungen mit Straßen guten Zustandes ausgeführt. Wollte einer mal eine Schlacht schlagen, konnte er schnell Truppen verschieben, besaß bessere Siegesaussichten. Napoleons Heerstraßen seien als Beispiel genannt.

Amerika dagegen war Wildnis, die erst von Kanälen und dann von Eisenbahnen durchzogen wurde. Was die jungen Staaten über sich an Schienen legten, davon träumte Europa nicht. Bedampfter Schienenverkehr war bequemer und schneller als alles mit Schiffen oder Gäulen Denkbare. Ganz, ganz große Vermögen wurden mit den Eisenbahnen und diversen Manipulationen um sie gemacht: Vanderbilt, Gould, Morgan und wie sie alle hießen. In der zweiten Hälfte des 19. Jahrhunderts besaßen die USA weltweit die meisten Bahnmeilen und waren weitmaschig miteinander vernetzt. Bei ihren gewaltigen Dimensionen und den relativ wenigen Menschen, blieben die Weiten unerschlossen, die bahnmäßig keinen Profit versprachen und viele Gegenden weiter von Wells Fargo- oder American Express-Kutschen bedient wurden. Abseits der Bahn- oder Kutschenlinien blieb persönlicher Individualverkehr nur mit eigenen oder gemieteten Pferden als Reit- oder Zugtiere denkbar.

Mit dem Fahrrad tauchte die Möglichkeit des pferdelosen Individualtransportes auf. Motorisierte Räder und Kutschen konnten das gegebene Versprechen offenbar einlösen. Wie vorher und immer noch die Radlerverbände, verlangten motorisch Organisierte nach ihrem Wunschtraum »Better Roads!«, besseren Straßen. Bis 1913 verliefen sich ab der geographischen Höhe von Chicago fast alle Straßen in Karrenpfade und die, jedenfalls gen Westen, in Schlamm oder Staub. Erst wieder Californien verfügte über, sogar vergleichsweise attraktive, Straßen. Die einzig vernünftige Überlandverbindung von Ost nach West und umgekehrt führte auf der Schiene.

Vor der Jahrhundertwende gehörte die Verantwortlichkeit für des Landes Straßen allein den Städten und Kreisen, die – auf gut Deutsch – in ihrem Bereich machen konnten, was und wie sie wollten, wenn sie wollten. Bauern und Kleinstädter brauchten für ihre lahmen Kutschen keine schnellen Straßen und schon gar keine dann zu erhebende höhere Steuern. Daran hatten sich ihre Volksvertreter zu halten, wollten sie in Amt und Würde bleiben. Manche guten Wege endeten einfach an einer County-Grenze mitten in der Landschaft. Andererseits übten Behörden des übergeordneten Bundesstaates oft notwendigerweise Druck aus, damit Straßen regionaler Satrapen sich in ein Wegesystem binden ließen.

Die US-Bundesregierung öffnete 1894 das Office for Road Inquiry, ein Büro für Straßenfragen, das Versuche mit diversen Belagsarten sowie Methoden des Straßenbaus durchführte und seine Erfahrungen weitergab. Dieses Amt wurde vom Bureau of Public Roads abgelöst, das jeweils 1904, 1909 und 1914 den deprimierenden Meilen-Bestand und Zustand des endlosen Landes öffentlicher Straßen aufnahm und ausdrücklich darauf hinwies, daß diese selten eine wetterbeständige Decke trugen:

STRONG CONTRASTS IN MIDDLE WESTERN ROADS

A Rider of Dundee, Kan., Sends in This Photo Which Shows a Young Lake Ranging from Six Inches to Four Feet Deep; No Detour Was Available

Anklagend veröffentlichte die Motorradpresse immer wieder Bilder katastrophaler Straßenverhältnisse.

154000 Meilen 1904, 190000 1909, 257000 1914. Einen ordentlichen Teil dieses Wuchses übernahm das Bundesamt, das 1912 z. B. 500000 Dollar für Bau und Ausbau einfacher ländlicher Poststraßen bezuschußte.
Den Löwenanteil mußten Staaten, Kreise und Gemeinden tragen. Viel Lobbyismus, politische Ränküne, Steuer-Eintreiberei, korrekte Planungen, korrupte Beziehungen, fette Baulöwen und Tausende schwitzender Prolos errichteten sogar einige National Highways. Die Trasse wurde ausgeschachtet, erst mit größeren, dann kleineren Steinen ausgestreut. Schwere, langsame, eisenbeschlagene Karrenräder würden das schon feiner und planer mahlen. Diese seinerzeit Stolz erregenden Straßen vom Typ Macadam oder Telford sind auf den heutigen Landkarten die grade noch gestrichelten Verbindungen, von deren Benutzung vernünftigerweise abgeraten wird.
Apropos Landkarten: Für was brauchte man die in den frühen Jahren? Lange Strecken wurden mit der Bahn zurückgelegt. Wer aber mit eigenem Motor und auf eigener Achse von A nach B finden wollte, erkundigte sich bei der Bahnverwaltung über den Verlauf von Gleis-Kreuzungen und Weichen und fuhr soweit möglich an der Schienenstrecke lang. Die meisten Wege und Pfade im Lande waren hinweis- und zeichenlos. Kannte man sich nicht aus, mußte man Farmer nach der Richtung fragen. Bekannt der wohl oft zutreffende Spaß: Zwei Motorradler verließen einen »Highway«, um die hügelige Nachbarschaft auf kleinerer Feldstraße zu erkunden. Jedenfalls verlieren sie sich und fragen einen Vermonter Farmer nach dem Weg zu dem Highway, von dem sie zu ihm gefahren seien. Der überlegte, biß auf seine Maiskolbenpfeife, sah sie ernst an und sagte: »You can't get there from here«, also, dahin kann man von hier gar nicht. Es hatte keine Straßenkarten, schon deswegen weil es ja überregional kaum Straßen gab. Besonders der American Automobile Association (AAA) angeschlossene Autoclubs, weniger auch die Motorrad F. A. M., stellten dann Tausende von Wegweisern übers Land ganze auf.

Lincolns seiner und andere Highways

Im Namen des großen Befreiers und Einigers wurde Jahre vor dem ersten Weltkrieg eine beispielgebende, nationale Kraftanstrengung vorbereitet und organisiert. Ein moderner Highway sollte quer über den Kontinent Jersey City, New Jersey und den Lincoln Park in San Francisco verbinden. Industrielle und Politiker arrangierten verschiedene Treffen, eine Lincoln Highway Association entstand. Auf höchster Ebene diskutierte man den Plan während der 1913er Gouverneurs-Konferenz. Schon da argumentierten die Vertreter der einzelnen Bundesstaaten, daß dieser nationale Highway auch genau durch den eigenen Staat zu führen habe, egal wieviel hundert oder sogar tausend Meilen seine Region vom eigentlich projektierten Verlauf ablag. Ihre Ansprüche meldeten die meisten an, Kostenzusagen nur wenige. Nach der Konferenz ging das Theater erst richtig los, als die Städte ihre Forderungen auflisteten.
Am Lincoln Highway hingen schließlich New York City, Trenton, Philadelphia, Gettysburg, Pittsburg, South Bend, Chicago, Joliet, Sterling, Clinton in Omaha, Kearney, North Platte, wahlweise Denver oder Cheyenne, Salt Lake City, Ely in Nevada, Eureka, Carson City, Sacramento, Oakland und San Francisco.
Von Gettysburg zweigte vom Lincoln Highway eine namenlose Verbindung nordwestlich an Washington vorbei nach Nashville und Memphis ab, wo sie auf die Southern Route traf.
Ohne engagierte, vielleicht nicht ganz selbstlose Unternehmer wäre gar nix gelaufen. Unentbehrlich in der Bewegung waren Carl Fisher, (Auto- und Motorradzubehör-Hersteller, besonders der nachfüllbaren Prest-o-Lite Karbidgastanks und Lampen), sowie Henry Joy, Präsident der Packard Automobilwerke. Das Land solle sich selbst ein Beispiel geben, zu guter Letzt konnte man sich über eine verbindungsmäßig vernünftige, teils landschaftlich aussichtsreiche Route wenigstens einigen. Es fehlte nur noch Geld. Handelskammern, wichtige und regionale Zement-, Auto-, Gummi- und Ölfirmen beteiligten sich, indem sie jeweils einige teure Meilen sponsorten. Das

Verbiete du dem Seidenwurm zu spinnen! – Draußen ruhig und gelassen, im Ort, wo's aber Vorschrift: Euch werd' ich was!

Land dehnte sich aber über 3000 Meilen, Promotion-Karawanen tourten und trommelten entlang der projektierten Strecke.

Mitten im Weltkrieg Eins ratterte dann eine große Armeeexpedition mit schwerem Gerät und Artillerie über Landstraßen und alte Rollbahnen entlang der geplanten Strecke, die der Lincoln Highway werden sollte. Sie zerwühlte, was war und zerfurchte auch des Neubaus erste zarte Meilen. Aus dem europäischen Krieg zurückgekehrt, lobten Hunderttausende Amerikaner die vergleichsweise guten dortigen Verbindungen. Sie verbreiteten das Gefühl, daß Straßenlosigkeit nationale Schande sei. Illinois, wo der Anwalt Lincoln auf einfachem Pferde-Cart viele Jahre die Landgerichte bereiste (und pro Prozeß einen bis fünf Dollar erhielt), asphaltierte und zementierte seinen Teil des Lincoln Highway zuerst, noch vor 1920. 1921 waren im Mittelwesten einige Meilen von »Ideal Sections« im Stil moderner Autobahnen angelegt. Vierspurig, mit Vorfahrtsrecht, breiten Randstreifen, durchdachtem Wasserabfluß, optischer Einpassung in die Landschaft. Später fanden sich moderne Tank- und Raststellen sowie Motels entlang der Strecke ein.

In den Zwanziger Jahren war die Lincoln-Trasse größtenteils freigegeben, stückelte sich aber noch aus modernen und überholten Wegeteilen zusammen. Von Wohlstand und Arroganz der Ostküste weg führte der Lincoln über Hunderte von Meilen durch herbes, fleißiges Land, manchmal karg, manchmal fett, meist ehrlich und offen. Über Iowas rollende Hügel, entlang Nebraskas Ebenen nach Wyoming rein, wo der Lincoln sich an den Rocky Mountains aufwärts winden mußte, steil und kurvig bis zur Kontinentalscheide, im Hochland folgten reiche Felder, ab Utah ging es wieder bremsenreich abwärts, hinein nach Salt Lake City, auf und ab, ab und auf bis Reno, Nevada. Jetzt zog's sich wieder hoch: die Sierra Nevada, hohe Nadelbäume und Gipfel, die sich mit Wolkenstimmungen und Lichtabstufungen in ruhigen Seen verspiegeln.

Wo es dann die Sierra abwärts geht, ist Californien. Das Klima wird weicher, die Bäume dichter und Böden tiefer. Man sieht auch wieder Menschen in der Landschaft außerhalb der Orte. Nach all den gewaltigen und oft darbenden Landschaften, dem fleißigen Bauernland, manchmal kargen, manchmal fetten Gegenden, meist mit ehrlichen und offenen Menschen, nach all dem wirken die lieblichen, manchmal protzigen Ferienhäuser am kalifornischen Lake Tahoe beinahe irreal. Hier erholt sich in jedem Sommer altes Geld und ab den Stummfilmen zu schnelles Geld. Die Menschen werden bald zu schön und freundlich, für ihr warmes Klima schwitzen sie zu wenig. Den kalifornischen Reichtum ihrer Obstplantagen pflücken und pflegen ihnen Mexikaner.

Erst 1927 war der Lincoln Highway vollendet, da hatte ihm aber schon die Route 66, die runter nach Los Angeles ging, den Rang abgelaufen.

Das nationale Hauptstraßennetz bis in die Zwanziger Jahre:

Lincoln Highway
New York – San Francisco, s. o.

North West Trail
New York – Albany – Syracuse – Buffalo – Erie – Cleveland – Toledo – South Bend – Chicago – Madison – Lacrosse – St. Paul – Bismarck – Miles City – Billing – Butte – Missoula – Spokane – Seattle

Oregon Trail
Seattle – Walla Walla – dann entweder Portland oder Boise – beider Varianten Schluß war Ogden.

Midland Trail
Los Angeles – Goldfield/NV – Ely/NV von da auf den Lincoln Highway bis Denver – dann St. Joseph, KS – Hannibal/OH – über Quincy – Davenport und Clinton mündete er in den Lincoln Highway.

Golden Belt Road
Ausgangsorte Denver und Colorado Springs, floß mit dem Midland Trail bis nach der Colorado Grenze, verließ den Midland Trail wieder südlich und verlief grob parallel über Topeka, Kansas City nach St. Louis

Santa Fe Trail
San Diego – Yuma – Phoenix – Springville – Alburquerque – Las Vegas – Trinidad – Dodge City – Kansas City – St Louis – dort geht er über in die

Old National Road
St. Louis – Indianapolis – Columbus – Pittsburgh.

Borderland Route
Phoenix – Deming – El Paso – hinter Fort Worth ein Abzweig nach Dodge City, der Dodge Route hieß. Auf der Borderland Route folgt bald eine Verbindung zur

Southern Route
Fort Worth – Dallas – Texarkana – Little Rock – Memphis – Birmingham – Atlanta – Macon – Savannah

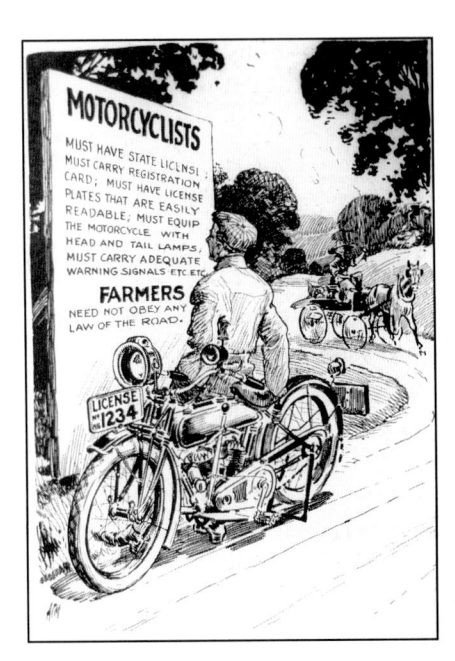

Doch draußen auf dem Land, da herrscht Bauernverstand: in vielen Kreisen unterlag der fahrende Farmer kaum einer Vorschrift, der mobile Motorradler jeder denkbaren.

Cannonball Bakers traurige Bestandsaufnahme

Cannonball Baker auf einem Indian Big Twin 1915 mit Selfstarter. Die Erinnerung an seine eisernen Leistungen und sein Spitzname leben in den Cannonball Runs fort.

Kurz vor dem Ersten Weltkrieg brach Erwin G. (Cannonball) Baker auf, um Volney Davis' Transkontinental Rekord zu brechen. Weil Cannonball Baker fast jedes Jahr versuchte, ein oder mehrere Langstreckenrekorde zu brechen, sollten seine der Presse geäußerten Ansichten glaubhaft sein. Hätte die Redaktion über abweichende Informationen verfügt, wären die sicher für ein wahrheitsgemäßeres Bild mit ihm abgestimmt worden.

Nachts, wenn er fürchtete, die Orientierung oder die Straße selbst zu verlieren, bestieg Cannonball mit seinem Motorrad oft einen Bahndamm. Zwischen den Eisenbändern ratterte und hüpfte er lieber über jede einzelne Schwelle, weil er so wenigstens die Richtung wahren konnte. Eine auf gleichem Gleis verkehrende Bahn nahm er immer rechtzeitig zum Ausweichen wahr, Angst habe er in engen Tunnels gehabt. Hilflos habe er sich an Weichen gefühlt, wo er manchmal toten Gleisen gefolgt sei. Daß er bereit war, Mann und Maschine solcher Tortur auszusetzen, bedarf keines weiteren Kommentars. So charakterisiert Cannonball Baker die »Erfahrungen« auf den Straßen seiner letzten großen Touren:

Zusammenhängende Wege-Passagen wären zwar schon Lincoln Highway getauft, entsprachen aber keinesfalls angemessenen Ansprüchen. Er beschreibt den Lincoln Highway ab Omaha als mit furchtbaren Sandpassagen infiziert, besonders schlimm zwischen Julesburg und Cheyenne. Zwischen Cheyenne und Laramie wäre der Weg über die Rocky Mountains bis zur bald 3000 Meter hohen Kontinentalscheide immer gefährlich und sehr beängstigend gewesen.

In Illinois würden die natürlichen Rollbahnen konstant verbessert. Inzwischen bereiteten diese – außer nach schweren Regenfällen – im Vergleich zu vorher wenig Ärger. Iowa hätte nur holprige und gefurchte, dabei oft feste und teils breite Feldwege. Mit Aufmerksamkeit käme man im Sommer auf ihnen sehr schnell voran. Wenn's aber regnet, könne man sie vergessen. Missouri hätte seine Feldstraßen ausgebaut und erhebliche Strecken in Macadam-Art gefestigt. Für die hätte der Bundesstaat Verantwortung übernommen.

Nebraska arbeite an seinen Naturstraßen, was mehr als nötig sei, Sandbahnen gäbe es noch immer viel zu viele und zu tiefe. Wyoming führte meist Schotterstraßen mit manchmal gemeinen Strecken, aber oft sähe man schon Arbeiter daran. Utah durchqueren fast nur Wüstenwege, teils holprig, teils brutal. Manchmal schienen sie sich in der Landschaft aufzulösen und es sei schwer, sie von der umgebenden Steppe zu unterscheiden. Umsomehr nötige Wegweiser fehlten oft. Touristen, auf dem Midland Trail unterwegs, würden die harte Passage von Grand Junction nach Price extrem schwierig finden. Er empfehle die Verbindung Odgen nach Eureka, die zwar deutlich länger sei, aber im Vergleich zur Ely Strecke fast fahrbar ausgebaut sei. Die Chancen, sich auf der letzteren Probleme und Ärger einzuhandeln, wären erheblich. Welcherart diese Schwierigkeiten seien, darüber schwieg er sich aus.

Nevada besäße fein geschotterte Naturstraßen, deren Erträglichkeit wohl dem gleichmäßig guten Wetter, dem seltenen Verkehr sowie dem so gut wie Nichtvorhandensein bäuerlicher Karren und Kutschen zu verdanken sei. Californien dann, gelte ihm als der Bundesstaat mit den am besten für motorisierten Verkehr geeigneten Straßen. Fast lohnte sich die qualvolle Anfahrt von der Ostküste dahin, um die berühmten Straßen der Westküste zu genießen, von denen so viele sogar topfeben asphaltiert seien.

Nummernschilder wie heute gab es lange nicht, die Staaten gaben geprägte Blechstücke wie dieses californische heraus.

Kohle machen

Erst 1916 erließ der Congress den Federal-Aid Road Act, das erste vieler Gesetze über Planung, Koordination, Bewertung und Bezuschussung des Verkehrsnetzes. Congressgelder verteilten sich relativ ungeordnet, bis 1921 beschlossen wurde, daß der Bund 7 Prozent der dann bestehenden 387000 Meilen bedeckter Landstraße zu Interstate- und Intercounty-Straßen eines nationalen Verkehrs-Systems ausbauen und finanzieren würde. Die wichtigeren Verbindungsstrecken der USA wurden dann meist »Route« benannt, einer, Route 66, sang Chuck Berry ein bekanntes Denkmal. Überlandstraßen von unterschiedlichen Qualitäten entstanden im ganzen Land. Dann ab den dreißiger Jahren legte man Autobahnen im mechanisierten Betonbau über die Landschaft und erst in den vierziger Jahren wuchs das Highwaysystem, das uns Europäer ob seiner Maßlosigkeit umhaut. Das ist nun in mancher Hinsicht abgewetzt ist und bedarf einer unglaublich aufwendigen Renovierung.

Vielfältige Steuern für Benzin, Transportmittel-Verkehrszulassung und bei Automobilprodukten gelegentliche Straßennutzungsgebühren, fast alles fließt in einen Highway-Fund, aus dem die Bundesregierung nationale (Interstate-), staatliche (Intercounty-) sowie ab 1944 auch Stadtautobahnen zu 50 Prozent oder mehr finanzieren sollte. Unbenommen davon zahlt aber längst der normale Haushaltsplan der Union das meiste, wenn gerade Geld frei ist.

Anfänglich übten Bundesstaaten Verkehrssouveränität aus. Fahrerlaubnis und Zulassung galten oft nur im Staat und mußten im nächsten zu dessen Konditionen neu erworben werden. Manche Tourenfahrer registrierten ihre Maschine in mehreren Staaten.

Steine klopfen

Wenn mein Vater mich kleinen Bub in den 50er Jahren ausführte, hockten und knieten am Straßenrand noch oft dreckige, schwitzende Kerle, die Steineklopfer. Die hämmerten dicke Wacker klein, bis deren zersprungene Bruchstücke sich zwischen die größeren der Schichten darunter fügten. Schütter schaufelten Schotter und Kies und Split darüber. Allein der Bodenstampfer brauchte sein Kreuz nicht zu biegen, er schritt – Hump-Tah, Hump-Tah – die hüpfende Explosionsramme vor sich haltend, die Bettung auf und ab. Er hatte, Zigarette im Mundwinkel, den meines Erachtens besten Job, brauchte nur aufzupassen, daß ihm das Ding nicht auf die Füße haute. Ihm folgte die Walze, danach Teergießer, die Dreckigsten der Truppe. In der Kriegs-Gefangenschaft, kommentierte Papa, sei er im Straßenbau eingesetzt worden, das Steineklopfen sei das Schlimmste. Und Steineklopfer würde ich werden, falls die Lehrer mir weiter so viele Vierer gäben. Obwohl ich manchmal Zweier und Dreier aus der Schule brachte, diente ich in den siebziger Jahren dem Berliner Senat als Wegebauer. Für viele Arbeitslose eine arbeitsintensive Arbeitsbeschaffungs-Maßnahme. Unsere Parkwege am Wannsee entstanden ähnlich, statt Asphalt oder Teer walzten wir als krönenden Abschluß aber eine feine Sanddecke fest. Fast alles ohne Maschinen, keine Dampfwalze plättete unsern Pfad, unsere mächtige Einachswalze mußten wir selbst ziehen. Auf die Explosionsramme (auf die besonders) war ich seit jenen kindlichen Spaziergängen neugierig, und mußte es weiter bleiben. Seitdem stürmte mein Fortschritt himmelan, heute lebe ich vom Sprücheklopfen. Nicht viel besser – ernsthaft – das Kreuz tut halt nicht so weh.

Warum der Abschweif? Weil sich der Straßenbau während der ersten Dekaden des Jahrhunderts im Arbeitsaufwand kaum von dem meiner jüngeren Jahre unterschied. Allerdings stimmen die Dimensionen Zehlendorfer Parks und des kontinentalen Nordamerika nicht überein. Zigtausende bewachte Sträflinge, freie Chinesen, Schwarze und viele gescheiterte Einwanderer Europas zogen in zermürbendem körperlichen Einsatz Straßen durch ihr Land.

Meine Florida Driver License von 1978. Praxisbezogene Prüfungs-Fragen, in der Fremdsprache Englich leichter verständlich als im Behördendeutsch. Testfahrt ohne Prüfungsstress, freundlich Punkt für Punkt ein bekanntes Programm abgehakt.

Papa verstaut die Taschen, Mutter steigt gleich ins Boot.

Harley-Davidson 1920 J-Bigtwin: Zwei Jahre nach Kriegsende noch serienmäßig in olivgrün lackiert.

V-Twins

Leistungsmäßig führt ein alter amerikanischer V-Motor von 600 cm^3 mit knapp 10 PS oder einer mit über 1200 cm^3 und weniger als 35 PS ein entspanntes, ausgeruhtes Leben. Er holt seine Kraft aus dem Volumen, nicht dem nervösen Drehen. Ihm geht's nicht so schnell »mit die junge Pferde«, bewegt sich mit zwei-, mal dreitausend Umdrehungen und fühlt sich selten überfordert. Wird er gut geschmiert, sonst gepäppelt, wie sollt' er sich anders geben, als behäbig brummend und friedvoll. Und doch kann er wie Bud Spencer zuschlagen und seinen Reiter wie eine unterirdisch gezündete Rakete gewaltig hochbeschleunigen.

In den Neuenglandstaaten und um die großen Seen herum konzentrierte sich die Zweirad-Motorisierung und -Fertigung der USA. Die Motorradfahrer wählten noch vor Weltkrieg Eins den großvolumigen, robusten, komfortablen V-Twin zum US- Standardmotorrad. Indian, Harley-Davidson, Merkel, Minneapolis, Pope, Thor, Excelsior und wie sie alle hießen, boten als Schwerpunkt ihres Modellprogramms diverse, um Zweizylinder-V-Motoren herumgebaute Touren- und Sportfahrzeuge. Der V2 paßte maßgeschneidert in enge Schleifenrahmen, brachte bei nur wenig mehr Gewicht fast doppelt so viel Leistung.

Fünf-Cent-Briefmarke der U.S.-Mail von 1982. Abgebildet ein Pope Model L, Baujahr 1913, heute im Smithsonian Institute in Washington ausgestellt.*

Verlustschmierung mit Abgabe über Überflußventile stellte bis etwa 1914 den Schmierungsstandard dar. Diese Ventile erzeugten bei laufendem Motor auch einen gewissen Unterdruck. Meist durch Eigengewicht tropfte das Öl durch ein Schauglas, die vorgegebenen Tropfen pro Sekunde zählte und regulierte man. Im Kurbelgehäuse wurde es durch Kanalbohrungen an die Lager gedrückt, an alle beweglichen Teile und unteren Zylinderwände geschleudert. Die Wände hoch wurde es oft von im Hemd durchlöcherten Kolben befördert. Die handbetriebene Ölpumpe, mit der man bei Vollgas oder bergauf nachspritzte, war erst ein beliebtes Zubehör und so sinnvoll, daß viele Marken sie in die Serien-Ausstattung übernahmen und die besseren Marken anfingen, mechanisch angetriebene Ölpumpen einzusetzen.

Die sogenannten »automatischen« Schnüffelventile im Einlaß hatten die meisten Werke mit von Nockenwelle, Stößeln und Rockern bewegten Einlaßventilen ersetzt. Außen freistehende Rokkerarme wurden nicht automatisch geschmiert und mußten von Hand gefettet werden. Wegen den sich gegenüberstehenden Ventilen typisierten die Amis diesen Motortyp als »F-head«, »inlet over exhaust« oder abgekürzt »i. o. e.«. Bei uns heißt er wechselgesteuert.

Indians marketingmäßiger Erfolg mit seinen gut verarbeiteten und beworbenen Maschinen galt als erste Maßlatte der Industrie. Nur Excelsior, Harley-Davidson und vielleicht noch Reading Standard verbreiteten sich so mit zwei-, dreijähriger Verspätung. Indian erfreute mit dem 1907er Katalog kommerzielle Anwender mit dreirädrigen Motorradtrucks, noch bevor sich Seitenwagen allgemein durchsetzten. Gabel und Vorderrad ersetzte man durch Hilfsrahmen, über deren Achse große Behälter auflagen. Im Vergleich zu Autos konkurrenzlos billig, gehörten diese Trikes zum

---

* Dem Smithsonian wurde sie 1964 von der Beattie Familie übergeben. John R. Beattie aus New Haven, Connecticut, hatte sich die Pope L 1913 neu bei einem Händler für 250 Dollar gekauft. Er benutzte sie acht Jahre lang und hatte keine Probleme mit ihr, allerdings bald eine Familie. Selbst mit Beiwagen macht es in den Neuengland-Staaten im Winter keinen Riesenspaß, Motorrad zu fahren. Kurzum, John R. Beattie kaufte 1921 ein Auto und stellte seine Pope L in eine Ecke seines Lagers. Irgendwann, wenn genug Geld, Zeit und Muße da wäre, wollte er sich wieder um sie kümmern. Die Kinder wurden größer; hatte Papa John genug Geld, hatte er keine Zeit. Hatte er mal Lust zum Fahren, war kein Geld zum Wiederaufbau da. So stand seine L immer im Lager, bis es jemand auffiel und John meinte, er sei nicht mehr so jung und Pope-Teile gäbe es längst nicht mehr. Was tun mit dem Ding, zum Wegschmeißen war es doch zu schade. Also fragte man 1964 beim Smithsonian nach und die nahmen die Pope L gerne. Restaurierten sie und stellen sie seitdem aus. Übrigens lohnt der Besuch dieses Museums auch sonst.

Dayton: der schöne Twin aus der Nähmaschinenfabrik.

Geschäftsleben der Städte. Harley-Davidson, Reading Standard und andere Marken zogen nach.

Der erste Weltkrieg tobte in Europa. England und Frankreich konnten für ihre Armeen mehr Arbeiter einziehen, weil sie von den USA mit Technik und Gütern aller Art großzügig unterstützt wurden. Unter Präsident Woodrow Wilson wandelte sich der Status einer nicht kriegführenden Macht immer offener zum Verbündeten im Hintergrund. Die Motorradzeitschriften berichteten während der ersten Kriegsjahre regelmäßig von England-Reisen der Branchen-Manager.

Allein der Indianerhäuptling George M. Hendee dampfte mehrfach hin und her, um dem Londoner Militär seine Indians anzudienern. Pikanterweise war der Ozeanliner seiner Wahl öfters die Lusitania, deren Torpedierung und Untergang die USA 1917 zum Anlaß nahmen, aktiv in die Kampfhandlungen einzugreifen.

Hatten die großen Werke schon vorher für die Armeen der Alliierten und die US-Army gewerkelt, wurden jetzt Sonderschichten eingelegt, Kapazitäten erweitert, um mit den Bestellungen der Militärs mitzukommen.

Indian hatte sich mit langfristigen Verträgen ans Militär gebunden. Jubelte das

Emblem, eine attraktive Marke mehr, die unterwegs liegen blieb.

Emblem: Eigenwillig Kurbelgehäuse, Ansaugwege, Ventilsteuerung.

Albert Linder Pope, 1913. Dem Sohn vom Colonel fehlte dessen Enthusiasmus, dafür konnt' er besser rechnen und gab bald die Bikes auf.

Pope Model R, 1914. Das $ 300.- Pope-Dickschiff, an dem an nichts gespart wurde. Zweiganggetriebe, verläßlicher Anlasser, verstärkte Hinterradfederung, die »das Problem löste, ein wirklich sanftes Motorrad herzustellen.«

Wigwam erst, weil es vor Harley und Excelsior die hochzahligen Armeebestellungen abgriff, so zog sich das Indianergesicht immer länger. Die Kriegsaufträge schöpften die Möglichkeiten des Werkes fast aus, die Preise der Army waren fest, aber Rohstoffpreise zogen an, Arbeitskräfte wurden rarer und teurer. Indian-Händler hatten für ihre zivilen Kunden draußen im Lande nichts zu bieten. Aber Harley-Davidson, das sich eben noch überrundet glaubte, spielte nun den Igel, der überall vorm Hasen ankommt, und warb Indian Hunderte seiner darbenden Händler ab. Ende 1918 war dann doch etwas früh Schluß mit den Feindseligkeiten in Europa. Es sah gar nach einem längeren Frieden aus. Die US-Army demobilisierte, schickte ihre

Pope Model L, 1914. Mit einfacher Geradewegfederung, Kupplung, ohne Getriebe. Zylinder und Kopf des OHV Motors einzeln gegossen, das Zylinderkopf-Innere poliert.

Pope Model H (Big 4), 1914. Modell der 4 PS Klasse, 500 cm³: »mit viel mehr als 4 PS, warum wir es Big 4 tauften.« Vom Kurbelwellenstumpf trieb ein V-Belt das Hinterrad an. In der Vordergabel setzte eine Blattfederung den Schutzblech-Bogen fort.

75

meisten Soldaten nach Hause und brauchte nun auch fast all ihr rollendes Gut nicht mehr. Vieles wurde gleich in Europa verramscht und verstopfte da eine ganze Weile die Märkte. Schlimmer kam's auf dem nordamerikanischem Kontinent; in den Depots der Armee standen noch Tausende der von den Werken gelieferten, aber nach der Demobilisierung nicht mehr benötigten Kisten mit unberührten Motorrädern, für die die Army keine Verwendung mehr hatte. Sie warf sie auf den Markt, was den zusammenbrechen ließ und viele Werke, die auf die Nachkriegskonjunktur angewiesen waren, machten zu.

Indian und Harley-Davidson waren die härtesten Konkurrenten. Die Schlachten, die sie sich dann gegeneinander boten – ihre Rennställe auf den Rennstrecken, ihre Werbeagenturen in Anzeigen oder Medien, ihre PR-Abteilungen beim Ersinnen spektakulärer Neuigkeiten – prägten über Jahrzehnte die Szene. Was uns glorreiche Legende ist, war bitterer Kampf bis aufs Blut. Beide Marken brachten hervorragende Motorräder heraus. Welche man als Käufer nehmen sollte, war nur subjektiv zu entscheiden.

Mit allem Respekt vor all den andern Köpfen: seiner ragte am weitesten hervor. Walter Davidson, rettete sein Werk über die bittere Depression. Der Pionier meisterte wechselnde Zeiten und wurde zum bedeutensten Motorrad-Industriellen Amerikas.

Selber Motorradfahrer, orientierte er seine Harley-Davidson Philosophie von Beginn an am Kunden. Der wollte Gutes, Stabiles und auch den Preis dafür zahlen. Gepäcktaschen von 1912.

Offenheit ein anderes Prinzip. Kein Chi-Chi oder »Secret Formula«: So entstehen Harley-Davidson Rahmen. Punkt

Lysle Parker aus Calif.
beim Antique Meet in Tulare. Hier treffen sich Freunde klassischer Motorräder, nicht Markenfanatiker, eine Atmosphäre, freundlich und lockerer als leider manche Eurotreffen.

Reading Standard Big Twin, 1915,

im typischen Reading-Braun präsentiert sich das 1100-cm³-Spitzenmodell des Seitenventil-Pioniers. Sattelfederung sowie Einbeziehung des Motors als tragendes Teil des Fahrwerks gab es auch bei einigen anderen Herstellern.

Indian 4-valve Boardtrack-Racer, 1912.

Verlangsamt werden konnten solch bremsen-, getriebelose Boardtrack-Racer nur durch den Kurzschlußknopf am Lenker oder dadurch, daß man mit aller Gewalt bei 120/130 km/h seine genagelten Schnürstiefel in die Holzbohlen stieß.

Flying Merkel Special, Boardtrack-Racer, 1910.

Hubraum 61 cu.in., Zylinder stehen im 45°-Winkel, zwei Nockenwellen steuern wechselgesteuerte Ventile, je zwei Zündkerzen befeuern jeden Zylinderkopf. Vor dem 1. Weltkrieg bewiesen rasende Gelbjacken wie Maldwyn Jones die Schnelligkeit ihrer Flying Merkels.

Harley-Davidson Rennmaschine, 1915,
eine Restauration des schon zu Lebzeiten legendären Pete Smiley.

Indian OHV-Achtventiler

dominierten einige Jahre die Boardtrackszene. Die Ventile hingen senkrecht, die Form des Brennraums ignorierte noch Ricardo's Erkenntnisse. Als dann OHC-Cyclones und Harley-Achtventiler antraten, sahen sie im Vergleich alt aus.

Cyclone 1914, Werksmaschine

Twin Cylinder Stripped Stock Model. Echter Motorräder Ästhetik entspricht der ehrlichen Offenheit ihrer Mechanik. Don Johns' Werksrennmaschine lehrte den etablierten Werken das Fürchten. Jahre nach Cyclones Untergang nutzten Reading Standard und Excelsior Racer Restbestände, Formen und Zeichnungen der königswellengesteuerten OHC-Cyclones

Indian OHC Experimental Racer, 1915.
Um die Cyclones in Schach zu halten, wollte Renningenieur Gustafson OHC-Technik übernehmen, ohne als Kopist dazustehen. Auf 8-valve-Gehäuse dreht sich eine Königswelle hoch zur obenliegenden Nockenwelle des Frontzylinders. Diese trieb am anderen Ende eine zweite Königswelle zur Nockenwelle des zweiten Zylinders. Alle Wellen liefen in Kugellagern. Die jeweils zwei Ventile waren angewinkelt, die Brennräume halbkugelförmig, die Kolben flach, Bohrung 3¼«, Hub 3⅝«. Die Experimentalrenner traten nicht bei großen Wettbewerben an.

Harley-Davidson, 1916.
Erste Ausführung des Achtventil-Motors. Zwei Nockenwellen, angewinkelte Ventile, Ricardo-Köpfe. Der 998-cm³-Motor wies 55 PS auf dem Meßstand nach!

Ray Weishaar's Maschine.
Auf dem Gehäusedeckel ist statt einer Nummer sein Name eingeschlagen. Neben dem HD 8-valver wurde der robuste und belastbare HD Two-cam-Pocketvalve der insgesamt erfolgreichste Motor seiner Epoche.

Harley, Nachzügler der Rennszene
entwickelte den besten Treibsatz der Class-A-Ära. Unbeschwert zerstörte das H-D-Werksteam jeden bestehenden Rekord (daher wohl: »Wrecking Crew«). Europäische Importversionen nahmen dort im Straßenrennsport der schweren Klassen eine Sonderstellung ein. Diesen und den Indian OHC Experimental Racer restaurierte Stephen Wright.

Die Henderson Four von 1912,
ihrem ersten Baujahr.

Jim Lattin,
bekannt für seine diversen Bonneville-Rekordfahrten auf vier Rädern sowie für seine Galvanik-Arbeiten, zeigt seine Pierce Four von 1912.

Militaire, 1915.
Was allein für die Vorderrad-Führung an Rohren verbogen und verbunden wurde, bleibt bis heute ungebrochener Rekord. Avantgardistisch die blattgefederte Achsschenkel-Lenkung, der Sattel wurde durch Cantilever, Teleskoprohr, gekapselte vertikale Stützfedern, umgelenkten Sitzsupport vierfach gedämpft!

Der Emblem Light Twin von 1917,

der die Ära leichter Mittelklasse-Twins einläutete, doch Indian Scout und Excelsior Super X wurden ihre berühmtesten Vertreter.

Auf runde geschwungene Linien

setzte Excelsior zuerst, der Stil von »Big-X« war lange tonangebend. Big Twin, 1915, mit Zubehör-Sitzlehne. Aus der Holthaus-Sammlung.

Super X 1928,

45 cu.in., 3-Gang. 1928 erschien die Vorderbremse. Als damals kaum noch Motorräder verkauft wurden, sahen Anteilseigner nicht ein, durch die Schwinn-Fahrradwerk-Gewinne die Motorradmarke am Leben zu halten. 1931 gab Frank Schwinn die aufwendige Motorradproduktion auf, »Schwinn« blieb die größte amerikanische Fahrradmarke.

Butch Baer auf seiner 1927er 101-Scout

im Indian-Werkshof. Vater Fritzie Baers Indian-Handlung lag im linken Flügel, Butch wurde hier groß. Die »Indian Scout« wurde 1927 auf 750 cm³ hochgestrokt, denn die 750 cm³ Excelsior »Super-X« ließ die bisherige 600-cm³-Scout fast alt und müde aussehen.

Harley-Davidson Werks-Hillclimber, Anfang der 30er.

Wie Konkurrent Indian konvertierte Milwaukee seine 750 cm³ Seitenventil-Motoren zu OHV-Treibsätzen. Die vier Nockenwellen der WR-Basismaschine bewegten nun über vier Stößel die OHV-Ventile. Die Dual-Port-Auslässe arbeiten mit jeweils nur einem Auslaßventil.

Yale

Als erster Motorisierter von vielen durchquerte George Wyman Mitte 1903 die USA von West nach Ost. Und zwar auf einer California, ein der Mitchell ähnliches Modell. Unabhängig davon bildeten eine Kirk Mfg. Co. sowie eine Snell Cycle-Fittings Co. im Oktober 1903 gemeinsam die Consolidated Mfg. Co. of Toledo, Ohio. Diese neue Firma kaufte und übernahm noch 1903 die Bestände, Maschinen und Rechte der gerade drei Jahre alten und schon schlingernden California Motor Co., San Francisco. Die neuen Besitzer stellten den von ihren Fahrrädern her bekannten Markennamen Yale vor das hergebrachte California, Yale-California nunmehr hießen die Motorräder der Consolidated Mfg. Co.

Manchmal liest man in der Veteranenliteratur, die Firmen Kirk und Snell hätten damals fusioniert und sich in der Consolidated Mfg. Co. aufgelöst, was nicht stimmt. Die Kirk Mfg. Co. von Toledo, Ohio, bestand als selbständiger Hersteller von Automobilen der Marke Yale weiter.

Ein notariell beglaubigtes, viel beschriebenes und beachtenswertes Spektakel lieferte am 24. Januar 1910 der Yale-Händler von Toledo, Alfred R. Oberwegner. In das Schaufenster seines Ladens stellte er einen Bock und darauf eine Yale Single. Die startete er coram publicum pünktlich um 10 Uhr. Er stellte sie auf 1285 Umdrehungen, goß ab und zu Sprit nach und ließ sie bis zum 29. Januar um 10 Uhr laufen. Eine Arbeitswoche lang. Nicht genug damit, Oberwegner und seine Leute nahmen sie gleich danach aus dem Fenster und stellten sie auf die Straße »without making any adjustment or repair of any kind« – ohne sie nachzustellen oder zu reparieren. Nicht genug damit, juckelte Oberwegner 25 Minuten »at various speeds« durch Toledo. Im Laden zurück, machte er sie endlich aus und nahm mit drei beglaubigten Experten den Motor auseinander. »Sie haben ihn sorgfältig untersucht, fanden ihn in perfektem Zustand – keine Notwendigkeit für Reparatur oder Wartung.«

Was für 'ne Idee! Die Werbe- und PR-Cracks anderer Firmen werden sich in den Hintern gebissen haben, daß sie nicht auf diese Idee gekommen waren. Der nächste Yale-Knüller waren die waagerechten Kühlrippen der Yale-Twins. »Das gestattet perfekten Luftfluß über die Oberflächen beider Zylinder und sichert eine perfekte Kühlung.« Weiter im Lob der perfekten Yale: » Ein andres Ding, das mit der hohen Nützlichkeit der Yale zu tun hat, ist die perfekte Ausgewogenheit aller Teile. Die bewegten Massen sind so ausbalanciert, daß sie sich ohne Vibrationen bewegen. Das Gewicht der Kolben, Pleuel und Zapfen ist mit solch extremer Akkuratesse von Gegengewichten auf der Schwungscheibe ausgewogen, daß die Kolben das Ende ihres Hubes ohne den leichtesten Schock erreichen und der Motor so sanft läuft wie ein elektrischer.«

Die Kipphebel der Einlaßventile und Ventilenden sind in einem luft- und staubdichten Gehäuse untergebracht, das mit Schmiermittel gefüllt ist. Die patentierte Zweigangschaltung befindet sich auf der Vorlegewelle und läuft auf zwei Satz Kugellagern.« Noch 1912 war der Magnet vorne am Kurbelgehäuse angebracht. 1913 reduzierte sich das Yale-Angebot auf einen 5–6 PS Single und einen 7 PS Twin. Man führte eine mechanische Ölpumpe ein. Einige wenige Renn-Yales errangen für die Marke einige Erfolge. Fürs ganz große Renngeschäft fehlten wohl Wollen und Geld. Vielleicht darum bemühte sich das Werk seit 1913 um eine »racier« Erscheinung.

Michaelson Minneapolis

Die Brüder Joe, Jack und Walter Michaelson aus Minneapolis, Minnesota, gründeten dort 1908 die Michaelson Motor Company und vertrieben ihre Singles und Twins unter dem Markennamen Minneapolis. Joe, der älteste, war vorher technischer

1907er Yale-Katalog
Yale-Werbezeichnung von 1913

Sehr früh nutzte Minneapolis Seitenventiler und verblockte Motor und Getriebe im Einzylinder »Big 5«, also ein Teilstrich bigger als der Pope »Big 4«.

Michaelson Two-Speed Twin, der »anders rum« sein sollte. Bis auf die linksseitige Anordnung des Ventilantriebes wirkt er im Vergleich zur Single fast konventionell.

Aber dann überraschten sie die Branche im Modelljahr 1912 mit einer sehr progressiven Maschine. Ihre single-unit engine vereinigte Motor und Getriebe in einem Gehäuse. Erst ein Single, dann sollte ein moderner Twin kommen. Für den hatten sie Design sowie einen schönen Federrahmen bereit. Offenbar kam der Twin nicht in die Gänge oder sie hatten sich finanziell zu weit aus dem Fenster gelehnt, denn statt eines eigenen erhielten die großen 1912er Minneapolis Maschinen den deLuxe Zukaufmotor von Spacke. Trotzdem wurden sie geldliche Probleme nicht los. Am 1. November 1913 gründeten sie mit dem Finanzier Shapiro die Shapiro-Michaelson Motor Co. Die nun »Michaelson« getauften 69 ci Twins mit deLuxe-Motor und die eigenen 35 ci Singles konnten sich nur lokal durchsetzen. Zwar traten die Brüder mit ihren Maschinen immer mal recht erfolgreich bei Rennen in ihrer weiteren Umgebung an, erreichten aber nie einen landesweiten Bekanntschaftsgrad, schon gar nicht eine umspannende Händlerschaft. 1914 war Schluß mit ihrem Motorradwerk.

Flying Merkel

1872 am Lake Michigan in eine Holzhändler-Familie hinein geboren, begleitete der ganz junge Joseph F. Merkel als Mechaniker Bahntransporte. Bis er mit 15 eine Lehre als Maschinenbauer antrat. Mit 22 besuchte er das Michigan Agricultural College, wo er mechanische und naturwissenschaftliche Fächer belegte. Seit 1897 arbeitete er als technischer Zeichner für die spätere Allis-Chalmers Co. in Milwaukee. Dort gründete er 1899 die Merkel Mfg. Co., die stellte das erste motorisierte Fahrrad (mit drei Rädern) von Wisconsin her. Noch 1900 hatte er sein zweirädriges »The Embryo«

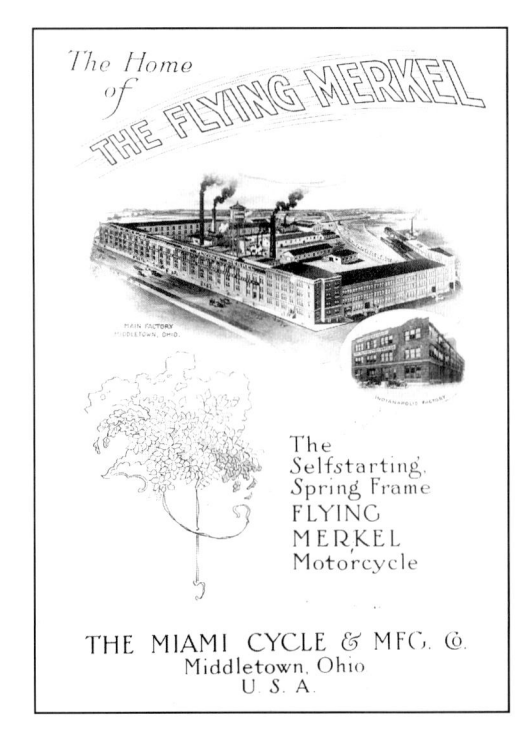

Zeichner, dann Händler für die Motorräder des Flug- und Motorrad-Pioniers Glenn Curtiss aus Hammondsport, New York, gewesen. Jack wurde als Stunt-Artist berühmt. Er nahm Evel Knievel auf dem Fahrrad vorweg. Eine 25 Meter hohe und 70 Meter lange Rampe raste er herab, um über 20 Meter auf eine gegenüberliegende Landerampe zu fliegen. Das machte Evel später mit der Sportster oder XR auch. Was Evel nicht brachte, war Salto »looping the loop«. Jack schoß auf seinem Rad durch eine 15 Meter hohe Schleife. Sowas macht man ein paar Jahre (Jack finanzierte damit seine Ausbildung), dann aber was Vernünftiges. Wieweit das Vernünftige die Minneapolis-Singles und Twins waren, sei dahingestellt. Sie steckten die bekannten Aurora-Thor-Motoren in eigene Schleifenrahmen. Bis auf ihre originelle Gabel, eine Eigenentwicklung, insgesamt hausbackene Fahrzeuge.

Joseph F. Merkel Anfang der Zwanziger Jahre.

Chef und Chefkonstrukteur in einer Person, zuviel Streß. Merkel nahm das Miami-Angebot an, um wenigstens den zweiten Job zu meistern.

Merkel Single, 1901. Made in Milwaukee. Der Auslaßport des Zylinders mündet in den Rahmen. Ansonsten ein vernünftiges frühes Design.

Ruhelos ließ der junge Merkel von nichts seine Finger. Der Vierzylinder soll gut gelaufen sein, überforderte doch Rahmen und Bremse und Joe schien die weitere Entwicklung seiner Four zu aufwendig.

fertig, das er in verbesserter Ausführung auflegte. Er veröffentlichte gleich einen Katalog für 1901 und vermarktete seine Motor-Cycles. Bei 15 cent für eine Gallone Sprit, 75 cent die Gallone Öl und 25 cent für einen Satz Batterien, errechnete er mit gespitztem Bleistift Betriebskosten für die Meile von sage und schreibe $ 0,002937. Noch 1901 kaufte er die Layton Park Mfg. Co. auf und verlegte seine Mfg. Co. in deren Räumlichkeiten in der 26th Avenue. Ab 1902 hatte er ein von ihm entwickeltes, intelligentes Fahrrad-Anbau-Motörchen im Angebot. Das zu betreiben, muß per Meile noch günstiger gekommen sein. Im 1903er Katalog zeigte er einen experimentellen Vierzylinder, den er aber als Motorradmotor nicht zur Marktreife entwickelte. Vielleicht nahm er den dann in die Autos, die seine nunmehr Merkel Motor Co. getaufte und umkapitalisierte Firma ab 1905 fertigte. Ganz so gut kann er nicht gerechnet haben, denn 1906 verhob er sich mit den 150 zusammengeschraubten Merkel-Automobilen von 16, 24 oder 35 PS. 1907 fusionierte er mit der Light Cycle Co. zur Merkel-Light Motorcycle Co. of Pottstown, Pennsylvania. Dort hielt er's bis 1911 aus, als er als Chefkonstrukteur und Teilhaber zur Miami Cycle and Mfg. Co. nach Middletown, Ohio, zog.

Die Miami Cycle and Mfg. Co. hatte vor Merkels Eintritt mit Tretrollern richtig Geld gemacht. Um die Jahrhundertwende vertickte des Werkes siebenundzwanzig-köpfige Vertreterarmee knapp 20000 Racycle-Räder. Mit den Gewinnen ließ man einen Lokomotiv-Designer ein zwei Tonnen schweres, gigantisches achtsitziges Dampfauto mit dem Markenzeichen Ramapaugh entwickeln. Diese rollende Festung überfuhr einen radelnden Jungen, der Erste durch einen Autounfall Getötete in der Gegend. Damals war man das noch nicht gewohnt, so gab's einen Riesenskandal. Der Lokkonstrukteur verzog sich mit seinem Mobil. Miami stellte eine Weile nur noch radlose Produkte her, wollte es aber nochmal in der harten Motorradbranche versuchen. Als Existenzberechtigung zeigte sie der Menschheit das Racycle-Motorrad vor. Nichts Übles, aber als jetzt Joe Merkel da war, war von der Racycle-Konstruktion bald nichts mehr da.

Miami war es nun, wo Merkels schöne gelbe Flying Merkels herkamen. Joe blieb bis 1914 bei der Miami Co., als er seine Anteile an Flying Merkel verkaufte, um sich in Ruhe Europa anzuschauen. Drüben ging dann gerade der erste Weltkrieg los, keine gute Zeit für friedliche Reisen oder Geschäfte. Wieder in den USA, designte er das Merkel Motor Wheel, einen Hilfsantrieb mit hängenden Ventilen für Fahrräder. Das konnte er auch nicht lange herstellen, sondern verkaufte es an Indian, aber ins Springfielder Wigwam zog er deswegen nicht. Hätte er das mal lieber getan, stattdessen verband er sich als Chefkonstrukteur 1918 mit der Cyclemotor Corporation in Rochester, die die noch populären Evans-Mopeds fabrizierte.

Floyd Clymer

Der Sohn eines Landarztes in Nordcolorado sah um die Jahrhundertwende ein erstes Automobil: das Gasamobile. Es soll eines der besseren Pionierautomobile Amerikas gewesen sein. Die Herstellerfirma in New York hielt sich aber nur 1899 und 1900. Floyds erste Berührung mit einem Fahrzeug, das von einem Verbrennungsmotor angetrieben wurde, kam 1902 zustande. Papa J.B. Clymer nahm seinen Bub mit nach Denver, wo er einen Oldsmobile Curved Dash kaufte, und alle zusammen fuhren sie nach Hause.

Die Einzylinder-Maschine lag vor der Hinterachse – heut wäre das ein Mittelmotor – und trieb die Achse über Kette an. Der Oldsmobile rollte auf hohen Speichenrädern, seine Richtung bestimmte der Pilot mittels Lenkstange. Für die 54 Meilen von Denver zum heimischen Berthoud brauchten die Clymers sechs Stunden. Was mehr an der schlechten Straße als am Curved Dash lag. Dennoch verkauften ihn die Clymers nach einem Jahr.

»The Kid Agent«, Amerikas jüngster Automobil- und Motorradhändler.

Einige Zeit zuvor gründete der Gründer von Oldsmobile, Ransom Eli Olds R.E.O., ein neues Autowerk. Im alten hatte er sich mit den Teilhabern zerstritten. Er ging, sein Name blieb den anderen (und heute General Motors). Immerhin nahm Olds ihnen den Oldsmobile-Agenten von Denver ab, der ab sofort REOs anbot. Einen REO erwarben die Clymers also als nächstes. In jenen Jahren hatte die babyhafte Motorisierung kaum eine Infrastruktur. Zapfstellen von Benzin und Öl, Reifen- und Zubehörshops und – natürlich – Autohändler waren selten.

Der Clymer-Knaben große Überlandtour auf vier Rädern scheiterte. Floyd wußte seitdem, daß ein Motorrad sich leichter als ein Auto schob.

Wer ein Auto kaufte, nahm für seine Gegend oft gleich seiner Marke Werksvertretung mit. Egal, ob er ernsthaft mit Wagen handeln wollte: Er konnte das neue Gefährt mit Händlerrabatt erstehen. Obwohl Floyds pfennigfuchsender Vater sich nie ums Autogeschäft kümmern wollte, flog ihm so die nächsten Jahre die REO-, die Maxwell- und die Cadillac-Agentur von Berthoud, Colorado, zu. Der Knabe durfte die Autos kutschieren, aber lieber wäre er geflogen. Floyd bastelte an sein Fahrrad weite Flügel und ein Leitwerk. Sein Bergab-in-die-Pedale-Treten erhob ihn nicht in den Himmel, sondern ließ ihn auf die Nase fallen.

Die Clymers hatten ihr Haus mit einem befreundeten Dentisten geteilt. Die Vorderfront mietete dieser als Zahnarztpraxis. War es nun, daß Berthoud eine kleine Stadt war, sich die Berthouder bewußter ernährten oder öfter die Zähne putzten – ihre Gebisse ermöglichten dem Untermieter nicht den Lebensstil, den er eines Zahnklempners angemessen fand. Er wanderte nach fetteren Weiden aus. Clymer Senior nahm den elfjährigen Junior in die leere Praxis. Nun wäre er alt genug, des Leben Handel und Wandel zu proben. Er breitete die Arme aus und gab diesen Rat: »Soooooooooo viel Arbeit ist nicht soviel Wert wie...«, nun faltete er die Arme ein, zeigte dem Jungen einen schmalen Spalt zwischen Daumen und Zeigefinger seiner rechten Hand: »...wie so wenig Geschäft.« So wär's, das sei jetzt Floyds Büro, und *er* führe nun die Automobil-Werksagenturen. Ins Fenster stellte Vater das Schild »Berthoud Auto Co.«.

Die Anzeigen der jungen Firma waren im persönlichen Ton gehalten, oft mit einer Abbildung des Knaben. Seine Angebote unterschrieb der kleine Clymer mit »J.F. Clymer, the Kid Agent«. Mit als erster vermittelte Floyd in der Gegend Wagen, Provisionen und Handelspanne verblieben bei ihm. Selbst fuhr er oft nach Denver, bezog von Großhändlern Lampen wie Karbid für diese, Lederpolster und -riemen, Ketten, Zündspulen und -kerzen, Aluminiumnummern zum Annieten (inzwischen fing's mit den Zulassungsschildern an), Schmierfett und Öl. Das Öl war dick und schwer und fast so fest wie das Fett. Viskosität 90. Im Winter und für Kunden, die leichteres wollten, goß er Kerosin nach. Je niedriger der erwünschte Grad, desto mehr Kerosin.

Als Colorados Kindes-Geschäftsträger (kid agent) nationaler Automarken kam Floyd zu Ruhm, er ergatterte die E-M-F Vertretung für Nord-Colorado und verkaufte diese Autos ganz gut. E-M-F war ein Markenname der Studebaker Wagon Works, einst Produzent der im Wilden Westen berühmten Prairie-Schooner. Unzufriedene Kunden erklärten die Initialen mit »Early-Morning-Fixem« oder »Every Mechanical Failure«, Unzufriedenere mit »Eccentric-Mother-Fucker«. Um den EMF Verruf los zu werden, führte Studebaker ein neues Modell – Flanders »20« – ein. Man war bereit, Veranstaltungen zu sponsoren, die Aussicht auf Pressepräsenz besaßen. Der 14jährige Gebietsvertreter Floyd Clymer schlug vor, daß er und sein elfjähriger Bruder Elmer auf einem Flanders 20 über 1500 Meilen wegloser Landschaft von Denver nach Spokane im nordwestlichen Staat Washington fahren würden. Sollten die beiden Jungs das schaffen, könnte man damit trommeln, kinderleicht wär solch große Tour auf einem Flanders. Blieben sie wo hängen, dann wären's halt nur kleine Knaben, selbst ein Flanders Automobil überforderte sie...

Die Vorbereitungen dauerten Wochen, schließlich verabschiedete sie Denvers Bürgermeister in einem Festakt. Nach einigen Tagen stellte sich der Wagen störrisch und sie blieben in sandigem Gelände hängen, von wo sie vorbeireitende Cowboys mitnahmen.

Eine vorbeiknatternde Thomas Auto-Bi infizierte Floyd mit dem Motorradvirus. Eins war klar, so ein Zweirad ließ sich leichter durch Sand schieben als ein Flanders 20, außerdem konnte man dem Motor-Rad durch Treten der Pedale zusätzliche Vortriebskraft zufügen. Er erwarb bald eine Yale-California und kurz drauf eine Auto-Bi, weitere folgten. Ungezählte Motorräder brachte Floyd nach und nach heim. Jeder Junkie weiß, daß sich eine Sucht als gut versorgter Dealer leichter ertragen läßt denn als Endverbraucher. Dasselbe galt für Clymers Motorradsucht; Floyd eröffnete seinen ersten Motorradladen, bald einen zweiten und dritten.

Der populäre junge Motorrad-Händler erwirtschaftete die höchsten Umsätze der Region, die Werke vertrauten ihm den Vertrieb ihrer Maschinen in weiteren Zonen an. 1919 verteilte er die Excelsiors, Hendersons und Indians in Colorado und Wyoming. Eine weise Entscheidung der Firmen, denn er bestellte ganze Eisenbahn-Wagen voll beladen mit Maschinen. Vorher hatte er die Leute angeregt: Motorrad-Sicherheitswochen, Ausfahrten zu patriotischen Anlässen, Wahl der Miß Motorrad des Westens, er sponsorte örtliche Feiern, Preisausschreiben und weiß sonst was alles, und immer verkaufte er dabei Motorräder.

Er gab Rennfahrerkurse, die waren gut frequentiert, an seiner Qualifikation bestand kein Zweifel. Clymer konnte nämlich höchstens eins besser als Motorräder verkaufen: Motorräder fahren. Zahllose Siege und später rausgeraste Geschwindigkeits-Weltrekorde und Spektakel. Sein Ruf als Profi-Racer war einwandfrei: In bald rauschhafter Konzentration immer verbissen voll auf Sieg blasend, ohne daß im Rennen ihm unfaire Tricks oder Gemeinheiten unterliefen.

Mit dreißig wurde er im Versandhandel aggressiv. Er erdachte für Motorrad und Auto mit einem Kugelgelenk verstellbare Such-Scheinwerfer und ließ sich die von Vertragsfirmen herstellen. »Clymer's Spotlight« verkaufte sich. An Patentierung dachte er überhaupt nicht, steckte sein Vermögen in massive Werbung. Womit er eine Lawine auslöste, die ihn beinahe begrub. Fast eine halbe Million seiner Spotlights wurden in den frühen Zwanzigern veräußert und eigentlich hätte alles super sein müssen.

Seinen Abnehmern gewährte er langfristige Zahlungsziele, was den Geldrückfluß verlangsamte. Andererseits kam er mit den Bestellungen kaum nach. Seine Lieferanten ließ er an zu langer Leine laufen. Produzenten, die ihn bevorzugt zu beliefern hätten, ließen den vertraglich an sie angebundenen Clymer hängen und nahmen einträgliche Extrajobs an.

Clymer hatte die Mühe, andere schöpften die Brühe. Von seinem Design, seinen pfiffigen Anzeigen profitierte die Konkurrenz, sparte Werbungs- und Entwicklungskosten und unterbot ihn. Außerdem drückten sie den bald um flüssiges Kapital verlegenen Clymer bei Banken und Zulieferern an die Wand. Trotz Aufträgen bekam er nicht genug Lampen und konnte kaum noch Spotlights versenden. Seine Gegner zeigten ihn an wegen »Mail-Fraud«, Ausnutzen der Post zum betrügerischen Versandhandel. Was in den USA als Bundesverbrechen bestraft wird. Floyd Clymer war tief gläubig, rauchte nicht, trank wenig, gab aber das schlimmste menschliche Laster nie auf: Er war offen und ehrlich und so dumm, daß er seine Meinungen frei äußerte. Das mochten seine Banker nicht, seine Richter gar nicht. Sie steckten ihn ins Gefängnis. Wieder entlassen, baute der Unzerstörbare eine neue Existenz auf und bezahlte über die Jahre sämtliche Spotlight-Rückstände.

Jedem älteren Motorradfreund in den USA ist seine Geschichte geläufig, gilt Floyd Clymer als »American Hero«. Alle befremdet, wie ein US-Autor, der ihm zu Lebzeiten nie die Meinung sagte, heute, wo der nichts mehr richtig stellen kann, als quasi Kriminellen schildert. Sie meinen, das fiele nicht auf Clymer, sondern auf den Schreiber zurück. Wir treffen Floyd in anderen Kapiteln wieder.

***

»Das erste Rennen gewann ich 1912, danach fuhr ich Merkel und Indian auf Dirttracks der Rocky Mountains. 1914 wurde ich Excelsiorhändler, nahm bald Harley-Davidson dazu. Ich fuhr viele Jahre Rennen, als erster den Pike's Peak hinauf, gewann dreimal den berühmten Capistrano Hillclimb in Californien, setzte viele Überland-Rekorde mit Motorrädern. Im Harley-Davidson-Team brach ich den Stundenweltrekord für Dirttracks: 84 Meilen in einer Stunde. Dann wurde ich Indian-, Excelsior- und Henderson-Vertreter für Colorado, Wyoming und New Mexico.«

Clymer (Mi.) erzählt: »Nach dem des Motorradgeschäfts stellte ich Autozubehör her, z. B. den Clymer Spotlight. Danach übernahm ich die Harley-Davidson-Agenturen in Denver und Kansas City, Missouri, verkaufte sie später und zog nach Los Angeles, wo ich ausländische Marken vertrieb, danach Indian-Vertreter wurde. 1944 begann ich Motorbücher zu veröffentlichen. 1953 erwarb ich »Cycle«-Magazin.«

Der erste Reading Standard Werbespruch »King of Hillclimbers« erzielte Wirkung und galt als »Point of Sale«, ein attraktives Verkaufsargument. Der *Pike's Peak* bekam seit dem immer mal wieder Besuch von sportlichen Motorradkletterern. Die hatten es leichter als das Pionierteam, weil Wege verbessert wurden. Werke sandten gerne ein Modell hoch, dem ein wenig spektakuläre PR gut tun sollte. 1916 ließen die knatternden und schwitzenden Expeditionen dem Höhepunkt gar keine Ruhe. Mit einer Harley-Davidson Single turnte Frank Kunce an. Wo Harley glänzte, konnte sich Indian verstecken, Paul »Speck« Warner erklomm den Zenit mit einer achtventiligen Indian-Rennmaschine. Wo Harley und Indian Punkte holten, durfte auch Excelsior nicht fehlen, »Farmer« Joe Walter machte auf einem Big Valve Racer von Excelsior hoch.

Excelsior hatte in Colorado Springs ein Basislager errichtet und förderte diese Saison noch andere Piloten aufwärts. Laufbursche des Teams war Smoky, ein etwa zehnjähriger, gutmütiger und aufgeweckter Farbiger, (»So schwarz wie ein Pik-As«, sagte Floyd Clymer) mit dem Taufnamen Mose Jackson Smith. Eigentlich hätte er seiner Schulpflicht genüge tun müssen, stattdessen pumpte er Luft in Reifen, putzte Maschinen, hielt den Ölstand recht und wusch veröfte Teile in Benzin. Er brachte den arbeitenden Profis Hotdogs, Eis und Drinks. Die veralberten ihn gern. Zum Beispiel sandten sie ihn zum Indian-Laden, um ein Viertel Kompression zu holen. Zurück kam er leerer Hand und mit des eingeweihten Indian-Mechaniker Frage, ob es denn trockene oder nasse Kompression sein solle. »Natürlich trockene!«, prusteten die Excelsior-Jungs. Mose trottete los, nach einer Stunde brachte er die pralle Blase eines Lederballes an. Smoky checkte noch nicht, daß man ihn veralberte, also gaben die X-Cracks eins drauf: Schraubenschlüssel für Linkshänder sollte er nun anschleppen. Als die da waren, wurden zusätzliche Schlüssel für Rechtshändige gebraucht. Mit denen zurück, merkte er was Ambach war und lachte herzlich mit. Über fünfzehn Jahre später strahlte Clymer dasselbe Lachen an. Smoky besuchte ihn in seinem Laden in Denver. Beide unterhielten sich, Mose Jackson Smith war inzwischen Pfarrer einer Gemeinde in Omaha. Clymer war tief beeindruckt und bedauerte später, ihn nach diesem Treffen aus den Augen verloren zu haben.

Reading-Standard

Der Markenname »Standard« scheint populär zu sein. Im Standard (sic) Catalog of American Cars werden 36 Motor Companies geführt, die sich alle namentlich standard-isierten. Davon allein fünf in Pennsylvania. Kein Wunder, daß sich die Standard Cycle Works aus Reading, Pennsylvania, zur besseren Unterscheidung ihrer Produkte von minderwertigeren ihrem Markenbegriff 1903 den Namen ihrer Stadt vorsetzte und sich Reading Standard nannte.

1903 zersägte die Reading Standard Cycle Mfg. Co. Sattelträgerohre ihrer Fahrradrahmen, ließ ein Stück aus und setzte Aurora-Motoren zwischen die Seatpost-Stummel. Das hintere Schutzblech wurde entfernt und durch einen Formtank ersetzt, der dem Hinterrad auch als Schutzblech diente. Auf die Cameltanks pappte man R-S-Abziehbilder und fertig waren die Reading Standard Motor Bicycles vom Typ Thouroughbreds. Die sahen bis auf Nuancen so aus und fühlten sich so an wie viele andere Marken jener Zeit – z. B. die Indians. Chefkonstrukteur W. A. Remppis wird zugeschrieben, daß er Reading Standard als erste Marke mechanische Einlaßventile verwenden ließ. Das 1905er R-S Modell erhielt eine mechanische »force feed oil pump« Ölpumpe und eine der Indian »Cushion Fork« ähnliche, jedoch eigenständige Vorderradfederung.

Am 26. Juli 1906 zogen G. W. Scheff, Glen Blake sowie Francis Davis aus dem ca. 1000 Meter hohen Colorado Springs los. Den die Stadt nochmal um 3000 Meter majestätisch überragenden Pike's Peak wollten sie mit ihren R-S Motor Bicycles erklettern. Wieweit sie auf dem engen Pfad ihre Reading Standards aufgesessen ritten, sie schoben oder trugen – was tät da ihre Leistung schmälern? Oben auf der Pikenspitze kamen sie mit ihren R-S Thouroughbreds an. Ihr Gipfelsturm veranlaßte die Manager in Reading, seitdem ihr Produkt als »King of Hillclimbers« anzupreisen. Das Thema der Bergfreudigkeit – auf die pennsylvanische Hügel-Landschaft bezogen – betonte auch der bekannteste Reading Standard Werbespruch: »Built and Tested in the Mountains« – Gebaut und getestet in den Bergen. Der Slogan hatte nationale Wirkung. Gehässige kommentierten ihn so: Built uphill, Tested downhill. Gebaut oben auf'm Berg und getestet bergab, abwärts.

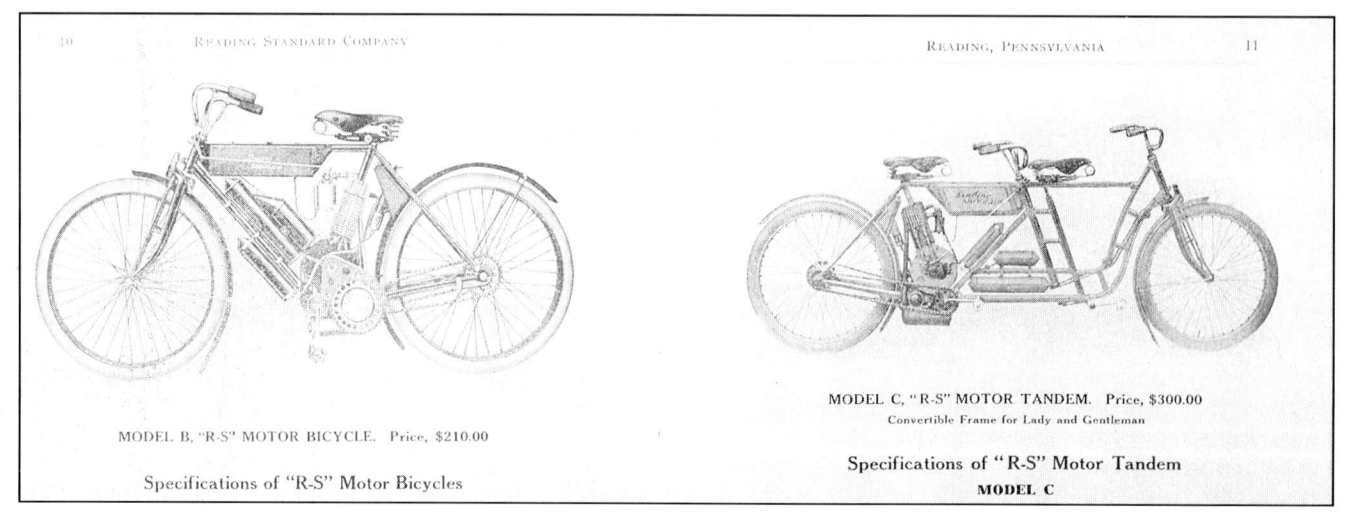

Als man Motoren noch stehend in Sattelstützrohre reinschnitt, verwandte R-S schon Seitenventiler. Dieses Konzept übernahmen schließlich auch Harley-Davidson und Indian.

RS Tourist Model. Aufwendige Federung und Verarbeitung für eine Belt-Drive Single, damit zu hoher Preis. Mit dem prosperierenden Werk in den Bergen Pennsylvaniens gings bergab.

Gefertigt 1922, Big Twin, Modelljahr 1923. Die Cleveland Motorcycle Mfg. Company sollte Reading Standard übernehmen, aber daraus wurde nichts mehr.

In ihren Katalogen waren die zeichnerischen Selbstdarstellungen der Firma von der Sorte, die die Werksgebäude ums Vierfache vergrößert, umgebende Menschen und Autos ums vierfache verkleinert. Die Thoroughbred wurde abgelöst von einem Seitenventiler, an dem der 1906 ins Werk eingetretene junge Rennfahrer und Konstrukteur Charles Gustafson Anteil hatte. Wieweit er oder W. A. Remppis der verantwortliche Konstrukteur war, diese Frage stellen wir wahrscheinlich 80 Jahre zu spät. Ist da jemand draußen, der sie beantworten kann?

W. A. Remppis jedenfalls wird in der »Motorcycling« vom 13. Januar 1910 zugeschrieben, daß er lange Jahre Reading Standards modernisieren ließ und er immer noch in Reading das Heft in der Hand halte. Das Tourist Model mit einem 30,50 ci Motor bewegte sein Hinterrad über eine Kette und war weitgehend baugleich mit dem ansonsten riemenbespannten Service-Modell.

Die Kurbelwellenfortsetzung des Einzylinders setzte allerhand in Bewegung, mit insgesamt fünf ineinander greifenden Zahnrädern wurden die zwei Nockenwellen und der Magnet angetrieben. »Five to Fifty for One-Hundred-Fifty«. Fünf PS und fünfzig Meilen schnell für nur 150 Dollar, war der griffige Werbeslogan für diese R-S-Einzylinder.

Charles Gustafson war an der Schaffung Reading Standards anderer Ein- und Zweizylinder-Seitenventiler dabei. Leistung, Einfachheit und Robustheit der Seitenventiler sprachen sich rum, und Gustafson ließ sich von Indian anwerben. Für die damals führende Marke Indian, mit Reading Standard in scharfer Konkurrenz, startete Gustafson 1911 erfolgreich bei nationalen Rennen. Über seinen Kampf an den Decoration Day Rennen im Springfielder Boardtrack berichtete Indians Motocycle News ausführlich. Das stellt 1913 als sein bisher überall gläubig akzeptiertes Wechseljahr von Reading zu Indian sehr in Frage. Jedenfalls machte ihn Indian zum Entwicklungschef der Reading Standard nachempfundenen Powerplus, der ersten der Springfielder Seitenventil-V-Twins. Spätestens nach dem Erscheinen der Powerplus drückte der große Seitenventilmotor so etwas wie den Motorrad-Zeitgeist und Standard (sich) aus.

Die Reading Standard Motoren neigten sich auch nach Gustafson's Zeit im Rahmen leicht nach vorn. In den geräumigen Zylindern wurde Platz für 72 ci Hubraum geschaffen. Attraktives Aussehen, gute Verarbeitung im typischen Reading-Braun, die hübsch verlegten Auspuffrohre. Das Zündung und Ventilsteuerung befördernde Zahnradwerk lief in Öl und war komplett in einem Aluminium-Gehäuse eingeschlossen. Das Werk versicherte, daß »absolute Abstimmung gesichert sei, weil beide Nocken aus jeweils einem Block heraus gearbeitet wurden und so jeder Unregelmäßigkeit im Ventiltrieb vorgebeugt sei«.

Das Timing des Werks war weniger absolut, Reading Standard stellte 1917 die Motorradproduktion ein, beschränkte sich auf Branchen mit weniger technischem Aufwand, wo auch auf dem Markt die Konkurrenz weniger mörderisch schien. R-S-Fahrräder, -Kinderräder, -Anhänger und verwandte Produkte. 1920 wollte es die Werksleitung aber noch einmal wissen und wagte es abermals. 1920 und 1921 versuchte sie, mit neuen Rennmaschinen ihr Motorrad-Schicksal zu wenden. Bei einigen Veranstaltungen traten spektakuläre R-S-Rennmaschinen mit königswellen-

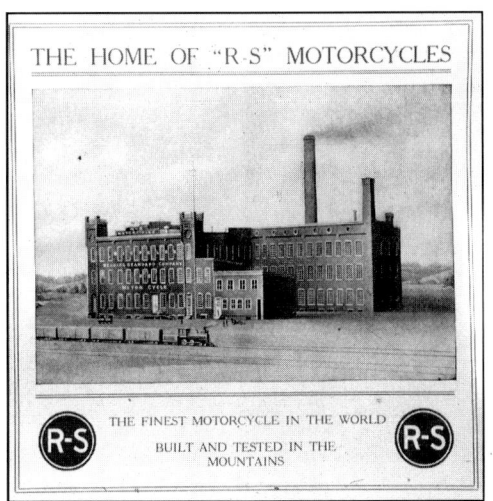

Wir haben Reading, PA., besucht, der vordere Teil des Komplexes steht noch und dient heute als Möbellager. Die Eingangstüren des Werksgebäudes sind etwas mehr als mannshoch. Das Gleis liegt enger am Haus und was auf dem entlangdampft, kann nur eine Liliputanerbahn sein. Maßlos übertreibende Werbung Symptom des bevorstehenden Unterganges?

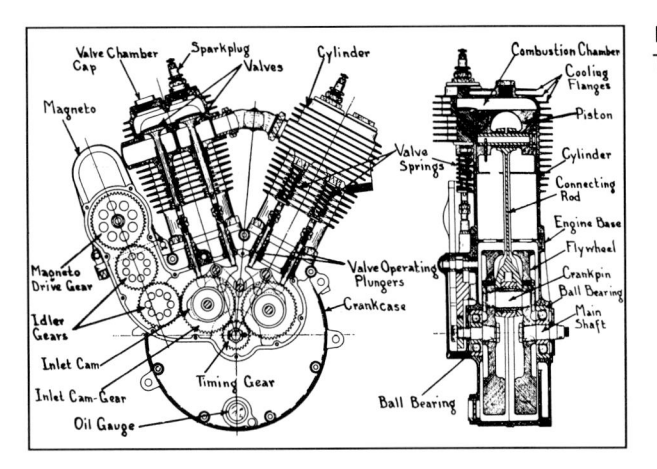

Reading Standard Big Twin

gesteuerten OHC-Motoren an, die eigentlich mit dem Cyclone-OHC-Motor baugleich waren. Damit doch ein Unterschied und eigenständiger R-S-Beitrag deutlich werde, wurde in den Gehäusedeckel ein R-S-Relief gegossen, sonst sah der Motor aus wie das Vorbild. Kein Wunder, er war es auch. Reading Standard hatte Teilelager und Gußformen der Cyclone von der Joerns Mfg. Co. erworben, als die vier Jahre vorher ihr ehrgeiziges Cyclone-Motorrad-Projekt aufgab. Trotz Beistand von Cyclone-Mitarbeitern überwand dieser von Königswellen gesteuerte OHC V–2 Motor bei Reading Standard nicht seine Kinderkrankheiten und reifte auch in Pennsylvania nicht aus. Für kurze Dirt-track-Kurse entstand ein eigener R-S-Renner von äußerst kurzem Radstand, mit 500 cc OHV Einzylinder, der in dem unten offenen Rahmen hing. Beide Modelle waren mit Merkel-Gabeln ausgestattet und versuchten ihr Glück bei einigen Rennen, aber Siege blieben versagt. Die Zeit für eine Fertigentwicklung dieser Modelle lief bald ab. 1922 stieg Reading Standard wieder aus dem Geschäft aus, das mit den feinen Motorrädern aus Pennsylvania keins gewesen war.

Revolvermacher Iver-Johnson war mit Schwung und Tatkraft an die Herstellung seiner röhrenden Bananen gegangen. Dem Publikum sahen die aber dann doch zu avantgardistisch aus. Iver-Johnson ließ darauf auch die Finger davon.

Firmenvertreter auf der Chicago Motorcycle Show von 1913: (1) K.R. Jacoby, Flying Merkel; (2) H.N. Kirk, Thor; (3) Arthur Davidson, Harley-Davidson; (4) E.A. Hawthorne, Old Sol Lamps; (5) W.C. Berling, Berling Magneto; (6) F.W. Starr, Pope; (7) W.W. Shoemaker, Jr., Spartan Belts; (8) Dave Smith, Splitdorf Magneto und Standard Company; (9) J.W. Ash, Merkel; (10) Pete O'Horo, De Luxe; (11) T.W. Henderson, Henderson; (12) Bert A. Quayle, Standard Welding; (13) W.G. Schack, Emblem; (14) Archie McCullom, Black Hawk; (15) J.C. Lister, Dayton.

Flanders

Walter E. Flanders managte bis 1908 Henry Fords Produktion und war wesentlich an den Rationalisierungsmaßnahmen der frühen Jahre beteiligt. Besaßen die beiden ähnliche Vorstellungen darüber, wie ein Auto zu machen sei, hatten sie ganz andere darüber, wie ihr Produkt, das kommende Ford Modell zu sein habe. Ford meinte ein billiges, einfaches. Flanders wollte einen Mittelklassentyp. Ford besaß die Firma und machte ab 1909 seins: das T-Modell. Was Flanders nicht mochte, er verließ Ford und wurde zum F in E-M-F, einer neuen Marke, die beabsichtigte, hauptsächlich Mittelklasse-Automobile herzustellen. E und M, die beiden anderen E-M-F Buchstaben, standen für den erfolgreichen Karosseriebauer B. Everitt sowie den Cadillac Promoter W. Metzger.

Nur Flanders hätte wirklich von E-M-F richtig leben müssen, Everitt und Metzger brauchten sich für ihren »firmaliären« Seitensprung nicht so anzustrengen und wollten auch nichts übermäßig riskieren. Der E-M-F Mittelklassewagen brach ein und

Links: Flanders 4, geplant als Model T oder Volkswagen der Motorräder. – Unten: Einige Schnappschüsse im Innern des Flanders-Werks

E-M-F hob nicht vom Boden ab. Der dauernden Streitereien mit dem frustrierten Flanders müde, verließen Flanders Partner 1909 die Firma, nachdem sie sich E-M-F Konstrukteur Kelly gesichert hatten. Buchstäblich um die Ecke zogen sie ihr neues Werk, die Metzger Motor Car Company hoch, deren Automobil Everitt hieß. Der Everitt Four-30 entsprach genau dem E-M-F 30. Für beide Zwillinge war der Markt zu klein. Flanders sah das nur schwer ein und unterstellte der Studebaker Organisation, die ihm den Vertrieb abnahm, mangelnden Einsatz. Er zog sich von E-M-F zurück, das schließlich einer der dann teilhabenden Studebaker Brüder 1912 ganz übernahm.

Pack schlägt sich, Pack verträgt sich, Flanders vereinigte sich wieder mit seinen beiden alten Partnern Everitt und Metzger. Als Zeichen, daß Flanders Eintritt was verändert hatte, nannte man die Metzger- zur Everitt Motor Car Company um.

Henry Ford geriet in seinen einst von Walter Flanders durchdachten und eingerichteten Anlagen das Model T immer kostengünstiger, seine Ersparnisse gab er in ständig sinkenden Preisen an die Kundschaft weiter. Obwohl längst vielen dämmerte, daß in der Branche eine neue Ära angebrochen war, die man nur mit Massen- oder aber Luxuswagen überleben konnte, zögerte sich der Verlauf dieser Erkenntnis bei Flanders Everitt Partnern hin. Als ihnen die Erleuchtung kam, nannten sie sich zum Zeichen dazu nochmals um, diesmal in Flanders Motor Company. Das von Kelly und Flanders neu konstruierte Billigauto, der Flanders 20, konnte aber von Ford preislich ständig unterboten werden, wobei Ford Qualität wahrte. Flanders schob zwar mit Modellwechseln sowie einem Lizenzpartner in Kanada den fälligen Untergang der Company noch hinaus, schickte sich aber ins Unvermeintliche.

Er stand als Geschäftsmann und juristische Person wieder allein auf der Welt und wollte es nun endlich so machen, wie er es schon immer hatte machen wollen. Auf dem Automarkt war ihm Henry Ford immer eins voraus, nun wollte er in die noch nicht so hoch organisierte Motorradbranche mit einem Massenmotorrad einbrechen. Seine E-M-F-Metzger- und Everitt-Partner wußten es noch immer nicht besser und waren bereit, es wieder gemeinsam anzugehen, bedingten sich aber deutlich die Option für eine Automobilfabrikation aus. Die drei Partner konnten offenbar auf ein Neues über zwei Millionen Dollar Kapital aufbringen, mit denen sie die Flanders Manufacturing Company gründeten und die für ein großes Motorrad- und Automobilwerk nötigen Fabrikhallen errichteten und ausstatteten.

Die Flanders Mfg. Co. stellte bald in ihrem riesigen Chelsea Werk sowie im gut 70 Kilometer entfernten Pontiac ein zweirädriges Flanders Bi-Mobile her. Flanders Bi-Mobile war nichts anderes als der hochgestochene Name für das Flanders Motorrad. Das sahen die drei auch bald ein, die Motorradmarke lautete nunmehr Flanders, deren am ehesten gefragtes Modell die Flanders 4 war (für vier PS-Klasse). Einmal projektiert auf vielleicht den hundertfachen Ausstoß, sollen insgesamt nur etwa 2500 Stück zusammengekommen sein.

In einer 1912er Ausgabe von THE BICYCLING WORLD AND MOTORCYCLING REVIEW berichtet ein Reporter über seinen Besuch im »Heim der Flanders«. Solcherart Gefälligkeits-Artikel – die die Flanders Mfg. Co. dringend nötig hatte – abgefaßt von in beste Laune versetzten Fachjournalisten, sind ja leider nicht nur ein Phänomen jener Jahre. Der blumige Stil ist übersetzt und diesmal nicht von mir:
»Einer der interessantesten vorstellbaren Ausflüge ist ein Besuch der gut ausgestatteten Fabrik in Chelsea, Michigan, wo die Flanders »4« (Einzylinder-Motorrad) hergestellt wird. Ein königlicher Empfang wird dem Besucher bereitet. Und wenn man das Glück hat, durch das Mammut-Werk von Herrn Farnsworth, dem rührigen, stellvertretenden Verkaufsmanager, einem wirklich feinen Kerl, und Herrn Marcel Krieger, dem außergewöhnlichen französischen Konstrukteur, geführt zu werden, ist man einer herrlichen Zeit und eines Blicks in jede Ritze und jeden Winkel des Unternehmens sicher.

Vor kaum einem Jahr trat die Flanders ins Rampenlicht der Motorradindustrie, und die bemerkenswerte Entwicklung dieser Firma war tagelang Gespräch in Motorradkreisen des ganzen Landes. Das riesige Werk beeindruckt den Besucher in seiner Gesamtheit, durch seine große Zahl modernster Maschinen und den von jenen zur Schau getragenen Schwung, die für die Fertigung der Motorräder verantwortlich sind. Alles für das Flanders-Motorrad, mit Ausnahme von Riemen und Reifen, wird entweder in der Chelsea oder der Pontiac-Fabrik hergestellt. Alle austauschbaren Teile werden in großen Mengen von automatischen Maschinen angefertigt, was die Herstellungskosten beachtlich reduziert. Die Flanders Company hat eine Gesenkschmiedehalle erbaut und eingerichtet, die einen Wert von einer Viertel Million Dollar darstellt.

Die Fabrik in Chelsea besteht aus sechs großen sehr hellen Gebäuden. Die Werkhallen erhalten ein Maximum an Helligkeit durch die Oberlichter des wie »Sägezähne« errichteten Daches. In allen Gebäuden sind Maschinen und zahlreiche Abteilungen sinnvoll arrangiert, die Arbeiter finden für ihre Arbeit die besten Bedingungen vor.

Basis Twin ohne Getriebe, mit gefedertem Sattel, verkapselter Kette; um den Twin war's schad, aus dem hätte was werden können.

Büros, Zeichenräume und Telefonzimmer sind in einem gefälligen zweistöckigen Verwaltungsgebäude untergebracht. Im zweiten Stock hat die Firma einen Tanzboden eingerichtet, den die Angestellten im Winter benutzen können, und im Basement gibt es einen riesigen Swimmingpool, ein sehr begehrter Platz in den heißen Sommermonaten.

Neben dem Bürohaus befindet sich ein langer einstöckiger Bau für Arbeiten an den Motorradrahmen, für Schweißerei und Hartlötabteilung sowie Lackiererei. In letzterer erhalten die Rahmen einen Rostschutz-Mantel, Grundierung und Überlack. Jede Schicht wird etwa zwei Stunden lang bei einer Temperatur von 250 Grad Fahrenheit sorgfältig eingebrannt. Alle Rahmen werden in diesem Gebäude montiert, an eigens dafür entwickelten Spannvorrichtungen wird gearbeitet, um Fehler zu vermeiden.

Das Lagerhaus hat zwei Stockwerke, wo alle für die Motorradproduktion nötigen Teile und Materialien vorrätig gehalten werden. Nicht weit vom Lagergebäude finden wir die Versandabteilung, eine große Halle vollgestapelt mit Flanders-Motorrädern, bereit für ihre Reise in alle Teile des Landes und der Welt.

Nächster wichtiger Ort ist die Maschinenwerkstatt. Ein modernes dreigeschossiges Gebäude. Die eigentliche Werkstatt befindet sich im ersten Stock. Beachtenswert das Schleifen der Ventile. Nur etwa fünf von 400 Ventilen werden nach Prüfung ausgemustert, so sorgfältig werden sie hier geschliffen. Ein bestausgestatteter Werkzeugraum liegt am Ende der Etage. Das zweite Stockwerk beherbergt Fräsmaschinen, im dritten sind Montageabteilung und Testräume zum ersten Abstimmen des Motors eingerichtet.

Insgesamt gibt die Flanders-Fabrik dem Besucher einen hoch interessanten Einblick in die Fertigung eines modernen Zweirades. Schmieden und Gießen für die Herstellung der Flanders-Motorräder erfolgen im Pontiac Werk. Zylinder und Kopf, Kolben und Kolbenringe werden in den Flanders-Werken gegossen. Der Rahmen wird aus genauen 14er und 16er Rohren gefertigt und verstärkt. Bei der Verarbeitung herrscht höchste Sorgfalt, viele Teile der Flanders werden mit einer Genauigkeit von $1/2000$ inch gefertigt. Eine einzigartige Einrichtung der Flanders Company ist die sogenannte Verwertungsabteilung. Hierher wird alles beim Herstellungsprozeß abfallende Material gebracht, aussortiert und verkauft. Das ist die Flanders-Politik, auch auf die kleinen Dinge zu achten, um nur ein erstklassiges Motorrad herauszubringen.

Man kann nicht alle für den Besucher interessanten Anziehungspunkte des riesigen Unternehmens aufzählen. Der Blick vom Glockenturm auf das Umland von Chelsea belohnt einen reichlich für die hierfür auf sich genommene Anstrengung. Es ist vielleicht unnötig zu sagen, daß diese Glocke mit ihrem wunderbaren Geläut der Stolz der Chelseaer Bevölkerung ist. Auch eine Fahrt mit der »4«, dem Liebling des Werks, wird einem nicht unlieb sein nach der langen ermüdenden Anfahrt auf den Nahverkehrsmitteln von Detroit.«

Ob der Formulierer mit mehr als dem Blick vom Glockenturm aufs Umland belohnt wurde, dafür gibt's keine Zeugen. Jedenfalls scheint er die Selbstdarstellung einer Firma nicht zum tatsächlichen, sondern zum Nennwert übernommen zu haben. Daß Verantwortliche eines Werkes sich loben, ihre Schokoladenseite wohl poliert präsentieren, gehört zu ihren Pflichten, dafür werden sie bezahlt. Ob Flanders seinen Beschäftigten wirklich einen Tanzboden und einen Swimmingpool eingerichtet hat, bleibt fraglich. Ob der sogenannte Tanzboden nicht auch ein leerer Lagerraum sei und der Swimmingpool nicht eher als Reinigungsbad für Galvanik und Lackierung dienen sollte oder anders im Werksgetriebe genutzt wurde, solche Fragen sollten Journalisten stellen oder wenigstens überlegen.

Die Flanders-Motorräder stellten keine revolutionären Neuheiten dar, eher biedere Alltags-Töffs mittlerer Klasse und Leistung. Für sich genommen und bei regelmäßiger Modellpflege hätten sie, sicher nicht als absoluter Bestseller, ihren Platz im Markt halten können. Um aber die Käufer zu überzeugen, hätte es einer längeren Anlaufphase gebraucht. Weil sie sich in den ersten Monaten den erträumten Verkaufszahlen aber nicht entfernt näherten, entschieden sich die anderen Teilhaber der Flanders Mfg. Co., mit voller Kraft in den brachliegenden Kapazitäten ein im Haus konzipiertes Elektro-Automobil zu realisieren.

Dieses Akku-Auto hatte Kardanantrieb, eine geschlossene, gefederte und geräumige Fahrgastzelle, wobei es das niedrigste seiner Klasse wurde, leider nur in der Höhe, nicht im Preis. Der blieb den Kunden zu hoch, außerdem ebbte 1912 das Interesse an den im Vergleich zur Benzinkonkurrenz noch nicht wirklich gebrauchsfähigen Elektroautos ab. Zur gleichen Zeit baute die Flanders Mfg. Co. also jetzt nicht sonderlich gefragte Motorräder und elektrische Autos, nicht miteinander verwandte Produkte mit so gut wie keinen austauschbaren Teilen, deren Produktion und Montage außerdem auf Chelsea und das 70 Kilometer entfernte Pontiac verzettelt blieb.

In dieser Lage und bei der Produkt-Zersplitterung konnte kaum verwundern, daß noch 1913 das meiste Kapital aufgebraucht war und die Firma Konkurs anmelden mußte. Es kaufte sie der Elektro-Konstrukteur und vorherige E-M-F Werbechef Pelletier, der vorhandene Teile weiter zu Motorrädern montierte und vertrieb, vielleicht sogar noch eine Weile in Produktion ließ. Seine Autos nannte er »Tiffany«, bis auch er Ende 1914 aufgab.

Walter Flanders war da längst bei der Detroiter Maxwell Motor Co. untergekommen, auch die schwankte durch Höhen und Tiefen, fusionierte mit Chalmers, was den Maxwells nicht besser tat. Erst Walter Percy Chrysler konnte mit aufwendigen, freiwilligen Nachbesserungen das Steuer wenden, nannte die Autos nun »Good Maxwells«, die guten Maxwells. Vom Fleck kam seine Firma erst, als er ihr seinen Namen, Chrysler, gab. Von Chrysler geleitet und kontrolliert, soll Flanders nochmals eine sehr konstruktive Rolle bei Chryslers Aufstieg gespielt haben.

Feilbach Limited

Die Feilbach-Brüder gründeten ihre gleichnamige Motor Co. in Milwaukee und bauten bis 1913 im Feilbach-Werk 1148 Holton St. relativ reguläre Single- und Twin-Motorräder. Mit ihren 1914er Maschinen wagten sie sich dann in wenig erforschtes Terrain.

Im Ein- wie im Zweizylinder wurden die Ventile vor und hinter den Zylindern von im Kurbelgehäuse querlaufenden Nockenwellen betätigt. Die in jeweils einem Stück geschmiedeten Nockenwellen liefen an beiden Enden in Bronzelagern. Die Ventilsteuerung umfaßte zwei Zwischenräder, die zwischen Hauptwelle und der Nockensteuerung vermittelten. Weil die Einlaßventile so weit wie möglich auseinander lagen, mußte der Vergaser sie über extrem lange Rohre vorsaugen. Andere Feilbach Features waren direkt betätigte Pilzstößel, zahnradbetriebener Berling-Magnet sowie desachsierte Zylinder. Bei 3⁵⁄₁₆ in Bohrung und 4 in Hub ergeben sich 69 ci Hubraum, das Motorrad wurde mit 10 PS gemäß NACC gewertet. Die Feilbach besaß eine gefederte Sattelrohrkonstruktion, deren lange Hauptfeder waagrecht im Rahmenrohr lag und über Winkelhebel mit dem Sitzgestänge verbunden war. Die Zweigang-Version des großen Twin trieb ihr Hinterrad über Schneckenrad und Kardanwelle an.

Feilbach Limited, 1914. Die Eingang-Einstiegs-Version des Feilbach-Bigtwins; die teurere Zweigangversion trieb ihr Hinterrad mit einer Kardanwelle an. Von Charles Feilbach, Sohn eines der originalen firmengründenden Feilbach-Brüder, kaufte Joe Koller dies Motorrad im Basket-Case-Zustand, als in Kartons und Kästen verteilter Gerümpel und Schrott.

Traub, 1916. Traub beheimatet in Chicago, verwandte ab 1915 die Dreiganggetriebe des nahegelegenen Thor-Werkes. Der Seitenventil-Motor des Traub Bigtwin galt als zuverlässig, maß 1216 cm³ Hubraum, seine Zylinder standen im 45-Grad-Winkel. Ein Feuerwehrmann entdeckte 1974 dieses Motorrad, als er während eines Einsatzes in Cicero eine Brandmauer einschlug. Hinter der hat die Traub jahrzehntelang auf ihn gewartet, war dabei alt und krank geworden. Sie wollte erst verwöhnt werden und lief natürlich nicht nach dem ersten Tritt. Alt und Allüren, der Fireman tauschte sie beim Suzuki-Händler George Tacci gegen eine 125er Suzuki ein, die knatterte gleich nach dem ersten Kick. Bud Ekins kaufte Tacci 1980 die Traub ab und brachte ihre Eingeweide in Bewegung. Dann stand sie lange bei Bud im Regal, bis Richard Morris sie mitnahm und komplett restaurierte.

Cyclone

Die Gebrüder Joerns aus Minnesota hatten schon eine Motorradmarke, die Thiem, hinter sich gebracht. Für die Existenzdauer der Thiem findet man heute mehrere Zeitangaben, 1908 bis 1910 oder 1903 bis 1914. Jedoch ließ sich in einer Thiem-Einzylinder mit Riemenantrieb kaum die Vorläuferin ihrer unvergleichlichen und avantgardistischen Nachfolgerin Cyclone erahnen.

Auf der Chicago Show im September 1914 trat die Joerns Motor Mfg. Co., dieser »oldtime maker«, mit einem knallgelben Newcomer auf, den sie »Cyclone« nannten. Das Touring-Modell beeindruckte mit seiner blattgefederten Hinterradschwinge, der eintauchgenormten Vordergabel und noch mehr mit seinem Motor. Ein Andrew Strand hatte diesen herrlichen OHC-Königswellen-Motor konstruiert. 61 ci Hubraum (Bohrung 3⁵/₁₆ × Hub 3⁷/₃₂ in), die Zylinder standen im 42 Grad-Winkel.

»Das Sondermerkmal des Motors ist sein Ventildesign. Sich drehende Wellen lassen die Ventile funktionieren anstelle von Hebeln, Gelenken und Stößeln.« Schreiber und Setzer von Motorcycle Illustrated fielen nun vor Staunen die Kommas aus der Schublade: »Die gewonnenen Vorteile, so wird angedeutet, sind die Abwesenheit von Bewegungsverlust, was, natürlich, bedeutet, daß die Ventilabstimmung noch perfekter ist, Lärm vermieden und Verschleiß reduziert wird; denn, so wird erklärt, ist der Ventilmechanismus insgesamt, außer zu einem kleinen Rest, eingeschlossen.« Unter dem Gehäusedeckel trieb die Königswelle zum vorderen Zylinderkopf noch eine kleine Königswelle zum Bosch-Zünd-Magneten, eine Ölpumpe besorgte die Schmierung, und die Kraft wurde über eine Eclipse-Kupplung übertragen. Zum ersten Mal wurden bei einer normalen Serienmaschine Motorräder mit von Königswellen angetriebenen, obenliegenden Nockenwellen fabrikmäßig gefertigt.

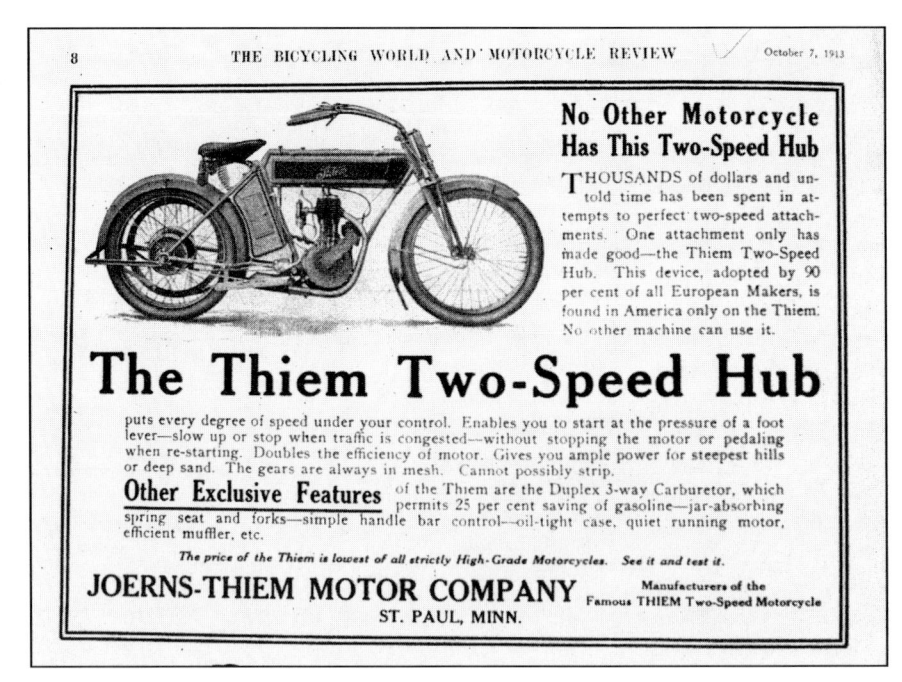

Thiem, 1913. Ursprünglich gründeten Fred Joerns, Finanzier und Konstrukteur Ed Thiem ihre Marke 1910 zur Autoproduktion. Stiegen dann auf's Motorrad, ebenfalls ohne Traumergebnis und machten den Laden zu. Dann kam ein Andrew Strand mit dem nachfolgendem »Cyclone« Design einher, Fred Joerns und seine Brüder bildeten die Joerns Mfg. Co.

Cyclone, 1914. Die OHC Rennmaschine wurde die Sensation des Jahres. Nur das Straßenmotorrad verwandte diese Hinterradfederung. Die Joerns-Jungens stritten mehr, als gemeinsam Erfolg zu suchen. Zu wenig Händler trauten ihnen und der außergewöhnlichen Maschine. Die Joerns Co. jedenfalls gab die Cyclone auf, beschränkte sich auf Herstellung und Vertrieb von Kleinteilen wie Schrauben und die Joerns-Brüder wurden – gelegentlich streitend – mit ihrer Company recht alt.

Die Cyclone sah nicht nur verdammt schnell aus, sie war es auch. Und wie. Kurz vor der Chicago Motor Show 1914 machte der Rennprofi Don Johns zuerst auf die neue Marke aufmerksam. Beim race meet des Bakersfield M.C. erreichte er mit dem Cyclone Speed Modell spektakuläre, fast unglaubliche Geschwindigkeiten. Johns kam beim Einmeilen-Sprint sechs Sekunden eher ins Ziel als der Zweite, Roy Lance, auf seiner bis dahin sagenhaft schnellen Harley. Das für alle Klassen offene Fünfmeilenrennen gewann Don Johns ebenfalls mit Abstand.

In aussichtsreicher Position verlor er bei zwei weiteren Wettbewerben jeweils sein Hinterrad, ohne sich ernsthaft zu verletzen. Anfang Oktober 1914 ritt dann bei leichtem Regen der Cyclone-Pilot J.A. McNeil in 35⅖ Sekunden durch die Meile, schneller als irgendwer sonst vor ihm. Am 1. Februar 1915 raste Don Johns so lange um den Ascot Park Kurs bei Los Angeles, bis er die zehn Meilen voll hatte, man schaute auf die Uhr und winkte ihn rein. Und siehe da, er hatte das in 8 Minuten und 14 Sekunden geschafft, dabei 34 Sekunden von Ray Stokes bisheriger 08:48 Bestzeit abgesäbelt. Die F.A.M. glaubte die von ihrem eigenen Distriktsschiedsrichter beglaubigten Rekorde einfach nicht und bestätigte sie nicht offiziell.

Heute gibt es kaum einen Zweifel an der korrekten Messung. Es wird berichtet, daß sich die aus Schweden stammenden Joerns-Brüder untereinander oft in der Wolle hatten und sich deswegen nicht angemessen um die Weiterentwicklung ihrer so viel versprechenden Cyclone kümmerten. Andererseits kostete die aufwendige Technik einen enormen Fertigungsaufwand – und Kapital.

So durchwirbelte der gelbe Motorrad-Cyclon nur wenige Sommer lang Amerika.

Indian IV

Um 1915 35000 Indian-Motorräder herstellen, probieren und verschicken zu können, kaufte das Werk ein: 400000 Meter Rohre für Rahmen und Gabeln, 40000 Liter Farbe, 90000 Meter Ketten, 270 Tonnen Federstahl, 15 Tonnen Schlaglot, 450000 Meter Latten zum Bau von Verpackungskisten, 250 Tonnen Aluminiumguß, 205 Tonnen Bronzeguß. Von den von Zulieferern übernommenen Reifen, Felgen, Zündungen, Kabelrollen, Öl- und Benzinvorräten usw. usf. nicht zu sprechen. Die für eine fortlaufende Produktion und Bestellspitzen nötigen Lagerbestände nahmen enormen Raum ein.

Für eine Million Dollar wurden erworben: Werkzeugmaschinen, Gesenkschmieden, hydraulische Pressen, Gesenkhämmer, Schneide-, Schleif-, Fräsmaschinen, andere Maschinen und Werkzeug. Außerdem wurden für individuelle Bedürfnisse eigene Maschinen entwickelt, die eine immer wichtigere Rolle in der Produktion spielten. Für die Konstruktionsabteilung wurden immer wieder Reißbretter, Zeichenmaschinen und -werkzeug ersetzt und neue angeschafft. 75 Trinkbrunnen wurden zur Erfrischung der Belegschaft übers Werk verteilt, die Wassertanks wurden mit jährlich 400 Tonnen Eis gekühlt.

Nachdem in der Buchhaltung alle Zahlen addiert und dann wieder von den Einnahmen subtrahiert wurden, verblieb ein Betriebsgewinn von $ 603.829. Zu einer Zeit, als ein Dollarschein genau soviel wie ein Silberdollar und zehn bis zwanzigmal mehr wert als der heutige war.

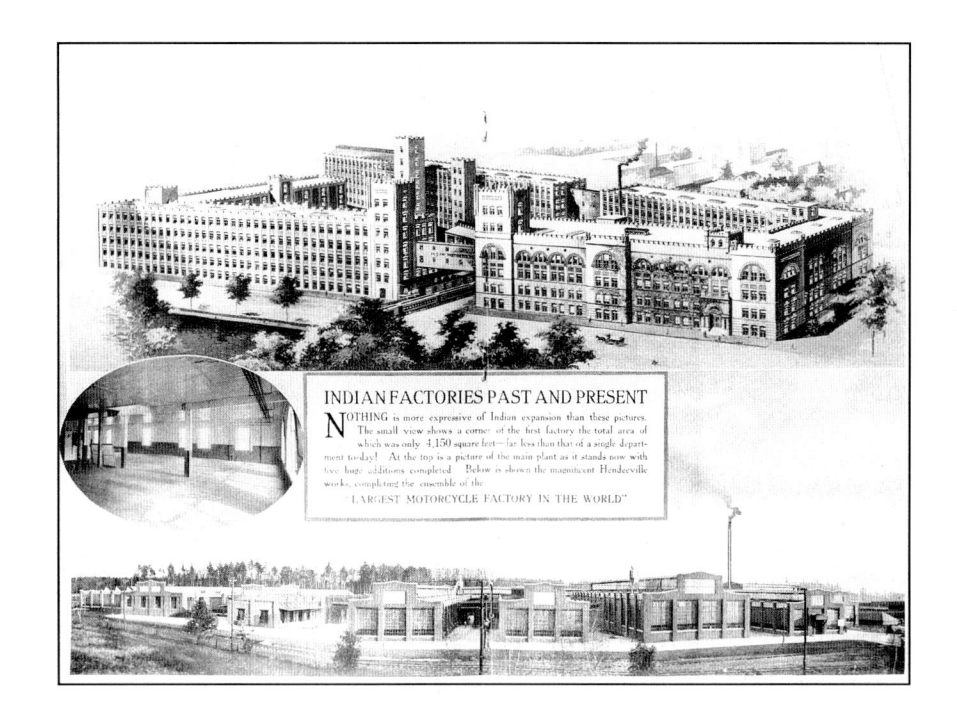

Carl Oscar Hedstrom hatte aus dem ursprünglichen DeDion-Motorkonzept so ungefähr alles geholt, was drin war. Die zweite Indian-Motorengeneration entstand nicht unter seiner Leitung. Charles Franklin hieß der neue Chefingenieur und Charles Gustafson war Entwicklungschef der Indian Powerplus. Gustafson hatte, seit 1906 bei Reading Standard, dort die erfolgreichen Seitenventiler gezeichnet. Indian warb »Old Charlie« 1913 ab. Nach zwei Jahren stellte Plant Superintendent T.L. Loose die Produktion auf das neue, ausgetestete Produkt um, mit Modelljahr 1916 war es die erste der goldenen Springfielder Seitenventil Motorräder: die Powerplus. Wahrscheinlich das weltbeste Serienmotorrad seiner Zeit.

Manche Zyniker sagen, die Powerplus wäre nicht nur der erste Indian SV-Motor gewesen, sondern eigentlich auch der letzte. Alle nachfolgenden Springfielder Triebsätze wären Varianten des Powerplus-Antriebs. Und sogar der wäre von Reading Standard geklaut.

Seine Verwandtschaft zur Reading Standard Familie sah man dem Powerplus-Motor an. Der Magnet stand vor, nicht wie bei Reading Standard hinter den Zylindern. Pierce, Flanders und kleinere Anbieter hatten schon vor R-S und Gustafson SV-Motoren gebaut. In den beiden Powerplus-Graugußzylindern multiplizierten sich 78 mm Bohrung mit 99 mm Hub zu 974 cm³ oder 61 ci Hubraum. Rollengelagerte Kurbelwelle und Pleuel, dreifach beringte Kolben, eine untenliegende Nockenwelle, die die vier Ventile über vier Schlepphebel bediente. Der Kurbelwellenstumpf trieb über Zahnrad und Schneckenwelle die verstellbare Ölpumpe an. In Standardausführung mit einem Schebler-Vergaser ausgestattet, zündeten ein Dixie-Magnet und Splitdorf-Kerzen die Mischung.

Das bisherige Dreiganggetriebe wurde übernommen und erhielt vom Motor dessen Kraft über eine Doppelgliederkette, die es dann mit einer einfachen Kette an das

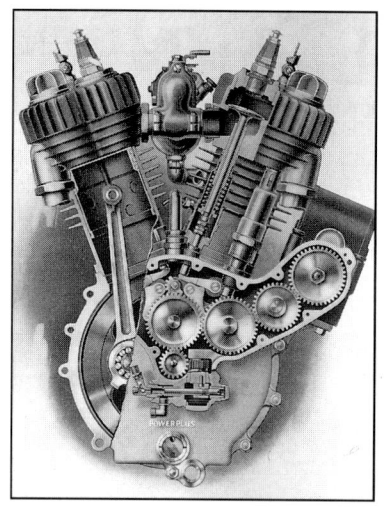

Powerplus-Motor von 1917

Links außen: Indian Powerplus Type N-18, Cradle Spring Frame, 1918. Preis $ 295.-

Hinterradritzel übersetzte. Das Gefährt rollte auf 28-Zoll-Reifen. Innenbackenbremse in der hinteren Radnabe, Bandbremse an ihr, die letztere nutzte allerdings bei Nässe wenig. Der Radstand des 275 Dollar kostenden Wiegerahmen-Modells F betrug 1475 mm, Modell G mit Starrahmen hatte 1375 mm und kostete 250 Dollar. 25 Dollar für ungefähr sechs Zentimeter Federweg, dessen System auf rauhen Straßen und bei Geschwindigkeit das Hinterrad wobbeln ließ. Indian Standard hieß das Cradle Frame Model, Indian Powerplus das mit Starrahmen.

Fahrer des Modell G sowie des Featherweight »K« drückten ihren Allerwertesten in einen in sich gefederten »Cantilever«-Sattel. Mit einem normalen Kickstarter trat er sein Fahrzeug wach. Schalthebel sowie Kupplungshebel des Bigtwins waren an der rechten Tankhälfte gelagert. Normalerweise wird der Pilot während der Fahrt die Kupplung über das Fußpedal betätigt und den Handhebel nur während des Standes genommen haben. Ein zweiteiliger 15-Liter-Tank, der in sich einen Zweiliter-Öltank einschloß, reichte für eine Reichweite von gut 200 km.

Offiziell klassifiziert mit 7 PS, zeigte die Maschine auf dem Dynamometer bei 3000 Touren 15 bis 18 reelle PS. Keine zwanzig PS beim »Bigtwin«, für uns Nachgeborene hört sich das so aufregend nicht an. Wo die Pferdchen allerdings nicht mehr als hundert Kilo Motorrad zu schleppen haben, ergibt sich ein allemal anständiges Leistungsgewicht. Das Werk versprach weniger als 30 Sekunden, um aus dem Stand bis auf 100 Kilometer zu kommen und eine Spitze von 120 Kilometern.

Als Vorteil gegenüber dem wechselgesteuerten Motor mit seinen umgelenkten Stößeln und Hebeln zum Einlaßventil, die ihm etwas Leistung nahmen, erinnerte das Werk an die niedrigere Bauhöhe des Seitenventilers, niedrigere Schwerpunktlage, daß die Zylinder in einem Stück gegossen wurden, insgesamt weniger Teile benötigt wurden und daß die Ventile von Außeneinflüssen abgeschlossen und so sicherer wären. Für den Fall der Fälle lag in der Grundausstattung der Werkzeugbox neben Werkzeug, Luftpumpe und Reifenflickzeug ein Ersatzventil bei.

1916 war bei Indian-Straßenmaschinen das Jahr der Seitenventiler, bei den Rennmaschinen wurde es das Jahr von Indians kopfgesteuerten Achtventilern. Sie konnten seitdem von Privatfahrern gekauft werden.

Indian V

Schon in den allerersten Jahren experimentierte man bei Indian mit drei- und vierrädrigen Vehikeln. Hendee vermarktete 1905 ein erstes Indian Dreirad. Im 1907er Katalog wurden von normalen Indian-Motorrädern abgeleitete Tri-vans und Tri-cars – mit zweirädriger Vorderachse – angepriesen. Über der Achse ruhte ein Kastenaufbau oder Sessel. Ab 1910 fuhr in Springfield und Umgebung ein über das Experimentalstadium gedeihender vierrädriger Run-about mit Markenzeichen »Hendee« herum. Wahrscheinlich ein Versuchsträger einer ins Auge gefaßten Automobilherstellung. Die scheint so ernsthaft in Erwägung gezogen worden zu sein, daß weitere leichte Modelle der Cycle-Car Klasse getestet wurden. Die billigen Cyclecars waren motorisierte Bretter mit zwei schmalen Sitzen nebeneinander drauf, an den Seiten vier niedrige Fahrradreifen, ein kleiner Motor und Tank hinter den Sitzen, Kettenantrieb zur dünnen Hinterachse, keine Federung, keinerlei Verkleidung, alles rundum offen. Das Gerede um Autos von Indian verdichtete und konkretisierte sich, bis schließlich Indian Präsident George M. Hendee 1914 Pressemitteilungen verschickte: Ja, man habe ein Automodell erprobt, aber das Indian-Motorradwerk würde auch in Zukunft nur Motorräder produzieren. Ein lauwarmes Dementi, das nur bedeutete, etwaige Automobile würden nicht im Hauptwerk an der State Street gebaut. Und – wenn – nicht unterm Markennamen »Indian« verkauft. Beim gut laufenden Motorradabsatz wäre dafür kein Platz gewesen. Doch Hendee hatte Fabrikhallen abseits von Springfield errichten lassen, die taufte er nicht Indian-Außenwerk oder so, sondern Hendeeville.

Bei der hervorragenden Auftragslage für Indian-Motorräder schienen den Direktoren solche Ablenkungen unnötig, wenn nicht schädlich fürs Firmenimage. Das Gefühl machte sich breit, George M. Hendee, der vorher nie ein technisches Konzept erdacht und verantwortlich zu Ende geführt hatte, wolle sich oder wenigstens seinen Namen noch unsterblich machen. Aber nicht als Entwickler wurde er respektiert, sondern als Verkäufer und Promoter dessen, was andere konstruiert hatten. Trotz Kritik gab Hendee seine automobilen Pläne nicht auf.

Indian Prince, 350 cm³, 1925. Charles Franklin schuf ein komplett neues Motorrad im britischen Stil, wahrhaft keine Rakete, auch kein Augenschmaus. Das Design wurde fast jährlich amerikanisiert, doch gegen Harleys Peashooter sah die Prince alt aus.

Nach dem Krieg retteten wahrscheinlich die Verkaufszahlen der leichten, gutartigen und ungemein populären Scout das Werk.

Eine schlitzohrige Nachfrage beim Massachusetts Department of Motor Vehicles – der staatlichen Zulassungsstelle – erbrachte 1916, daß Hendee fünf verschiedene Wagen angemeldet hatte, bei denen er die vorgeschriebene Frage nach Herstellerherkunft mit »Hendee« beantwortet hatte. Diese Information machte in den oberen Indian-Etagen die Runde und Hendee unmöglich. Bei des Werkes finanziellem Debakel mit Maschinen für das War Departement, für das er mitverantwortlich war, wahrscheinlich ein Grund mehr, an seiner Führungsfähigkeit zu zweifeln.

George Hendee entfernte sich zunehmend aus dem aktiven Firmenleben, auf einer Vorstandssitzung im August 1916 verkündigte er, daß er zu seinem 50. Geburtstag im Oktober 1916 von seinem Posten als Präsident der Hendee Mfg. Co. zurückträte, um sein Landgut »Hilltop« zu beziehen und endlich zu heiraten. Er stellte Hedstrom erneut ein, der die Produktion im Werk wieder auf Vordermann brachte und nach drei Monaten ging. Hendee verkaufte seine Anteile, machte im Oktober 1916 wirklich die Schotten dicht, ließ nur ab und an, dann nicht mehr viel von sich im Werk hören und starb 1943. Schatzmeister Frank J. Weschler führte die Indian-Geschäfte, schon bevor Hendee 1916 das Werk verließ. Als neuer General-Manager bestimmte er die Politik des Werkes für die nächsten zehn Jahre. Mit als erstes verkaufte er Hendeeville.

1914 konnte die französische Armee bei Beginn des Ersten Weltkriegs die Umfassungsbewegung der einmarschierenden deutschen Truppen an der Marne stoppen. Die Marne-Schlacht wurde auch berühmt, weil Paris mit allen möglichen, eiligst requirierten zivilen Fahrzeugen schnell frische Truppen an die Front warf. Diese unerwarteten Reserven vereitelten den Plan der deutschen Führung, mit ihren vormarschierenden Flanken das Gros der französischen Armee zu überflügeln, einzukesseln und leicht zu vernichten. Die Initiative war des Kaisers schnell denkenden Generalen genommen, der deutsch-französische Krieg von 1914 strategisch entschieden. Weil deutsche Generale wenig einsehen können, schon gar nicht Fehler, befand sich die Menschheit im Ersten Weltkrieg.

Mit schließlich 15 Millionen Leichen weltweit, kam der Welt der Rechenfehler des deutschen Generalstabs seinem Volk noch relativ preiswert. Als sich der deutsche Generalstab das nächste Mal verrechnete, zahlte unsere Gattung mit 50 Millionen Toten. Nach Firmenunterlagen waren während des Ersten Weltkrieges schließlich 63 Prozent der von den Alliierten Streitkräften in Europa eingesetzten Motorräder Indians, der bessere Teil davon Typ Powerplus.

Indian ergatterte den größten Brocken der Militäraufträge. Ein Danaergeschenk, die Preise waren zu niedrig angesetzt, die Produktion überlastet. Hauptkonkurrent Harley-Davidson konnte seine heimische Position ausbauen.

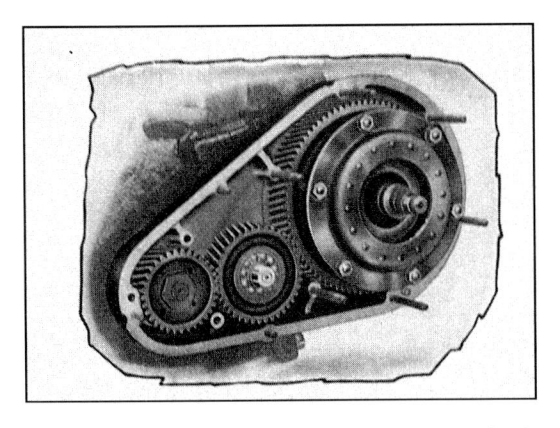

Ihr Konstrukteur Charles Franklin führte den schräg verzahnten Primärantrieb im Ölbad ein. Der allerdings nach Jahren gegen ebenfalls im Ölbad laufende, mehrgliedrige Kette ausgetauscht wurde. Bill Harley von der Konkurrenz gab diesen Typ Antrieb schon nach seinem Sport Model auf.

Für erwachsene Zivilisten, die nur ein Zweirad wollten, um möglichst billig und bequem zur Arbeit zu kommen, und all die Jungens, die sich nichts Größeres leisten konnten und durften, stand seit 1916 die »Featherweight« im Indian-Katalog. Ein einfacher, langhubiger Zweitakter mit Nasenkolben, außenliegender Schwungscheibe. Die gute alte Cushion Fork holte man für ihn aus dem Regal. Der Featherweight schlug nicht so recht an, seine Produktion wurde eingestellt. Die Indian Modellreihe schloß ab 1917 das »Light Twin« oder »O-Model« nach unten ab. Im schlanken Doppelschleifen-Rahmen ein längs eingebauter Seitenventilboxer nach Art der britischen Douglas. Harley-Davidson variierte dieses Thema danach auch mit seinem erfolgreicheren Sport-Modell. Der Lighttwin war wohl Charles Franklins Morgengabe als Chefkonstrukteur seines neuen Arbeitgebers Indian gewesen. War das O-Model kommerziell nur ein Trostpreis, so zog Franklin mit seinem nächsten Motorrad den absoluten Hauptgewinn hervor: die Indian Scout.

Charles Franklin war in Europa auf von ihm aufbereiteten Indians erfolgreich Rennen gefahren. Sein dritter Platz bei der 1911er TT auf der Isle of Man ist anderswo vermerkt. In sich vereinigte er die rechte Kombination von Techniker und Rennfahrer, war durch und durch Motorradmann und wurde als Konstrukteur rüber nach Neuengland gezogen, wo er dem Indianer-Stamm ab 1913 angehörte. Nach Hedstroms Weggang wurde der Ire Franklin dann Chefingenieur des Werkes und Schöpfer des Jahrhundert-Motorrades Indian Scout.

Geschwungene Linien, niedrige Sitzposition, über 50 Kilo leichter als die Powerplus, 5 Zentimeter tiefere Sattelhöhe, robust und handlich. Nach dem phänomenalen Erfolg der Scout stellte das Werk aus einem Baukasten-System regelmäßig Varianten der Scout vor. Bei der Chief, fast wie eine vergrößerte Scoutvariante anzusehen, setzte man auf ähnliches Konzept.

Um im Ersten Weltkrieg Nachschub und Arbeitsaufwand für Militär-Flugzeuge zu minimieren, entwickelten Armee und Industrie einen Standardmotor, den alle Werke überall gleich bauten. Die Idee übertrug man auf das Motorrad, so entstand 1918 der Liberty-Motor – weitgehend auf Harley-Basis. Was die Konkurrenz natürlich ärgerte. Bis die Produktion endlich anlief, war auch schon der Krieg zu Ende.

Das Harley-Davidson Sport Model, von 1919 bis 1923 produziert. Obwohl nur mit 37 cu.in. Hubraum ausgestattet, brachte Hap Scherer 1919 die Sport in knapp 65 Stunden entlang der Westküste von der kanadischen bis zur mexikanischen Grenze. Bei den üblen Straßen jener Zeit eine großartige Leistung. Die Sport mit ihrem niedrigen Schwerpunkt und Rahmen war sehr handlich. Beachtlich auch die verkleidete Kette.

Als schnelles, leichtes Verbindungsfahrzeug im Hinterland blieb das Motorrad unschlagbar. Doch unter Feindeinsicht war man schutzlos dem Beschuß ausgesetzt.

Board- und Dirt-Tracks: Rennen und Rekorde

Warum amerikanische Motorradrennen von Anfang an in hölzernen Fahrradarenen oder auf staubigen Pferderennbahnen stattfanden? Zu der Zeit gab es so gut wie keine Straßen.

Europäische Motorsportverbände, wie die heute die Grand Prixs abhaltende F.I.M., haben und hatten in den USA wenig Einfluß. Nachdem sich die Federation of American Motorcyclists (FAM) gegründet hatte, hielt sie von 1904 an Endurance Runs ab und seit 1906 fanden amerikanische Rennen offiziell nur noch unter ihrer Aufsicht und Regeln statt. Leistungsgrenzen waren in denen nicht vorgesehen, der Hubraum eines einzelnen Zylinders wurde auf 50 ci beschränkt, ein Pilot mußte mindestens 120 pounds, also etwa 55 Kilo, wiegen, ansonsten die Differenz mit Ballast ausgleichen.

Auch Wagner konnte da nicht mitmachen, auf seinem Rennmodell »Semi Racer« fuhren bald höchstens noch Zuschauer zum Rennen.

Alle Motorrad-Wettbewerbe genossen enormen Publikumserfolg, hatten mehr Zulauf als Pferderennen. Zu neugierig waren die Menschen, und was sie dann an Gladiatorentum und Spannung erlebten, ließ die meisten wiederkommen. In Orten ohne passende Radbahn wurde auf ebenen Pferderennkursen (meist etwa eine Meile Umfang) gegeneinander Gas gegeben. Die rasenden Maschinen zogen derartige Staubfahnen hinter sich her, daß von den Tribünen oft nur die erste und letzte auszumachen waren. Zumindest in den Kurven, wo alle zur Innenseite drängten, drifteten die Piloten halbblind aneinanderschlagend herum, so dick war die Atmosphäre im Hauptfeld. Kursbesitzer weigerten sich, ihre Strecke wegen der drei oder vier Motorrad- und Autorennen im Jahr mit irgendwelchen bindenden Flüssigkeiten zu behandeln, weil das den Belag verhärten und den viel öfter galoppierenden Pferden schaden könne. Die Motorradsportler nun wollten sich nicht im aufgewirbelten Dreck unnötig gefährden, die Werke und Teamchefs nicht ihre empfindlichen Rennmaschinen riskieren und die Zuschauer nicht Eintritt zahlen für ein Rennen, von dem sie mit angeschmutzten Klamotten nach Hause kamen und eigentlich nur den Start richtig sehen konnten. Sowas vergißt der Volksmund nicht, »Dirt Track Races«, Dreckbahn-Rennen, heißen diese Veranstaltungen heute noch, obwohl der lose Belag längst fest gebunden ist.

Jener frühen Jahre Asphalt staubte zwar nicht, aber bröckelte schnell. Solange sie Glück hatten, flogen den Fahrern die Brocken nur um die Ohren. Carl Fisher rettete seine lange Indianapolis-Asphaltbahn, indem er seinen gesamten Kurs mit drei Millionen Stück fast zehn Pfund schwerer Ziegelsteine auslegen und vermörteln ließ. Fisher hatte mit seinen Prest-O-Lite Gaslampen und Tanks für Autos und Motorräder schon ein Vermögen gemacht und was zum Investieren zurückgelegt. Er konnte viel riskieren, um mit einer nationalen Rennstrecke noch mehr zu verdienen. Aber wer sonst konnte das bezahlen? Logisch, daß ähnlich den relativ preiswerten hölzernen Radler-Boardtracks längere für Motorräder und Automobile geplant und gebaut wurden.

Nach Prinzipien der Brückenkonstruktion entstanden von außen nach innen niedriger werdende Gerüste, die miteinander verbunden, verstrebt und dann mit Brettern meist der Größen 5 × 15 cm oder 5 × 20 cm auf Stoß ausgelegt wurden. Spezialisierte Firmen wie die des Promoters Jack Prince sprachen an Orten, wo Rennen profitbrin-

Thor Racer. Bevor Cyclone die Szene eskalierte und Excelsior, Harley und Indian sich ihre aufwendigen Vernichtungsschlachten lieferten, hielten die »weißen Thors« durchaus im Sport mit. Wer dann Spitze sein wollte, mußte Summen in technische Entwicklung, Fahrerprämien, Unterhalt des Rennstalles stecken, die Thor nicht investieren wollte.

Mit dem Indian 8-Ventiler begann die Materialschlacht der Class-A-Rennen, 1914.

Der von Königswellen gesteuerte und kugelgelagerte Cyclone Racer forcierte den Class-A-Wettbewerb 1915.

Pope, Model S 14. Mit seinen OHV-Motoren besaß Pope eine vorzügliche Grundlage für Rennmaschinen, die, wie man sieht, fein tief gelegt wurden. Es rechnete sich nicht und 1918 schloß das Motorradwerk eh seine Pforten.

Bauherr Jack Prince zeigt Wells Bennett und John O'Connor den Fortgang der Arbeiten am neuen Los Angeles Speedway Ende 1919, und uns heute, wie so eine hölzerne Steilwand-Arena unterm Parkett ausschaut. Daneben sehen wir sie aus der Vogelperspektive.

gend schienen, Handelskammern und Stadtverwaltungen an. Sie verwiesen auf Einnahmen in und um solche Kurse, auf höheres Steueraufkommen und daß eine Stadt ohne Boardtrack ihren Freizeitwert ohne Not niedrig hielte. Fast als ob sie Nickelodeons oder Bars draußen ließe. Die Speedbowlprofis engagierten örtliche Zimmerleute wie Holzhändler und zogen ihre hölzernen Schüsseln an Stadträndern oder neben County-Fair-Geländen hoch. Deren Umfang reichte von einer halben bis zu einer Meile. Rennen in ihnen muteten sauberer, schneller und sicherer als die staubigen »Dirt Track Races« an. Veranstalter achteten darauf, Rennen parallel zu Jahrmärkten, Festivals oder Messen stattfinden zu lassen. Riesige Spruchbänder lockten die Massen zum »Flirt with Death« oder »Neck to Neck with Death«. Die Rennen boten eine nie dagewesene Faszination, über die Tages- wie Fachpresse gern berichteten.

Bei Veranstaltungen mit bekannten Fahrern zogen die Fans zu Tausenden in die Arenen des erwachenden Motoren-Zeitalters. Einige große Piloten: Charles »Fearless« Balke, Paul J.C. »Dare Devil« Derkum – der auch P.D.Q. (für »Pretty Darn Quick«) Derkum geheißen wurde, Walter »Mile-a-Minute« Collins, E.G. »Cannonball« Baker, »Safety First« oder »Farmer« Joe Wolters, »Slivers« Boyd. Diese Gladiatoren erfreuten sich der Popularität von Stars. Für Indian starteten: Shrimp Burns, Ralph Hepburn, Slivers Boyd; bei Harley-Davidson: Ray Weishaar, Fred Ludlow, Red Parkhurst, Otto Walker; bei Excelsior: Bill Church; Thor hatte Art Mitchell und Cyclone Dave Kinney und J.A. McNeil.

Für 25 bis 75 cents Eintrittsgeld standen oder saßen die Zuschauer direkt über den Steilwänden und konnten von jeder Position aus das Geschehen einsehen. Was geschah, war allerhand und ist heute kaum noch vorstellbar. Immer gradeaus sah sich der Fahrer halten, nur für das von oben draufschauende Publikum schlug er einen Salto nach dem andern. Wegen der Flieh- und Zentrifugalkräfte in den bis zu 62 Grad geneigten Steilwänden lenkten die Maschinen sich oft genug selbst. Nur zum Überholen oder Ausweichen mußte der Pilot Lenkmanöver vornehmen. Im röhrenden Karussell der überdimensionierten Holzschüsseln kämpften die Piloten bis in die letzten Runden um die zweite Position. Im stärkeren Luftwiderstand ruinierte der Führende seinen Motor zuerst. Manchmal stemmte der vorn bei 120 km/h seine Stiefel ins Holz, um den am Hinterrad Klebenden auflaufen und aus seinem Wind-

Mit 63½ Grad Kurvensteigung galt das Boardtrack-Stadion von St. Louis als das steilste. Gängig waren meist so 40 bis 50 Grad.

Für die achtventilige Rennmaschine konnte man der Harley-Davidson Rennabteilung in Milwaukee seine Wunschliste geben. Original HD- oder Merkel-Gabel, Zündung und Vergaser nach Wahl, Hand-, mechanische- oder beide Ölpumpen, Tanks wurden in jeder gewünschten Form und Größe geliefert. Bei Montage und Tuning konnte man dabei sein. Für den Preis von 1.500 $ erhielt man damals ein normales Einfamilienhaus.

Nach dem Krieg wurden die »Open Port Jobs« illegalisiert, nun waren die Class A Alkoholbrenner mit ihrer ungeheuren Kompression überhaupt nicht mehr von menschlichen Wesen zu starten. Autos schleppten sie an und zogen sie eine Einführungs-Runde. Otto Walker (re.) in Pole Position beim Start zum 2-Meilen-Rennen in Sheepshead Bay 1919.

Man beachtete die offenen Zylinderwände und durchlöcherten Köpfe der Renn-Cyclone.

schatten ausweichen lassen zu müssen. Die stets Vollgas laufenden, federungs-, bremsen- wie getriebelosen Rennmaschinen ließen sich allein mit dem Kurzschlußknopf verlangsamen. Waren Kerzen verdreckt, konnte das Rennen aufgegeben werden.

An der Werbewirkung der Rennszene äußerst interessiert, traten die Werke teils mit eigenen Teams an oder versuchten, Privatfahrer ihrer Marke in Teamdisziplin zu nehmen. Brauste ein Markenkollege vorneweg, klemmten seine Kameraden im Mittelfeld oft aussichtsreiche Konkurrenten ein. Teams teilten sich gemeinsam erfahrene Sieges-Prämien.

Um mehr Zuschauerplätze in die Motodrome und zusätzliche Spannung in die Rennen zu bringen, zog man neue Kurse mit langen Geraden auseinander. So entstanden Holzbahnen von bis zwei Meilen Umfang. Das hört sich lang an, war aber fast zu kurz, der Übergang von den nach wie vor steilwandigen Kurven auf die Geraden und umgekehrt war selten fließend, oft gefährlich. Arthur Pilsbury, ein Ingenieur, wandte schließlich 1919 die Kurventechnik des Eisenbahnbaues am Beverly Hills 1¼ Meilen Oval an. Schon der Sieger des ersten Automobilrennens dort kam mit einem Schnitt von 103 Meilen durch. Boardtrack-Schulen brachten dem Nachwuchs die notwendige Beherrschung von Kurs, Maschine und Taktik bei.

Zwecks Griffigkeit zimmerte man den Boardtrack-Belag aus rohen Planken, im Holz einwirkende Schutzmittel gab es nicht. Viele Piloten fuhren wegen des Öldunsts über dem Kurs ohne Brille, denn aus durchlöcherten Zylindern der Motoren wurde Öl ausgestoßen; statt wie eigentlich gedacht, nach dem Explosionstakt verbrannte Gase schnell aus dem Brennraum zu leiten und sauerstoffreiche Luft anzusaugen. Kühlungseffekte wurden ebenfalls behauptet. Öl wurde auf Hinterreifen und die Holzbohlen der Strecke geschleudert. Das Holzparkett wurde auf jeden Fall davon schmierseifenglatt und gelegentlich mit Säure behandelt. Unbebrillten Rennfahrern konnten Säuretropfen in die Augen fliegen und sie blenden. Von Säure zermürbte

Otto Walker auf der Eightvalve-Harley – Rockingham war einer der späteren, längeren Boardtrack-Kurse im Osten.

Bohlen erhöhten das Risiko weiter. Nach drei, vier Jahren begann ein Kurs auseinanderzugehen. Die Gerüste verzogen und die Bohlen lösten sich. Auch wenn vor einer Veranstaltung eine alte Strecke aufgemöbelt wurde, mußten während des Rennens ganze Zimmermanns- und Tischlerbrigaden unterm Gebälk Löcher stopfen und Streben versteifen. Einmal ausgemachte Lücken konnte der Pilot nicht sicher berechnen, schon in der nächsten Runde konnten sie wieder geschlossen, aber der Belag woanders perforiert sein. Denen oben und denen unten muß es spukig gewesen sein, wenn sie sich mal während eines Laufes durch die Bahnfläche sahen.

Weil ihn der Professionalismus ausgezehrt, hätte der Sport und schließlich die FAM sehr an Interesse verloren, so meinte sauertöpfisch R. G. Betts, erster FAM Präsident. Die Cracks wären nur des Geldes wegen drin, nicht wegen des Wettkampfes. Obengenannten Unlust an Rennen zu unterstellen ist absurd. Die Zuschauer empfanden nicht so, sie strömten in die Arenen. Damals gab es auf dem Land kein Radio und Kino nur in Städten. Die Football- und Basketball-Ligen waren wegen diverser Korruptionsskandale nicht sonderlich populär.

Viele Marken verdankten ihren Bekanntheitsgrad den Siegen ihrer Piloten, über die Tages- und Fachpresse berichteten. Viel Geld und Mühe investierten einige Firmen in ihre Rennabteilungen. Es scheint nur verständlich, daß sie ihnen derart lebenswichtiges Unterfangen keinen Amateuren überlassen wollten. Weder Funktionären, noch Fahrern. Daß die Fahrer etwas für ihr Risiko haben und für eine ungewisse Zukunft sparen wollten, konnte doch nur einem Pharisäer nicht eingehen. Was lange nicht alle FAM-Funktionäre waren. Interne Schwierigkeiten und Richtungsstreitereien brachten derartige Reibungsverluste, daß die Firmen der Branche die »Motorcycles and Allied Trades Association« (M.A.T.A.) gründeten und sich selber um Abwicklung der Rennen kümmern wollten. Ganz so trat das nicht ein, denn die Firmen befanden sich in einer Absatzkrise und nicht jedes Werk wollte weiter Geld, das es eigentlich nicht mehr hatte, in die bodenlose Class A Formel werfen. Harley-Davidson gab als erstes der großen Werke sein Rennprogramm auf und beschränkte sich auf eine milde Unterstützung von Privatfahrern.

In unserer Erinnerung verbleiben diese Vollgasjagden durch hölzerne Steilwände als Bretterbahn-Rennen, Boardtrack-Races. Flachkursrennen, Flattrack Races, dagegen hieß dann die Konkurrenz auf flachen Pferderennstrecken, auf denen Menschen bald mehr auf Maschinen als auf Gäulen ritten. Auf lehmig-staubigen Halb- oder Meilenkursen sind Generationen amerikanischer Rennfahrer in der lehrreichen Schule gewesen, die schließlich die Roberts, Mamola, Spencer und Lawson die FIM Grand Prix Weltmeisterschaft fast dominieren ließ.

Dirttrack

»Walking the track«, vor dem Training gehen Piloten und Veranstalter die Strecke ab und inspizieren ihren Zustand.

Je nach Befund, Fahrerwünschen und Möglichkeiten, sprüht man dem Kurs zur Staubbindung oder Härtung eine Wasser-Chemie-Melange auf.

Flying Merkel Flat Track Rennmaschinen vor dem 1. Weltkrieg.

Indian Racer, 1912. Carl Oscar Hedstrom hatte schon 1911 die Atmungs- und Explosionsleistungen seiner Rennmaschinen gesteigert, indem er über ihre Brennräume je vier obenhängende Ventile plazierte.

Excelsior gab ebenfalls mit seinen Sporterfolgen an.

Ein halber Harley Acht-Ventiler im Harley Keystone Rahmen und eine Merkelgabel. Das Blech über dem Auslaß diente im Rennen als Schutz vor dem gekrümmten Piloten.

Shrimp Burns auf der Indian Eightvalve, mit der er die 1:14 Rekordrunde während des Dodge City 300 Meilen Rennens von 1921 fuhr. Während des 5-Meilen Dirttrack Specials am 17. August in Toledo, Ohio, berührte er Weishaar, rutschte und wurde gegen einen Zaunpfosten geschleudert. Der 23jährige starb kurz darauf, während Weishaar mit dem Schock davonkam.

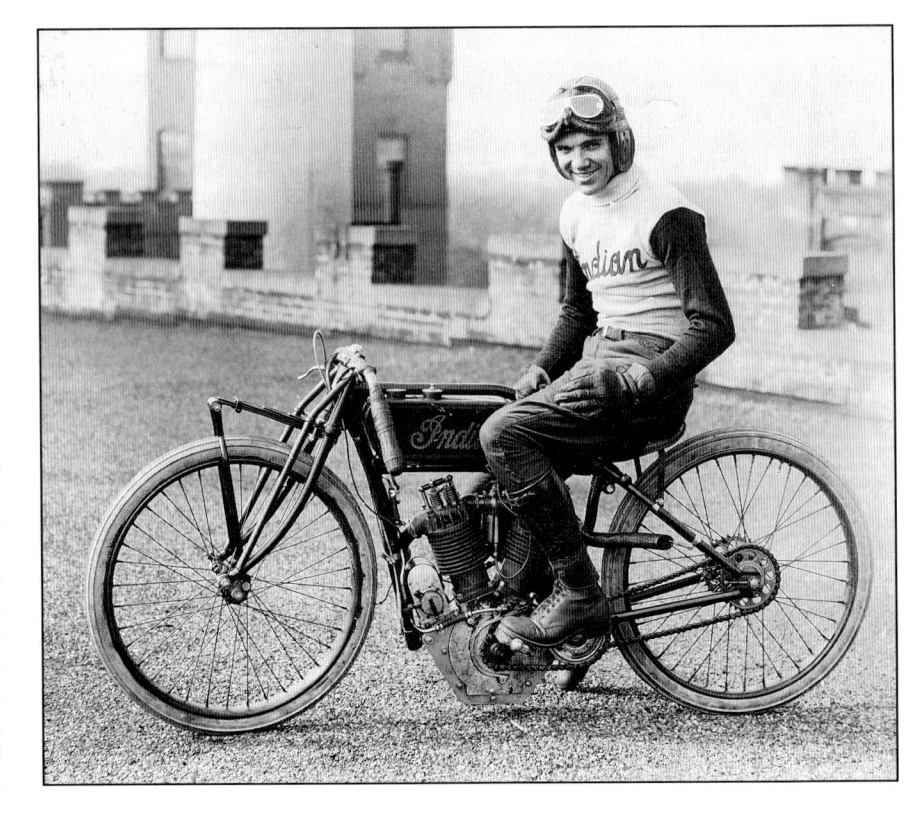

Ray Weishaars getriebe- und bremsenlose Harley-Davidson Werksmaschine für den Einsatz in Flat- oder Dirttrack-Rennen. Der »Dealers' Racing Frame« legte das Motorrad tiefer.

In ihren Rennmaschinen verwandte Harley-Davidson zwei Nockenwellen, die dem wechselgesteuerten »Two Cam« Motor höhere Drehzahlen – und PS – ermöglichen. 1927er Modell.

Maldwyn Jones erkämpfte erste Erfolge auf Flying Merkels. Harley Rennleiter Bill Ottaway zog ihn rüber zur Wrecking Crew, wo er zu den Assen zählte. Vielleicht ein Hinweis auf seine Tricks als Aktiver: Nach seinen Rennjahren arbeitete er als Berater für Reifenfirmen. Aufnahme vor dem Superrennen in Marion, Indiana, 1919 oder 20.

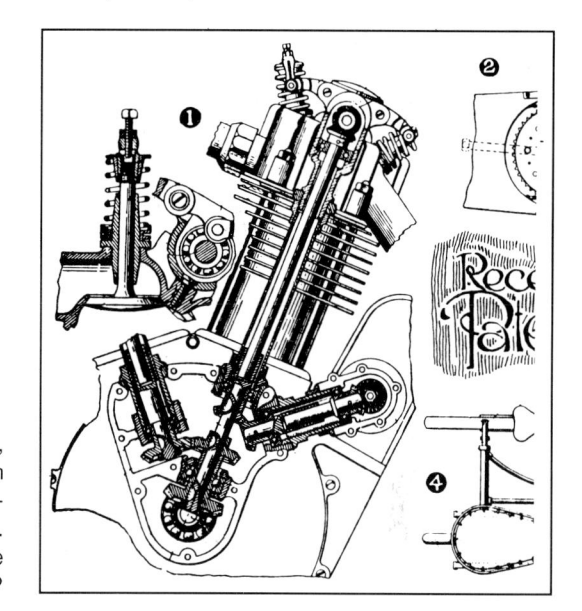

Wer sich immer noch fragt, warum Cyclone so schnell sein konnte, mag die Cyclone Patentzeichnung studieren. Warum nur die gelben Blitze so selten am Ziel einschlugen?

Vom 12. bis 15.4.1920 führte Indian Rekordfahrten auf der Daytona Strandstrecke durch. Gene Walker mit seiner 61 cu.in. Powerplus- sowie einer 8-valve-Maschine brach alle geltenden Marken für die 1-km-, 1-mile-, 2- und 5-Meilen-Strecken. Bis auf die 5-Meilen-Distanz mit der Powerplus erreichte er überall einen Schnitt von mehr als 100 mph. So beeindruckend verglich sich die fast serienmäßige Seitenventil-Powerplus mit Indian's in die Jahre gekommenem 8-Ventil-OHV-Design.

INDIAN NEWS – October 1930: »Hier sind sie! Das Team, das für Indian am 6. September in Syracuse so hart focht. Von links nach rechts: Freddy Marsh aus Connecticut; »Red« Murch, Ohio; »Jim« Davis«, Ohio; Harry Kelly, Illinois; Miny Waln, Iowa; Art Pechar, Connecticut; Fred Barney, Indiana; und Rurat Murray, Texas.

Marion, Indiana

Unten: Floyd Clymer auf Big Valve Excelsior. Er verehrte X-Chef Ignaz Schwinn, der ihm während seiner frühen Tage mit Rennmaschinen versorgte und sein Motorradgeschäft durch großzügige Kreditverlängerungen überleben ließ.

1920, am Start des wichtigen 200 Meilen Meisterschafts-Straßenrennens über den Marion/Indiana 2-Meilen-Ovalkurs. Teils wegen der getriebelosen langen Übersetzung, teils wegen der Kompression wurden die Maschinen von Helfern angeschoben.

Ralph Hepburn auf einem tiefer gelegten Harley-Davidson Two Cam Racer mit Keystone Rahmen. Ralph gehörte mal dem Harley-Davidson- und mal dem Indian-Team an. Das Motorrad wurde ihm zu gefährlich, er startete bei Autorennen. 1948, längst ein berühmter Autorennfahrer, verunglückte er während des Indy-500-Trainings im Indianapolis Speedway und starb.

Rechts oben: Teddy Caroll mit einem 61 cu.in. Powerplus Racer 1919 beim 200-Meilen-Rennen in Marion, Indiana.

Rechts unten: Mit einem Augenschutz aus Draht: Der großartige Red Parkhurst, Marion 1920.

Harley Rennleiter Ottaway instruierte seine Mannen, verhalten und gleichmäßig zu fahren und sich nicht von Konkurrenten zum materialmordenden Vollgas-Draufhalten provozieren zu lassen. Indian-Reiter Shrimp Burns hielt die Führung, bis seine Kette brach. Weishaar auf HD war nun vorne, bis der zehn, fünfzehn Sekunden per Runde aufholende Burns an ihn rankam. Trotzdem hielt sich Weishaar auf Boxenzeichen hin zurück, Burns riß auch diese Kette, dabei zerstörte er seine Spritversorgung, er schied aus. So brachte Weishaar mit der robusten Wechselgesteuerten den Sieg ungefährdet nach Hause. Nach dem Rennen gratulierte der neue Indian-Boss Frank Weschler den ebenfalls anwesenden Bill Harley und Arthur Davidson. Harley entgegnete, daß, obwohl er wußte, daß Weishaars Maschine bei weitem nicht die schnellste war, er wegen dessen gleichmäßigem wie schonendem Fahrstil etliche Dollar gewettet und noch mehr gewonnen habe.

Schneller Boxenstop beim Rennen in Marion/Indiana 1919.

Bill Ottaway (re.) und Hank Syvertsen (li.) hatten ein Team zusammengestellt, das nicht nur höllisch schnell werden sollte, sondern sich auch scheinbar untereinander gut verstand. Von li. Hank Syvertsen, Fred Ludlow, Maldwyn Jones, Ralph Hepburn, Ray Weishaar, Red Parkhurst, Otto Walker, Jim Davis, ganz rechts Bill Ottaway.

Rupert Karner, Wien, auf Harley-Davidson war in den 20er Jahren der erfolgreichste österreichische Motorrad-Rennfahrer.

Europa

In den Niederlanden startete Hans Herkuleijns auch erfolgreich in Seitenwagen-Rennen.

Wer freute sich nicht, könnte er die Achtventiler fahren? Hier Claude Ceresole, 1924, 25, 27 Schweizer 1000 cm³ Meister.

Ihm machte aber auch der Two Cam Racer Freude, mit ihm wurde er 1929 Meister der Eidgenossen.

| ROGAI | FARAGLIA | WINKLER | MALVISI | RUGGERI | VISIOLI |

Das italienische Harley-Davidson-Team, seine Mitglieder errangen etliche Meisterschaften und gewannen einige der harten, langen Straßenrennen über mehrere Tage. Solche ersiegte auch Tazio Nuvolari auf Indian Achtventilern. Als Autorennfahrer wurde er dann zum Nationalheros.

Ace Rennmaschine, 1922.

Red Wolverton errang auf ihr Rekorde und Berühmtheit. Allerdings paßten die Vierer-Asse nicht in herkömmliche Rennkategorien, ihre dauerhafte Einbindung in den Sport unterblieb.

Sage-grün

lackieren ließ Chefkonstrukteur Arthur Lemon das Ace Solo Sport Model für die New York Motor Show 1927, wo Ace- und Indian-Verantwortliche Modalitäten des Umzuges nach Springfield regelten. »Rotten« Richard Morris restaurierte seine 1927er als Replica dieser letzten eigenständigen Ace. Der Bauunternehmer hatte sich vors Haus eine Motorradhalle gestellt, die etwas zu hoch für die Zonenbestimmungen der Gegend war. Anstatt sie (und sich) zu »erniedrigen«, ging er 30 Tage in den Knast, die Halle blieb stehen. Hier besuchte ihn der inzwischen verstorbene Bob Clifton (re.), bedeutender Merkel- und Militaire-Kenner und Sammler.

»Vergiß, was Dir an amerikanischen V-Twins gefällt,

keine abrupte Leistungsexplosion, kein aufgeregtes Röhren. Im Four rattert und klickert mechanischer Aufwand, der sonst an einige Turmuhren verschwendet wird. Die beiden extrem kurz übersetzten niedrigen Gänge sollen das Monstrum wohl senkrecht eine Wand hochfahren lassen. Einmal im Dritten, bleibst Du drin, kannst vom Stand bis 100 Meilen (Tachostand) eigentlich alles machen.« So Christian Timmermann, Indian-Händler in Berlin, über das Fahrerlebnis mit den roten Fours.

Harley-Davidson VL, 1929.
Optisch-funktionale Ausgewogenheit, wohlgeformte Harmonie der verschiedenen Komponenten. Mit dem Seitenventil-V2 begann in der Depression das zweite goldene Zeitalter der Marke. Etliches Sonderzubehör an Joachim von Barnekows 1340 cm³ Big Twin.

Benito Battilanis Excelsior-Henderson KJ Model, 1930.
Neben dem De Luxe Modell kam 1929 die KJ. Der mußten auch Harley- und Indian-Reiter hinterher winken, kein leistungs- oder drehmomentstärkerer Serienmotor war Anfang der Dreißiger in Sicht.

Road Captain Joe Landon vom »Dawn Patrol Motorcycle Club of Connecticut«, 1938.

Harley-Davidson CAC, 1934.

Der hochpolierte Aluminiumtank des Speedway Sondermodells faßte zwei Quarts Brenn-, einen Quart Schmierstoff, Startgewicht war 95 kg. Um im damals zwar spektakulären, doch nicht so umsatzträchtigen Speedway-Sektor wenigstens etwas Geld gutzumachen, plante der große Rennfahrer und Konstrukteur Joe Petrali bei diesem nur zehnmal gebauten Modell Motor und Rahmen JAP-kompatibel. Das Werk konnte eine höhere Motorenauflage verantworten, der Westküsten-JAP-Reiter, dem sein britisches Triebwerk platzte, mit heimischer Ware nachrüsten.

Crocker/Bigsby Indian 101 Special OHV 45 ci, 1931.

1932 und 1933 Gewinnerin der berüchtigten 500 Meilen Greenhorn Enduro durch Steppen- und Berglandschaft Südkaliforniens. Auf dem Stecktank ein 1940er Tanksymbol.

Indian Sportscout, 1938.

Mit E. Paul duPont aus der Chemiedynastie, seit 1930 Indians Präsident, kam die Lackmarke »Duco«. Die vielen Farben verdeutlichten, wie schön neuenglische Motorräder in anderer Couleur als Indian-Rot aussahen.

Indian Arrow Rekordmaschine, 1938.

Hap Alzina und Red Fenwick bauten einen 61 cu.in. OHV-Rennmotor von 1928 neu auf. Motorrad und Fahrer umschloß ein Aluminiumrohrrahmen, von Balsam sowie Folie bedeckt. Fred Ludlow erzielte am 25.9.1938 137.40 mph – bei Neigung zum Abheben. Einige Änderungen, Ludlow probierte es wieder. Bei über 135 Meilen pendelte die Maschine stark, er konnte die Hände nicht mehr an der Lenkstange halten, hielt die Gabelrohre und bekam das wild ausschlagende Stromlinien-Ungetüm unter Kontrolle. Man war sich einig, es war genug, zwei Jahre Arbeit, einige Minuten Fahrt.

Einst Wolfgang Hübners im Originalzustand belassene
Knucklehead Baujahr 1937,
die er wegen Hauskauf und Familien-Nachwuchs veräußerte.

Crocker Bj. 1939.
Kaum eine Crocker gleicht der andern. Die Restauration einer Crocker adelt ihren Lebensretter. Diese brachte Richard Morris »back to life«.

Harley-Davidson WRTT, 1941.
Die Vorderbremse unterschied sie von den WRs für Flattracks. »TT« titulierte man Gelände- und Wegerennen. Die WR und die Indian Rennscout beherrschten den Class-C-Rennsport.

Indian 741, Bj. 1941.
Die Militär-Scout blieb im zweiten Weltkrieg eher eine Randerscheinung. Harley's WLA dominierte zweiradmäßig das US-Militär, bis auch die vom Jeep verdrängt wurden.

So schön wie Harley's Knuckle waren höchstens noch einige Kolbenflugmotoren.

Drei Lieblinge von Mike Egan:
Tochter, Schäferhund und Knucklehead. Mike betreibt in Santa Paula, CA, den Antique Cycle Supply, der auf Teile und Literatur zur Reparatur und Restauration klassischer US-Bikes spezialisiert ist.

Solch Schrottplätze gibt es noch:
Flatheads, Pans und Chiefs warten im Dornröschenschlaf auf den erlösenden Kuß und Kauf ihres Prinzen.

**Unseres Freundes Butch Baer
1948er Indian Sport Scout.**

Deren Baujahr war sein allererstes Rennjahr. Auf der klassischen Daytona Sandstrand- und Asphaltstrecke schaffte er mit ihr auf Anhieb den vierten Platz.

In Daytona:

Er zeigt seine mustergültige WLA und sie ihren nicht mehr ganz so mustergültigen Körper, dafür mehr gute Laune. Solche Freunde lassen uns Voyeuren was vom Daytona-Karneval haben. Unsereins zu knipsen, lohnte kaum.

Geboppte Indian Scout, 1950,

damals auf ca. 900 cm³ gestrokt und erleichtert. Mike Parti, dreifacher Grand National Sidecar-Champion, gehörte als junger Mechaniker dem originalen wilden Motorcycle Club Kaliforniens »MC Galloping Gooses« an. Sie knallten 1948 in Hollister auf die »Boozefighters«, später Thema des Films »The Wild One«. »We were really, I mean really, wild!«« Man beachte auf den Colours »den Finger«, das Kürzel MF (Motherfuckers). Mike ist in gutem Standing mit dem heutigen, immer noch wilden Club.

Vierzylinder: Das andere amerikanische Konzept

Wer weiß noch, daß der längsstehende Vierzylinder über Jahrzehnte neben dem V2 der klassische US-Motorrad-Motor war? In den U.S.A. erreichte er seine frühe Reife und herrliche Blüte, war populär wie nirgendwo sonst auf der Welt. Warum? Na, die endlosen Entfernungen ließen sich bei niedrigeren Drehzahlen, weniger Vibrationen und geringeren Geräuschen leichter ertragen. Der härtere Konkurrenzkampf zwischen den Anbietern sorgte für niedrigere Preise wie höhere Qualität, und natürlich freuten sich die Amis schon immer kindlich an luxuriöser Technik, am besonderen Gadget.

Am Anfang war die Idee, und die kam bestimmt nicht aus Japan. Allerdings auch nicht aus Amerika. In den belgischen Hirnwindungen des FN-Konstrukteurs Paul Kelecom fuhr der noch imaginäre längsstehende Vierer zuerst. Die »Fabrique Nationale d'Arms de Guerre« bei Lüttich, stellte das von ihr realisierte Ding dann anno domini 1905 in Paris dem Teil der Menschheit vor, der dort grade zur Fahrrad-Messe weilte.

Vier FN-Einzylinder-Motoren waren ihrer Kurbelgehäuse beraubt, wie die Rekruten nebeneinander in Reihe gestellt und in einem neu gegossenen Block verbunden. Der wurde von einer unter dem Gehäuse laufenden, viergeteilten Ölleitung geschmiert.

Die so kollektivierte Vierzylinder-Bande teilte sich Kurbel- wie Auslaßnockenwelle und den vorn angebrachten Zündmagneten.

Die Einlaßventile wurden vom Unterdruck des Ansaugtaktes in den Zylinderkopf gezogen und ließen dabei zündfähiges Gemisch ein. Damals nannte man das großspurig »Automatische Gasversorgung«. Der heute gebräuchliche Terminus »Schnüffelventil« entspricht Charakter wie Klang eher. Kupplung oder gar Getriebe kannte die frühe FN nicht. Die Kurbelwelle drehte die rechts im Rahmen integrierte Kardanwelle und damit das Hinterrad direkt an.

Man schob die FN an und sprang drauf oder trat solange in die Pedale des noch vom Fahrrad übernommenen Tretlagers, bis das linke Kettenritzel genug Schwung an den Kardanteller gegenüber und damit an die Kurbelwelle weitergab.

Jedenfalls bot die FN-4 für jene Jahre allerhand Ingenieurkunst, war entsprechend teuer und der biblische Stammvater aller späteren Vierer. Aus seinem archaischen Genmaterial wuchs der Motorrad-Reihen-Vierzylinder in den USA zu einer vitalen Erscheinung. Was der Four-of-a-Kind dem Poker, würde der Four dem amerikanischen Motorrad-Kontinent werden.

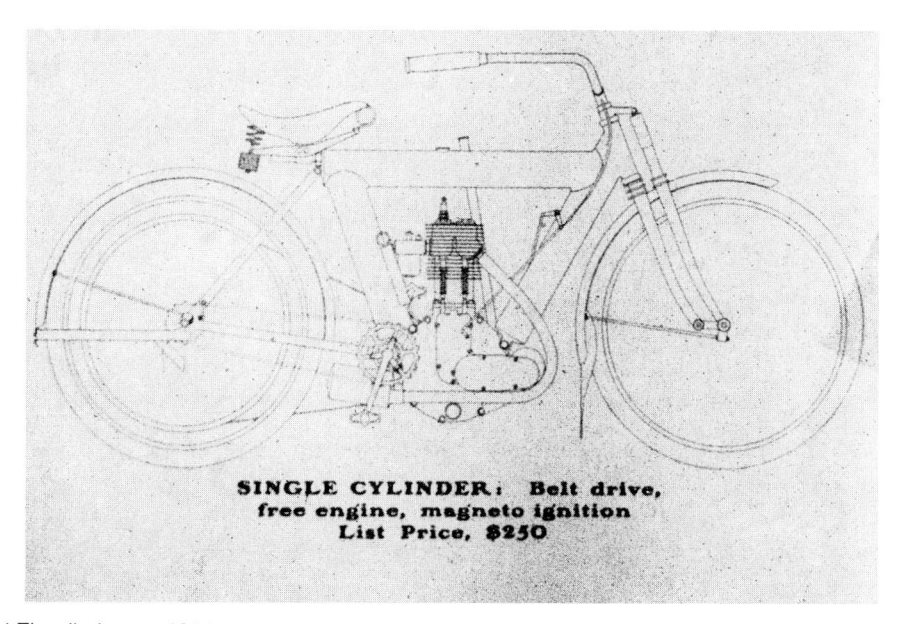

Pierce Vierzylinder und Einzylinder von 1911

Pierce

Der aggressive und ehrliche Bauerssohn George N. Pierce hatte eine unternehmerische Ader und ließ sich in diverse Geschäfte ein, bis er 1878 seine eigene George N. Pierce Mfg. Company zur Herstellung von Vogelkäfigen und Kühlboxen eröffnete. 1888 nahm er Kinder-Dreiräder in sein Repertoire. 1892 gründete er zur Fahrradherstellung in Buffalo, N.Y., seine Pierce Cycle Co., in die er großzügig investiert hatte. Eine weitgehend mechanisierte Fertigung bei akkurater Verarbeitung und kleinlichen Qualitätskontrollen sowie die Verwendung besserer Materialien sorgten für Räder, die bald einen exzellenten Ruf genossen. Ausstattungsmöglichkeiten der Fahrräder mit Hinterradfederung, wahlweise Kardan- oder Kettenantrieb – wer hatte das schon? Zusätzliches Prestige erwarb die endlose amerikanische Meisterschaftsserie des Pierce-Stramplers Frank L. Kramer, auf dem in der Werbung rumgeritten wurde. »Pierce – Tried and True« dieses geprägte Blechschildchen war auf jeden Steuerkopf genietet. Erprobt und verläßlich – die Radler von damals wollten gern dran glauben und zahlten vergleichbar hohe Pierce-Preise. Kurz, die Marke war erfolgreich.

George Pierce konnte es etwas ruhiger gehen lassen, 1896 brachte er seine Firma an die Börse, verkaufte einen Teil der Anteile, etliche hervorragende Männer kauften sich ein und beeinflußten die Firmenpolitik. Pierce verblieb Präsident, aber er konnte sich in der Welt umsehen und Neues überlegen. Um zu ahnen, daß das Geschäft mit dem motorisierten Individualtransport alles je Dagewesene in den Schatten stellen würde, dazu brauchte man um die Jahrhundertwende kein Prophet mehr zu sein. Pierce einigte sich mit dem französischen Motoren- und Autopionier Graf DeDion. Die Pierce Co. würde USA-Lizenznehmer der zweisitzigen DeDion Motoretten, und diese ab 1901 kopieren, jedoch mit Original DeDion-Einzylindern motorisieren. Pierce variierte 1902 und 1903 das Konzept der Motorette als Runabout und Knockabout Modell. 1903 hatten Piercens Yankees die Ein- und Zweizylinder-Motoren von DeDion im Griff, sie machten sie nun selbst und ein wenig anders, strickten das Fahrwerk um und lösten die Beziehung zu DeDion.

Der Stanhope und der Arrow erweiterten 1903 das automobile Modellprogramm, 1904 kam der Great Arrow dazu. Über die eingeführten Pierce-Radläden lief der Verkauf ausgezeichnet. Die Beteiligung an Rennen sowie Preise auf Industrie-Ausstellungen zahlten sich in erhöhter öffentlicher Aufmerksamkeit aus, die Nachfrage stieg. Auch als Automobile wurden Pierce-Produkte zum Begriff. Wo ein Motorrad vor dem Ersten Weltkrieg so um die 200 Dollar kostete, da wurden für Automobile oft tausende Dollars gefordert. Autos waren Luxusspielzeuge begüterter Schichten. Aber in einem Fahrradgeschäft, inmitten Verschwitzter und Bastler, die vielleicht noch laut um ein paar Cents des Luftpumpenpreises feilschten, da konnten Nobelmenschen exclusiver Herkunft kaum feinere Lebensart demonstrieren. Ein eigener Automobilvertrieb war wegen eines gelecktern Verkaufsambientes nötig, auch wegen der höheren Anforderungen an Werkstatt, Lager und Personal.

Percy Pierce, Georges Sohn und Juniorchef des Pierce-Clans, leitete die ab 1907 eigenständige Pierce Cycle Co. Buffalo, New York. Er dachte ebenfalls an Motorisierung und zwar des Zweirades. Er schaute sich erst mal die Szene in Europa an, wo, wie weite Kreise in den USA meinten, die Technik fortgeschrittener sei. 1908 brachte er von seinem Eurotrip eine belgische FN-4 mit. Dachte sich seinen Teil und machte ab 1909 seine eigene, die avantgardistische Pierce Four.

Ganz allein tat das Pierce nicht, ein freundlicher, milder Mitfünfziger namens D.C.

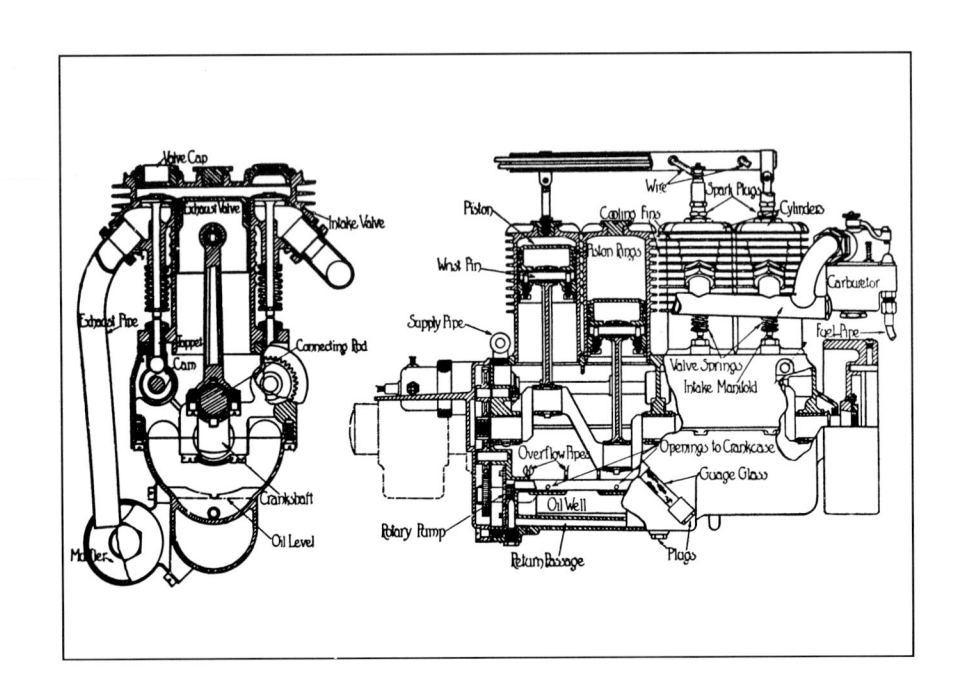

Motor-Querschnittszeichnung

Der Polizist besaß mit seiner Pierce 4 nicht gerade eine Rennmaschine.

Shamp war wohl eher der Schöpfer der Pierce-Motorräder. Shamp galt als Genie des Mechanischen. Der Motor war längs eingebaut und magnetgezündet, auf der rechten wie der linken Seite der Kurbelwelle ließ sich von ihr je eine Nockenwelle unten im Kurbelgehäuse antreiben. Die drehten ihre Runden und betätigten dabei die Seitenventile. Das Zweiganggetriebe galt als angemessen. Der Einrohr-Rahmen war ganz was Neues und diente auch als Öl- und Benzintank. Unten an den dicken Rohren hing der Motor und trug des Rahmens Last mit. Zum Hinterrad führte eine Kardanwelle. Ging's zu schnell, gab's zwei Bremsen hinten. Alles funktionierte, aber im Modelljahr 1910 nahm man dann doch lieber dickeren Stahl für größeren Rohrdurchmesser. Die Verbindungen zwischen Quer- und Hochrohren überlappten, waren vernietet und danach hartgelötet. Der Steuerkopf selber war kein Stahlrohr, sondern aus dem Vollen gebohrt, die Schwinghebel der Gabel auf Kugellagern.

Die Pierce Four überstrahlte während ihrer kurzen Jahre die Branche und kostete erst $ 400, dann $ 350, viel teurer als die 1910 auf den Markt gebrachte, zunächst riemenangetriebene Pierce Einzylinder. Der Single Motor war kugelgelagert, Bohrung und Hub der Single 3½in × 4in, selbst sie war mit $ 250,- recht teuer und verkaufte sich so selten wie die Four. Nach südamerikanischen Ländern exportierte man relativ gut. Motorisierte Fahrzeuge auf vier oder zwei Rädern konnten sich da sowieso nur bessere – sprich reichere – Menschen leisten, und die wollten, daß man richtig merke, daß sie das könnten und nahmen prinzipiell von allem das Teuerste. Pierce-Kühlschränke, -Fahrräder und -Autos variierte man in einer schwer übersehbaren Menge verschiedener Modelle und Ausführungen, die Motorradauswahl jedoch beschränkte sich auf den Single und den Vierer. Auch sie wurden sorgfältig aus guten Materialien produziert, ihre Qualität und Verarbeitung, besonders die dicke Lackierung, wurden gerne gelobt. Die Motoren wurden jeder eine Stunde auf einem Prüfstand laufen gelassen, hätten aber mehr Pep haben können. Bevor eine fertig vom Montagebock genommene Pierce wieder auseinandergenommen und dann im Versandkasten verpackt wurde, fuhren Tester jedes einzelne Motorrad 50 bis 100 Meilen. Gegebenenfalls wurde nachgebessert, schrieb jedenfalls die Pierce-Werbung. Die Pierce Cycle Co. ließ ihre beiden Typen einigermaßen erfolgreich an Endurance Runs teil nehmen. Doch der sportliche Werbeeffekt reichte nicht für so teure Produkte. Auf den spektakuläreren Board- oder Flattrack-Rennen konnten Pierce' Standard Konstruktionen nicht sinnvoll teilnehmen. Man hoffte auch, solche Materialschlachten wären der beworbenen zahlungskräftigen Kundschaft zu vulgär. Den feineren Konsumenten war aber das Motorrad überhaupt zu vulgär. Zu wenige Piercens wurden an die Gentelmänner gebracht. Pro Werktag montierten die Arbeiter 1912 zehn Singles und fünf Vierer. Eine günstigere Massen-Produktion lohnte sich nicht und nicht mal die Kosten spielten sich ein. Die Fahrradabteilung hielt die Motorräder am Leben, bis beide 1913 ausbluteten. Die Emblem Mfg. Co. baute Pierce-Fahrräder noch bis 1930. Das eigenständige Automobilwerk machte mit seinen Luxuswagen noch viel länger weiter.

Henderson

Um die Gunst der Kundschaft buhlten so ab 1910 bald 200 US-Motorrad-Marken. Oft genug mit ähnlichen, von einander abgeguckten, aber Gott sei Dank auch mit originellen Entwicklungen. Eine neue Spezies meist kapitalschwacher Unternehmer

1912er Henderson 4

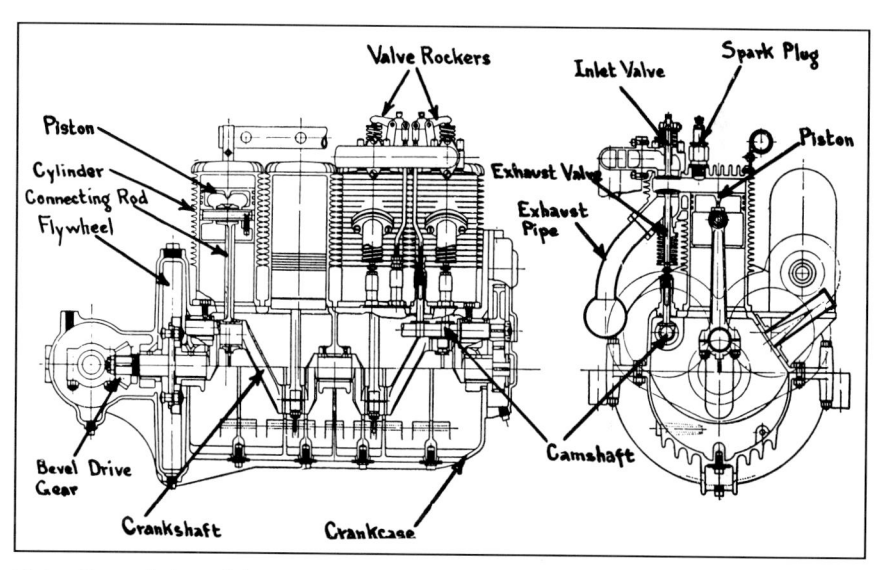

Motor-Querschnittszeichnung

wuchs aus Metallarbeitern, Ingenieuren, Bastlern, Phantasten und gierigen Trittbrettfahrern heran. Wer sich aus der Masse des Angebots rausheben wollte, mußte sich was einfallen lassen.

Will Henderson und sein Bruder Thomas W. Henderson hatten es als Söhne des Vizepräsidenten der Winton Motor Car Company in Cleveland/Ohio mit ihrer Jugend nicht schlecht getroffen. Wurden groß inmitten einer der ersten Yankee- Autoschmieden. Will wollte Ingenieur, Tom Manager werden – sie wurden es. Während Schule und Ausbildung träumten sie davon, das erste US-Motorrad zu bauen und zu verkaufen. Da kamen ein paar andere zuvor. Dann wollte Will wenigstens das erste Sensationelle hinstellen. Auch dafür hätte er eher aufstehen müssen.

Henderson 4 von 1915

So wurden die Hendersons 1914 verladen.

Einen langen Leserbrief mit seinen Ideen für ein neuartiges Vierzylinder-Motorrad und Zeichnungen davon gab er 1910 an das Magazin Motorcycling. Das veröffentlichte Teile daraus sowie Hendersons Skizze, wie seiner Meinung nach ein gutes Motorrad auszusehen habe. Eine ganz andere Meinung hatte der diensthabende Redakteur, der kommentierte die Zeichnung etwas von oben herab und gab generöse Tips. Der Geschichte Lauf läßt sich aber von Besserwisserei nicht aufhalten.

Die Brüder Henderson gründeten 1911 in Detroit ihre Henderson Motorcycle Company. Ab 1912 boten sie als einziges Produkt ihrer Company das spektakulär dreinschauende Vierzylinder-Motorrad an. Sie weckten mit ihrem skurrilen Neuling sofort Interesse und nahmen so genug ein, um ihn jahrelang nachbessern zu können. Die Nockenwellen des Pierce-Vierzylinders und seine Ein- und Auslaßventile teilten sich jeweils eine Motoren-Längshälfte, Henderson nun stopfte in seinem neuen Vierzylinder-Motor alle Löcher auf eine einzige Seite. Er plazierte Gasein- wie -ausgang, Vergaser und Krümmer sowie ihre angeschlossenen Rohre auf die rechte Fahrzeugseite. So schien ihm das auch recht, er beharrte störrisch seine restlichen Lebensjahre auf diesem Design.

Der erste Rahmen mußte natürlich auch eigenwillig sein. Die Hendersons streckten ihn tiefer und länger, als es je einen gab. In einem stabilen, sich unten teilenden Schleifenrahmen saß ein starker Motor. Dessen Block war wie bei den Vorbildern horizontal geteilt. Aber sonst sah man der ersten Henderson die belgische oder Piercer Inspiration oder gar die Fahrrad-Abstammung kaum noch an. Auf den Kardan der Konkurrenz verzichteten sie ebenfalls.

Ganz ohne Tretlager wurde der Motor mit einer Handkurbel angedreht, aufgesessen löste man den Kupplungshebel und los konnt's gehn. Ein Getriebe kannte Hendersons Erste noch nicht. Waren Vergaser und Zündung richtig eingestellt, benahm sich der wechselgesteuerte Motor fast über das gesamte Drehzahlband sanft und freundlich. Die Kupplung agierte selten so nett. Ihre Stahlscheiben waren zu klein, ihre Federn zu leicht, sie rupfte und rutschte. Die beiden Pedale vor den langen, bequemen Alu-Fußboarden aktivierten über Seilzüge die in der Hinterradnabe untergebrachte Bremse. Die unterschied sich vom seinerzeit populären Rücktritt nur durch diese Hebel- und Zugbetätigung und ihre geringere Bremswirkung. Auf einer vernünftigen Straße bewegte sich die 1912er Henderson gut und gern mit 75 bis 80 km/h voran. Mußte der Pilot aber plötzlich bremsen, konnte er einem – sofern er nicht ausweichen konnte – leid tun.

Langer Radstand und tiefer Schwerpunkt bewirkten gutes Handling. Der vor dem

Henderson 1917

Pilotensitz angebrachte Soziussattel des Premierenjahres war nett gemeinter Humbug. Welcher halbwegs ausgewachsene Mensch da auch drauf saß, er mußte sich halbquer nach rechts im Damensitz behaupten, die Füße gegen den immerhin die Speichen verkleidenden Vorderrad-Kotflügel. Eine derart asymmetrisch aufsitzende Lady glich ein trabender Gaul ohne Verlust seiner Laufstabilität wohl mit der linken Backe aus. Ohne Sturz wird ein Motorradfahrer mit seiner vorn an der Lenkstange festgekrallten Sozia schon wegen des eingeengten Einschlagwinkels nicht weit gekommen sein.

Carl Stevens, ein junger New Yorker, befuhr solo mit dieser Henderson etliche europäische Staaten, Nordafrika, nach Dampferübersetzung auch Indien und Japan, und rollte dann auf eigener Achse von San Francisco nach New York zurück. Sammler wollen das heute kaum glauben, etwa alle 1000 km sei eine Überholung der 12er Henderson fällig. Der mutige Globetrotter hätte Teile zentnerweise mithaben müssen, schließlich gab's im Ausland noch keine Henderson-Vertretungen.

Wie unpraktisch sein erstes Motorrad und wie lernfähig W. G. selbst war, zeigte die Henderson Baujahr 1913. Eigentlich fast eine Neukonstruktion. Wo mit Verbesserungen anfangen? Der Rahmen geriet schwungvoller und – immer noch zu lang – kürzer. Der raumfordernde, alberne Torpedotank ward durch ein in die Rahmenbiege gepaßtes Sprit-Behältnis ersetzt. Des oberen Rahmenrohrs Abschwungs wegen lag der Sattel tiefer, die Sitzposition bequemer. Eine »Vorderfrau« war werkseitig nicht mehr vorgesehen. Etwaige Passagiere mußten nun auf einem »Tandem-Seat« hinter dem Piloten Platz nehmen. Die Bremse näherte sich ihrer Daseinsbestimmung. Die neue Vorderradgabel konnte sogar beeindrucken.

Anno Domini 1914 wurde der Quasi-Rücktritt aus der Hinternabe geschmissen und von einer Bandbremse ersetzt. Das in der Nabenhaube entstandene Vakuum wurde mit einem Zweiganggetriebe zugestopft. 1915 dann erneute Kürzung des Rahmens, die Footboards saßen seitdem neben dem Rahmen. Doch erst im Baujahr 1917 erreichte die Detroiter Four ihre Reife. Den Rahmen kürzte man einmal mehr, der Motor erhielt ein internes Öl-Umlauf-System und an seinem Hinterteil saß ein stabiles Dreigang-Getriebe, die Kupplung galt inzwischen als belastbar und zuverlässig.

Planen, Probieren, Beschaffen und Einrichten neuer Produktionsmaschinen für all diese Veränderungen hatten jede Menge Geld gekostet, es wurde knapp. Die Banken meckerten. Als die Four etwa 1917 optimiert war, hatten die Hendersons sich finanziell fast übernommen und Angst davor, durch so einen Schlauch nochmal zu müssen. Als Werk waren sie zu klein und persönlich ihrer allzu vielen Pflichten überdrüssig. Sie nahmen nur zu gern ein Angebot Frank Schwinns an, mit dessen Motorradmarke Excelsior zu fusionieren.

Schwinn wollte seine Produktpalette nach oben abschließen, die Henderson war dazu gerade recht. Hendersons Maschinen, Unterlagen, sein Name und guter Wille, alles ging mit ihm zu den Excelsior-Werken nach Chicago. Dafür wurde Henderson dort Chef-Konstrukteur. Sein neuer Besitzer hatte, was Henderson fehlte: einen nüchternen Sinn für den Markt. Der geschäftstüchtige Schwinn wollte seine Henderson modernisieren, Henderson wollte die seine perfektionieren. Was ein gehöriger Unterschied war. Schwinn war bereit, vom ursprünglichen Konzept abzugehen. Solange das Ding vier Zylinder und zwei Räder hatte, sich vor allem verkaufte, war's ihm recht. Das Henderson-Baujahr 18 brachte eine festere Vordergabel mit mehr Federweg, zweigeteilte Preßblechtanks mit jeweils nur einer Schweißnaht. Am Motor Ventile wie Federn verstärkt und verkleidet, Rockerarme besser geschmiert, Kickstarter

Henderson Militär-Gespann

vereinfacht und auch Seitenwagenanschlüsse am Rahmen.

Schwinn wußte, daß Motorradfahrer keine ein für allemal einem Produkt verschworenen Idealisten, sondern so wie alle Konsumenten korrumpierbar sind. Wechselgesteuerte Motoren kamen nach dem Ersten Weltkrieg außer und Seitenventiler in Mode. Ergo plante Schwinn einen Seitenventil-Vierer. Chef-Konstrukteur W. G. Henderson beharrte auf dem ursprünglichen Design. Ob er den wechselgesteuerten Vierzylinder als einzig wahren heiligte oder ob er einfach konsequent seine Konstruktion ausentwickeln wollte – wer will's heute sagen. Jedenfalls meinte er, sich bei Excelsior mit seinen Ideen nicht ausreichend durchsetzen zu können und kündigte 1919.

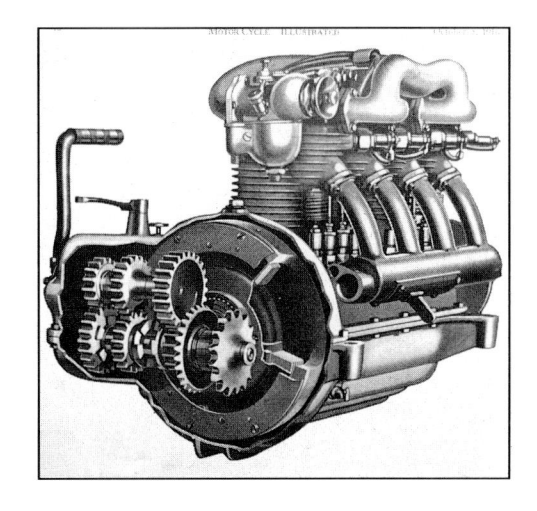

Links: Henderson Motor aus dem Jahr 1916, er wurde mit rund 15 PS gemessen.

Die Gerhart Four gab Anfang 1915 auf der New York Motor Show sein Debüt. Benannt nach ihrem Schöpfer, Charles W. Gerhart, der sich einiges für sie ausgedacht hatte: 1000 cm³ Hubraum, obenhängende Ventile aus Tungstenstahl, Holley Vergaser, einzeln stehende Grauguß-Zylinder auf Leichtmetallgehäuse. Fest verblockt mit Dreiplattenkupplung und Zweiganggetriebe. Am Vorderteil in einer umschlossenen Ausbuchtung die Magnetzündung. Danach war von der Gerhart Motor Cycle Company aus Harrisburg, Pennsylvania, nichts mehr zu hören.

Underslung

Jeder halbwegs authentisch gedrehte Western zeigt, warum Amerikas Wagner Rahmen und Kästen ihrer Conestoga Wagons, Prairie Schooner und Pferdekutschen meist auf Blattfedern über die Achsen legten: Ihres Kontinentes früher Wege Huppel, Löcher, Sträucher wegen. Der Straßen üble Güte, beziehungsweise deren Nichtvorhandensein.

Die Concord Wagen, die Owesboro- oder Studebaker-Kutschen waren Ende des letzten Jahrhunderts ob ihrer Qualität weltberühmt. Ihre Erscheinung war vertraut. In den USA folgte dann das Design pferdeloser Vehikel diesen Linien: Buggys ohne Deichsel, Zügel und Peitsche, so sahen die Motorkutschen von Duryea, Hertel oder Olds aus. Hoch angebrachter Rahmen über hohen Rädern hieß natürlich überhöhter Schwerpunkt des Fahrzeugs und ein Handling wie auf Stelzen.

Einige Firmen legten Fahrwerke und Federung tiefer. Lag der Rahmen teils unterhalb der Achsenhöhe, wurde solch ein, sich besser verhaltendes Fahrwerk »Underslung« benannt. Damit signalisierte die junge Branche dem Kunden ein attraktives Verkaufsargument.

Militaire

Vieles aus der Geschichte der Militaire bleibt im Dunkel versunken. Manches muß angenommen und kombiniert werden. Selbst unser zu früh verstorbener großer Motorrad-Historiker Erwin Tragatsch oder T.A. Hodgdon, Mitbegründer des Antique Motorcycle Club of America, brachten nur sehr wenig zur Militaire aufs Papier. Ich mags kaum glauben, daß ich diese beiden – hier, bei diesem Thema Militaire – um ein Mehrfaches übertreffe. Vielleicht wird noch was aus mir.

Seit Entdeckung ihres Kontinents setzten sich Amerikas Einwanderer über unendliche Mängel und bestehende Regeln hinweg. Amerikas Erfinder verfolgten seit Geburt ihrer Nation neue Gedanken und verrückte Überlegungen, probierten Unversuchtes. Manche erlangten dabei Ruhm und Reichtum, einige persönliche Erfüllung, wenige Weisheit. Die meisten fielen einfach nur auf die Nase.

Pioniere haben niemanden, von dem sie lernen können. Sie lernen aus ihren Fehlern. Oft nicht genug. Aber selbst um sich lächerlich zu machen, braucht man Mut und Risikobereitschaft. Von der Marke »Militaire« wurden vielleicht 200 Maschinen verkauft, kein halbes Promille der US-Motorradproduktion der letzten 80 Jahre. Aber von den 300 Firmengründungen der Branche belegt die Militaire knapp fünf Prozent.

Militaire Auto Company, Militaire Autocycle Company, Militaire Motor Vehicle Company of America, Champion Motor Car Company, Militor Corporation, Knox Motor Company, Militor Motors Company, Sinclair Militaire Company, Sinclair Motors Corporation, Moore Car Corporation of America, Bullard Machine Tool Company und Day-Elders Motors Corporation: Eine Firma nach der anderen überstand des großspurigen N.R. Sinclairs fanatischen Glauben an sein einspuriges Automobil nicht.

Und doch schien am Anfang, 1912, die Sonne so hell: »Die Militaire ist in Vorauskenntnis der logischen Weiterentwicklung des Motorrades gebaut worden. Sie ist das Ergebnis einer durchdringenden Studie der Verkehrs- sowie anderer Bedingungen dieses Landes, und ohne Zögern bestätigen wir, daß die Militaire besser dazu ausgerüstet ist, mit den Straßenverhältnissen klar zu kommen als jedes andere Motorrad des Marktes. Es ist radikal, das geben wir zu, aber das waren Fultons Dampfschiff und Westinghouses Bremse auch.«

Militaire 1912, Baujahr Eins. Bei Schnelligkeit auf holprigen Straßen geriet der Sattel zum Trampolin. Der Single konnte nicht gut gehen.

Mindestens, wenn nicht mehr:
»Die Underslung Militaire wird so sicher die Motorrad-Konstruktionsprinzipien revolutionieren, wie die erste richtige Schreibmaschine den Schriftverkehr revolutionierte.«
Lange mußte die Menschheit warten:
»Gewiß haben Sie die Unruhe beobachtet, die wir in gewissen Bereichen unserer Branche verursachten. Diese Unsicherheit ist der Vorläufer von Furcht. Grund: ein jeder sonst mag die Underslung Militaire.«
Alles siegessichere Mitteilungen der Militaire Auto Company Inc. aus Cleveland, Ohio, mit denen sie 1912 ihre erste Militaire gegen die Welt antreten ließ. Von der Sorte Sprüche gibt es mehr, ein eher bescheidener: »Die Underslung Militaire ist der Motorradwelt um fünf Jahre voraus«. Wahrscheinlich stimmte zumindest die letzte Aussage.

Militaire: Wer, Wo, Warum

W. G. Moore war der Erfinder der Militaire und N. R. Sinclair ihr Promoter. Moore wollte mit Verbrennungsmotoren und mit von ihnen angetriebenen Mobilen zu tun haben, die vitalen USA schienen ihm dafür geeigneter als das heimatliche Kanada. Das verließ er um die Jahrhundertwende in Richtung Süden. Er assistierte bei Ransom Eli Olds und war so an den frühen Oldsmobilen beteiligt. Möglich, daß er mit R.E. Olds Oldsmobile verließ, als dieser mit dem Werk brach, sich ausbezahlen ließ und bald REO gründete. Mit P.G. Olds, dem Bruder oder Verwandten von Ransom Eli Olds, stand Moore noch bis in die Militaire-Zeit in Kontakt.
»A two-wheeled Automobile« beschreibt auf einer Seite das »Technical World Magazine« vom Januar 1910 Moores offenbar erstes Einspurauto. Mit dem er das erste Mal das Konzept angeht, mit dessen verschiedenen Aspekten er seit 1905 experimentiert haben will und das später zur Militaire wird. Gleich im ersten Absatz läßt er den Journalisten betonen, daß das beschriebene Fahrzeug mit Ausnahme der Räderzahl und der Spurbreite ein komplettes Automobil sei und daß der Eigner eines solchen Fahrzeuges kein »Rough Rider« zu sein brauche, um auf einer solchen Maschine drauf und wieder runter zu steigen. Eine sinnreiche Vorrichtung erleichtere dem Fahrer das Anwerfen und Balancieren, bei beidem könne er jetzt sicher im Sitz bleiben.
Dieser für W. G. Moore patentierte Mechanismus bestand aus zwei unter der Preßblech-Karosserie verborgenen Laufrollen, die über Hebel mit der Lenkstange verbunden waren. Zum Fahren zieht der Pilot das Steuer etwas zu sich und hebt so die Hilfsräder an. Die Stellung ist einrastbar. Läßt er den Lenker aus der Hand, steigt der in eine aufrechtere Position und senkt dabei beide Rollen. Die magnetgezündete Zweizylinder-Zweitaktmaschine gab angeblich zwölf PS ab – und über Kupplung, Zweiganggetriebe und Kette ans Hinterrad weiter. Der Motor stand unter der Sitzbank aufrecht vor dem Hinterrad und wärmte des Reiters Po wie Schenkel. Bei seiner Nächsten, der Militaire, sollte Moore den Motor vorne am Rahmen positionieren. Der Journalist, ein Charlton Lawrence Edholm, lobte Moores Erste, probierte sie in Los Angeles aus, wie er sagte, in der Nähe ihrer Fabrik. Was den Schluß zuläßt, daß irgendeine Art Firma involviert war, eine kommerzielle Herstellung und Verwertung bevorstand.

Wie lange es gedauert hat, bis daraus nichts Richtiges wurde, weiß ich nicht. Moore gab später an, daß aus dem Erleben dieser Ersten seine erste Militaire wuchs. Er und P.G. Olds hatten erste Patente erlangt und scheinen auf Sinclair ebenso wie der auf sie gewartet zu haben. N.R. Sinclair hatte als höchsten Gipfel seiner Geschäfts-Laufbahn die Position eines Assistant Managers der Traders Bank of Toronto, Canada, erklommen – Abteilungsleiter. Immerhin hoch genug, um vorher ungeahnte Höhen in der Ferne sehen zu können, die in ihm den Trieb weckten, sie zu besteigen. Er suchte seine Chance und sein Produkt, um aufzusteigen.

Sinclair

Ob Sinclair mit seinem Landsmann Moore vorher bekannt war, ist nicht überliefert. Jedenfalls meinte er, ein gutes Ding als solches zu erkennen, wenn er es sah, schied bei seiner Bank aus und warf sich voll in den Militaire-Trip. Die Herstellung, besonders des Fahrwerks, ließ sich einfacher automatisieren als beim Motorrad. Die Militaire sah unverwechselbar aus, eine geschickte Werbung müsse sich das zunutze machen können. Sinclairs Worte konnten begeisternde Ideen in immer neuen Bildern vor die Augen Anlagewilliger malen. Aufs neue und neue ließen sich Aktionäre von seinem Militaire-Enthusiasmus anstecken und kauften Anteilscheine an Sinclairs Luftspiegelungen.

Was und weshalb

Das US-Motorrad begann, sich bis 1914 vom Fahrrad zu emanzipieren, die eigene, V-Twin-betonte Identität zu entwickeln. Es gab einige Irrläufer wie 1909 das wunderliche New Era, das keine Pedale hatte, oder einige Fours. Sonst bringt man mit »rauh, aber grob«, den Zustand der meisten Modelle amerikanischer Motorradmarken jener Jahre auf einen Nenner. Manche Maschinen wirkten noch immer wie viel zu laute und gefährliche Fahrräder – mit wenigen Zugeständnissen an den Komfort. Zur blanken Serienausstattung gehörten weder bequeme Sättel, Hinterradfederung, Tachometer noch elektrische Ausstattung oder Beleuchtung. All das war teuer und schien einer wilden männlichen Jugend nur Attribute von Waschlappen oder Spießern zu sein. Junge Männer zwischen sechzehn und dreißig liebten ihre Motorräder schon immer pur und kraß.
Nur, was schneller und härter machte, etwa Getriebe und Kupplung, zählte für sie. Sie vergötzten Helden, die in gewaltigen hölzernen Steilwand-Arenen oder auf kleinen Pferdebahnen halsbrecherische Kämpfe boten. Der risikoreiche Motorrad-Rennsport erfreute sich breiter Medienbeachtung und unvorstellbarer Popularität. Einen Motorradracefan gewann man nicht mit rundem Autosteuerrad und Achsschenkellenkung, verstellbaren Schockabsorbern oder dicken Holzfelgen. Und schon gar nicht mit lächerlichen, ausfahrbaren Hilfsrädchen, ähnlich denen an einem Kinder-Fahrrad.

Leider kam diese Lektion den Militaire-Marketern nur zum Teil rüber. Die Macher der Militaire wollten wirklich mit der Herkunft vom Fahrrad brechen. Diamant- oder Schleifenrahmen kamen für sie nicht in Frage. Um die Antriebseinheit aufzunehmen, verbanden sie zwei dicke Rohre vorn mit einer U-förmigen Achse aus Profilstahl, auf der die entsprechend geprägte vordere Radnabe gewissermaßen männlich/weiblich geführt wurde. Patentiert. Gesteuert wurde mit einer zahnstangenbetätigten Achsschenkellenkung. Weil das vielleicht noch nicht exzentrisch genug aussah, tat das der Fahrer mittels eines runden Lenkrades. In dem befanden sich Zündverstell- und Gashebel. Der Underslung-Rahmen befand sich unter Achsenhöhe, Lage der Antriebseinheit und Sitzposition sorgten für einen niedrigen Schwerpunkt.

Der Einzylindermotor war von einer oben offenen Blechhülle ummantelt, durch die das weiter hinten befindliche querstehende Schwungrad Kühlluft saugte. Überhaupt, diese Schwungscheibe... Wie angedeutet, erfüllte sie vorn die Funktion eines Turbinenrades (»Scirocco Blower«), mit der Rückseite rieb und trieb sie eine wieder in Fahrtrichtung befindliche zweite große Scheibe, die sich entlang der Schwungscheibe verstellen ließ. So sorgte man für robuste, vielfältige Übersetzungsmöglichkeiten. Auf der Achse der zweiten Scheibe steckte ein Ritzel, das per Kette das Hinterradritzel drehte.

Außer dem Reibrad-Abtrieb wären der Rückwärtsgang, die vertikale Verrippung des Einzylinders, der Handhebel neben dem Sattel zum Ausfahren der Hilfsräder, der Knopf auf dem Fußboard zum Einziehen des Landefahrwerkes, und selbstverständlich die Sattelfederung zu erwähnen. Die Militaire bot den wohl aufwendigsten Schwingsattel der Motorradgeschichte – Patent beantragt und gewährt. Von dieser Art Cantilever Federungs-System hat die Welt nicht viele gesehen. Warum einfach, wenn es so wohlgestalt umständlich vielleicht auch nicht funktioniert. Am hinteren Rahmenende, rechts und links, die Hebelpunkte. Dort konnte man auch die Cantilever-Federspannung verstellen. Mit dem anderen Ende war der Sattel verbunden und schwang frei. Diese erste Ausführung verließ sich sehr auf die federnde Biegekraft der Metallrohre, was bei Durchfahrt von dicken Schlaglöchern manchmal zu Trampolineffekten geführt haben soll.

Wahrscheinlich waren die Konstrukteure zu sehr in sich und ihr patentiertes Baby verliebt, um die Militaire kritisch und mit Kundenaugen zu sehen. Vielleicht wollte Anführer Sinclair zu schnell erfolgreich sein. Die erste Einzylinder Militaire wurde 1912 vermarktet. In ihr materialisierten sich interessante Überlegungen zum motorisierten Zweirad. Heute schätzt man sie wohl als einen sehr markanten Motorroller mit vom Lehrstandard abweichenden, frischen Lösungsversuchen und herrlich verspielten Details. Stubenhockende, altkluge Knaben zauberten aus ihren Metall-Baukästen einen Prototyp nicht professioneller Konstrukteure.

Lieber Leser, lasse die Augen über die Abbildungen wandern, die zeigen mehr, als noch tausend Worte von mir dazu sagen könnten. Leider lebte die Kundschaft nicht im Elfenbeinturm edler mechanischer Lösungen, sie holperte und stolperte auf den furchtbaren amerikanischen Wegen und Straßen vor und nach dem Ersten Weltkrieg. Kundenbeschwerden veranlaßten das Werk bald, P. G. Olds mit der Verbesserung der Sitzfederung zu beauftragen. Er setzte in den Rahmen ein Standrohr für eine Teleskopgabel ein, auf der die gesäßumformende und abstützende »Eimersitz« (bucket-seat) ruhte. Die Cantilever mündeten nun ebenfalls unterm Sattel. Die ganze Angelegenheit war nunmehr stabiler und wieder ein Patent wert. Jetzt bemerkten die Käufer die Probleme der patentierten Vorderradführung um so mehr.

Die Situation spitzte sich zu. N. R. Sinclair hatte mit einem Abnehmer gerechnet, spekuliert, der den Cent nicht umdrehen bräuchte: die US-Army. Einsatzmöglichkeiten lagen auf der Hand. Motorisierte Verbindungsreiter waren schneller als die auf Gäulen. So wenig perfekt die Maschinen damals waren, berechenbarer, belastbarer, weniger pflegebedürftig als Pferde waren sie allemal und fraßen weniger Hafer. Motorradpfadfinder konnten feindliche Gruppierungen umgehen, deren Hinterland leichter auskundschaften. Zur Nachrichten- und Befehlsübermittlung; dem Legen und Pflegen von Telefon- und Telegrafenleitungen; kleineren Kavallerieaktionen – sogar unter Mitnahme von MGs; punktuelle Bergung von Verwundeten oder Versorgung versprengter Truppenteile; oder als mobile Suchscheinwerfer – Motorräder, deren Motoren dann im Stand als Dynamo für die aufgebockte Lampe dienen konnten. All das und mehr war denk-, mach- und verkaufbar.

Das erste Militaire-Management drückte sich schnurrend Uncle Sam ans Bein, der Markenname »Militaire« signalisierte, daß sie zur Motorisierung der Streitkräfte beitragen und an ihr verdienen wollte. Es hatte nicht sollen sein, die Indians und Harleys hatten die besseren Verkäufer sowie die geeigneteren Maschinen.

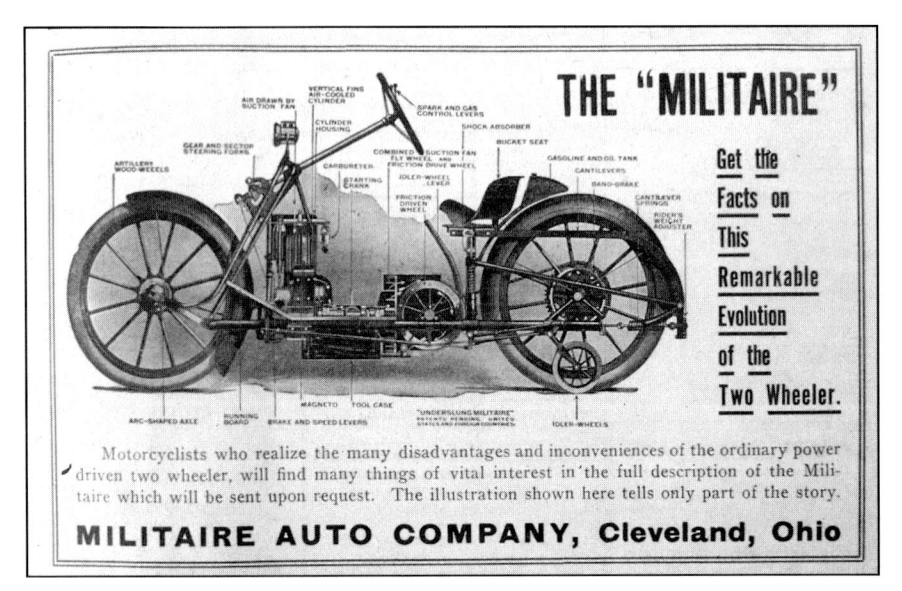

Noch 1912 erste verbesserte Ausführung, mit Teleskopfederung von Sattel, Benzin- und Öltank. Erstaunlich u. a. die Werkzeugbox unterm Rahmen. Der Sitz wurde stabilisiert, dafür ging es mit »Scirocco Blower« u.ä. in die Vollen.

Militaire wird Zivil

Nun wurde sich woanders angebiedert, die Marktorientierung auf Schichten besserer Angestellter, kleinerer Gewerbetreibender umgestellt. Die konnten sich noch kein oft zu teures vierrädriges Automobil leisten, das aber im Sattel eines im Status sinkenden Motorrades auch nicht offen kundtun. Ein braver Papi auf Motorroller sollte sich nicht mit einem wilden Kerl auf seinem Feuerstuhl gemein fühlen. Die

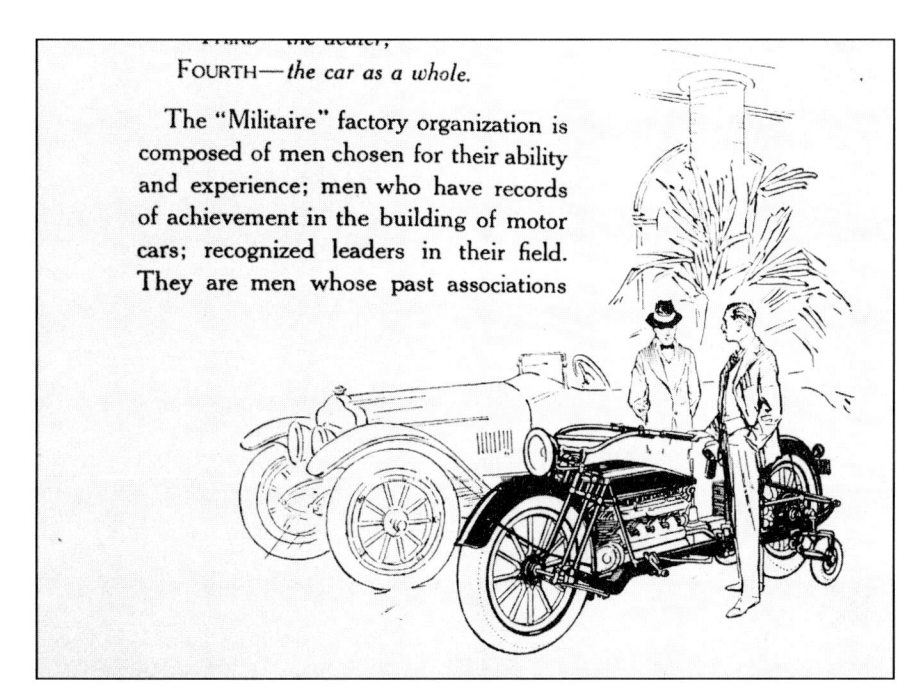

Sinclair und Moore gaben aber noch eins drauf mit ihrem Vierer. Der Luxusauto-Eigner scheint den Militaristen zu beneiden, der sein Monoauto selbstverständlich nicht gegen Duesenberg, Packard oder Rolls Royce tauschen würde.

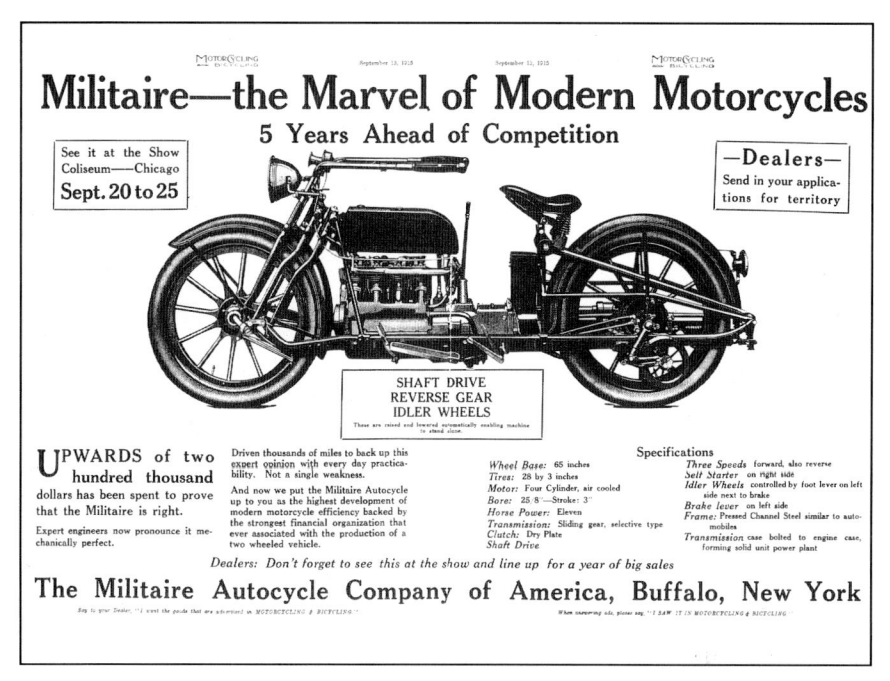

Der Sattel wurde inzwischen durch Cantilever, Teleskoprohr, gekapselte vertikale Stützfedern, umgelenkten Sitzsupport vierfach gedämpft. Auf heutig glatten Straßen rollt es sich auf der Militaire ganz angenehm.

Militaire-Werbung wertete ihr Fahrzeug weiter auf. Für ein knappes Jahrzehnt vermieden die letzten Militaire-Herstellerfirmen, sich mit dem plebeischen Gattungsbegriff Motorrad zu »beschmuddeln«.
Es rettete den Freund nicht mehr. Bald darauf war der nette Einzylinder vergessen. Gemessen an ihm, rollte nun ein Militaire-Panzer in sein Erwerbsleben. Zwei Profilstahlträger von gut sechs Zentimeter Höhe trugen die ganze Angelegenheit. Seine vier einzeln gegossenen Zylinder umschlossen je 11/16 inch Bohrung und 3 inch Hub, der Hubraum kam so auf 65 cubic inches (1065 cm³). Ein- und Ausatmen passierte wechselgesteuert, die Versorgung erledigte der von fast allen US-Marken kurz oder länger eingesetzte Schebler-Vergaser, die Zündfunken sprühte ein Splitdorf-Magnet, alles in allem ein prinzipiell gesundes Design. Dazu kam der mächtige, Respekt und Vertrauen einflößende Kardan, ein rechter »Tourenkaiser«.
Das nach oben offene Fahrwerk machte die Militaire kaum leichter und bestimmt nicht stabiler. Anfangs rüsteten Militaire-Besitzer Verstrebungen und Verstärkungen nach. Der Motorradfahrer, der den gängigen Bedienungs-Standard der meisten US-Marken gewohnt war und auf die Militaire umstieg, mußte seine Reaktionen umtrainieren. Das Bremspedal lag links und die Kupplung mußte man rechts treten. Die elektrische Ausstattung gehörte zum Grundpreis, wobei Richard Morris mit seiner »Old Sol«-Lampen-Hupen-Kombination ein kleines Juwel der Zubehörhersteller-Fantasie besitzt. Die Hupe befindet sich im Lampengehäuse, die Kühlschlitze daran zeigen, daß hier ein Sammler seinem Hobby bedingungslos ergeben ist. Wer würde für eine alte Lampe, auch wenn sie nicht nur leuchten, sondern auch hupen kann, sonst etliche hundert Dollar ausgeben. Auch der bei den restaurierten Maschinen verwandte Stewart-Tacho war Zubehör.

Was bei der Militaire allein für die Vorderrad-Führung kunstvoll an Rohren verbogen und verbunden wurde, bleibt einer der bis heute ungebrochenen Rekorde jener Ära. Zu ihrem avantgardistischen Schnickschnack gehörte nun auch die blattgefederte Achsschenkel-Lenkung. So wuchtig und gewaltig es auf den ersten Blick wirkt, das Vorderteil des Fahrwerks war nicht stark genug, schon gar nicht für die holprigen Straßen vor und nach dem Ersten Weltkrieg. Selbst heute würden die wenigen Militaire-Besitzer für längere Fahrten das Fahrwerk verstärken.
Der Champion Motor Car Company aus St. Louis, Missouri, war keine Rohrbiegeanstalt zugeordnet. Die Champion-Rahmen und -vorderteile wirkten zwar etwas dünner, besaßen aber weniger Teile, die dafür robuster ausgeführt waren. Champion hatte von der Militaire Autocycle Company das grundlegende Design der Militaire lizenziert. Die Champions wurden aus Militaire- und Champion-Teilen in der Halle einer alten St. Louis Motor Company montiert. Champion verstand das Einspurauto als sein Einsteigermodell, von dem aus der Kunde sich zum vierrädrigen Sechszylinder hochhangeln könne. Nur der Sechszylinder kam nicht raus, und auch die Champion-Einspur quälte sich, bis die Firma bald ihre Reste an Material und Geld unter den Gläubigern aufteilte.
Wie überhaupt ein düsterer Stern über St. Louis, Missouri, schien, zumindest über den Autowerken, die sich ihrer Heimatstadt Name zum Markennamen nahmen. Auf St. Louis' Pflastern kam keine zum Knospen, bestimmt nicht zum Blühen oder gar Früchte-Tragen. Im November 1898 gründete sich die St. Louis Gasolene Motor Company, im Januar 1900 gab sie ihren Geist und ihre Arbeit auf. Das muß aber schon vorher zu ahnen gewesen sein, denn noch 1899 bildete sich die St. Louis Motor Carriage Company, die 1905 ihre Pforten zum ersten Mal schloß. Dieselbe Firma

137

Der 1100 cm³ Motor zählte zur S.A.E. Klasse 11 PS. Wirklich lieferte er stramme 20 PS.

konstituierte sich im selben Jahr am selben Platz mit demselben Namen noch einmal, nur andere Anleger fielen mit ihr 1907 auf die Nase. Auch die St. Louis Automobile & Truck Company wankte nur durch einen Sommer, den von 1903. Doch das ist eigentlich ein anderes Thema.

Wegen des von N.R. Sinclair so gewollten Zwitterzustandes – die Militaire sollte etwas betont Besseres als ein Motorrad sein – fühlten sich die Motorradmagazine verständlicherweise düpiert. Gleichzeitig beanspruchte die Militaire aber auch für sich, viel billiger und praktischer als ein Auto zu sein – was zumindest Redakteuren damaliger Automobilzeitschriften nicht einleuchten wollte. Selbst ohne Psychologie-Studium oder analytische Begabung erspürt man in Inhalt wie Ton veröffentlicher Militaire-Aussagen tiefsteckende Minderwertigkeitsgefühle und furchtbare Profilneurosen verantwortlicher Militaire-Mitarbeiter. Die ewigen Selbstanpreisungen, ihr Vehikel sei kein Motorrad, nein, ein Automobil, scheinen im Nachhinein lächerlich. Die Amis mochten damals wie heute verrückte Fahrzeuge, aber ihren Common Sense wird dieses gespreizte Pharisäertum angewidert haben. Darunter hat leider auch die unschuldige Maschine gelitten.

In Dearborn bei Detroit ließ ein Henry Ford seine Angestellten ebenfalls Vierzylinder in Metallrahmen fügen. Rollte sowas dann auf vier Gummireifen aus seinen Hallen raus, so hieß es ab 1908 Ford Model T. Vor 1914 kam es den Interessenten US $ 850.-, ein Preis noch 200 Prozent höher als der einer Militaire oder Henderson. Ford bot dafür doppelt soviele Räder, viermal mehr Sitzplätze (diese besser gepolstert und mit Rückenlehne). Sein »T« war außergewöhnlich robust und definierte die Normalmensch-Automobil-Beziehung neu, indem er z. B. aufschlagfrei Wetterschutz wie Verdeck und Vorderscheibe mitbrachte.

Dem Militaire Einspur-Unikum diverser Herstellerfirmen fehlten nicht nur des Autos Standfestigkeit, Wetterschutz, Sitze, Zulade- und Imagewert. Es verfügte auch kaum über derartige Werbepotenz, daß ein Herausgeber etwa gegen regelmäßige Anzeigen dessen zweifelhafte Marktbedeutung vergessen und es redaktionell mehr beachten lassen wollte.

1915 reorganisierte sich das Unternehmen um die vierzylindrige Militaire, d. h. es machte erstmal Pleite. Man wechselte einiges Personal aus, gab dem ganzen einen neuen Namen und der Sitz der Firma wurde nach Buffalo, New York, verlegt. Diese regelmäßigen Firmenzusammenbrüche waren eigentlich das Wichtigste, was in den nächsten Jahren passierte, sieht man von der Vergrößerung des Tanks 1917 ab. Als Sinclair endlich selbst Chef wurde, leitete er die Entwicklung eines ohv-Motors ein. Zu Anfang ihres Militaire-Abenteuers besaßen alle Werke Kapital zur Genüge, lagen innerhalb akzeptabler Infrastrukturen und verfügten oft über qualifizierte Mitarbeiter. Die Militaire schuf Arbeitsplätze und Arbeitslose in Cleveland/ Ohio, St. Louis/ Missouri, Buffalo/New York, Jersey City/New Jersey, New York City/New York, Springfield/Massachusetts und Bridgeport/Connecticut. Ihre Konstruktionsidee wirkte stimmig; die Auswahl der benutzten Materialien, die Gediegenheit der Gußteile und die saubere Verarbeitung besonders der letzten, der Bullard-Periode, werden heute noch gelobt von den wenigen Restaurateuren des unglücklichen wunderlichen Motorrades, das ein Auto sein sollte, aber keins sein durfte.

Am 4. Juli 1919 umrundete Lieutenant Arthur Chapple mit einer Militor den Sheepshead Bay Speedway und wurde mit 1:18 2/5 gemessen. Verglichen mit Red Parkhursts Zeit, der im selben Jahr mit einer achtventiligen Harley-Davidson-Werksrennmaschine fuhr, war das sehr beachtlich. Arthur Chapple war durchaus kein unbeschriebenes Blatt, als Pilot mehrerer Marken bewies er mit Plätzen im oberen Drittel bis Viertel Draufgängertum und technisches Einfühlungsvermögen. Vor dem

Kaum gesund aus dem Krieg zurückgekehrt, sucht Lieutenant Arthur Chapple wieder das Risiko und fährt mit seiner Militor am 4. Juli 1919 die 2-Meilen im Sheepshead Bay Speedway in einer Zeit von 1:18 2/5.

Kriegseintritt der USA hatte es Chapple in der Armee zum Unteroffizier gebracht, zurück aus Frankreich kam er als Leutnant. Offenbar war er darauf stolz.

Zwei Militors mit fest angebrachtem Beiwagen, Scheibenfelgen aus Stahl und 3,5-Zoll-Reifen – jede mit mehr als 350 Kilo Eigengewicht zuzüglich 220 Kilo für zwei ausgerüstete Soldaten – sandte die Firma noch 1917 auf einen Truppenübungsplatz, aufgrund einer Ausschreibung der US-Army, die ihr europäisches Expeditionscorps mit US-Motorrädern und Gespannen ausrüsten wollte.

Die Army behielt diese beiden Militors ein, die dann im französchen Hinterland mit seinen gesicherten Straßen durchaus nicht unbeliebt waren. Nur in Flanderns und Frankreichs zerwühlten Schlachtfeldern galten derart schwere Panzer ohne Raupenketten als absolute Pest. Im ungeschützten Gelände, unter Feindeinsicht, kam man mit ihnen so furchtbar langsamer als mit Harleys, Indians oder Excelsiors voran. Steckte so eine im Matsch, brachten drei oder vier GIs das Ding wieder vom Fleck. Klebte eine Militor im Morast, konnte es eine Gruppe um zehn Mann brauchen, ihr wieder festen Boden unter den Reifen zu verschaffen. Währenddessen die Kameraden in den deutschen Schützengräben wohl nicht nur technisch interessiert zugeschaut haben, sondern, für derart günstige Ziele dankbar, den Militor-Bergetrupp sicher weiter verkleinert und so die Bergezeit verlängert hatten.

»Motorcycle and Bicycle Illustrated«, jahrzehntelang der Motorradszene bestimmendes Wochenblatt, beschreibt im zweiten Januarheft von 1920 drei angebotene Militor-Modelle: das Solo-Modell mit kompletter elektrischer Anlage, eine Gespannausführung mit Doppelpassagier-Beiwagen und eine kommerzielle Gespannausführung als Lieferwagen mit großem Kasten auf dem Beiboot-Rahmen. Immer noch oder schon wieder weist die Militor Corporation die Redaktion ausdrücklich darauf hin, daß die Militor gebaut sei und sich auch fahre wie ein Auto. Die Ölpumpe war jedenfalls aus Hartzinn, bevor die Mitarbeiter der Bullard Machine Tool Company ein verläßliches Stück aus ihr machten. Sie senkten der Militaire legendären Ölverbrauch mit neuen Ölabstreifringen an den Kolben. Sie verbesserten Dichtungen von Motor und Getriebe und veränderten deren Gußformen.

1921 kündigte die Day Elders Motors Company an, daß sie bald 300 Militors bauen und anbieten würde. Ob die mal jemand nachgezählt hat...

1922 legte ein gütiges Schicksal seinen Mantel über etwaige neue Versuche, den durchschnittlichen Motoristen mit der Militaire weiter zu belästigen und zu überfordern. Erst vom Zwang befreit, für ihr eigenes Dasein aufzukommen, konnte sie zu sich selbst finden: ein eigenwilliges, ungeselliges Wesen, das nicht in die Standards einer sich zunehmend normierenden Motorbranche passen konnte und wollte. Über zehn Jahre hatte sie den Beweis erbracht, daß sie unfähig bleiben würde, ein Massenprodukt zu werden. Nur von ähnlich verbauten Individuen, Sammlern halt, konnte sie überhaupt geschätzt und geschützt werden. Derart kundige Liebhaber lassen sie fast Form und Glamour erreichen. Den Anspruch, mit dem ihre Erzeuger sie vor gut achtzig Jahren in die Welt schickten.

Heute scheint das Militaire-Konzept gültig wie nie. Ruhige, spurstabile Kraft mit viel Drehmoment. Nicht das nervöse Hochgedrehe moderner Roller von lebensgefährlich geringer Hubraumzahl (mußten Sie mal mit einer 80er Honda Lead oder Vespa Automatic eine Strecke Autobahn fahren?). Schaut man, verklumpt im täglichen Infarkt des Berufsverkehrs oder beim Autobahnstau rum, sieht man in fast jeder der beräderten Blechzellen jeweils nur einen einzelnen Menschen, der – täglich je nach Gemütslage aggressiv gestreßt, geduldig, gelangweilt – seine höchst verdiente Strafe dafür absitzt, nicht einsichtig genug für ein Einspurmobil zu sein.

Gentlemen kauften das »Zweiradauto« nicht. Den »wirtschaftlichsten Transporter auf drei Rädern« kauften die Geschäftsmänner nicht.

Die Militaire ist europäischen Fachautoren kaum eines Nachdenkens oder der Erwähnung wert. Zu sehr weicht sie von der leistungsbezogenen Einstellung deutscher Oberingenieure oder britischer Spezialisten ab. Auf Techniker-Zuchtanstalten der alten Welt besteht kein Zweifel, daß ein Motorrad möglichst leicht und schnell sein und dem Streben der Ingenieurskandidaten nach hoher PS-Abgabe bei wenig Hubraum und hoher Drehzahl entsprechen soll. Mit Verinnerlichung solcher Dogmen besteht man Prüfungen, erwirbt man ihren Abschluß und Titel sowie Anspruch auf eine vorhersehbare Zukunft.

Bi-Autogo – Ein noch wilderes Monocar

James Scripps-Booth präsentierte 1912 seine unglaubliche Auto-Motorrad Zwitter-Konstruktion, die er »Bi-Autogo« getauft hatte. Aus der brabbelte Detroits erster V-Achtzylinder die Welt an, drei Jahre, bevor das Detroits nächster – der von Cadillac – tat.

Ein Preßluft-Starter weckte den wechselgesteuerten L-Head-Achtzylinder. Bis unterhalb der Zwanzig-Meilen-Marke ließen sich per Hebel die ebenfalls vorhandenen Hilfsräder ein- und ausfahren. Insgesamt 150 Meter kunstvoll verbogene Kupferrohre schmiegten sich an und um das Vehikel. Kühlung tat auch not, die Maschine sollte seinerzeit sagenhafte 45 PS liefern. Wurde diese Leistung mit den voll gekapselten Antriebsketten verlustfrei zu Vierganggetriebe, Hinterrad und Untergrund übertragen, scheint das versprochene 75-Meilen-Reisetempo (entspricht etwa unserer 130 km/h Richtgeschwindigkeit – das aber 1912!) glaubwürdig. Die halbwegs aerodynamisch verkleidete Karosserie umschloß außer reichlich verspielter Mechanik drei Sitze.

So ein Fahrzeug,
so wunderschön wie dieses …

Max Sladkin, Hendersons Finanzier
und Kamerad

Scripps-Booth gab zu Protokoll, er habe Jahre seines Lebens sowie 25000 Dollar in die Entwicklung dieses Gerätes investiert. Es war unerreichbar radikaler als die Militaire – nur einen verschwenderisch elitären Kundenstamm hätte das Bi-Autogo angesprochen. Eine Serienfertigung verbot sich von selbst, das aufregende Bi-Autogo blieb ein Einzelstück.

Scripps konnte sich dann keine Experimente mehr leisten und blieb bei seinen Leisten, und zwar denen von hölzernen Cycle-car-Rahmen. Auf deren Bretter setzte er je eine Zweiersitzbank, unter diese hängte er zwei ungefederte Achsen, an die vier dünne Fahrradreifen kamen. Als Motor montierte er den 1000-cc-Spacke-de-Luxe-V-Twin – alles Standardteile vom Zubehörmarkt. Ein solches Stück konnte recht schnell und noch gefährlicher sein, doch Flair fehlte. Damit's ein wenig Chi-Chi abbekam, schaute vorne über den Rand ein schlanker, torpedoförmiger Benzintank raus, auf dem »Rocket« gepinselt ward. »Scripps Rocket« hieß denn auch der Markenname. Seine Rakete brachte ihn über die Runden, bis er ab 1914 richtige Autos Marke »Scripps-Booth« herstellte. 1916 verbaute er – nun ironischerweise als Zweiter nach Cadillac – V8-Motoren in Serienwagen. Aufs Neue übernahm er sich damit finanziell und mußte noch im selben Jahr an die Börse. General Motors kaufte ihn langsam aus seiner Firma raus. Das so gewonnene Geld setzte er wieder »in den Sand«, u. a. mit seinem nächsten Cycle-car, das er von einem Henderson-Vierzylinder bewegen ließ.

ACE

Über Jahrzehnte war die amerikanische Motorrad-Szene geprägt vom endlosen Image-Krieg zwischen Indian und Harley-Davidson. In den zwanziger Jahren lieferten sich Ace und Excelsior-Henderson eine ähnlich erbitterte Auseinandersetzung auf dem Nebenkriegs-Schauplatz der Vierzylinder. Die Opponenten fochten dessen Schlachten aus auf Rennstrecken wie bei Rekordfahrten, in der aufwendigen Gestaltung und Ausstattung der normalen Straßenmaschinen sowie in der so herrlich großmäuligen Werbung.

Philadelphia im Jahr 1919. Mitspieler die Henderson Brothers, der bekannte Kapitalist Sladkin. Max Sladkin, Besitzer der Kohle wie Heu erntenden Haverford-Fahrradwerke und Gebietsvertreter mancher Motorradmarken im Südosten der USA, war der Mann hinter den Henderson-Brothers. Sladkins Rolle kann man so oder so sehen: Als Unterhändler hatte er 17/18 für entsprechende Provision die Henderson-Excelsior-Ehe verkuppelt. Nachdem diese Ehe konsumiert war (wie Amis so schön sagen), schlitterte sie ganz normal in ihre Alltagsprobleme, und Sladkin half gegen entsprechende Provision, sie wieder zu scheiden. Sladkin ermunterte und finanzierte W. G. Henderson, der die Henderson nicht mehr jedes Jahr fetter und schwerer machen wollte, weil zum Ausgleich die PS-Leistungsabgabe Jahr zu Jahr erhöht werden mußte. Außerdem hatte er schon ein neues Vierzylinder-Motorrad gezeichnet, das

Am Lenker William G. Henderson, der mit diesem ACE-Observer-Gespann tödlich verunglückte.

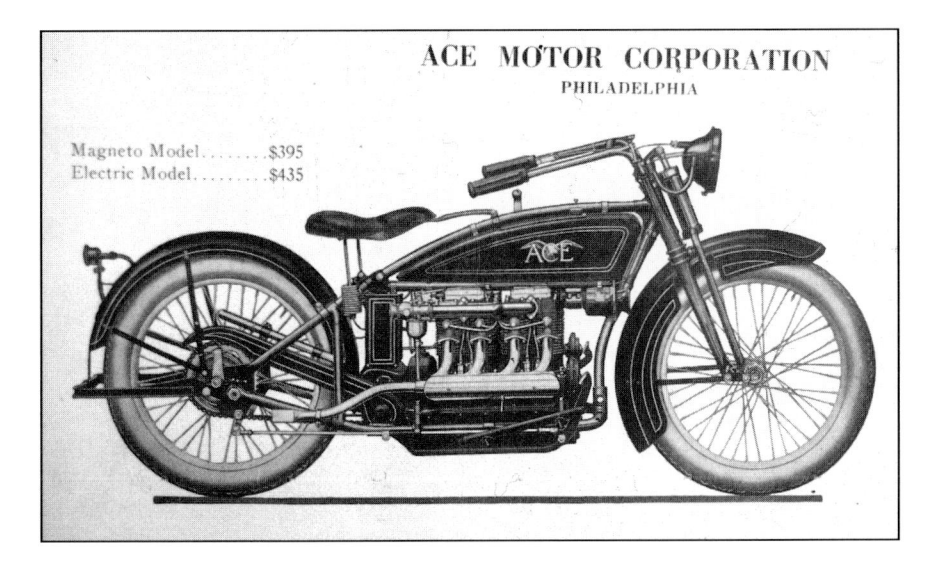

Ace 1922.

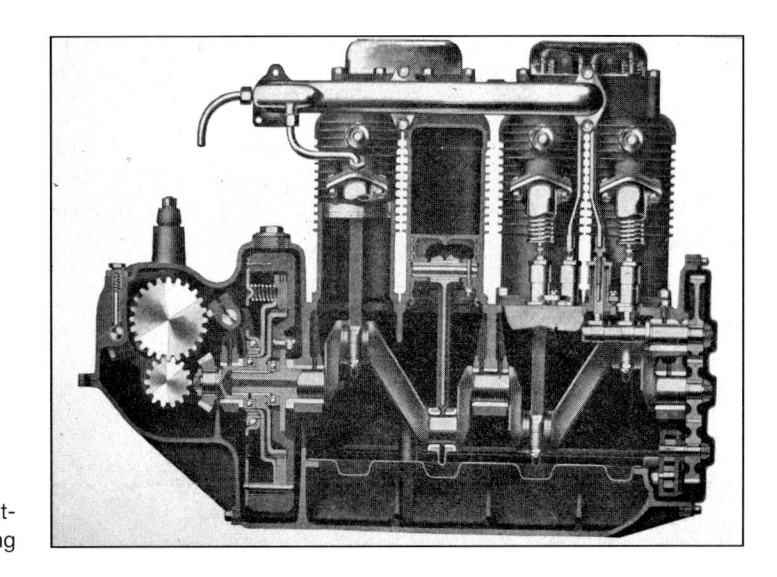

Schnittzeichnung

ihm besser gefiel. Hendersons Name gehörte Excelsior, sein krönendes Meisterwerk wollte er Ace taufen.

Soweit das Vorspiel. Damit Max seinen Daumen und sein wachsames Auge auf der neuen Motorradmarke Ace halten konnte, wurde sie in Philadelphia, direkt vor seiner Haustür, beheimatet. Aus dem bekannten Motor und Rahmen wollte man nun alles leichter, handlicher, schneller, schöner, schlanker machen und dabei besser verarbeiten. Die Ace wurde eine modernisierte Henderson und sah wie die flottere Schwester der alten aus. Tiefer, dunkelblauer Lack, die Felgen sahnefarben. Der schnurrende Vierzylinder schöpfte Kraft wie Wohlbehagen aus 75 cubic inch Hubraum. Wegen des brennenden Enthusiasmus der Beteiligten, der kleineren Auflage, der Konzentration auf dieses eine Modell, waren Verarbeitung der Einzelteile und Feintuning Spitze. Ace-Fans sagen, sie konnte alles, was die Hendy konnte, nur besser.

Ab 1920 produzierte das neue Werk in Philadelphia. Der neue Motor war von Bill Henderson konstruiert und soviel anders nicht als sein vorheriger. Immer noch befanden sich Ein- wie Auslaß auf der Steuerseite. Immer noch lagerte man die Kurbelwelle dreifach. Immer noch teilte man die untere Hälfte des horizontal dividierten Kurbelgehäuses in vier Kompartments, aus denen das jeweils zugehörige Pleuel sein Öl schöpfte und dann verspritzte. Nunmehr bestand diese Vierer-Tassen-Batterie der Tauchschleuder-Schmierung allerdings aus eingepreßtem Stahl im ansonsten aus Leichtmetall gegossenem Gehäuse. Zahnräder trieben Nockenwelle wie Ölpumpe an. Stahlscheiben rotierten in einer Ölbadkupplung, um je nach Bedarf die Kraft aus 1230 cm³ Brennraum an das Dreigang-Getriebe weiterzuleiten.

Geschaltet wurde klassisch amerikanisch, mit dem Hebel links am Tank. Gekuppelt, Vintage-USA, mit der linken Stiefelspitze. Aber statt einer Wippe, mit der hinten der Hacken den jeweiligen Kupplungsgrad arretieren konnte, nur das auf direkten Druck reagierende Fußpedal. Dafür münzten die Amis den treffenden Titel »Suicide Clutch«. Mußtest du, etwa an einer Ampel, in den Leerlauf treten und hast den nicht gefunden, hast du den linken Fuß in das Kupplungspedal getreten. Wenn du nun nur ein wenig aus dem Gleichgewicht kamst und dich instinktiv mit deinem auf dem Kupplungspedal lastenden Fuß abstütztest, hoppelte Dir Dein Bock genau da rein, vor was auch immer Du eigentlich grade respektvoll Abstand hieltest. Natürlich konnte man mit dem zweiten langen Hebel links am Tank auch Hand-Kuppeln. Doch das koordiniere mal alles richtig, wenn Du ungeduldig auf Grün wartest: Linker Fuß auf'm bewußten Pedal, der rechte Fuß auf der Sraße, aber bereit fürs Bremspedal, rechte Hand hält Gas, die linke am Zündungsgriff und bereit, die beiden linken Tank-Hebel zu bedienen. Irgendwann vergreifst Du Dich, und das tut dann weh. Viele Sportfahrer rüsteten drum auf Fußwippe um und ließen den Kupplungs-Hand-Hebel am Tank weg.

Trotz ihrer augenfälligen Ähnlichkeit mit Hendersons erstem Kind konnte man zwischen der Ace und Henderson keine Teile miteinander austauschen. Wäre dem so gewesen, hätte F. Schwinn von Excelsior sofort seine hechelnden Anwälte auf seinen untreuen Chefkonstrukteur hetzen können.

Sladkin hatte tief in die Tasche gegriffen und werbemäßig vorgesorgt. Zur Einführung der Ace erschienen in der Fachpresse Doppelseiten. Plazierte ein Werk in einer Zeitung große Anzeigen, war diese eher geneigt, Redakteure vorbeizuschicken, nach berichtenswertem Stoff für Reportagen zu forschen. Mehr als der Werbung glaubten die Leser der Motorradblätter dem redaktionellen Teil.

Damit der Rest der Menschheit Spektakuläres über die neue Marke erfahre, waren etliche laute Paukenschläge vorbereitet. Professionelle Cracks brachen auf modifizierten Serien-Aces jede Menge Rekorde: bei Hillclimbs, Gleichmäßigkeitsfahrten und sicher auch bei »Concours d'Elegance«, den Schönheitswettbewerben. Roy Artley, der schon 16/17 für das originale Henderson-Werk diesen wie jenen Rekord abgebrettert hatte, ritt nun auf schmalen Eselspfaden, durch Geröll und Unterholz bisher kaum bestiegene Bergspitzen hoch. Die schwitzenden, fluchenden Fotografen stolperten hinterher. Das Handling war also super, kein Rahmen brach, und der Motor sogar für so'nen Humbug elastisch genug. Was zu beweisen war und die langen Riemen der Motorrad-Zeitungen füllte. Die Begeisterung der Schreiber und Leser versprach eine gesicherte Zukunft.

Aber dann füllte eine brutale und kaum faßbare Tragödie redaktionellen Raum. Als vormittags am 11. Dezember 1922 William G. Henderson in Philadelphia mit einem neuen Ace-Gespann des Modelljahres 23 ausritt, wurde er an der Kreuzung Roosevelt Boulevard und Castor Road voll breitseits von einem viel zu schnellen Wagen gerammt. Dessen Pilot, der schon morgens stockbesoffene Elmer Pfersich, hatte Henderson offenbar nicht wahrgenommen. Jedenfalls hinterließ sein Automobil keine Bremsspuren. Auch Pfersich hinterließ keine weiteren Spuren in der Geschichte. Sein an und für sich bemerkenswerter Name ist nur überliefert, weil am Tag eines seiner Besäufnisse W. G. Hendersons Gespann unter seinen Wagen geriet. Auf den Boulevard radierten der Ace blockierte Räder eine über 20 m lange Gummibahn. Den längeren Teil dieser Bahn war W. G. Henderson unter dem Auto verkeilt. Im Krankenhaus war er nicht mehr zu retten, er starb am selben Tag. Seine beiden Mitfahrer und der Verursacher überlebten den Unfall.

Ace holte von Excelsior seinen Bruder Thomas Henderson als Präsident und seinen ehemaligen Schüler Arthur O. Lemon als Chefkonstrukteur.

Art Lemons Karriere nahm einen weiteren Knick nach oben. Unter seiner Ägide kaufte Ace einen Leistungsprüfstand. Über dessen Preis bestehen unterschiedliche Angaben, doch sind sich alle einig, daß er sehr teuer war. Etliche gute Plätze und Siege bei mehr oder weniger wichtigen Rennen wurden erkämpft, aber der ganz große Erfolg stand weiter aus.

Im November 1923 hatte Lemon mit seinen Jungs den Zeiger des Motoren-Prüfstandes bis auf 45 PS hochgekitzelt. Das war langsam den Versuch auf den Geschwindigkeitsrekord wert. Bei Motor und Motorrad wurde jedes einzelne, überflüssige Gramm abgeschliffen oder weggebohrt. Was sich nicht entfernen ließ, wurde nach Möglichkeit durch Leichtmetall ersetzt. Der Vergaser aus einer Alulegierung, das Kurbelgehäuse aus dem so superleichten wie – empfindlichen – Elektron gegossen. Red Wolverton, mit Lemon aus Chicago gekommen und inzwischen auf Ace bei Hillclimbs ziemlich siegreich, pilotierte das Leichtgewicht auf einem neuen Autobahn-Abschnitt bei Philadelphia: 129 mp/h – irgendwas knapp unter 220 km/h. Nicht schlecht für ein Motorrad, inoffizieller Welrekord. Gleich drauf schraubten die frierenden Männer an eine andere Maschine ein Boot, in dem sich Everett Delong versteckte. Und wieder gab Wolverton Gas: 109 Meilen, ca. 185 km/h. Schneller als der zu dieser Zeit in Europa anerkannte Solo-Weltrekord.

Über Messen und Ausstellungen tournierten und posierten die Ace-Leute mit »The World's Fastest Motorcycle«, als XP3 und XP4 codiert, sowie einem 10000 Dollar-Scheck. Den boten sie für jedem Motorradrenner, der eine XP im direkten Wettbewerb schlagen würde. Gott sei Dank brauchte der Scheck nicht weggegeben zu werden. Er wäre geplatzt. Alles, alles rettete diesen Freund nicht mehr, 1925 war Ace pleite.

Wie schön die Ace war. Dunkelblau mit goldenen Pinstripes; der stolze Adler der Marke schwingt seine Flügel auf dem schmalen, eleganten Tank; der kompakte, dichte Motor wirkt kraftvoll und ehrlich; der geschwungene Rahmen niedrig; der tiefe Sattel sportiv. Und dann erst die sahnefarbenen Felgen. Der Stil der Ace beeinflußte weltweit die Industrie. Wegen der Schönheit allein kaufen nur Trottel Motorräder. Die werte Kundschaft verlangt Charakter, innere Werte und besonders einen Minipreis. Die Ace war schön, doch bei ihren niedrigen Verkaufszahlen war ihr Verkaufspreis zu niedrig kalkuliert, um wahr zu sein. Die Hoffnung auf Betriebsgewinn schwebte als duftiges weißes Wölkchen unerreichbar am Himmel und verwehte schließlich. Eine Ace kostete soviel wie ein Auto, na ja, wie ein Ford T-Modell, was aber doch ein Auto war. Ford verkaufte Millionen, Ace grad' ein paar tausend.

Cannonball Baker im Ace-Werk, hinter ihm, von links Chefingenieur W.G. Henderson, E.M. De Long von der Technik und General Manager C.W. Plass.

Die Ace spielte nicht mal ihre eigenen Entstehungs-Kosten ein und wurde dann sogar mit 50 $ Minus pro Stück in den Handel geschoben. Das lag nicht nur an den mangelnden Kalkulationskünsten des Managements. Bei einem von den Kunden nicht akzeptierten höheren Preis wäre nur ein noch schmalerer Geld-Rückfluß aus dem Markt zurückgeronnen, der Konkurs noch eher gekommen.

Kurz und erfolglos versuchten Enthusiasten und Spekulateure, die Konkursmasse in Blossburg, Pennsylvania, anzusiedeln und die Marke wieder aufzurichten. Eine Michigan Motor Company besaß schließlich alle Rechte und verlud 1926, was noch in Blossburg war, auf die Bahn und so kehrte W. G. Hendersons letzte Konstruktion nach Detroit zurück. Dahin, wo er etwa 15 Jahre zuvor seine erste Vierzylinder produktionsreif machte. Lemon und Wolverton waren in Detroit bei Michigan Motors mit dabei. Bei den wenigen Rennen, die sie noch bestritten, hatte die Konkurrenz mit ihnen gleichgezogen.

Hätte sich nicht 1927 Indian eingekauft, wäre es damit aus und vorbei gewesen. Wieder wurden ganze Züge mit Teilen, Formen, Maschinen, Mobiliar und was sonst noch beladen. Indian nahm auch Art Lemon mit ins Konstruktionsteam nach Springfield. Dort durfte er mit den großen Hunden pissen. Charles Gustafson, Manager der Rennabteilung, Racer vor dem Ersten Weltkrieg, dann bei Reading Standard in Pennsylvania, wo er Amerikas erste gute Seitenventiler entwickelte, die von fast allen andern Marken nachempfunden wurden. Die Indian Powerplus, erster der Springfielder Seitenventiler, stammt von ihm. Oder Charles Franklin, legendärer irischer Indian Racer und Erzeuger der leichten V2 Seitenventil Scout, dem Jahrhundert-Motorrad.

Die Clevelander Cleveland

Noch ein Ästchen zweigte sich vom ursprünglichen Henderson-Stamm-Vierer ab: Die Cleveland-Four der Cleveland-Werke. Woher die kam? Aus Cleveland, Ohio, natürlich. Die verkauften von dort schon länger Autos sowie einen sehr erfolgreichen leichten Einzylinder. Nichts Aufregendes, ein nützliches, kleines, aber guten Gewinn einspielendes Motorrad. In dem ganzen Tohuwabohu beim langen Ace-Ausverkauf schnappten sich die Clevelander 1925 Everett Delong, einen aus dem Ace Four Konstruktions-Team. Delong hatte sich auch einiges zu Hendersons Basiskonzept gedacht und realisierte das mit der Cleveland 4. Seine erste 600 cm³ Four blieb ohne Aussicht. Daraus hob er den Hubraum auf 750 cm³, diesen seinen seitengesteuerten Motor brachte er in einen elegant geschwungenen Doppelschleifen-Rohrrahmen unter. Für Wettbewerbe und die unvermeidlichen Rekordfahrten bastelte er auch eine 1000 cm³ Version, die aber, werksseitig eingesetzt keine ganz großen Bäume ausriß. Cleveland stellte nur wenige 1000er Vierer als normale Straßenfahrzeuge her. Meines Erachtens schafften noch weniger den weiten Weg zu Motorradhandel und Kundschaft. Die Cleveland Motorcycle Manufacturing Co., »stieß sich selbst die Füße wund« und ihr Vierer humpelte 1929 vom Markt.

Cleveland 4, 1929. Aber auch nur einige 750er und später 1000er gelangten auf den Markt. Cleveland war bekannt als Hersteller von Einzylinder-Zweitakt-Motorrädern und übernahm sich, als sie den Markt für große Maschinen mit einer Vierzylinder zu betreten versuchte.

Die ersten 600-ccm Cleveland Fours fielen zu schwach aus.

Cleveland Einzylinder von 1919. Als Reading Standard seinerzeit zumachte, wollte man in Cleveland zwar Modelle und Produktion übernehmen, in die Läden und zu den Kunden gerieten diese Twins aber nicht.

Henderson-Excelsior

Nachdem William Henderson 1919 Excelsior-Henderson verließ, um sich seiner neuen Ace zu widmen, brauchten Ignaz und Frank Schwinn nicht lange nach jemandem zu suchen, einen neuen Henderson-Excelsior Motor zu konstruieren. Arthur O. Lemon war schon bei Excelsior angestellt. Diesen Mann hatte Bill Henderson selbst aus Detroit und seinem ersten, dem Henderson Werk, mit zu Excelsior nach Chicago gebracht. Der junge und ehrgeizige Lemon war erst in Detroit und dann beim »BIG X« – Excelsior – in Chicago Hendersons Konstruktions-Adjutant. Lemon wollte nach oben, Geld verdienen, was ihm im Lauf der Zeit gelang, und daß künftige Generationen sich später an ihn erinnern würden, was wir hier und auf kommenden Seiten tun.

Die von W.G. Henderson befreiten Excelsior-Henderson-Werke brachen nicht zusammen. Im Gegenteil, innerhalb ihrer nächsten zehn Jahre durchlief die Henderson Four eine kaum gläubliche Metamorphose. Als zu langes, dünnes, häßliches Entlein mit Riemenantrieb, Öl-Verlustschmierung, watschelte sie 1912 in ihr Dasein, durchlitt dann erhebliche Wachstumsprobleme. Als zum Vater W.G. Henderson 1918

Arthur O. Lemon.

Eine proper ausgestattete Excelsior-Henderson Four mit drei flotten Mädels hat der Fotograf hier erwischt. Die »Trailing link fork« Vorderradgabel tauschte das Chicagoer Werk gegen die »Forward Link Fork«.

Ihr nunmehr seitengesteuerter Motor stach sofort ins Auge. Die nie ausreichend geölten Stößel und Hebel der hängenden Einlaßventile fielen weg. Mit ihnen verschwand ihr ewiges Klickergeräusch. Statt der Tappets und Rocker nun Side-Valves. Die ließen sich einfacher herstellen, einbauen, warten und reparieren. Im Fall der Fälle konnte man jetzt die Zylinder leichter abnehmen. Mußte man die Ventile schleifen, drehte man die Ventilkappen hoppla-hopp raus und zog die Valves hoch. Der Vergaser war noch auf der Auslaßseite, aber mittig angebracht und versorgte die Zylinder so gerechter.

Mit Doppelrohr-Schleifenrahmen, gesenkgeschmiedeten statt gegossenen Verbindungsstücken, neuer, stärkerer Gabel, härter zugreifender Bremse, intelligenterem Lenker-Design, dickeren Reifen und vor allen Dingen mit ihrem eingebauten Rückwartsgang schmiß sich die De Luxe hemmungslos an die Gespannpiloten ran. Attraktive Käufer, die ja obendrein noch Beiboot, -rahmen, -rad und Zubehör die gute Mutter Excelsior kam, pubertierten ihr Charakter, ihre Fähigkeiten – sowie ihre Figur.

Als Bill Henderson sie 1919 verließ, war die Excelsior-Henderson aber immer noch ein problematischer, etwas eckiger Teenie. 1920 verstärkte Arthur O. Lemon mit Hugh Payne, dem Excelsior-Chefkonstrukteur, Kurbelwelle wie Lager des Motors im neuen Excelsior-Henderson K-Modell. Dabei wurden aufwendige Hitzebehandlungs- wie Härtemethoden angewandt. Ein richtiges Öldrucksystem ersetzte die kaum noch zeitgemäße und über die Jahre nur wenig modernisierte Tauch-Schleuder-Schmierung. Eine bessere Ölpumpe schob nunmehr unermüdlich den Schmierstoff aus dem Ölreservoir am Boden des Kurbelgehäuses durch Bohrungen, Kanäle und die hohle Kurbelwelle dahin, wo er hin soll. Die Kurbelwelle war mehrfach diagonal angebohrt und spritzte aus diesen Löchern in die Ringrinnen ihrer Hauptlager rein. Weiter oben plantschten die Pleuel lustig mit, sie besprühten Kolben und Zylinderwände wie gehabt. Von seinem Saft kriegte auch das Getriebe mehr ab.

»Wer gut schmiert, der gut fährt«, eine klassische Lebensweisheit, die auch hier galt. Die Vierzylinder bedankten sich mit mehr Kraft, weniger Verschleiß und seltener gebrochenen Kurbelwellen. Beim K-Modell, der ersten deutlich veränderten Excelsior-Henderson durfte es nicht bleiben, denn William Hendersons konkurrierende Ace wollte ihr Kunden und den Ruf des besten Vierzylinders abjagen. 1923 zeigten die Chicagoer Excelsiors ihr Henderson De Luxe Modell. Die von Will G. Hendersons tyrannischer Knute Befreite war mit Hilfe von Hugh Payne und Arthur Lemon ein stolzer Schwan geworden.

1928er Henderson. Die diversen Vierzylinder-Typen aus Chicago besaßen viele untereinander austauschbare Teile.

bestellten und zahlten. Die De Luxe lief die nächsten Jahre mit erträglichen Verkaufszahlen.

Ab 1927 gehörte Ace dann zu Indian. Gegen die wenig Gnade kennenden Springfielder Indianer war schwerer anzustinken als gegen die weniger professionellen Philadelphia-Boys von Ace. Oder deren erste Blossburg-Aufkäufer aus dem Textilgewerbe, die von der Motorrad-Branche wenig Ahnung hatten. Parallel zum De Luxe Modell brachte Chicago ab 1929 einen neu gezeichneten, gefährlichen, schnellen Jagdflieger auf den Markt: Die KJ, die überall bald »Streamliner« hieß. Die KJ gehörte zu den ersten extremfetten amerikanischen Stromlinienbabies. Teardrop-Tank, straffe Springergabel, pralle Kotflügel, alles so rund und geschwollen, daß sie gleich zu platzen drohte. Als Motor setzte man einen weiter entwickelten, auf 80 ci aufgepusteten wechselgesteuerten K-Motor in den ebenfalls radikal neue designten Rahmen.

Und der Motor protzte vor Muskeln und gutmütiger Kraft: 1340 cm³, bei 4000 Umdrehungen reichliche 40 PS, Drehmoment tief aus dem schwarzen Kohlenkeller. Im obersten Gang ohne Rucken oder Mucken von zehn auf Hundert Meilen! Für den, der den Kanal nicht voll genug kriegen konnte, schmiß für eine Handvoll Dollars mehr die höher verdichtete KL Sport nochmal fünf PS rein.

Aber wir befinden uns Ende der zwanziger Jahre am Anfang der bislang schwärzesten wirtschaftlichen Depression dieses Jahrhunderts. Unübersehbar, daß kaum einer Geld hatte. Wer es aber hatte, zeigte es unübersehbar. Cadillacs, Duesenbergs, Packards, Pierces, amerikanische Luxusautos gerieten immer prächtiger und teurer. Acht-, Zwölf- und Sechzehn-Zylinder wurden entwickelt und verkauft. Weil Zylinderzahl und Ausstattungspracht Prestige brachten, hoffte man, sich mit üppigen Vierzylinder-Motorrädern auch von dieser Welle tragen lassen zu können. Was nicht funktionierte – Motorräder waren als solche keine Prestigeobjekte.

Excelsior-Chef Schwinn schmiß das Handtuch. Seine Schwinn-Fahrradwerke holten die Knete rein, mit der er seine Excelsior-Henderson-Motorradwerke subventio-

Henderson Juli 1929. Besonders die letzten »Streamline« Hendersons der Baujahre 1930 und 1931 brachten Produktionsprobleme.

nierte. Das Geld wollte er lieber für die eigene Fettlebe und die der Anteilseigner investieren. Wer kann's ihm heute verdenken. Mit Excelsior vorbei, da waren's nur noch zwei: Indian und Harley-Davidson. Excelsiors großes Talent Joe Petrali ging zu Harley-Davidson, Arthur Constantine zu Indian.

Schwere Zeiten – weite Strecken

Zwanziger Jahre

Die beschworenen demokratischen Ideale der Wilson-Ära, für die Tausende Amerikaner auf den Schlachtfeldern Europas Gesundheit oder Leben gelassen hatten, standen noch im Raum. Daheim hatten andere gute Geschäfte im Handel mit Militärbehörden gemacht. Über den so sprunghaft gewachsenen Vermögen und riesigen Rüstunggewinnen duftete ein Ruch von Beschiß und vergiftete weiter Kreise Einstellung zum ehrlich hart Verdienten. Schludrig verarbeitete Pfuschartikel aus schlechten Materialien überschwemmten das Land, bald trauerte man der »Vorkriegsqualität« hinterher. Nach der Anspannung des großen Krieges lockerte sich allgemein die Moral. Eine Abgreif- und Mitnehm-Mentalität hatte sich verbreitet, der neue Präsident Warren G. Harding und hohe Mitglieder seiner Verwaltung verwickelten sich in diverse Korruptionsskandale.

Einfachen Amerikanern sollte Charles Lindbergh der große Held der Zwanziger Jahre werden. Von allein und ohne Sponsoren riskierte er etwas außergewöhnlich Sensationelles. Moment, in seiner Postfliegerzeit in St. Louis, Missouri, hatte er vor Mitgliedern der Handelskammer von St. Louis angegeben und geschnorrt. Beeindruckt von einer vernünftig vorgetragenen, halsbrecherischen Waghalsigkeit, diskutierten die fasziniert mit ihm und steckten ihm einen Scheck zu. Lindbergh wäre ohne den auch geflogen, gelegen kam's ihm trotzdem, aus Respekt bezeichnete er seinen Flieger dann »Spirit of St. Louis«.

Charles A. Lindbergh war ein begeisterter Motorradfahrer und besaß eine Excelsior Bigtwin, 61 ci, 1920er Modell, hellblau, mit Berling-Magnetzünder und Schebler-Vergaser. Der Kickstarter war auf der linken Seite und der Drei-Gang-Schalthebel neben dem Tank. Lindbergh ritt endlose Strecken runter. Heute in St. Louis aufgesessen und zwei Tage drauf an der Ostküste, etwas schlafen, dann dreieinhalb Tage später an der Westküste, Bike nachstellen, Augen zu, von da wieder zwei Tage und Nächte nach St. Louis. Wo er wieder zu sich kam vom großen Fieber des ewig Sich-Im-Sattel-Haltens. Nach Stunden harten Rittes, viele in völliger Erschöpfung, gelangte er in jenen ekstatischen Zustand, von dem uns heute Marathonläufer und Triathleten berichten: Wenn man längst nicht mehr kann, es aber in weißer Konzentration immer weiter geht. Lindbergh war dann nicht mehr kopflastiger Reiter, sondern fühlte seinen Pulsschlag sich mit der Drehzahl synchronisieren. War lauschender und steuernder Bestandteil eines Mensch-Maschine-Systems. Um mit seiner Maschine zu fühlen und eins zu sein, brauchte es Unterordnen: Liebe. Wo lernt ein Mann deren Bedingungslosigkeit und Ergebenheit besser als auf dem 3000-Meilen-Ritt mit einem ehrlichen Motorrad?

Solo flog er über den Atlantik, weil es noch keiner getan hatte und weil er lange mit

Der begeisterte Motorradfahrer Charles Lindbergh besaß eine hübsche Sammlung, zu der u. a. eine Ace, Excelsior und Harley-Davidson gehörten. Hier fährt er eine Polizei Ace Probe.

seiner Maschine allein sein wollte. Hätte er sie nicht recht verstanden, nicht vereint mit ihr geschwungen, sie hätte sich mit ihm ins Meer und den Tod gestürzt. Lindbergh verriet sie auch nicht, er vermied es, vermarktet zu werden.

In seinen Schriften finden sich derartige Gedanken. Wem das neurotisch dünkt, der mag seine flachen Devisen stecken lassen in seiner zweidimensionalen Zivilisiertheit. Der liebe Gott läßt keine brav Angepaßten, Angst mit Parolen Betäubende, in die Tiefen und Höhen der Gefühlswelt.

Jedenfalls gab Charles Lindbergh sich als besessener und bekennender Motorradfahrer. Ein feineres Rollenmodell als den Transatlantikflieger Lindbergh konnte sich die Motorradwelt nicht wünschen. Er wurde zu Firmenbesuchen eingeladen, dabei geknipst und in die Werbung genommen, ein angemessenes Honorar oder wenigstens Motorrad, wurde ihm nicht angeboten – oder eher glaublich – er hat es nicht angenommen. Bekannt ist, daß Lindbergh sehr lange eine Excelsior Bigtwin und

Drei Reisende von Bassett's Miller Reifendienst, startbereit der »Special Delivery« Indian Scout mit Profil-Untiefen – unten links – zu helfen.

Indian Dispatch Tow, Konkurrenzmodell des Harley Servicars, ging wie dieses durch einige Entwicklungsphasen.

Vielleicht weil die drei auf Harley-Davidsons reisten, kam das Geschäft nicht zustande.

Im Film »The Spirit of St.Louis« spielte James Stewart auf der Harley-Davidson JD die Rolle des Charles Lindbergh.

später eine Four besaß. Auf anderen Maschinen ließ das Nationalidol natürlich jeder fahren, und er wurde mit solchen oft fotografiert. Hoffentlich hat er sich in den darauffolgenden Jahren den Traum einer kleinen Sammlung erfüllen können. Selbst gab er später seine Excelsior an das Henry-Ford Museum, wo sie nun ausgestellt ist.

***

Die Medien, die Lindbergh zum unbefleckten Helden erhoben, verschwendeten noch an ganz andere Figuren Schlagzeilen, Berichte und Reportagen: Einzelne Rebellen mit maßlos krimineller Energie sowie hoch organisierte Verbrecherbanden, deren Wirken industrielle Ausmaße annahm, als im gesamten Land der Alkohol illegal wurde.

Die Volksstimmung war hin und her gerissen zwischen Bejahung und Ablehnung des »Noble Experiment« der Prohibition. Der Volstead Act trat 1920 in Kraft und stellte Produktion wie Handel mit Alkoholika unter Strafe, fast als ob Alkohol ein Betäubungs- und Aufputschmittel wie andere sei. Was er ist. In des Landes Geschichte spielte er keine Ruhmesrolle. Hunderttausende Alkoholiker taten sich selbst, ihren Familien, der Gesellschaft Unsagbares an und waren nur noch Kneipiers und Brauereien zu Nutzen. Selbsthilfegruppen, durch die Betroffene trocken blieben, waren noch unbekannt. Die Medizin absolut hilflos gegen der Seele Flucht aus Sinnlosigkeit. Irgendwann wären die Suffkranken alle in den – längst überfüllten – Trinker-Asylen ausgesondert, die in jedem Staat der Union standen, so hofften Optimisten, dann wäre der Alkohol dem Volk nur Genußmittel, kein Gift und Gefahr mehr. Ein Denkfehler, meinten Befürworter des Verbots, die Verfügbarkeit der Droge Alkohol schaffe die Probleme. Obwohl die von 1880 bis 1956 bei nationalen Wahlen antretende Prohibition Party bundesweit selten mehr als 200000 Stimmen erlangte, manchmal nur ein Zehntel dieser Zahl und insgesamt nie mehr als ein halbes Prozent der Wähler, besaß ihre moralisch-politische Stellung höchsten Einfluß. Speziell die Anti-Saloon League und das Women's Christian Temperance Movement, andere Moralisten-, Ärzte- und Frauenverbände, Kirchen, Pressekonzerne sowie viele besorgte Bürger versprachen sich von einem Alkoholverbot Problemlösungen. Große Firmen befürworteten es, um weniger den »Blauen Montagen« ihrer Belegschaften ausgesetzt zu sein.

Verantwortliche der großen Parteien unterstützten sie dabei. Den Volstead Act beschloß auf demokratischem Weg die Mehrheit der Vertreter der amerikanischen Wähler. In darauffolgenden Wahlen bestätigten sie den Volkswille.

Gerade hart Arbeitende hatten sich an den Sonntagabenden vor Volstead vollgeknallt. In Bierhallen, gegen die die einst zum Vorbild dienenden Bräukeller Bavariens wie Kinderzimmer wirkten. Oder in riesigen Saloons mit vielen, langen Theken, wo pro Stunde hektoliterweise Gegorenes und Gebranntes verschluckt wurde. Sonntag nacht geschahen die weitaus meisten Morde, Raube, Schlägereien, Unfälle, vandalistischen Ausschreitungen. Schon darum bestanden in vielen Kreisen und etlichen Städten des Landes absolute oder eingeschränkte Alkoholverbote. Einige Staaten hatten sich selbst, auf eigene Initiative und vor dem Bundesgesetz, trocken gelegt. In den südlichen Staaten war man sich, zumindest unter der hellerhäutigen Bevölkerung, einig, daß schon, »um die Neger im Zaum zu halten«, Alkohol nicht offen verkauft werden dürfe. Doch jeder der mochte, kannte eine Quelle für Schwarzgebranntes und umging das Gesetz, dem Staat entging dabei die hohe Steuereinnahme per Buddel.

Pro Schnaps eine Wienerwurst. War man erst besoffen oder satt?

Junior Scout mit grade 500 cm³ Hubraum, Prince-Gabel und einfachem Rahmen, war der preiswerteste V-Twin vor dem Krieg. Indian fächerte seine Produktpalette weit, um auch diesen beiden jungen Menschen Freude zu bringen.

Indian Scout 101 (One-O-One), das reellste Motorrad der ausgehenden Zwanziger Jahre. Gelungene Kombination des drehmomentstarken 600 bis 750 cm³ V-Twin mit Doppelschleifenrahmen und Blattfeder-Gabel. Schwerpunkt und Sitzposition wunderbar niedrig, das Fahrwerk gutartig. Gerade recht für die junge Dame.

Unterwegs mit den typischen Staubkappen und Brillen. Links Indian-Mitarbeiter Bud Acker auf einer Sport Scout, sein Kamerad rechts auf einer 1931er 101. Wie Christian Timmermann sagte: »Die 101 war die Scout der Zwanziger, die Sport die Scout der Dreißiger Jahre. Zwei schnelle Maschinen für Normalverbraucher.«

Biervölker wie die Deutschen oder Iren besaßen vor Inkraft-Treten des Gesetzes gewaltigen Bierdurst, sie werden den nach Inkraft-Treten des Gesetzes weiter gespürt haben. Wo Nachfrage Profit, überdies viel, versprach, stellen sich Angebot und Anbieter ein.

Verbrecher beherrschten den Markt, öffneten mit Geld alle Türen. Korrumpierte staatliche Vertreter beteiligten sich an Schwarzbrennerei, Schmuggel, Verteilungskämpfen. Mitte der Zwanziger Jahre war der Gangster Existenz in den Großstädten der USA gesichert. Man war den Teufel Schnaps nicht los, sondern hatte sich obendrein diesen Beelzebub eingehandelt.

Der Vergleich zum kleinen Kolumbien der achtziger/neunziger Jahre drängt sich auf, doch selbst der heute auf Heroin, Kokain abonnierte Kundenstamm Amerikas setzt im Vergleich zum damals schwarzen Alkohol-Markt einen Klacks um. Verbrecher verhöhnten offen die Autorität des Staates sowie der Menschen Werte. Damals die USA bereisende europäische Berichterstatter machten sich lustig, daß der Alkohol mehr Schaden anrichte als zuvor. Daß er das deutlich weniger Menschen antat, wurde gern verschwiegen. Viele Familien verzeichneten erhebliche Minderausgaben, seit weniger Geld in Kneipen versickerte. So Eingespartes sorgte für zusätzliche Nachfrage in der (Volks)-Wirtschaft. Der Freizeitbeschäftigung des geselligen Antüterns enthoben, kümmerten sich gerade Arbeiter mehr um Weiterbildung und kulturelle Belange.

Die Prohibition belebte auch den amerikanischen Tourismus und den Verkauf von Autos. Gleichzeitig sank der Umsatz von Motorrädern, vielleicht, weil vier Räder einen Alkoholisierten auch noch aufrecht hielten, wenn sein Zustand ihn auf dem Bike längst umgeworfen hätte. Außerdem paßten mehr Leute in ein Auto. Denn, raus aus dem nüchternen Pfuhl wollten viele an den Wochenenden. Tausende in Grenznähe Lebende fuhren rüber in die nächste mexikanische oder kanadische Stadt und soffen, was die Blasen hielten. Sturzbesoffen räderten sie zurück in die Heimat. Ein trockenes Kanada wäre vielen Anrainern der nördlichen Grenze Horrorvision gewesen. Dann einen alkoholfreien Zuckersprudel ausgerechnet »Canada Dry« zu benennen, die Schnapsidee muß irgendwo dort in Dschumm einer kanadischen Kneipe geboren worden sein. Um dem Zeugs wenigstens verbalen Dröhncharakter anzudichten, wurde es den Leuten als der Champagner unter den Ginger Ales, den Ingwerbieren, angetragen. Dennoch oder deshalb wurde es neben Coca Cola des Landes beliebtester alkoholloser, sanfter Trunk. Die Softdrink-Industrie verzapfte auch Root Beer, Wurzelbier, ebenfalls kein Alkoholsaft, aber immens populär.

In vielen ländlichen Gegenden änderte die Prohibition wenig, da wurde illegal gebrannt und getrunken, seitdem nach der amerikanischen Revolution George Washington erstmals Whiskysteuern einforderte und trotz Truppeneinsatz nie erhielt. War man am Samstagabend zum Square Dance verabredet, für den eine wandernde Band engagiert und irgendeine Scheune freigeräumt ward, tanzte man und tat sich nach wie vor einen andudeln.

Wegen der verordneten Unverfügbarkeit der Droge erschien vielen Menschen ihr Leben nicht sinnvoller oder weniger betäubenswert, und viele andere sahen nicht ein, daß sie auf Spaß und Genuß verzichten sollten, nur weil es zum Besseren der Allgemeinheit sei. Der Volstead Act sollte ein Problem lösen und wurde selbst eins.

***

Die späten zwanziger und besonders die frühen dreißiger Jahre boten vielen Bürgern ganz andere, existentielle Probleme. Etwa 12 Millionen Arbeitslose, mit allem was

Einmal im Jahr veranstalteten Motorradclubs ihr großes Fest-Bankett: Abendkleid und dunkler Anzug erwünscht. »Waiter, some more Canada Drys, please...« ruft sie am anderen Tischende. Erfahrung der Prohibitionsjahre: Stimmung und Geselligkeit kommen auch ohne Schampus auf.

dazu gehört, bzw. nicht. Keine Arbeitslosen- oder Sozialversicherung, keine öffentlichen, gesetzlichen Wohlfahrtseinrichtungen. Immerhin private Armenküchen und die Mildtätigkeit religiöser oder gesellschaftlicher Vereinigungen. Gesund, kräftig, qualifiziert zu sein, dann um Suppe betteln zu müssen und machtlos sein Leben entgleisen zu sehen: Zwei Millionen Männer, vor der wirtschaftlichen Depression in Lohn und Arbeit, keine Alkoholiker oder Vagabunden, dennoch ohne Stellung, Heim, Familie, zogen durch ihr großes Land. Sie wanderten, wurden per Anhalter mitgenommen oder sprangen auf Güterzüge, immer auf der Suche nach Saisonarbeit, Jobs oder Geschäftchen. Die schwermütig-verzweifelten, aufmüpfig frechen Songs Woodie Guthries oder Pete Seegers berichten davon. Noch heute finden sich in Liedern ehrlicherer Country und Western Interpreten, wie Hank Williams sr., Willie Nelson, David Allen Coe oder Merle Haggard, Melodien jener Ära, Hoffnungen und Enttäuschungen, Zurückgeworfen-Sein auf eigene Schwäche und Kraft, Erleben von Demut und damit auch Stolz.

Der junge Mann zwischen 16 und 40, ansonsten zuverlässiger Stammkunde der Motorradbranche, wenn er damals über eines Motorrades Kaufsumme verfügte – da gings ihm besser als den meisten – mußte froh sein, eine kleine Reserve zu haben für das Morgen, das, wie gewohnt, doch nur schlimmer werden konnte. Am Anfang der Dreißiger zählte die einst üppig blühende Motorradindustrie nur noch Harley-Davidson und Indian.

Das Auto und der LKW hatten inzwischen die meisten Branchen übernommen, die irgendwas oder irgendwen auf Rädern transportierten. Selbst Bestattungsinstitute stellten sich auf Automobile um. Früher hätte man nicht sterben wollen ohne die Gewißheit, ruhig auf einer Pferdekutsche zum Grab zu rollen.

Jimmy Hill, Rennfahrer und Mitarbeiter der Indian-Rennabteilung, bei einer Tour zur Atlantikküste auf seiner persönlichen 101.

Vor seinem Eintritt ins Indian-Werk war Jimmy Hill mit seiner Excelsior Super X glücklich. Die Werke lieferten Tachometer und Beleuchtung nur gegen Aufpreis.

Die nachfüllbaren Prest-O-Lite Flaschen vereinfachten die Karbidgas-Beleuchtung. Ein neuer Tank kostete $ 10.-, den entleerten tauschte man den für $ 1.25 beim Händler gegen einen gefüllten aus. Hatte man die seitliche Füllanzeige beschädigt oder den Tank lackiert, zahlte man spezifizierte Aufschläge. Das ähnliche Konkurrenzprodukt »Searchlite« fand kaum Verbreitung.

Sie haben getankt, gegessen und sobald der Dritte im Bunde sein Foto gemacht und sich rechts auf seine 1936er Chief gesetzt hat, geht ihre Tour weiter. Seine Freunde winken von ihren Sport Scouts runter.

Leserbriefe

»Ob es gut wäre, daß Schwarze Motorräder fahren, gar besitzen dürften?« zog mal ein Leserbrief nach dem Ersten Weltkrieg sein Motorrad-Magazin zu Rate. Die Redaktion rief ihre Leser zur Diskussion. Ein Leser sorgte sich, daß wilde Bimbos mit offenem Auspuff über städtische Verkehrsadern galoppierten, ohne sich um Regeln oder Leben klügerer Mitmenschen zu kümmern und so den vernünftigen Motorradfahrern zu einem schlechten Ruf verhalfen.

Über einige Hefte zog sich das hin und her hin. Daß Neger eigentlich keine richtigen Motorradfahrer sein könnten, war klar. Aber in Meinungen gemäßigte und Geschäftssinn radikale Händler und Hersteller meinten, man könne den Negern vielleicht doch die schwer absetzbaren, alten, gebrauchten...

Bald mischten sich sonst extrem rassistische KuKluxer aus dem Motorradhandel im tiefen Süden ein: »Farbige dürfen Motorräder kaufen!«, das Staunen vieler Leser minderte sich gleich: »Vorausgesetzt, sie kaufen ihre Maschinen im örtlichen Handel!«, (in dem der Ku Klux Klan seine Leute hat).

Die nächste vom Zaun gebrochene Leserbriefdiskussion begann so: »Können Frauen Motorrad fahren?« Auch da setzte sich gesunder Männerverstand argumentativ durch: »Wenn sie ihre sonstigen Pflichten erledigt und der Ehemann seine Maschine nicht brauchte..., dann gelegentlich ja.«

***

Frauen, die den Unterschied kannten, mochten sich lieber an den Lenker denn als Sozia in den Sattel schwingen. Es macht sie nicht weniger weiblich. Sie hier sah keinen unlösbaren Widerspruch zwischen Make-up und ihrer 35er Indian Chief Standard.

Ted Hodgdon und seine Frau auf ihrer 48er Big Chief. Phantasiereich in Indian-Werbung, Test und Verkauf aktiv, schrieb er die U.S. Army Dienstvorschrift »How to Ride a Motorcycle on Rough Terrain – That Is, Sand, Mud, Gravel, Etc.«, über die Benutzung von Motorrädern in schwierigem Gelände. Nachdem Indian zumachte, importierte er BSAs und verdiente recht fein. Als Rentier gründete er den »Antique Motorcycle Club of America« und blieb dessen langjähriger Vorsitzender.

Eine »Post an die Redaktion«-Rubrik sagt mehr über die Reduktion als über diese Leser aus. Besonders die Zuschriften, die von vornrein in den Redaktionen entstanden – gängige Presse-Praxis. Blieb nach dem redaktionellen Teil und der Anzeigenwerbung Leerraum im Heft, gruppierte man den Satz so um, daß die weißen Löcher in den Leserbriefteil kamen und füllte diese mit echter oder unechter Kundenkorrespondenz. Motorcycle Illustrated oder Motorcycling World machten sich wenig Mühe, das zu verschleiern. Augenzwinkernd wies der zuständige Redakteur mit Absenderangaben wie z. B. A. Rider (Ein Reiter) darauf hin.

Meist wurden, wie heute noch, in der Presse schnellerhand Initialen für Lesernamen und Absenderort genutzt. Beim Überfliegen von Leserzuschriften hat sich jeder Zeitungsleser schon gefragt, welcher A.R. aus Sch. diesen oder welche K.U. aus H. denn jenen grade gelesenen Brief an die Redaktion seiner Fachzeitschrift hat senden können.

Ein Redakteur kann mit solchen »Lesermeinungen« provozieren und stänkern, ohne dafür gradestehen zu müssen. Redakteure mochten auch Rubriken wie »Der Leser fragt – die Redaktion antwortet« oder so ähnlich. Wer die Antwort schon vor der Frage weiß, schnitzt sich leicht die passende Frage zurecht. Im Frage-Antwort-Dialog zeigt sich Information im runderen Bezug als als nacktes Faktum. Daten des »Wußten Sie schon?«–Genres, die von Substanz und Umfang kaum eines Artikels würdig gewesen wären, vermittelten so gelegentlich Interessantes sowie ein Wir-Gefühl zwischen Zeitschrift und Leser. Vergleichende Leistungsdaten, Motorrad-Zubehör-Kompatibilitäten, Tourenvorschläge, Nachfolgefirmen untergegangener Marken sowie durchaus auch anspruchsvolle Basteleien, wurde gern in Auskunft und Meinung dargeboten.

Transkontinental

George Holden und Louis Mueller etablierten 1905 auf zwei Einzylinder-Zweirädern, die auf einem sehr schlechten Bild etwa wie Indians ausschauen, einen Ozean-zu-Ozean-Rekord.

Ein Jahr später brauchte L.J. Mueller alleine 31 Tage, 12 Stunden und 15 Minuten, auf einer Indian-Einzylinder, um von San Francisco nach New York zu fahren. Mit seinem 2,5 PS Moped unterbot er damit den Automobil Rekord um 35 Stunden. Auf einer Indian Twin zog ein Volney Davis eine 3746 Meilen (6027 km) Distanz in 20 Tagen, 9 Stunden und einer Minute durch. Volney Davis versuchte noch dreimal, seinen Transkontinental-Rekord zu verbessern, es gelang ihm aber nicht. Die Indian-Werbung fand es aber zu Recht bemerkenswert genug, daß er es bei den Zuständen und Mechaniken jener Zeit jeweils überhaupt von einem Ende zum anderen des Kontinents schaffte, und listete seine Fahrten als »Vergnügungsfahrten«.

15 Tage und 10 Stunden brauchte das schnellste Automobil von San Francisco nach Boston, das war ein Sechszylinder mit 60 PS und drei sich abwechselnden Besatzungen. In der Zeit vor dem Ersten Weltkrieg gehörte Erwin Baker zur Elite der durch die steilen hölzernen Boardtrack-Arenen jagenden Rennstars. Er zählte auch zur ersten Garde der auf den Pferderennbahnen dahindriftenden und schleudernden Dirttrack-Racer.

Als ein Mann aus Eisen war er bekannt: technische Ahnung und so extrem diszipliniert wie widerstandsfähig. Drum war's logisch, daß er 1914 von Indian wieder den Auftrag annahm, einsam von Ozean zu Ozean zu hetzen und das so schnell wie irgend möglich. Als wahrer Eisenarsch lag ihm der Wettbewerb am meisten, um den er nur gegen sich selbst und seine Uhr kämpfte. Sein Beharrungsvermögen im Sattel einer Maschine galt als unvergleichbar. Sein Organisationstalent war für seine Erfolge mindestens so wichtig. Erwin Baker hatte die Streckenführung seines Trips vom Mai 1914 sorgfältig vorbereitet, ihm waren es nur 3378,9 Meilen (5436.65 km) vom Indian-Händler San Diego zum New Yorker Broadway. Diesen Riemen ritt er auf einem 1912er Twin in 276 Stunden und 10 Minuten runter.

Alfred LeRoy, ohne Beine, nur noch ein Arm: Ja und? Er fuhr sein modifiziertes 1916er Harley-Gespann von Los Angeles nach New York.

Zu der damals fast straßenlosen Zeit eine überall diskutierte Sensation. Nachdem er ein paarmal die Entfernung vom äußersten Osten zum äußersten Westen oder umgekehrt, oder von der mexikanischen zur kanadischen Grenze der USA so flink wie keiner je zuvor bewältigt hatte, titulierten ihn die Medien nur noch Kanonenkugel, »Cannonball«.

»Cannonball« Baker machte ein kleines Vermögen damit, durch die USA auf Motorrädern Rekorde zu jagen. Zu verschiedenen Zeiten Indian, Ace, Neracar. An Autos drosch er Cadillac, Templar, Franklin, Jewett, Crosley über den Kontinent.

sich die Bezeichnung des bescheuerten Cannonball-Massen-Runs von heute ab (den im TV regelmäßig wiederholten Film mit Burt Reynolds trotzdem anschauen!). Excelsior-Henderson jedenfalls hielt seit 1917 das blaue Transkontinental-Band schon bald fünf Jahre und gab gern damit an. Der alte Rekord war fällig.

Baker, als As für Ace, versuchte ihn im Mai 1922 ein erstes Mal zu brechen, stürzte bald schwer und steckte den Versuch auf. Doch ein Cannonball-Baker gab nie auf, er verließ erst das Krankenhaus und am 22. 9. 1922 auf einer Ace erneut Los Angeles, um nach 6 Tagen, 22 Stunden, 52 Minuten am andern Ende der USA anzukommen. Die erschreckte Konkurrenz schickte ihm gerade zwei Tage nach seinem Start einen anderen Eisenarsch namens Wells Bennett auf einer Excelsior-Henderson hinterher. Der schlug sich wacker, als er jedoch – und das auch noch in der ersten Ace-Hauptstadt Philadelphia – erkannte, daß er Baker nicht schaffte, gab er auf. Cannonball knipste von der alten Bestzeit 17 Stunden ab und ruhte sich erstmal 'ne Weile aus. Um dann für die jeweilige Fahrzeug-Klasse Transkontinental-Rekordjagden auf Autos, Motorrädern und Mopeds zwischen New York und Los Angeles oder umgekehrt immer neu anzugehen und dabei den davor noch geltenden Rekord – meist sein eigener, halt mit einer anderen Marke erfahren – zu unterbieten. Baker brach auf einer Ace einmal mehr seine bisher bestehende Zeit über die 3300 Meilen. Einmal mehr pries er vor der Fachpresse – die ließ es ihn oft auch gleich selbst schreiben – vollmundig sein sagenhaft schnelles Zeitspargerät als wahres Wunder an Komfort. Sicherheit und Kraft. Diese letzte Fahrt wäre nun wirklich die beste und leichteste all seiner Cross-Country-Trips gewesen. Diese Maschine habe er sich dann selbst gleich gekauft.

Cannonball oder Bake Baker war als Profi sein Geld wert. Obwohl die Zeiten kürzer wurden, wurde es nach ihm relativ ruhig um die Transkontinentalstrecke. Vor Kriegsbeginn stand die Bestzeit schließlich bei 76 Stunden, dieser Rekord sollte 20 Jahre lang gelten.

Die Transkontinental-Profis Baker und Bennett sehen sich kurz.

Über den Kontinent auf Indian Scout, 3700 Meilen, in 5⅔ Tagen. In der Eisenbahn wär es etwas schneller und bequemer gegangen.

1959 stellte ein John Penton aus Lorain, Ohio, einen Küste-zu-Küste (New York City-Los Angeles) Motorradrekord von 52 Stunden, 11 Minuten auf. Seine Zeit wurde von Western Union kontrolliert, sein Rekord ist ungebrochen. Penton saß auf einer BMW R69. Während der langen rekordbrechenden Schinderei gönnte er sich nur drei Stunden Schlaf.

Er bereitete mit dem jeweiligen Werk den Trip minuziös vor, verlangte vom jeweiligem Auftraggeber 1000 $ Startgeld, zuzüglich erst 25, später dann, als es immer weher tat, 50 $ pro Stunde unterhalb der alten Zeit. Aus seinem Spitznamen leitet

Bakers Rekorde hielten gewöhnlich nicht lange, die Konkurrenz machte ihm das Leben schwer: Wells Bennett (im Bild), Roy Artley, Allan Bedell und Hap Scherer.

Arbeit

Im öffentlichen Bewußtsein der USA herrschte nie ein solch ausgeprägtes Versorgungsdenken wie in manchen Staaten Europas. Vom einzelnen wird gefordert, daß er sich seinen Platz in Leben und Gesellschaft gefälligst selbst erkämpfe, eine automatisch eintretende soziale Absicherung kennt er nicht. Das fördert zweifellos vieler Menschen Initiative wie Produktivität und wird auch gerne als demagogische Ausrede von Nutznießern gesellschaftlich erbrachter Arbeit gebraucht, die soziale Errungenschaften eigentlich zu finanzieren hätten. Denen, die gesicherten, gehobenen Schichten entstammten und nie Existenznot kannten, rutschten Phrasen vom Lebenskampf schon immer leicht von den Lippen.

»Hire and Fire« heißt das Prinzip noch heute, du bist in Lohn und Brot, solange Aufträge da sind, du fleißig bist und kein Besserer deinen Job will. Entfällt eine der Voraussetzungen, sagt man zum Abschied leise Servus, und Arbeitgeber oder Arbeitsamt zahlen dich nicht monatelang weiter. Du mußt selbst sehen, wo du bleibst und ziehst in eine Stadt oder Gegend, wo Arbeitskräfte deines Typs gefragt sind. Natürlich tust du das mit leichtem Gepäck und kannst dir am neuen Ort kein Haus leisten. Weg von ihrer Familie, suchten mobile Arbeiter, Angestellte, Vertreter und Studenten möblierte Zimmer oder mieteten sich in einem der zahllosen familienbetriebenen Pensionen, den »Boarding Houses«, ein. Manche teilten sich dort zu zweit oder dritt ein Zimmer. Mahlzeiten wurden meist im Haus genommen und waren dann in der Miete eingeschlossen.

Es darf nicht der Eindruck entstehen, daß wegen der knallharten Geschäftsgrundlagen das Klima in der Arbeitswelt litt. Im Gegenteil, Sinn für Formen demokratischer Gleichheit ist Teil amerikanischen Wesens. Transparenz vieler Vorgänge auf höheren hierarchischen Ebenen selbstverständlich. Dünkel von oben kann darunter letztlich nur Haß erzeugen. Zwischen Verantwortlichen und Ausübenden lagen in Betrieben keine künstlichen Barrieren. Das produzierende und verwaltende Personal eines Betriebes war nicht deutlich voneinander getrennt, wie das in Europa meist der Fall war. Amerikaner wußten, daß wertvolle Werkstoffe in anspruchsvollen Maschinen zu bearbeiten, bestimmt nichts Niedrigeres war als Diktiertes in Schreibmaschinen zu tippen oder einfache Buchführung auszuüben. Schreibkräfte wurden oft gemäß Stück- oder Prämienlohn besoldet. Entlohnte man Arbeiter und Angestellte ähnlich hoch, so blieb ihr Urlaub gleich kurz. Beide Parteien hatten (wie noch heute) selten Anspruch auf mehr als 14 Tage Urlaub. Damals schon europäischer Arbeiterstandard, wo Büroangehörige oft einen Monat Ferien genossen und Angestellte versorgungsmäßig besser gestellt waren.

Dort deuchte sich der Angestellte oft besser als der Arbeiter. In der alten Welt mit ihren herberen sozialen Ungerechtigkeiten und dem die Kapitalisten bedrohenden revolutionären Potential hatte das einen »Teile und Herrsche«-Sinn und spielte beide abhängigen Schichten gegeneinander aus.

Statt hoch oben über dem Betrieb einer Halle abgeschlossen in Glaskästen zu thronen, standen oder saßen in Betrieben der USA Werkmeister und Werkstattleiter an Pulten mitten zwischen den Maschinen. Vorarbeiter trugen nicht Kapo-Charakter, waren keine Antreiber. Der herrschende Umgangston war kameradschaftlich, und man sprach sich meist mit Vornamen an. Unterordnung ist nicht als mental verstümmelnde Einstellung, sondern funktionsbezogen gefragt.

Jede nötige Arbeit nötigte zum Respekt vor dem, der sie ausübte. Das persönliche Verantwortungsgefühl für die Existenz anderer war höher entwickelt als in Europa.

Vorarbeiter und Meister der Harley-Davidson Motor Company in Milwaukee, Wisconsin. Harley-Davidson genoß bei Metallern einen ausgezeichneten Ruf. Ehemalige fanden leicht einen anderen Job.

Das ist nur ein scheinbarer Widerspruch zu dem zu »Hire and Fire«-Gesagten weiter oben. Willkürliche Entlassungen aus Hochmut direkter Vorgesetzter waren kaum möglich. Solche Entscheidungen wurden Ebenen höher getroffen. Gab es Vakanzen, meldeten schwarze Bretter auch bessere Stellen zuerst den Ehrgeizigen innerhalb des Werkes, damit die leichter eine Chance zum Aufstieg fanden.

Qualifizierte Arbeiter genossen hohen Respekt und Selbstrespekt. Etwas vom Stolz der Zünfte hatte sich ins Land der unbegrenzten Möglichkeiten gerettet. Scheinbar war Amerikanern eher bekannt, wieviel komplizierte und intellektuelle Verrichtungen z. B. ein Fräser brauchte, um an Werkzeugmaschinen Zahnräder zu fräsen. Umfangreiche mathematische Kenntnisse trugen Facharbeiter im Kopf und in ihrem Arbeitsbuch, das im überall mitgeführten, eigenen Werkzeugkasten lag. Diese kleinen Köfferchen voll verschiedener Meßinstrumente waren persönliches, selbst erworbenes Eigentum jedes Metallers, an dem man sah, daß er auf sich hielt und für anspruchsvolle Tätigkeiten in Betracht kommen wollte.

Alle ernstzunehmenden Betriebe heizten ihre Werkshallen – so nötig, in Europa übliche Berufs-Kleidung, die auch wärmen sollte, war in den USA unüblich. Da trug man oft derbe Straßenkleidung, z. B. Jeans, Hemdsärmel, vielleicht eine Schürze. Feuerpolizeiliche, hygienische Bestimmungen und natürlich Sorge vor Schäden untersagten das Rauchen in den meisten Werkstätten. Freunde des Nikotins kauten Tabakpfrieme. Dem Kauer erhöht der Tabak den Speichelfluß, mehr als er im Munde stauen kann und die Spucke muß wo hin. Braune Rotzflecken verunzierten deshalb überall die Wände, in Werkshallen standen meist Spucknäpfe, trotzdem war der oft vollgerotzte Boden mit vermengtem Staub und Arbeitsresten stellenweise rutschig. In Firmen, die sich deshalb das Ausspucken von ihren Mitarbeitern verbaten, beruhigten die ihre Kinnmuskeln nun mit Kaugummi. Der wurde nach Gebrauch nicht in den Werkkreis gespuckt, sondern weniger störend unter die Werkbank geklebt.

155

Standard der Arbeitsorganisation war das Taylorsche System wissenschaftlicher Vorbereitung. Arbeitsvorgänge, Handhabung und Bedienung wurden in ihre einzelnen Bewegungen aufgeschlüsselt, analysiert und mit Zeitvorgaben neu organisiert. Über ihre Werkzeugmaschinen-Lieferanten oder Handelskammern wurden Betriebsleiter mit den Ergebnissen vertraut gemacht und konnten sie anwenden: Werkzeuge mußten in Ordnung und leicht erreichbar sein, für Nachlässigkeiten wurden oft Lohnbußen verhängt.

Ford

Schon seit 1908 sammelte Henry Ford außer Gebrauch kommende Instrumente und ausgediente Maschinen, von denen er annahm, sie hätten dem menschlichen Fortschritt gedient. Als seine Kollektion unübersehbar wurde, übertrug er Angestellten deren Fortführung und wandte sich seinem nächsten Sammelgebiet zu: wichtigen amerikanischen Gebäuden. Thomas Edisons Labor; das Gericht, in dem Abraham Lincoln als Landanwalt praktizierte; Noah Websters Häuschen, in dem dieser Websters Dictionary zusammenstellte; von der Kutschenstrecke Detroit-Chicago das erste Übernachtungsrelais des Landes; Geburtsstätten wichtiger Amerikaner – unter anderem Fords eigene. Das verschwindende kleinstädtische Amerika vor der industriellen Revolution versuchte er in seinen diversen Gebäuden festzuhalten: kleine Fabriken, Werkstätten, Labors, Landläden, je eine Schule, Mühle und Kapelle sowie einen kompletten Juxplatz von 1913. So müßte ich weiter bis Hundert zählen.

Ford kaufte ein derartiges Objekt, ließ es in der Straße, in der es sich befand, Stück für Stück auseinandernehmen, verpacken und nach Detroit verschicken. Dort wurde es in Grund und Boden seines Edison Institutes umgepflanzt und restauriert. Vor den Wolkenkratzern der Großstädte schreckte er verständlicherweise zurück. Nicht nur wegen solch Unterfangens Unbilligkeit, die Bürotürme symbolisierten ihm nicht Leistungen einzelner Pioniere, sondern Finanz- und Verwaltungs-Geschwüre schmarotzender Konglomerate.

Sein Dorf wichtiger amerikanischer Häuschen machte er ab dem 21. Oktober 1929 als Greenfield Village der Öffentlichkeit, damit auch dir und mir, zugänglich. Heute besteht Greenfield aus über 100 historischen Artefakten, die von Erinnerungen ihrer Vergangenheit zehren und nur von 9 bis 19 Uhr von durchziehenden Besuchern belebt werden. Wer meint, hier würde mit historischen Schätzen Schindluder getrieben, die sich in einer Art Disneyland prostituieren müßten, sollte Verschiedenes bedenken. Am Ursprungsort hätte sich der Erhalt solcher Stätten oft nicht gelohnt, viele wären abgerissen, vergessen worden. Ford gründete sein Edison Institute als eine oft von ihm bezuschußte Non-Profit-Organisation zur Wahrung amerikanischen Erbes und Allgemein-Bildung. In Greenfield begegnet man verschiedenen Aspekten des menschlichen Abenteuers, kann während eines Tagesspazierganges Vergleiche und Folgerungen ziehen, die einem sonst nie in den Sinn kämen. Qualifizierte Führer informieren Besucher über Entwicklungen und Fakten jeweils einer Ausstellungseinheit.

Fords erste Sammelobjekte, die technischen Geräte jeder Art, stehen alle im anliegenden, riesigen Henry Ford Museum, in einigen Ecken etwas zu dicht zusammen gedrängt. Das Henry Ford Museum ist wahrhaft kein Museum der Automarke Ford, hier finden sich vieler Marken Dampfmaschinen, Loks, Räder, Motorräder, Autos, LKW, Feuerwehren, Landmaschinen, Produktions- und Kommunikationsmittel, Tankstellen, Ampeln, Schnellimbisse, Musikinstrumente, Möbel und was sonst noch. Handwerkliche Vorgänge werden verdeutlicht, vom Glasschleifen, Uhrenbau bis zu Beerdigungsmethoden – keine Sorge, nicht alles wird live demonstriert. Memorabilia, Americana, Literatur (einiges in deutsch) sowie kulinarische Spezialitäten nach Rezepten aus vergangenen Jahrzehnten ersteht man in angeschlossenen Läden zu vernünftigen Preisen – was uns hervorragend gefiel. Obwohl nur wenige Motorräder gezeigt werden, findet auf unserm Globus keinen besseren Ort, wer sich Thema und Umstände dieses Buches dreidimensionaler veranschaulichen möchte. Das ist umso wahrer, seitdem Harrahs Collection in Reno, Nevada, oder das Briggs-Cunningham Museum bei Los Angeles verramscht wurden. Wer gern im Deutschen Museum München zwei, drei Tage bleiben würde, der versackt mindestens eine Woche in Dearborn. Seine kleinen Kinder werden ihm noch in fünfzig Jahren für diese Woche danken. Eine Lehre dort:

Ford schaffte das Motorrad ab – oder wenigstens beinahe

Grob gepeilt fielen im Krieg einer Armee Maschinenbestände pro Jahr ab dreißig Prozent aufwärts aus, dieser Satz wird erneuert – von den Werken verbindlich bestellt und zu Garantiepreisen bezahlt. Die Militärs der alliierten Länder hatten im Ersten Weltkrieg amerikanische Vehikel in riesigen Mengen geordert.

Der Krieg demonstrierte die überlegene Gebrauchsfähigkeit des Automobils. Ford und General Motors rationalisierten ihre Arbeitsabläufe und standardisierten ihre Vehikel so, daß sie vergleichbare Produkte Europas keinesfalls in der Qualität, aber im Preis unterboten.

Henry Ford auf den Stufen seines Hauses in Richmond Hill, Georgia, etwa 1935

Nur weil auf einmal Frieden herrschte, wollten sie weder ihre voll laufende Produktion runterziehen, noch konnten sie es so einfach. Im Frieden kämpfte man nun um einen zivilen Markt, der eigenes, nicht Steuerzahler-Gelder ausgab. Im scharfen Wettbewerb wurden Autos immer billiger, obwohl Qualität von Verarbeitung und verwendeten Materialien zunahm. Kosten wie Preise rutschten dabei ins vorher Unglaubliche. Das Automobil, früher Wohlhabenden vorbehalten, wurde Massenprodukt. Dessen Nützlichkeit betonte der landesweit einsetzende Straßenbau. Europa bestellte ziviles Gut weiter. Dem Rüstungsboom folgten amerikanische Exporterfolge, neben denen hielt eine verstärkte Inland-Nachfrage an. Fast stellte sich Vollbeschäftigung ein, auf dem Arbeitsmarkt stiegen Löhne und Kaufkraft. Autofirmen und aufmerksame Banken rückten mit Kredit- und Abzahlungs-Angeboten dem Bauer, Angestellten oder Arbeiter ein eigenes Auto begehrlich nah. Die amerikanischen Konsumgewohnheiten änderten sich deutlich, einfache Leute liebten für die neuen Chancen besonders Henry Ford, den berühmtesten einer neuen Unternehmergeneration. Der hatte 1914 in Detroit das Fließband eingeführt und schon 1916 waren 500 Tausend seiner T-Modelle verkauft. 14,5 Millionen weitere folgten bis 1928. Ford praktizierte eine weniger ausbeuterische Einstellung und konnte die sich wegen seiner konsequent durchrationalisierten Produktion bequem leisten. In den Lauf des Fließbandes war der Mensch mechanisch eingebunden, was Fähigkeiten reduzierte und Nerven belastete. Einem zermürbenden Streß ausgesetzt, kündigten viele nach wenigen Ford-Monaten. Bei den sehr hohen Ford-Entlohnungen, Fords paternalistischem Sorgetragen für Werksangehörige sicher keine leichte Entscheidung.

Die Ford-Werke kalkulierten knallhart. Sie schlossen Zulieferprofite weitgehend aus, indem sie fast alle Fertigungsprozesse für das T-Modell bei sich konzentrierten. Von der Anlieferung der Rohstoffe, ihrer Verarbeitung ob im eigenen Stahlwerk oder Ford-Schneidereien bis zum Ausliefern an die Händler, alles wurde von spezialisierten Ford-Firmen erledigt und rechnete sich hoch. Die Gewinnmargen waren vergleichsweise niedrig, aber all das Kleinvieh kackte die höchsten Gewinne des Landes zusammen. Die einfachste Ausführung des Model T bot man 1925 für unter 300 Dollar an. Dafür konnte man kein gut ausgestattetes Markenmotorrad mit Beiwagen kaufen.

Das Model T wäre auch ohne Werbefeldzüge das Konsumziel einfacherer Schichten geworden. Bei drei bis fünf Dollar Tageslohn ging's den Autoabstotterern nicht so gut, daß sie sich neben dem Ford noch ein Motorrad vors Häuschen stellen wollten. Sie zogen natürlich das vierrädrige Familienfahrzeug vor. Das Motorrad kam in den Ruch, von Leuten gefahren zu werden, die sich entweder keinen Wagen leisten konnten oder keine Verantwortung zu tragen hätten. Die Ausnahme der Regel stellten die Polizisten dar. Vielleicht hielten nur Polizei wie Armee die letzten Firmen am Japsen. Ungefähr sechstausend Polizeibehörden setzten diverse Mopeds ein. Polizisten popularisierten nicht nur das Motorrad, indem sie am Wegesrand Verkehrssündern auflauerten.

Die Absatzzahlen der Motorradfirmen stellten nur Bruchteile einer Autoproduktion dar, was sie von großzügigen Rabattierungen in der Rohstoff- oder Zubehörversorgung ausschloß. Obwohl, um ein Motorrad zu erzeugen, so viel weniger Arbeitsschritte als beim Autobau nicht benötigt werden, rechtfertigte der niedrige Absatz keinerlei Fließbandfertigung.

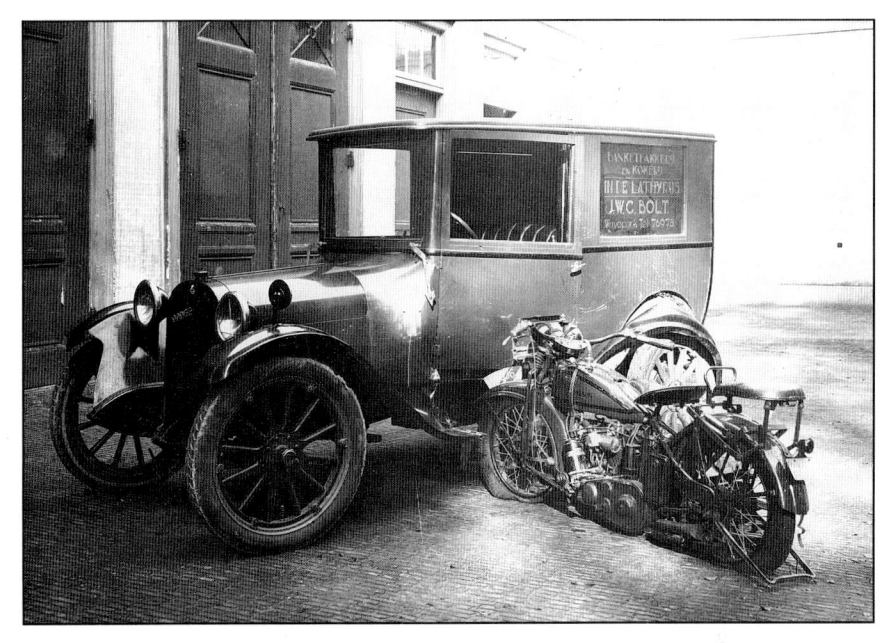

Hier, 1929, prallte der so nur kurz gebaute Harley Flathead Twin mit stehendem Generator am vorderen Zylinder (»Dreizylinder«) in einen Dodge. Wie man Massenautos fertigt, hatten die Dodge Brüder bei Henry Ford gelernt.

Eine mörderische Situation, mit der die Motorradbranche nicht klar kam. Gegenüber dem Auto blieben die Wettbewerbsnachteile unüberwindbar. Mit niedrigen Preisen Nachfrage zu wecken, war nicht mehr drin. Gerade Polizei und Gewerbetreibende blieben verläßliche Kunden. Aus Vernunft fuhr der kleine Mann damals kein Motorrad, höchstens aus Spaß. Allein speedgeile Jugendliche, auf Leistung bedachte Gentlemen sowie unheilbare Enthusiasten blieben dem schnellen Zweirad treu, ließen sich noch von Modellen ködern, die optisch und mechanisch den Wettbewerbsmaschinen näher kamen. Die Firmen, die noch zucken konnten, verbesserten regelmäßig Aussehen wie Ausstattung, serienmäßig nun Tacho, Strommesser, Dow-Metall-Kolben, verbesserte Schmierung, tiefere Sitzposition, stromlinienförmige wie schwungvolle Rahmen, »Teardrop«-Tanks und prallere Schutzbleche wurden Standard, Farbvarianten wählbar, Lackierungen mehrschichtiger. Für ihren schmelzenden Kundenkreis griffen die Rest-Werke Modeworte aus der Automobilbranche auf. Nach dem Bohai, den Ford um Chrom-Vanadium-Stahl machte, benutzten sie den in Produktion und Reklame ebenfalls. Das Geld, das nicht mehr da war, wurde in eine Werbung gesteckt, deren Grafiken und Ideen uns noch heute ans Herz greifen. Die rettete die Freunde nicht mehr, spätestens in den hinteren zwanziger Jahren waren fast alle der einmal über 300 US-Marken ausgerottet.

So verdanken wir der unglücklichen Situation, in der eine absterbende Industrie verzweifelt um ihr Überleben strampelte, die unverschämt sexy ausschauenden amerikanischen Motorräder und ihre uns heute noch beeinflussende vitale Szene ab den späten zwanziger Jahren.

Harley-Davidson JDH, 1929. Zu der Zeit entsprachen wechselgesteuerte JDs, vielleicht die ausgewogenste Big Twin Reihe der Zwanziger Jahre, nicht mehr dem Zeitgeist. Der 1200-cm³-Motor wirkte optisch antiquierter als Seitenventiler oder OHV-Motoren. Doch signalisierte der Steuergehäusedeckel der erfolgreichen Two Cam-Rennmaschinen zwei Nockenwellen sowie höhere Verdichtung und brachte Aufregung ins Motorradgeschäft. JDH-Piloten konnten mit den Vierzylindern und Chiefs mithalten. Harley-Davidson beherrschte seit den 350er Einzylindern sv- und OHV-Bauarten und brachte ebenfalls 1929 in der 750 cm³ Mittelklasse einen V-Twin Seitenventiler.

Der letzten zwei Goldene Epoche

Indian VI

Mitte 1927 wählte man Frank J. Weschler als Indian-Chairman ab, er beharrte auf Indians weiterer Konzentration aufs Motorrad. Er mußte gehen. Sein Nachfolger hieß L. E. Bauer. Bauer hatte einen guten Aktienanteil und wurde von Banken unterstützt, weil er die Produktpalette der Company in der wirtschaftlich schweren Zeit erweitern und nicht nur auf dem wackeligen Standbein Motorrad stehen wollte. Bauer brachte seinen Sohn Jack, einen frischgebackenen Ingenieur der Universität von Wisconsin, warm im Wigwam als Konstrukteur unter. Der hatte einen Indian-Kleinwagen erdacht. Wahrscheinlich ein Grund, daß die Bauers so schnell die teuer zu produzierende Ace akzeptierten. Der Ace-Vierer war ein Motor, der mit entsprechenden Umbauten gut in ein Auto paßte. Das Indian-Auto gedieh allerdings mit einem Chief-Motor bis ins Prototypen-Stadium. Ebenfalls automäßig vorprogrammiert war der einflußreiche Vize W. W. Smith, ein ehemaliger General-Motors-Mann, bei Indian nun verantwortlich für Design und Produktplanung.

Während der Bauer-Ära wurden wirklich produziert, mit dem stolzen Indian-Markenzeichen versehen und auf unbekannte Märkte geworfen: Indian-Kühlschränke und -aggregate, Stoßdämpfer und Kühler. Bauer stimmte angeblich keiner technischen Veränderung an einem Indian-Produkt zu, bevor er es nicht persönlich getestet hatte. Da hatte er viel zu tun.

Bauer wirkte nur bis Anfang 1929 in der Indian-Factory. Auf den Unglücklichen folgte der unglückseligere Präsident J. Russell Wait. Der schmiß Kühlschränke, Stoßdämpfer und Kühler über Bord, aber ließ sich auf noch verrücktere Flugzeugprojekte ein. Er flog Ende 1929. Auftritt neuer Präsident Normen T. Bolles. Der

1920 erschien die Indian Scout als G 20 mit einer der Standard ähnlichen Ventilführung, Motor- und Getriebegehäuse zusammen gegossen, Hubraum auf 600 cm³ dosiert, Prüfstände ermittelten zwischen 13 und 15 PS. 1923: dickere Rahmenrohre für Gespannarbeit, 1925: abnehmbare Ricardo-Köpfe. Um in unsicheren Zeiten Dollars los zu eisen, bliesen die Werke dem Kunden wo Zucker hin.

Ein Dollar Anzahlung für Deine 101: Go, go, go! 1927: größere Ventile, verbesserter Ansaugtrakt, schließlich in 45« (750 cm³) Version erhältlich. 1461 mm Radstand und 165 kg Gewicht, über 20 Pferde schoben einen im 67 cm niedrigen Scoutsitz voran.

Frank J. Weschler, Indian-Häuptling bis 1927. Wegen kurzfristiger Profitgier drängten die Teilhaber den großen Industriellen aus seinem Amt. Bild aus den Vierziger Jahren.

Die indianische Führungscreme nach ihm. Oben links: Douglas McGregor, Charles Gustafson, Charles B. Franklin, F.W. Fischer und Arthur Lemon. Untere Reihe (von links): T.L. Loose, George Anderson, W.W. Smith, C.F. Evans und C.A. Bauer.

Zu viele Häuptlinge, zu wenig Indianer. Die übernächste Firmenspitze. Links General Manager Loring F. Hosley neben Präsident E. Paul duPont und 1902er Indian, die heute im Smithsonian Institute steht. Unten: links Verkaufschef Wright, rechts Schatzmeister Darrah.

Mit Präsident Franklin D. Roosevelt begann eine neue Ära sozialer Gerechtigkeit. Sein »Square Deal« verteilte die Karten am großen Tisch Amerikas neu. Tausende Biker folgten seinem Aufruf zur Good Will Tour nach Washington, so manifestierte sich der Geist des Optimismus und der Tatkraft, der das Land aus dem Schlamm der Depression zog.

Als vergrößerte Scout fand sich 1921 die Chief ein, die sich bis 1923 mit der Standard im Indian-Programm überlappte. Beide besaßen 1000 cm³ Hubraum, die Chief mehr Leistung, u. a. wegen höherer Verdichtung und veredeltem Ansaugverteiler. Die Chief 74 c.i. (1200 cm³) Version stellte man 1923 vor, beide Chief-Hubräume blieben im Programm.

beendete Waits Flugzeug-Träume, um seinen eigenen mitgebrachten Flugmotor zu pushen. Außerdem gab er Außenbordmotoren in Auftrag. Bauer, Wait und Bolles mißmanagten die Firma nicht nur. Jeder der Drei wickelte nebenbei seine diversen Aktien- und Luftgeschäfte ab, die ihn reicher, die Company aber ärmer machten.
1929, 1930, das waren die Jahre, wo Omas Oma ihr klein Häuschen verlor und den Herzkasper kriegte – da kollabierte das klassische kapitalistische Wirtschaftssystem weltweit um einiges spektakulärer: Schwarzer Freitag, Wall Street Crash, Börsenjobber-Fensterstürze, Fabrikanten-Hirnschüsse, Inflationen, Massenarbeitslosigkeit und -elend bei kaum vorhandener Kaufkraft.
Im Jahre 1930 übernahm E. Paul duPont aus der amerikanischen Chemiedynastie das schlingernde Indianer-Kanu und paddelte es in ruhigere Gewässer. Indians zeigten fortan, wie schön die neuenglischen Motorräder in anderer Couleur als Indian-Rot aussahen. Farbenmäßig ging's ab duPonts Präsidentschaft richtig los. Der Präsi besaß etliche Lackfabriken Marke »Duco«, die auch seinen Verdienst mehren sollten. Indian Red war und blieb natürlich – wie immer schon – die klassische Farbe. Schwarz, Dunkelblau, Hellblau, Sahnefarben, Silber waren 1934 und '35 ebenfalls Standard. Jede beliebige Zweiton-Kombination konnte ohne Aufpreis gewählt werden. Für aufwendigeres Striping $ 2,50, für andere als die Standardfarben $ 6,- Aufpreis. Chinese Red, White, Metallic Cascade Blue and Silver, Maroon and Orange, Mohawk Cream and Seminole Cream waren z. B. Alternativen.
DuPont war ein lockerer Fast-Playboy-Präsident und klug genug, die Geschäfte von erfahrenen Springfieldern führen zu lassen. Als Superintendent T.L. Loose bald starb, setzte duPont Loring F. Hosley als seinen Vize ein. Hosley blieb bis zu seinem Tod 1940 de facto Indian-Chef. Mit dem wirtschaftlich starken und politisch einflußreichen duPont-Vermögen im Rücken, vermarktete sich in Bundesstaaten, wo duPont Chemiewerke besaß oder an Industrie- und Autofabriken beteiligt war, z. B. die Indian Police Special selbst gegen den andern Polizei-Lieferanten Harley-Davidson fast von allein. In absatzschwacher Zeit war das überlebenswichtig. Die Gallone (3,7 l) Sprit kostete ca. 6 bis 8 cents. Öl, selbst Markenöl, war ebenfalls entsprechend

Indian 436, 1936,

restauriert von Benito Battilani. Die »436« stand auf dem Kopf und ging als »Upside-Down«-Indian in die Motorradgeschichte ein. Statt Auslaß unterm Einlaß plazierte Lemon den Krümmer oben in den Kopf, den Vergaser drunter. Preis $ 410, Magnetzündung $ 15 extra. 1937 erhielt die »437« einen Doppelregister-Vergaser. Glücklich machte die Upside-Down nicht. 1938 kam ein neuer Four mit je einem Alu-Zylinderkopf auf zwei Doppel-Zylinder-Paaren.

Indian Model 440.

1940 erschien der »plunger-sprung rear-frame«, der bei Komfortplus wenig an Spurstabilität verlor. 1940 führte man auch die orgiastischen »full valanced mudguards« ein. Sammlung Richard Morris.

Indian Chief, 1947.
Timmermannscher »Basket-Case«: Wenig zu zahlen – viel zu basteln. Nach zwei Jahren lief sie rund. Ingo Warnke waren Lack und Glanz egal. Er hat Erfahrungen mit Arbeit am Verdorbenen: Als Fixer gründete er 1972 »Synanon« Berlin, heute Vorbild deutscher Suchtarbeit.

Manchen dreht sich das Innere um, wenn sie diesen Vertikal-Twin »Scout« nennen. Nach dem Krieg übernahm der letzte Indian-Präsident Rogers vom britischen Konkurrenzdruck und Unverständnis der Indian-Traditionen überfordert dies außer Haus entwickelte unausgereifte Konzept. Die Singles und Twins funktionierten nicht recht und sahen einfach nicht aus wie Indians.

Harley-Davidson FL, 1948.
Panhead-Motor und Wishbone-Rahmen war nur im ersten Baujahr die Springergabel zugeordnet. Wolfgang Hübner hatte den Tank noch nicht zweitonig lackiert, als wir das Bild machten.

Indian »Blackhawk Chief«, 1953.

In der Endphase, als nur noch englische Importe mit Indian-Markenzeichen versehen wurden, legten alte Mitarbeiter die Chief in traditioneller, doch modernisierter Form neu auf. Die begrenzte Fertigung, der noch geringere Verkauf konnten den Untergang nicht verhindern.

Rechte Seite:

Publikumsandrang,
Glamour, Kapitalbedarf und technischer Aufwand selbst größter Bike-Ereignisse wie Daytona oder Laconia wirkten hausbacken gegenüber dem Overkill der maßlosen Automobilindustrie.

Motorrad-Tausendsassa Floyd Clymer
arbeitete in den 60er Jahren an einer Indian-Wiedergeburt. Konstrukteur war der von ihm verehrte Friedel Münch. Attraktiv besonders ihre 350cm³ Velocette-Indian und ihre 400cm³ Horex-Imperator-Indian. Clymer's Tod beendete das Unterfangen.

Zwischendurch machen Überstunden Spaß!
Dieser Ritt auf Mike Egans Harley-Davidson FLH Bj. 1957 in de Luxe Ausführung zum Beispiel.

165

Victor McLaglen Motorcycle Drill Corps

Preiswerte Mustang Pony, 1959.
Attraktive Einsteigermaschinen wollten nach dem Krieg die Mustang-Bauer. Mustangs ähnelten sich bis 1966: Starrahmen, 12-Zoll-Räder aus Flugzeuglandefahrwerken, Teleskopgabeln, luftgekühlte 320-cm³-Motoren, Drei-, dann Vierganggetriebe. Zehn PS bei 90 kg Gewicht waren für 110 km/h bei etwa 250 km Tankradius gut.

Aus den blanken Boppern

der 40er und 50er Jahre entwickelten sich zur Freude der Zubehörverkäufer immer aufwendigere Chopper. Zwei Stile bildeten sich ab den 60ern heraus, der verspielte, ziselierte nordkalifornische...

...sowie der in langen Linien gezeichnete südkalifornische Stil. Beide Formen inspirierten Chopperbauer, die sich heute aber an den originalen Boppern orientieren. Schweden-Chopper allerdings kultivieren das südkalifornische, die Schule von Arlen Ness Super-Star das nördliche Design.

Der Baja California
fehlen Eisenbahnverkehr oder tiefausgebaute Häfen. Auf der einen Piste stürmen massige Trucks umher. Davor wirkte unsere damals zum »Möbelwagen« ausgebaute 1980er Harley Electra Glide bescheiden.

L.E. Bauer, »L.E.«, auf der ersten Indian Ace. Auf der Scout »45« sein Sohn Jack, Mitarbeiter im Indian-Ingenieur-Team.

preiswert. Wie Harley-Davidson übernahm Indian diverse Motorrad-Verbrauchsprodukte und Zubehöre von respektablen Herstellern und vertrieb die unterm eigenen Markennamen. Als da z. B. waren Öl, Zündkerzen, Bekleidung und was sonst so im Zubehörkatalog angeboten wurde.

Dem Juni-Juli-Heft 1932 der Indian News war ein offener Brief duPonts beigelegt, in dem er sich bitter über zu hohe Staatsausgaben und noch höhere hohe Steuern beklagte. Den Firmen fehle die Luft zum Atmen. Die Zeiten waren schwer, Millionen arbeitslos, niemand hatte Geld. Wenn überhaupt, konnte nur das Nötigste gekauft werden. Der Markt für die herrlichen und teuren Sportmotorräder dieser Ära war fast geschmolzen.

Beiden Motorradwerken stand das Wasser bis zum Hals. Noch 1929 hatten sie um die 20 Tausend Einheiten abgesetzt. Von da an sollten die Absatzzahlen nur runterrutschen und stürzten 1933 haltlos aufs absolute Katastrophenergebnis von gerade 8000 Motorrädern beider Marken. Die Werke arbeiteten nur noch wenige Tage in der Woche. Weiter bergab gings nimmer. In Milwaukee überlegte man z. B. den für H-D-Besitzer umsonsten »Enthusiast« einzustellen, verkaufte ihn dann aber gegen fünf Cent das Stück. Das Indian-Wigwam druckte die »Indian News« einige Jahre nicht mehr.

Als Franklin D. Roosevelt 1933 seine Präsidentschaft antrat, besserte sich langsam der wirtschaftliche wie soziale Rahmen. Roosevelts öffentliche Hand kurbelte mit vorher ungesehenen Summen Groß-Projekte von Staudämmen, Flugplätzen, Behörden- wie Gerichts-Palästen und den Straßenbau an. Das Gerüst des modernen Straßennetzes entstand. Der »New Deal« schuf mit gewaltigen Aufträgen Jobs, sorgte für soziale Beruhigung, ansteigende Kaufkraft und eine sich verbreitende optimistische Einstellung. Die Morgenröte einer besseren Zeit krabbelte über den eben noch schwarzen Horizont. Die Wirtschaft des Landes wurde von Regierungsseite mit Investitions-Impulsen, aber auch sozialen Gesetzen gesteuert. Darunter gab's 1934 ein gut Gemeintes, das verbot Überstunden, statt ihrer sollten neue Arbeitskräfte eingestellt werden.

Direkt am Werk formierte sich der Indian-Zug für die alljährliche Labor Day Parade in Springfield, Mass.

Nicht nur schöne Indians, ebensolche Indianer schmückten den Zug des Wigwams. Als Zweiter rechts neben dem Häuptling Verkaufschef Jimmy Wright.

Links: – Auf der New Yorker Motor Show Frühjahr 1939. – Max Schmeling, bekannter Harley-Davidson- und Indian-Verehrer, gab wieder mal seinem Affen Zucker. Bei einem unverschuldeten Unfall kam seine Schwester ums Leben, seine Manager konnten ihm darauf vertraglich das Motorrad untersagen. Rechts: Ihr Mann brachte Jane Russell aufs Motorrad, ihre Berühmtheit sie in die »Indian News« und auf die VIP-Rabattliste.

Flotte Singles

Jim Hill bei der Kurvenarbeit im Short Track Speedway ca. 1935. Auf Basis der Indian Prince entstanden einige 350 und 500 cm³ Seitenventil- und OHV-Rennmaschinen, die mit Harley-Peashootern um die Wurst stritten, und oft nur den Zipfel erhielten.

So ganz überzeugt von den letzten Indian »Bastards« schaut Cary Grant nicht rein.

Jim Davis, einst in der Harley Wrecking Crew, war auf jeder Marke, auf jedem Modell und auf jeder Strecke Spitze, selbstverständlich auch auf der 500 cm³ Indian-Rennmaschine.

BA, 1929. Am 9. August 1925 meldete Harley-Davidson seine ersten 350 cm³ Einzylinder Rennmaschinen zur »Milwaukee Mile« an. Vor 30.000 Zuschauern gewann Pilot Eddie Brincks zwei Konkurrenzen. Für den Straßenverkehr standen 1926 350 cm³ Seitenventiler bereit und bald auch 500 cm³ Seitenventil- und 350 cm³ OHV-Versionen. Die OHVs nach 1929 mit Zweikanal-Auslaßport (bei einem Auslaßventil). Die Singles erfreuten sich, auch und gerade in Europa, enormer Beliebtheit.

Der etwas untermotorisierte Seitenventiler

Joe Petrali auf seinem 21 cu.in. Peashooter. Er hatte den Renner, mit dem er zahlreiche Rennen gewann, selber konstruiert. Als Junge war er schon ein enthusiastischer Motorradler, sein erstes Motorrad eine Flanders mit Riemenantrieb.

Harley-Davidson, CAC 1934, 500 ccm. Die neue Aschenbahn-Rennmaschine wurde Anfang 1934 auf der New Yorker Auto Show der Öffentlichkeit vorgestellt. Zusammen mit seinem Neffen und späteren Nachfolger William H. Davidson präsentierte H-D-Präsident Walter Davidson sie. Im Harley-Davidson Enthusiast stand zu lesen: »Die Rennmaschine wurde in Kalifornien ausprobiert. Hank Syvertsen nahm einen Satz von ihnen raus nach Los Angeles, dort wo die Nacht-Speedways prall blühen. Sie nahm Kurven im Westen, von denen (Film-Sex-Symbol) Mae West nicht träumen würde.« Rennleiter Syvertsen war nicht der einzige, der sich mit der Kurvenfreudigen vergnügte. Joe Petrali, Fred Ludlow, Gene Rhyne und Rich Budelier kümmerten sich auch um sie.

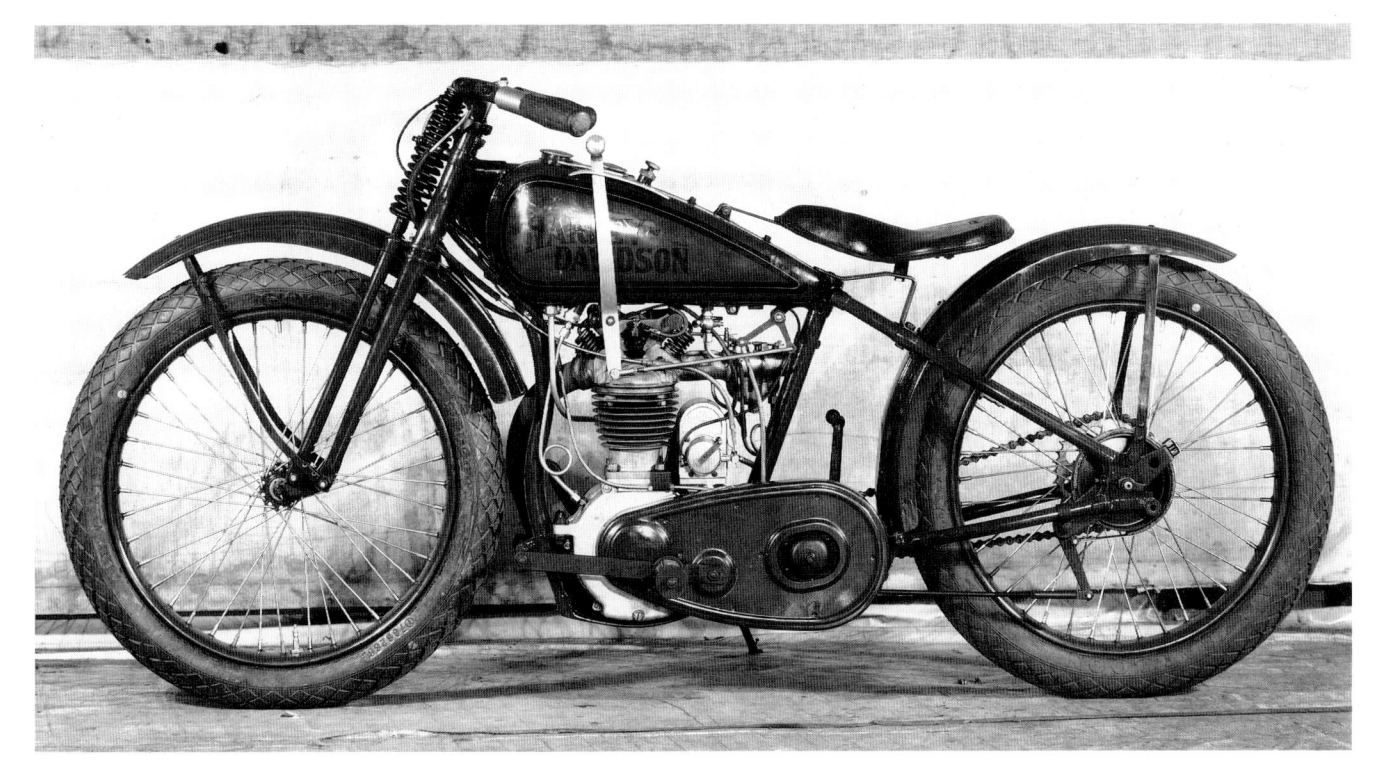

Als Produktionsmaschine in Milwaukee zu kaufen: der 21 ci OHV Dirttrackracer.

Im Speedway-Sport hielt Indian lange nicht mit, vermittelte stattdessen Jap und Crocker Speedway-Maschinen. Eine solche stellte man sich so hinten auf das Auto. Die Freundin kam auf den Beifahrersitz, der Mechaniker in den »rumble seat«, die Schwiegermutter-Klappe.

Zwar baute für die Halbmeilen-Dirttracks auch Indian mit Prince-Erfahrungen etliche 350 und 500 cm³ OHV Singles, doch Peashooter machten Rennen kleinerer Klassen weitgehend untereinander aus. Rechts die Nummer Eins jener Jahre, Joe Petrali.

Motorrad-Händler und -Mensch Fritzie Baer

Fritzie Baer hieß eigentlich Frank Baer, seine fünf Brüder nannten ihn aber Fuzzie, was er nicht mochte. Später wurde Fritzie daraus, diesen Spitznamen nahm er an und noch später, als ihn schon die halbe Welt kannte und so nannte, ließ er sich Fritzie Baer als seinen legalen Namen eintragen. Ein Dutzendname hätte auf einen so singulären Mann einfach nicht gepaßt. Fritzies deutschstämmige Familie lebte in Worcester, Massachusetts, am Highway 20, auf halbem Weg zwischen Boston und Springfield, im Herzland amerikanischer Industriegeschichte. Die Männer der Familie arbeiteten traditionell in Metallverarbeitungsberufen. Fritzie wollte ein richtiger Metaller – und Motorradfahrer – werden. Ein Bruder lieh dem Fünfzehnjährigen Geld für sein erstes motorisiertes Zweirad, ein Smith Motor Wheel. Beruflich fing Fritzie nicht so weit unten an: das Indian-Werk war eine bessere Adresse Neuenglands, als hervorragender Betrieb bekannt, und die roten Springfielder Produkte genossen überall enormen Status.

Er verdingte sich 1920 im Indian-Werk, morgens und abends legte er von und nach Springfield knapp dreißig Meilen zurück. Bei Neuenglands Klima keine Dauerlösung. In Springfield ein Zimmer zu mieten, war dem Jungarbeiter zu teuer. Er zog wieder nach Worcester, wo er in einer Teppichmühle Teppiche zusammennähte. Kräftig und konzentriert, verdiente er im Akkord gut und kaufte 1923 eine neue Chief mit Princess Sidecar. Mit Pop Armstrong, dem Indian-Dealer von Worcester, verstand er sich, war bald bei ihm Verkäufer und Mechaniker. Fritzie nahm 1923–29 an New England-Hillclimbs teil, dabei ritt er auch die Maschinen von Armstrong und Orrie Steele. Er erreichte Plätze im besseren Drittel, war aber nie Meister-Aspirant.

Luisa Malvina Wredberg, Tochter eines schwedischen Einwanderers, arbeitete als

Am Anfang einer langen Liebe und eines langes Indianer-Lebens. Fritzie und Louise Baer erleben 1923 ihren Honigmond in New Hampshire.

Fritzie selber gönnte sich am liebsten eine Chief, die er sich nach Gusto ausstattete und lackierte.

Nach dem Krieg, Louise Baer mit ihren fürs 200-Meilen-Rennen von Daytona qualifizierten Söhnen Bobby und Butch. Offenbar ist sie stolz und glücklich.

Hausmädchen in Springfield. Sie ging in Worcester die Straße lang, als er langsam vorbeifuhr, sich nach ihr umdrehte, bremste und sie nett ansprach. Sie trafen sich ab und an, er hat ihr dann bald den Hof gemacht, mit Blumen und Schokolade, die Schoko gab sie an Kinder weiter. Ein Jahr später, 1923, er war 22, sie 17, tourten sie ins 100 Meilen entfernte Albany, New York. Im Ort fuhr er eine Tankstelle an. Er tankte, sie ging in die Örtlichkeit, legte die Motorradklamotten ab und das von ihm mitgebrachte Brautkleid an. Sie heirateten und gönnten sich anschließend drei Wochen Urlaub. In und um Syracuse, New York. Drei Seen verschönen die Umgebung, der Größe nach: der Ontario-, der Oneida- und dann der Onondaga-See. Sie erfuhren sich die malerische Landschaft, wanderten viel und hatten auch sonst viel Spaß miteinander.

Wie auch später. Bobby, der Älteste, kam 1924, Tom 1925, Butch 1927. In ihrer Worcester-Ära lebten die Baers in einem Häuschen am See. Im Sommer konnten sie morgens und sonntags ins Wasser springen, Bobby lernte früh das Schwimmen, winters auf dem Eis schlittern und Schlittschuhlaufen. Fritzie wollte es mal wieder allen zeigen und ging mit einer 61 ci. Power Plus aufs Eis, er rodelte mehr, als daß er rollte, krachte etwa über Seemitte ein und versank. Er kam wieder raus, die Powerplus nicht. Von großer Statur und großsprecherisch, leicht aufgewühlt, energisch und sentimental war er. Luisa Malvinas Wesen dagegen ruhiger Humor, beobachtend, aber allemal so warmherzig wie Fritzie. Beide traten dem Club um den Worcester Indian-Händler, dem M.C. Armstrong's Roamers, bei. Waren am Wochenende in der Umgebung Rennen, waren sie da. Es stellte sich raus, daß Fritzie, der gerne und viel quatschte, ein geborener Ansager war. Schon nach den ersten langen Sätzen am Mikro war er »mike-happy« und nicht mehr zu stoppen. Auf so viele aufmerksame Leute auf einmal einreden zu können, ihnen seine Sicht der Ereignisse und Hintergründe und auch sich selbst darzustellen, das war dem großen Kerl Glück und Spaß zugleich. Er kommentierte beteiligt bis aufgeregt, blieb aber neutral und unterhielt das Publikum stets so gut, daß ihm Veranstalter pro Moderation $ 25 zahlten – Wochenlohn eines Arbeiters. Bis Anfang der 30er Jahre arbeitete Fritzie für Armstrong. Für Verkäufer von Motorrädern wurden die Zeiten schlechter: Keiner konnte welche verkaufen, weil keiner welche kaufen konnte. Armstrong entließ Fritzie. Der nahm alle möglichen Hilfsarbeiten an, besprach an Wochenenden Rennen, seine junge Familie hing durch, er suchte nach einer Perspektive. Immer wenn man denkt, es geht nicht mehr, kommt von irgendwo ein Lichtlein her...

Die Indian-Handlung in Springfield, der Heimatstadt des Werkes, wurde im Sommer 1933 verfügbar. J. Hicks, der aktive Teilhaber des Indian-Ladens Crandell & Hicks, war ertrunken, als sein Außenbordmotor, wahrscheinlich ein Indian Silver Arrow, explodierte und ihn schwer verletzte. Hicks' Partner Crandell hatte in Boston noch ein anderes Motorradgeschäft. So besonders lief der Handel damals nicht, daß er Hicks Familie hätte auszahlen und in Springfield einen Geschäftsführer anstellen können. Nach einigem Verhandeln gab er die Vertretung ans Werk zurück, das nun einen Dealer brauchte. Pop Armstrong empfahl der Factory Fritzie Baer. Der einigte sich schnell mit der Indian-Verwaltung. Weil er kein Kapital hatte, leitete er anfänglich das Geschäft mit einem niedrigen Gehalt zuzüglich seinen Provisionen für verkaufte Ware. Ob und wie das funktioniere, wußte vorher keiner der Beteiligten. Fritzie wurde für den Fall, daß beide Seiten zufrieden waren, für später eine Pachtoption eingeräumt. Fritzie zog in eine Springfielder Pension, seine Frau blieb in Worcester und zog die Knaben auf.

Mitten in der roten Backsteinfront des langen, großen Indian-Werks lag Springfields Indian-Handlung im Souterrain. Nach einem Jahr war des Indian-Händlers Fritzie Baer Erfolg abzusehen und weder er noch das Werk dachten an Kündigung. Luisas Bruder packte in Worcester die herrenlose Baerenfamilie in seinen Ford T, die Kinder jubelten, ab ging's nach Springfield. Obwohl das T-Modell auf nur vier Reifen rollt, platzte unterwegs einer nach dem anderen und der aufgezogene Reservereifen sowie zwei unterwegs zugekaufte Schläuche. Insgesamt sieben Reifenpannen, die 30-Meilen Odyssee zum wartenden Vati brauchte einen ganzen Tag. Die Straßen waren halt noch nicht so gut.

Ihr Haus stand am Watershop Pond, der früher vom US-Zeughaus genutzt wurde, das Werk lag etwa zwei Meilen entfernt. Am See war das Leben privater, als es an dem Springfield durchfließenden Connecticut River möglich gewesen wäre. Die Baers fuhren erst wie jede ordentliche amerikanische Familie einen Ford T, dann noch zwei oder drei. Als die Geschäfte besser liefen, kaufte Fritzie Auburns, denn er mochte große Autos sehr, waren die fertig und nicht mehr zu retten, schob er sie in den See. Fritzie war seinen Söhnen ein guter Vater, freute sich gerne an ihnen, lenkte und förderte sie und ließ ihnen Freiraum, sich selbst zu entwickeln. Als Announcer nahm er die Kids mit auf Rennen. Seine Jungens vergötterten ihn fast so wie Tom Mix. Der war der ganz große Held der Buben jener Jahre, die lasen Tom Mix-Comics, -Hefte und -Bücher, im Kino schauten sie sich jeden Film ihres Filmstars Tom Mix an. Es gab jeweils einen A- und B-Film zusammen, und zwar in umgekehrter Reihenfolge: erst den B-, dann den A-Film. Die großen Filmfirmen, die auch Theater-Ketten besaßen, verlangten für zwei Filme nur einmal Eintritt. Tom Mix war ein phänomenaler Knabenmythos, mit gut besuchten Vorstellungen zog er manchen nicht so beliebten Film durch. 1936 kam der Tom Mix-Circus nach Springfield. Fritzie kaufte zur Premiere gute Karten, direkt an der Rampe. Tom Mix trat dann ganz in Weiß in die Mitte der Arena. Fritzie hob seine Jungens rüber und stellte Mix seine Kids vor: »Tom, I want you to meet my boys Bobby, Tom and Butch.« Jeder der Jungens bekam die Hand geschüttelt, und der Circus mit Rodeo, diversen Cowboytricks und Kunststücken konnte losgehen. Nicht dabei gewesene Mitschüler glaubten den jungen Baers natürlich nicht, daß sie Tom Mix die Hand geschüttelt hätten. Einige Jahre weiter, wollten ihre Arbeitskolleginnen es der Baer-Tochter Sys nicht abnehmen, daß sie mit Vaughn Monroe, einem der angehimmelten Swing-Bandleader der 40er Dekade, Motorrad gefahren sei und sich gut mit ihm verstanden habe. Vaughn Monroe war regelmäßiger Kunde in Fritzies Laden, wo er verständlicherweise nicht als Star auftrat.

Bobby Baer, Fritzies ältester Sohn, ritt zuerst und wurde auch als erster in eine Clubuniform gesteckt. Vater nahm ihn als ersten mit ins Geschäft, brachte ihm das Verkaufen bei, was ihm Spaß machte, und er darum dann die Handelsschule besuchen konnte. Er verdiente schon da eigenes Geld, einem Gravier- und Stempelgeschäft fuhr er als Delivery man die Aufträge aus. Und zwar mit einer großen Chief mit Beiwagen, die deutlich mehr hermachte als ein Harley-Servicar. Tom und Butch kamen erst mit zehn, elf Jahren in den Shop.

Auf improvisierten Heizereien in der Gegend oder field meets für den Nachwuchs zeigte Bobby den anderen, wo's lang ging. Er war ein sehr guter Renner. Als er dann als Novice an richtigen Wertungsläufen teilnahm, karrte er schon in seinem ersten Rennjahr Siegestrophäen ein. Große Rennen wie Langhorn und die Springfield Mile gingen auf sein Konto. Nach wenigen Trainingsrunden begann er, spürbar Linie und Zeit einzusparen. Waren seine Rundenzeiten schon sparsam, noch geiziger ging er mit den eingefahrenen Prämien um. Seine Ausschüttungen an die mitgebrachten Schrau-

176

Polizeibehörden waren gute Kunden. Vor dem Indian-Werk Fritzie Baer, Manager Frank Moody, Bud Acker, der Springfielder Polizeichef Gallagher, ein Unbekannter und AMA-Funktionär Jim Wright.

Ihr energischer Gründer förderte viele neuenglische Spitzenpiloten, die Fritzie's Roamers erhielten 1934 erstmals die »Club Honor Roll National Championship« der AMA.

ber waren knauserig. Seine Brüder bestanden auf Vorkasse, die mit ihrem Prämienanteil verrechnet werden konnten.

Bobby, Vaters eigen Fleisch und Blut und schon wegen seiner tollkühnen Reiterei sein wirklicher Stolz, sollte dem dann das Schlimmste antun. Wollte Bobby in der 41er Saison noch in Meisterschaftsnähe kommen, mußte er jeden Punkt holen. Auf einem Halbmeilen-Dirttrack verreckte ihm seine Sport-Scout und war nicht schnell genug zu retten. Ein anderer Pilot, der ihn leiden konnte und die Punkte nicht so dringend brauchte, lieh ihm seine Maschine. Nicht irgendeine Maschine, sondern eine Harley-Davidson WR. Wäre Bobby als Vierter oder Fünfter eingelaufen, wäre das so schlimm nicht geworden. Er hätte gepunktet und wäre in den AMA-Meldungen unter »Ferner Liefen« nur namentlich, nicht mit seiner Motorradmarke gelistet worden. Dessen war sich Bob nicht bewußt oder es stach ihn während des Rennens der Hafer oder die Harley ging viel schneller, als er es von seiner Sportscout gewöhnt war: er gewann und hatte Angst, zurückzukommen.

Bobbys kleinere Brüder Tom und Butch waren frecher, sie und andere Dreikäsehoch-Rabauken wurden im Werk »Little Rascals« genannt. In langen Kellern der Fabrik, die als Lager gedacht waren und oft leer standen, veranstalteten sie mit ihren Fahrrädern Rennen, was wegen der Pfosten nicht ungefährlich war. Jimmy Hill, geborener Engländer, Rennfahrer und Schrauber für das Werk, schüttete eimerweise Wasser auf dem Boden aus und brachte Butch auf einem Fahrrad das Broadsliden bei. Etwa 1937 traf ein Zimmermann ein, der im Haus der Baers zu tun hatte. Fritzie verkaufte ihm eine magnetgezündete 101 Scout mit Beiwagen, die oft vor dem Haus der Baers parkte. Vor dem Haus lag auch ein 8°-Hang, Tommy und Butch quengelten solange, bis der freundliche Zimmermann sie das Gespann hochschieben und runterrollen ließ. Das machten sie ein paarmal. Weil die kurzen Kerle nicht die Fußbremse unten erreichen konnten, legten sie zum Stoppen den Gang ein. Bis schließlich Butch unwissend und versehentlich den Zündschlüssel zu weit drehte, im Karacho den Hügel runter rutschte, wie gewohnt zum Verlangsamen den Gang einwarf und so den Motor zündete. Vergaser war voll, Gasgriff weit offen gedreht. Fassungslos konnte Butch weder das Gas wegnehmen, noch steuern – «it went like the wind«, wie der Wind gings ab – und hinten am Boot – «hanging on for dear life« – der ums liebe Leben festgekrallte Tom. In einer wilden, weiten Kurve schoß das Gespann etwa 500 Meter, bis sie in ein Haus krachten. Tom brach sich das Fußgelenk, Butch kam mit einem Schock davon.

Der Zimmermann hatte sein Gespann grade erst bei Fritzie Baer erstanden, der jetzt eine Heidenwut auf ihn hatte und ihn das Ding abarbeiten ließ. Während Tom im Krankenhaus lag, nahm Fritzie eine 45 ci Scout und brachte Butch das Motorradfahren bei. Fritzie Baer lehrte Neulingen das Fahren, indem er neben ihnen herlief, während sie im ersten Gang Kupplung, Gas, Zündung und Bremse ausprobierten.

Im Werk lag neben Fritzies Indian-Handlung ein größerer Abstellraum, der »junk room«. In dem lagerten und stapelten sich alle möglichen Alt-, Garantie- und Schrotteile. Aus solchen baute sich Butch dort ohne Neuteile eine 600 cc Scout etwa gemäß Baujahr 1927 auf. Ein Lernprogramm, bei dem ihm allerdings Jimmy Hill Nachhilfe und der wohl doch stolze Vater ab und an einen Rat gaben. Der kaufte ihm eine schöne Fischköderbox, die er fortan als Werkzeugkiste benutzte. Als der idolisierte Ed Kretz zu Besuch war, malte der mit gelber Farbe »Butch Nr. 15« drauf. Jimmy Hill brachte Butch viel an Fahrstil und Technik bei, legte z.B. im selbstgebauten Rahmen den Motor hinten höher, damit der leichter in die Kurven ging und auch bei extremen Schleuderaktionen nicht aufsetzte. Zum feineren Rundlaufschliff bearbeitete er seine Schwungscheiben, rundete sie ab, polierte und verchromte sie. Bis er mit der Vergasereinstellung für manchen Rennmotor zufrieden war, brauchte es oft eine Woche. Pop Armstrong, Fritzies alter Chef aus Worcester Tagen und nun Leiter

Seit in Springfield nur noch Indian-Aufkleber auf englische Tanks geklebt wurden, ließ es Fritzie locker gehen. Er nahm ab, machte ruhigere Geschäfte. Hier steht er mit Bekannten vor einer typischen Motorradhandlung. Die Motorräder scheinen alle ziemlich kalt zu lassen. Nur der aufgeregte kleine Hund will wissen, was für Bikes drinnen stehen.

des Indian Racing Departments zählte Jimmy Hill zu den Besten seines Stalls.
Besucher des Indian-Werks, die einige Tage oder länger dort zu tun hatten, nahmen oft ein Zimmer in einem Hotel oder einer Pension in der Innenstadt. Luisa und Fritzie Baer entschieden sich schnell, als sie im Frühjahr 1938 ein für die Familie viel zu großes Haus an der State Street beziehen konnten. Sie möblierten die meisten Räume als Gästezimmer, ihre kleine Pension brauchte fortan über mangelnden Zustrom nicht zu klagen. Herbergsmutter Luisa Baer bewirtete die meisten Indian-Persönlichkeiten, Händler, Repräsentanten, Tuner und Rennfahrer. Von Ed Kretz über Cannonball Baker, Williard Wolf und Johnny Spiegelhoff, der z. B. ca. 2 Jahre 1941/42 im Werk arbeitete und bei den Baers lebte. Zur Auswahl standen einfache Zimmer, die sich mit anderen Bad und Klo teilten oder komplette Appartements. Da logierten schon Figuren bei den Baers, die die kleinen Baerchen sehr beeindruckten. Der Neuseeländer Jack Stewart hielt seine eine Socke per Sockenhalter an einem Unterschenkel, die andere mit Nägeln an seinem Holzbein.
Auch Pop Baer hatte vor nix Angst. Er bewies in *AMA* und im Werk Zivilcourage, galt nach wie vor als harter Reiter. Wog er auch während seiner rund-vollen Phase zwei Zentner oder mehr, wich er unterwegs keinem Wettkampf aus. Oft gewann er, nicht immer. Sein liebstes Motorrad: die große Chief. Die Four schien ihm zu gepflegt und zivilisiert, einfach nicht ruppig genug. Manchmal, Freitag morgens, nahm Pa Baer Mom Baer auf den Tandemsitz seiner Chief und los gings in die Berge oder an die See. Alljährlich nahmen sie an den Gypsie Tours teil. Auch mit dem Gespann, aber die Chief blieb ihr liebstes Motorrad.
Mit Hosley, vom großen weißen Häuptling duPont zum Indianerboss jener Jahre bestimmt, kam Fritzie gut aus. Nach dessen Tod konnte sich kein besonderes Verhältnis zu den Nachfolgern entwickeln. Nachdem duPont die Indian-Präsidentschaft abgegeben hatte, liefen Fritzies Beziehungen mit dem Werk nicht so, wie sie hätten sein können. Als nach dem Krieg der letzte Indian-Präsident Rogers regierte, sperrte Fritzie sich gegen dessen verhängnisvollen Kurs und gab schließlich seinen Laden ans Werk zurück. Er übernahm die Gebietsvertretung im nördlichen Neuengland, was aber wegen Rogers' unpopulären Nachkriegsmaschinen nicht sonderlich interessant war. Fritzie verband seine Reisen so häufig wie möglich mit seiner AMA-Funktion, konnte Kontakte knüpfen, pflegen und unterwegs unter Motorradleuten einfach sein Leben führen. Am absehbar weiteren Niedergang der königlichen Motorradmarke Indian wollte er nicht mehr teilhaben.

In Laconia, New Hampshire, wohin so viele Gipsy Tours führten, investierte er in ein Ferien-Resort. Draußen war es freier, ruhiger und sauberer als in der Stadt, die Menschen kamen zu Ferien oder Wochenenden, meist in guter Laune. Im Werk war die Stimmung längst nicht mehr wie vor dem Krieg. Williard Wolf, guter Rennfahrer und Sohn des Indian-Dealers von Allentown, Pennsylvania, kaufte 1948 den Baers ihr Boarding House ab und übernahm auch die Indian-Dealership von Springfield. Er ließ es dann aber verwalten und arbeitete nochmal in Allentown. 1976 verkaufte er die Pension an seinen jüngeren Bruder Warren Wolf, als dieser 1980/81 starb, machte dessen Frau weiter, und Butch Baer kaufte ihr 1985 das große Haus der Baers wieder ab.

Crocker

Eine eigenwillige Persönlickeit mehr, die die amerikanische Motorradszene so bereicherte: Albert M. Crocker. Nach seinem Abschluß an der Northwestern University in Evanstown, Illinois, arbeitete er für Thor in Aurora, Illinois. Als Ingenieur genoß er den technischen, als Rennfahrer den fahrerischen Aspekt motorisierter Zweiräder. Auf den »White Thors« nahm er an Endurance-Rennen teil und errang beachtete Erfolge. Zum begnadeten Bill Ottaway, zu jener Zeit ebenfalls Konstrukteur bei Thor (und später Harley-Davidson-Rennleiter und -Chefkonstrukteur), wird er wohl schon bei Thor in einem Konkurrenzverhältnis gestanden, sich deswegen nicht lange geziert und gesträubt haben, als Indian ihn abwerben wollte. Im Wigwam wurde der wache junge Mann in diversen Funktionen in technischen Abteilungen und bei Rennen eingesetzt. Die damaligen Oberindianer Oscar Hedstrom und George M. Hendee gingen locker freundschaftlich mit ihm um.

Der junge Al Crocker 1914

Als er seine kaufmännische Ader entdeckte und weiter pflegen wollte, war er dann lange in der Indianer-Verteilung im Mittelwesten und Westen der USA tätig. Um die mangelnden Indian-Verkaufszahlen in etlichen westlichen Staaten anzuheben, organisierte er dort den Vertrieb um, konzertierte Werbeaktionen zwischen örtlicher Händlerschaft und Wigwam im Osten. Zustatten kam ihm, daß er seit John O'Connors Tagen in der Indian-Werbeabteilung mit diesem ausgezeichnet konnte und sich beider gute Beziehung auch erhielt, als dieser beim populären Westküstenblatt »Pacific Motorcyclist« verantwortlich zeichnete. Crocker suchte – die Tasche voller Provisionen – nach Anlagemöglichkeiten in der Branche. Gut mit dem Werk stehend, fiel es ihm leicht, nach und nach die schlecht funktionierenden Indian-Läden in Denver, Colorado, Kansas City und Los Angeles zu übernehmen.

Gertrude Jefford, seine Buchhalterin in Denver, schaute er nach, doch sie heiratete den tollkühnen Rennprofi Eddie »Smasha« Hasha und zigeunerte mit dem die Rennkurse des riesigen Landes ab. Bis Eddie 1912 bei dem furchtbaren Unfall im Motodrom von Newark, N.J., ums Leben kam. Später nahm die junge Witwe ihre Arbeit im Denver-Indianshop wieder auf und Al Crocker zum Mann. Die beiden zogen nach Los Angeles, am Venice Boulevard betrieb Crocker sein Büro, den Laden und die Werkstatt. Dem Paar gesellte sich bald ihr gemeinsamer Sohn Albert zu. Al senior verdiente sehr gut, es folgten lange Jahre eines offenbar auf Rosen gebetteten Lebens. Besonders seit dem Erscheinen der Indian Scout »101« (One-O-One) floß das Geld in vollen Strömen in seine Kasse. Doch war das Al Crocker irgendwann nicht mehr genug.

Er verkaufte einige seiner Gewinn-abwerfenden Läden. In seinen Werkstätten modifizierte er als unabhängiger Tuner Privatfahrern Produktions-Rennmaschinen, die als wettbewerbsfähig galten. Am Anfang der dreißiger Jahre schufen Al Crocker und P. A. Bigsby, sein wichtigster technischer Mitarbeiter, mit eigenen OHV-Bausätzen drei kopfgesteuerte Indian Scout-Versionen. Eine gewann 1932 und 1933 das berühmte Greenhorn Rennen – jeweils mit weitem Abstand. Konkurrierende Rennfahrer beschweren sich, daß man nur weit genug an sie heran käme, »um Steinchen ins Gesicht geschleudert und Staub zum Beißen zu kriegen« (getting gravel in the face and eating dust).

Die Motorradpresse hatte so oft über die kalifornischen Crocker-Scouts zu berichten, daß deren Kraft und Wendigkeit legendär wurden und ihr nationaler Bekanntheitsgrad ins weit entfernte Springfield strahlte. Dort inspirierte dieser im Werk eine regelrechte Bewegung zur Einführung eines 750 cm³ OHV Motorrades ins reguläre Indian-Modellprogramm. Was wäre, hätte duPont die Initiative ergriffen und damals grünes Licht gegeben..., wenn und aber..., bestimmt wären die Motorradfahrer fasziniert gewesen, Harley-Davidson hätte nachziehen und aus seinen kopfgesteuerten 750 cm³ Rennmotoren ebenfalls Alltagsmodelle schaffen müssen. Und beide Firmen hätten sich damit eventuell vor der Zeit ruiniert. Das Motorradgeschäft war damals nicht nur nicht dynamisch, es war am Verrecken. Millionen Arbeitslose, kein Geld, Angst um die Zukunft: Kein Klima für den Verkauf von Spitzenmotorrädern, die Lage rechtfertigte weder Entwicklung noch Produktions-Einführung einer Super Scout Klasse. Denkbar, daß sich Verantwortliche in Springfield und Milwaukee darüber verständigt hatten, einig werden sie sich auch ohne lange Telefonate gewesen sein.

Hätte es die Superscout aber doch gegeben..., bestimmt wäre nach dem Krieg dann die übereilte Aufnahme zumindest des unterentwickelten Indian-Paralleltwins unterblieben. Natürlich hätten sich aus dem Weltkrieg in eine gesunde US-Wirtschaft

Crockers erfolgreiche OHV Speedwaymaschine.

heimkehrende GIs anstelle englischer OHV-Paralleltwins auch amerikanische OHV-V-Twins derselben leichten 750-cm³-Klasse zugelegt. Unter Umständen wäre die Marke Indian erhalten geblieben und der Papst protestantisch geworden... Wie gesagt, müßige Spekulation.

Al Crocker selbst müssen seine rollenden OHV-Scout-Versuchsträger jedenfalls wichtige Erfahrungen gebracht haben. Für den zuerst an der Westküste beliebten Speedwaysport konstruierte und baute er dann mit P. A. Bigsby und Cordy Milne einzylindrige 30,5 ci-Racer, auf denen ab Ende 1933 besonders die Brüder Jack und Cordy Milne starteten. Sie setzten sich bei abendlichen Flutlicht-Rennen gegen die brisanten britischen Rudges durch. Die Marke Crocker wurde berühmt. Als die englischen JAP-Speedway-Maschinen immer besser und schneller wurden, experimentierten Bigsby, Milne und Crocker 1935 mit neuen OHC-Speedway-Singles, deren Entwicklungs- und Produktionskosten sie aber schließlich abschreckten. Verbürgt bisher sind insgesamt 31 verkaufte Speedway-Renner, Al gab 1936 den Sport auf, um sich ganz auf sein utopisches Projekt des Crocker-V-Twins zu konzentrieren. »Manufactured in limited quantity for the fast sporting rider. Speed to spare. Amazing acceleration. Steady at high speed. Fast on corners.« Den schnellen, sportlichen Fahrern bot er in kleiner Auflage gefertigte Maschinen an, mit überreichlich Geschwindigkeit, erstaunlicher Beschleunigung, Kursstabilität bei Höchstgeschwindigkeit sowie schnellem Kurvenvermögen und lieferte schon im selben Jahr aus. Al Crockers wichtigster Gehilfe bei Konstruktion und Fertigung der aus gutem Material hergestellten robusten, sportlichen und exklusiven OHV-Bigtwins war der Rennfahrer, Konstrukteur und Gießer P. A. Bigsby. Sie nutzten auf dem Markt erhältliche Komponenten sowie einzelne Teile von Harley und Indian. Doch das meiste erarbeitete die eigene Werkstatt, vieles in Handarbeit.

Die von Stoßstangen über Rockerarme kopfgesteuerte, zweiventilige Crocker maß 61 ci, 1000 cm³ Hubraum und verband Eigenschaften der Indian- und Harley-Davidson-Bigtwins. Sie beeindruckte jedoch mit individuellen und ungewöhnlichen Features.

Eine 1939er Crocker neben einer von ihm modifizierten Scout

Ein kleiner, luftgekühlter Rasenmäher-Motor von Lawson trieb den Roller an, sein $ 169,- Preis war günstig. Floyd Clymer übernahm den Vertrieb der stilvollen Scooter mit Hinterradfederung, ihr Absatz lief einwandfrei. Er meinte, er hätte viel, viel mehr unterbringen können, hätte nicht der Krieg dazwischengefunkt. Ziviles Gut wurde zurückgestellt, das Militär war am Crocker Scooter nicht interessiert. Während des Krieges fabrizierte Crocker spezialisierte Teile für Flugzeugfirmen, besonders McDonell-Douglas. Nach dem Weltkrieg kam der Korea-Krieg, dann der kalte Krieg, Zulieferer kalifornischer Rüstungsbetriebe blieben im Geschäft. Wenigstens sanierten ihn diese Kontraktjobs finanziell. In den Fünfzigern setzte sich Al Crocker zur Ruhe, lebte mit seiner Familie und den Hobbies. 1961 verstarb er 73jährig nach kurzer Krankheit.

Hillclimber

Als in den späten Zwanzigern Hillclimbs wochenendliche Publikumsmagneten wurden, engagierten sich Indian und Harley-Davidson mit OHV Rennmaschinen der zweiten Generation. 1925 erschien Indian mit seinem »61« Hillclimber Special. Dickes Kurbelgehäuse, Steuergehäusedeckel aus Messing, Ventilfedern aus Flachdraht, große Öler für Stößel und Rocker, nur ein paar Kühlrippen auf dem Kopf.

Der single tube Keystone-Rahmen war unter dem Kurbelgehäuse nicht mit einer weiterlaufenden Rohrschleife, sondern mit einer Gußstahlplatte verbunden. Das Stahlgehäuse des Getriebes war integrierender Bestandteil des Rahmens. Kupplung und Primärtrieb liefen im Ölbad, das Kurbelgehäuse beinhaltete eine Trockensumpfschmierung. Tank und Fußbretter waren aus Alu gegossen.

Sonderwünsche und Farbideen des Kunden wurden bei Bestellung entgegengenommen und wenn möglich berücksichtigt. In den späten Dreißigern galt die Teure als Duesenberg unter den Motorrädern, als beste Maschine vom elegantesten Herrenausstatter Amerikas. Crockers entstanden jeweils in kleinen Stückserien. Dazwischen fielen ihren Erbauern Verbesserungen ein, die dann in der kommenden Kleinauflage verwirklicht wurden. Kaum eine Crocker gleicht darum der anderen. Die Motornummern zählen bis über 300. Doch insgesamt geht keine realistische Schätzung über 100 gebaute Crocker-Twins hinaus. Crockers enger Mitarbeiter P. A. Bigsby beziffert die Gesamtzahl auf 64. Wahrscheinlich begann Al jedes neue Jahr mit einer neuen Hunderter-Nummer. Von 100 aufwärts fürs erste, ab 200 hoch das zweite, und ab 300 das dritte und letzte Produktionsjahr, 1940/41 wurden – wenn überhaupt – nur noch Einzelstücke geliefert. Aufträge waren weit mehr eingegangen. Kein Wunder bei Zusagen in der Werbung wie »We buy back for full price any owner's bike in good tune that could be beaten by a stock Harley or Indian.« An welchem Crocker-Piloten also eine normale Harley oder Indian vorbeifuhr und dem darum sein Lebensgefühl vergällt ward, dem garantierte Crocker, seine Crocker zum vollen Preis zurückzukaufen.

Der sportliche Ruf wurde unterstrichen, als 1939 Sam Parriott auf einem getunten Crocker Twin die Rosamond Dry Lakes, topfebene Trockenseen, mit 139,43 mph. überquerte. Das mit normalem Benzin. Die großen Twins brachten Prestige, aber keinen Profit. Crocker hatte seine Resourcen aufgebraucht. In einem letzten Versuch brachte er ab 1940 wunderschöne Roller heraus, die Jahre vor deren Erscheinen die Form der Vespa vorwegnahmen.

Indian Hill Climb Erfolge 1928

Dudley Perkins startete seine Rennkarriere auf Jeffersons, wurde einer der Harley-Hillclimb-Cracks und führte dann seine nicht minder erfolgreiche Händlerschaft in San Francisco.

Muskegon, Michigan, Mount Garfield: wo im August 1936 die Hillclimb-Stars um Gold, Ruhm und Meisterschaft des National Championship Hillclimb in mehreren Läufen kämpften. Jedes umkreidete Segment hatte seine Punktzahl, das in dem man niederging, zählte, am Schluß addierte man. Hangfuß bis -spitze 350 yards.

Innen war der Schädel halbkugelartig ausgeformt. Man verlängerte die hintere Rahmenpartie, aber noch nicht so extrem wie heute. Diese Maschinen liefen mit Benzin und galten als potente Wettbewerber.

Indians erfolgreiche »61« setzte den Maßstab, sie beeinflußte dann wieder eine neue 750 cm³-Class A-Hillclimber- und Rennmaschinen-Generation, die ihre raffinierteren Innereien vom Alkohol antreiben ließ. Bei Indians erstem 45 ci OHV Werksmotor orientierte man sich an den 61 ci Hillclimb-Treibsätzen. Um die Leistung des größeren »61« Vorbildes zu erreichen, sollte die neue Kleine abermals gesteigerte Kompression, verbesserte Nocken und Lifter Aktion, Alkohol-Gebrauch sowie ultraleichte Dow Metall Kolben erhalten.

Gußköpfe beglückten bei 15:1 Verdichtung nicht besonders und wurden bald gegen solche aus Aluminium ausgetauscht. Erst dann wirklich kullerten die zahllosen Hügelbesteigungs-Erfolge, war der Weg frei zum vielbeachteten 25-Meilen-Rekord auf dem Muroc Dry Lake sowie immerhin einige europäische Straßensiege für Exportmodelle.

Indian stellte schon 1926 auch für Privatfahrer einige OHV Konversion-Kits her, um Seitenventil-Sportscouts in leistungsfähigere OHVler zu wandeln. Von gerade sechsen ist da die Rede. Das Zylinderkopfdesign wurde vom Werks-Hillclimber abgeleitet. Verdichtung, Nockenkurven, Ventile, Kompression usw. hielt man deutlich milder als die der scharfen Werksstücke. Allerdings konnten diese OHVler allemal mit nicht aufwendig getunten Standard-Seitenventilern mithalten.

Das Angenehme war, daß Kits nicht nur für 750 cm³ Scouts, auch für 600er (37 ci) zu liefern waren. Das Werk legte 1928 eine Reihe auf von 12 für die Class A gedachten 45 ci OHV-Hillclimbern. Ihre Erfolgsliste wäre zu lang. Die berühmtesten ritt im Osten Howard Mitzel und im Westen Al Lauer hügelan. Auf diesem Typ wurde der am längsten während Rekord der Hillclimb-Geschichte auf dem heute noch umkämpften Steilhang bei York, Pennsylvania, bestritten. Von Anfang der dreißiger Jahre bis in die Sechziger bestand Mitzels Zeit zwischen Bergfuß und -spitze als kürzeste. Bedenkt man die ungeheure Motorenentwicklung innerhalb dieser Jahrzehnte, erklärt sich eine unglaubliche Leistung von Maschine, Tuner und Pilot.

Leicht erkennbare Details erleichternder Maßnahmen erleichtern dafür unser Verständnis: z. B. wurde das Gewicht abgespeckt mit durchbohrten Motorenhalterungen, durch Verwendung der schmalen Indian Prince Vordergabel, sogar an den Kühlrippen beider Zylinder wurde kräftig gefeilt. Der ursprüngliche als Prototyp für die neuen Class A Hillclimber gefertigt und mit »Nr. 1« ausgestattete Motor befriedigte beim ersten Rockerlifter-Design nicht. Außerdem blies die erwünschte Kompression ganz gern die Gußköpfe hoch. Also setzte man den Motor »Nr. 8« mit verändertem Ventiltrieb sowie Aluköpfen in den Rahmen.

Howard Mitzel kam mit dieser Gerätekonfiguration nun fabelhaft klar und begann, die ersten Zeilen einer langen Erfolgsliste zu notieren. Wie andere Alkohol verbrennende Class A Werks-Hillclimber und Rennmaschinen mit den schweren, frühen Motorblöcken platzte der Motor wegen seiner hohen Verdichtung beinahe aus allen Nähten – aber eben nur beinahe.

1925, Indian Hillclimber »61 c.i.« Special. Neben dieser Abgebildeten weiß man von einer anderen restaurierten frühen 61er, die heute noch an Wettbewerben teilnimmt.

Woodsie Castonguay auf seiner Special.

Ein frühes Beispiel der Indian-OHV-Rennmaschinen zweiter Generation und Indians erstem 45 cu.in. OHV Werksmotor.

Stand ein Motor zwischen Rädern, ließ sich das Ding lenken, setzte er sich auf den Sattel und Joe Petrali kam vorne an. Wie Flachstrecken dominierte er auch Hillclimbs.

Indian 45 ci OHV Racer, 1926. Von sechs Produzierten ist diese die Überlebende. Vier nahmen achtbar an Konkurrenzen in den USA teil, zwei in Europa.

Manches Mal kam Woodsie Castonguay aus Springfield vor ihm an. Woodsie und Bruder Frenchy hatten Dauerfreikarten zur Indian-Fabrik. Teils selber, teils mit Jimmy Hill oder anderen aus der roten Rennabteilung tinkerten sie sich besonders schnelle OHV-Scouts zusammen. Zwei dieser Böcke haben sie gerade an einem Sonntagmorgen Ende der 30er Jahre vorm Werk auf ihren Hänger geladen und machen sich gleich auf den Weg, den Konkurrenten das Fürchten zu lehren.

Reggie Pink war so einer, er steht neben seinem aufregenden Douglas-Hillclimber mit längs liegendem Boxermotor. Reggie stieg später auf Harleys um und wurde HD-Händler.

Woodsie Did It Again! Rennen gewonnen, nix kaputt gemacht und ein flottes Mädel abgeschleppt. Unterm Rumble Seat wird das Fläschchen rausgeholt und einer für die Heimfahrt gegurgelt.

Hügel-An

183

Harleys und Indians wurden schöner und glatter, die Straßen blieben großteils grober Macadam.

1929 Indian Factory Euro Roadracer

Aus dem Fundus der siegreichen Indian-Hillclimber sowie der Lake Muroc 25 Meilen Rekordmaschine fabrizierte die Indian Motorcycle Company für den Einsatz im europäischen Renntheater zwei Straßenrennmaschinen. Ursprünglich wurden die werksseitig mit einer experimentellen Trockensumpfschmierung ausgestattet, die aber unter Rennbedingungen nicht ausreichte. Nach unbefriedigenden Ergebnissen erhielten beide Verlustölschmierung über doppelte Ölpumpen.
Die Motoren wurden auf eine 15:1 Kompression gebracht, erhielten hochnäsige Dow metal Kolben sowie High performance Nockenwellen, die sich in Pendelkugellagern drehten. Knapp 200 km/h Spitze wurden bei Rennen im Europa und Skandinavien der frühen dreißiger Jahre gemessen. Nur ein einziger Indian Euro Road Racer blieb erhalten.
Harley-Davidson baute 1930 ebenfalls einen oder zwei ähnlich konzipierte Euro Road Racer. Indian und Harley-Davidson nahmen ihre ganz normalen WR oder Sportscout Motoren als Basis ihrer OHV-Renner. Statt der Seitenventile trieben die jeweils vier Nockenwellen nun über Stößelstangen im Zylinderkopf Schwinghebel – rocker – an, die wieder die nunmehr oben hängenden Ventile betätigten. Die freie Mechanik der Rocker, Rockerarme und Ventile hielt ein dazu gefertigtes Gerüst.

HARLEY-DAVIDSON:

»Mitbürger! Freunde! Römer! Hört mich an!
Seid ruhig bis zum Schluß.
Hört mich meine Sache führen und seid still, damit ihr hören möget. Glaubt mir um meiner Ehre willen und hegt Achtung vor meiner Ehre, damit ihr glauben möget...«
Brutus' Einstieg zum großen Monolog in William Shakespeare's »Julius Caesar« möcht ich mich mit weniger historischem Anliegen anschließen.
Viele der Leser, deren Interesse an diesem Thema sie soweit in diesem Buch gebracht hat, besitzen meine beiden Harley-Davidson-Bücher vom gleichen Verlag. Wenn ich auf diesen Seiten noch einmal den vollen Harley-Davidson Rundtrip veranstaltet hätte, 1903 bis 1990 in Farbe und mit Reflektion, dann käme dieses Buch hier erstens viel teurer; zweitens hätte ich dem, der meine Harley-Titel bei Motorbuch schon hat, Harley-mäßig nicht viel Neues zu sagen. Drittens: Wer diese beiden anderen schönen Bücher zur Motorradgeschichte der USA noch nicht besitzt, der hat jetzt einen Grund mehr, sich »Wolfgang Wiesner: Harley-Davidson, Mythos aus Chrom und Stahl« oder besser, »Wolfgang Wiesner: Harley-Davidson im Bild« zu besorgen.
Bei Harley-Davidson habe ich mich hier auf relativ kurze Stories und vorher nicht bekannte Bilder mit Bildunterschriften beschränkt. Ich spare Euch Geld, Ihr mir Arbeit. Damit und mit dem hier enthaltenen, umfangreichen Harley-Material hoffe ich Euch von der Richtigkeit meines Anliegens überzeugt zu haben.

Harley-Davidson Knucklehead

Wer sich mit seinem Motorrad nie liebevoll und geduldig in nächtlich kalter Garage ausgesprochen hat; wem sein Stuhl nur Lustobjekt oder Arbeitsgaul ist – begreift der, warum Spinner für eine gute Knucklehead lächerliche Preise bezahlen? Oder Hunderte Arbeitsstunden investieren, um eines rückständigen Motorrades Ruine wieder bewegen zu können, obwohl es doch viel modernere, schnellere gibt?

Harley-Davidsons heutiger Vizepräsident und Stylingchef Willie G. Davidson erinnert sich, daß ihn in seiner Kindheit besonders dieses, des Werk erstes Großserien-Motorrad mit kopfgesteuertem V2-Motor, als »Rollende Skulptur« beeindruckte. Sie schien ihm eher ein Kunstwerk als ein Motorrad. Als er sie endlich selbst fahren konnte, überraschte ihn, wie der fahrerische Genuß die ästhetische Wonne überhöhte. Mit diesem Erlebnis habe er «HARLEY-DAVIDSON« zu verstehen begonnen.

Die Verkleidung seiner Ventilmechanik im Zylinderkopf, die Rockerbox, kann einen an die heraustretende Form der Knöchel – Knuckle – einer Faust erinnern. Darum der Kosename Knucklehead. Selbstverständlich gaben ihre Erzeuger den Kopfgesteuerten je nach Motor- und Getriebe-Ausstattung richtige, bürgerliche Modellbezeichnungen mit ins Leben. Mit dem Familiennamen E wurden werksseitig die Motoren mit 61 ci Hubraum bezeichnet. Die um kein anderes Initial erweiterte E war Vanille einfach – 1000 cm^3, niedrige Kompression; EL die höher verdichtete Special Sport Solo; ES die Gespannausführung, Getriebe wahlweise mit Rückwartsgang. Die hubraumverstärkte 74 ci-Sippe erhielt den nächsten Buchstaben im Alphabet, das F. Die Typen F, FL, FS wurden entsprechend ihren E-Vorgängern getauft.

Bei einer imaginären Beauty-Queen-Wahl unter all den Vorkriegs-Schönheiten der amerikanischen Motorrad-Industrie würden wohl die meisten Juroren den H-D-OHV-V2 wählen. Man beachte dabei die hervorragende Konkurrenz: z. B. die späten Henderson-Vierzylinder, die Indian Four und Chief sowie nicht zuletzt auch Harley-Davidsons eigene, wunderschöne OHV-Einzylinder oder seine keinesfalls häßlichen Bigtwin-Seitenventiler.

Vor dem Werk: Von links Arthur Davidson, William Harley, Major Watling von der britischen Motorradindustrie, Walter Davidson, William Davidson und A.B. Coffman vom AMA. Zweifellos legten die Amis mehr Wert auf schöne Motorräder als auf gebügelte Anzüge und Gentleman-Auftritt. Vielleicht ein Grund, daß in Milwaukee noch produziert wird.

Der Knucklehead-Doppelschleifen-Starrahmen, der diesen genau ausfüllende V2-Motor (wegen seiner Höhe mußte der Teardrop-Tank unten eingedellt werden), der die Batterie einschließende Horseshoe-Öltank, das Fishtail-Auspuffende, das gezogene Vorderrad, geschwungene Schutzbleche, prall-runde Ballon-Reifen sowie die geschmackvolle, gepflegte Lackierung – alles fügte sich glücklich zu einer seltenen Ästhetik ineinander.

Das Harley-Management hatte 1930 endlich die überfällige Ablösung der schon 1911

Harley-Händler aus den USA und Canada beim Festbankett in Milwaukee

Lange hatten Händler und Publikum gewartet, kaum erschien die »Sensation of the Motorcycle World«, schon »hat es die Welt im Sturm erobert«, protzte das Werk im Juni 1936.

eingeführten Generation der Wechselgesteuerten in der Bigtwin-Klasse forciert. Die neuen 74 ci Seitenventil-Modelle V und VL warf man damals mit nicht auskurierten Kinderkrankheiten auf den Markt. Sie infizierten den guten Markennamen und gefährdeten die Existenz der von Harley-Davidson Abhängigen noch mehr. Finanzen wie Ruf von Werk und Händlern sowie die Geduld der Käufer litten schwer unter vielen nicht-aufhören-wollenden Garantiefällen der großen Flatheads.

Ab etwa 1932 waren die Probleme des 1200er Flathead bewältigt. Gegenüber der Chief von Indian war er nun konkurrenzfähig, übertraf die bald in den Absatzzahlen. Was für ein Ritt am Abgrund, der gerade noch gutgegangen war! Die vier Gründerväter werden zutiefst schockiert gewesen sein. Nur aus dieser Situation ist ihre folgende, objektiv fragwürdige Strategie zu verstehen, nicht nur ein neues Modell anzubieten, sondern nach dessen Prinzipien alle folgenden Harley-Davidsons auszubilden. Also alles auf einen komplett neuen Anfang zu setzen. Sie gaben ihre frühere Erfolgspolitik vorübergehend auf, mit der sie groß geworden waren: Modellwechsel oder Veränderungen nur behutsam durchzuführen. Ab sofort galt: entweder – oder.

Milwaukee wollte mit einem modernen Maschinentyp seine Dominanz auf dem zusammengeschmolzenen Binnen-Markt garantieren. Zeit wie Findigkeit der intelligenten, nicht schlecht bezahlten Konstrukteure wurden auf ein ungeborenes Wunsch-Baby konzentriert. Über fünfzig Jahre später läßt sich aus unsern Fernsehsesseln heraus dieser »Große Sprung nach vorn« als unternehmerische Entscheidung lässig beklatschen.

Im projektierten neuen 61 ci OHV-Motor standen die Zylinder wie üblich 45 Grad auseinander. Die Eckdaten des Zylinders waren: Bohrung 84 mm, 87 mm Hub. Über ihre vier Nocken und vier verschieden lange Stößel steuerte die untenliegende Nockenwelle die Kipphebel – Finger – und Hebelarme – Rocker -, die im Zylinderkopf wiederum die Ventile bewegten. Alles war gekapselt, damals durchaus nicht selbstverständlich. Der Zylinderkopf wie diverse andere Teile waren ein gutes Stück Gußarbeit. Statt der bisher H-D-üblichen Verlustschmierung sollte das erste H-D-Öl-Druckumlaufsystem verwendet werden. Weitgehend waren Rollenlager geplant.

Andere Neuheiten waren der Doppelschleifen-Rohrrahmen, die Viergangschaltung, das auf dem Tank angebrachte Instrumentenbord. Eine neue Chrom-Molybdän Vordergabel war für bessere Vorderradführung der Bigtwins in Entwicklung. Die geschmiedete Gabel war dann nur noch für die »kleine« Seitenventil-750er gedacht. Die meisten Features sollten allerdings von den noch dazu zu überarbeitenden Flatheads übernommen werden.

Was wäre die »vernünftigere« Alternative zu diesem ambitiösen Projekt gewesen? Mit den hervorragenden Einzylinder-Peashootern, die in ihren Klassen seit Mitte der Zwanziger die Rennstrecken der Welt dominierten, bewiesen Milwaukees Konstrukteure, daß sie die Verwandlung eines geborenen Seitenventil- zum OHV-Motor beherrschten. In ihrem Arsenal besaßen sie 1932/33 sowohl in der 45- als auch in der 74 ci Klasse zwei SV-V2-Motoren, die sich trotz einiger Schwächen nicht mehr zu verstecken brauchten.

Setzten sie also in einen solchen Antrieb statt der Seitenventile Stoßstangen und obendrauf neue Zylinderköpfe mit Kipphebeln und hängenden Ventilen, hätten sie sicher schnell einen neuen Motor-Typ realisieren können. Ein derartiger OHV-Motor würde Leistung und bullige Charakteristik im Vergleich zum Ausgangs-Seitenventiler deutlich erhöhen. (Übrigens entstand so etwa zwanzig Jahre später in den Fünfzigern aus dem Seitenventil-K und KH-Modell die großartige OHV Sportster.)

Nun werden mir heute nicht solche Gedanken als erstes gekommen sein. Bei einer Konstruktionsabteilung, die von in der Industrie respektierten Namen wie Bill Harley, Bill Ottaway, Joe Petrali, Hank Syvertsen geadelt wurde, darf man davon ausgehen, daß dieses Projekt zum Prototypen-Stadium gedieh und erprobt wurde. Sie hätten es auch nicht aus der hohlen Hand zu zaubern brauchen. Schon 1930 hatten sie so einen von vier untenliegenden Nockenwellen angetriebenen 750er OHV-Motor mit Doppel-Auslaß in einem neuen Rahmen in Miniauflage an Rennfahrer für Hillclimbs oder ausländische Straßenrennen verkauft. Es gibt Bilder der 750er Rennmaschinen, daraus abgeleitete Serien-Modelle hätten die Gestalter der H-D Motor Company mit ihrem geschmacklichen Gespür bestimmt gefällig designen können.

Warum die Entwickler nicht eine zivilisierte Straßenversion zur Großserie vorbereiteten, bleibt ungeklärt. Mit einer solchen hätten sie eine Menge Zeit für Entwicklungsarbeit eingespart und obendrein die vielleicht auftretenden und so peinlichen Kinderkrankheiten eines absoluten Marktneulings vermieden werden können. Viele Einzelteile eines von der Flathead abgeleiteten OHV-Motors waren erprobt, machten auch in der Produktion keine Schwierigkeiten, ihretwegen bräuchte man Werksabläufe nicht aufwendig umzustellen. Bei der allgemeinen Kaufunlust und dabei brutalen Konkurrenz der Autofirmen ein nicht nur gesunder Gedanke, sondern eigentlich zwingendes Gebot.

Das mochte Walter Davidson nun besonders wenig leiden. Seine eingearbeitete Konstruktionsabteilung hatte die Knucklehead als Träger der neuen H-D-Generation 1934 prinzipiell fertig. Von dem OHV-Gerät gab's nur wenige handgefertigte Prototypen, deren Erprobung diesmal aus bekannten Gründen gründlicher als üblich ausfallen sollte. Die und die folgende Produktions-Vorbereitung sollte mit dem bestens eingespielten Team durchgezogen werden. Was erhebliche Arbeitszeiten erfordern würde. Worauf sich die Stammannschaft freute, denn das bedeutete Sonderschichten, Überstunden und – dringend benötigtes – Geld!

Irgendwelche Behördenvertreter oder mißgünstige, bei H-D bisher nicht vertretene Gewerkschaften hatten aber aufgepaßt und machten aus der scheinbaren Nichtachtung des neuen Arbeitszeit-Gesetzes einen Skandal. Die besonders sensitiven Arbeiten durften darum nicht auf das qualifizierte H-D-Personal umgelegt werden, Hunderte neuer Mitarbeiter hätten eingestellt werden müssen. Was dem Werk nun erstmal nicht etwa Geld bedeutete, sondern – VERLUST!

Die Stimmung brodelte in Milwaukee, die Arbeiten gingen kaum voran. Das Wunschkind kam nicht zum eigentlich von seinen Erzeugern geplanten Geburtsjahr 1935 in diese Welt. Wohl werden ausgewählte Händler ins Vertrauen gezogen worden sein. Gerüchte über eine neue OHV-V2 Harley-Davidson und ihr baldiges oder nimmermehriges Erscheinen schwirrten etwa ab 1934/35 rundum.

Am letzten November-Wochenende 1935 trudelten etliche hundert Harley-Davidson-Händler aus 37 US-Staaten, Kanada und Mexiko in Milwaukees Schroeder Hotel ein – ein paar waren sogar aus Europa und Japan angereist. Zur Montag, den 25. November, einberufenen »Harley-Davidson Dealers National Convention«. Wieder waren es weniger als beim letzten Treffen. Der trotz »New Deal« von düsterer Rezession deprimierte Kapitalismus harkte immer noch mit hartem Rechen durch die verbliebenen dünnen Händler-Reihen der amerikanischen Motorrad-Industrie.

Wie üblich gönnten die verschonten Dealer sich samstags-sonntags mit Werks-Managern, Gebiets-Repräsentanten und Zubehör-Vertretern erstmal bei Bowling, Chorgesang, Liver Sausage-, Schinken-Sandwiches und gutem Bier reichlich gemütliches Beisammensein. Und abends tanzte der Kongreß.

Sehr denkbar der Prototyp einer OHV-Straßenmaschine, die vom 1200 cm³ Seitenventiler abgeleitet wurde. Dieses Motorrad wird heute verschieden interpretiert. Wegen sparsamer Primärdeckel, Euro-Sattel, schnellem Lenker, fehlender Beleuchtung und Instrumenten, gerne auch als Export-Rennmaschine dargestellt.

Montagmorgen eröffnete Arthur Davidson im »Green Room« des Hotels die Tagung. Der kurze Mann war unter den Händlern beliebt, viele hatte er persönlich angeworben. William Harley, sein Jugendfreund und H-D-Chefkonstrukteur übernahm von ihm das Rednerpult. Nach einer Einführung gesellte sich als Conferencier Hap Jameson auf die Bühne. Dezent wurde abgedunkelt, Hap plauderte, Harley erläuterte Grundsätzliches wie Details. Die 36er Modelle wurden vorgestellt.

Nach dem ständigen Vorhang-Auf-und-Zu-Gezerre, dem »Licht Aus! … Spotlight An!«, den Oohs und Aahs der Debütanten-Show, zog die Versammlung punkt Zwölf zum Lunch in den Crystal Ball Room. Fototermin, Pause, Vorträge und Referate zu verschiedenen Themen folgten. Von Fünf bis Halb-Sieben wurde pausiert. Dann drängelte alles wieder in die Kristall-Halle, wo Walter Davidson seinen Geschäftsbericht erstattete. Nach Vortrag von Zahlen, Mustern, Aussichten und Plänen blickte der Firmen-Präsident auf die harten, kalten, hinter ihnen liegenden Jahre zurück. Er gestand strategische Fehleinschätzungen und Management-Fehler ein.

Bis in die dreißiger Jahre hätte das Werk Nutzen und Preiswürdigkeit des Motorrades herausgestellt und mit dieser Modellpolitik den falschen, schwindenden Kundenkreis angesprochen. Heutzutage würde sich kein kühl Kalkulierender ein Motorrad als Familien- oder Firmen-Fahrzeug zulegen. Ein Motorrad kaufte, wer es sich leisten wollte, weil er ein schönes Spielzeug für einen richtigen großen Jungen suchte.

Schon damals spielten bei US-Käufern rationale Aspekte bei der Auswahl keine Haupt-Rolle. Viele entschieden sich für Harley oder Indian danach, in welchem Freundeskreis oder Markenclub der sich befehdenden Enthusiasten sie sich bewegten. Wer die Marke wechselte, mußte wahrscheinlich auch sein soziales Umfeld verändern.

Harley-Davidson konnte auf feste Stammkunden rechnen, andererseits war fraglich, wie viele neue Käufer mit radikalen Neuheiten zu stimulieren wären. Die biedere Werbung hatte man darum umgestellt und statt des sattsam bekannten Olivs ab 1932 verschiedene attraktive Farbkombinationen und Tankdesigns eingesetzt. Es wäre nun bald an der Zeit, die Früchte dieser Bemühungen zu ernten.

Trotz der offenen Worte und dem optimistischen Ausblick gerieten die Dealer in keine enthusiastische Bomben-Stimmung. Alles schön und gut, aber wo ist das neue OHV-Motorrad? Ernüchterung machte sich breit. Hatten die älter werdenden Gründerväter Angst vor der eigenen Courage? Die einzige wirkliche Neuheit für 36 war der 80 ci Flachkopf: ein Bud Spencer der Motorräder – dick, gutmütig, enorm kräftig. Mit mehr Dampf hinter Pranke und Gemüt als Bud's schlanker und schwächerer Zwilling, dem 74 ci Basis-Modell.

Schon die ersten informativen Gespräche zwischen Management und Händlerschaft nach Begrüß- und Zuprosterei werden keine Sweet Talks gewesen sein.

WO WAR DAS FÜR 1936 VORGESEHENE NEUE OHV MOTORRAD ?!?

Die Händler meuterten. Wollten die vier Gründer ihre Kampfbereitschaft provozieren, auf daß sie sich voll mit ihrer Marke identifizierten, um motiviert und aggressiv die nächste Schlacht zu schlagen? Jedenfalls gaben die H-D-Namensgeber überraschend schnell nach und setzten ihrerseits die Konstruktionsabteilung unter Druck. Joseph Petrali, der große Rennfahrer der zwanziger/dreißiger Jahre, war an der Konstruktion der Knucklehead beteiligt. Seiner Meinung nach kam der Motor zu früh auf den Markt. Er hätte noch Detailverbesserungen gebraucht. Wegen der angespannten Situation sowie den ungeduldigen Händlern hätte das Werk für Presse wie Öffentlichkeit überraschend dann im Frühjahr 1936 – zu einer völlig unüblichen Zeit – die neue 61 ci E-Serie vorgestellt und auch gleich ausgeliefert. Trotz des späten Starts wurden 1936 im ersten knappen Verkaufs-Halbjahr 2000 Stück verkauft, von insgesamt 8000 Harleys.

Der Motor gab bei 4.800 rpm 40 PS ab, zehn mehr als der 74er Flathead. Zusätzliche Kupplungsscheiben erleichterten das Schalten. Die Bremsen waren wirksamer, die hintere deutlich vergrößert. Die Neue war auch reparaturfreundlicher. Der Tanktacho mit Lade- und Ölanzeiger erfreute als Standardausrüstung. Das Gesamt-Gewicht betrug fahrbereit immerhin 256 kg, aber der Motor kam halbwegs damit klar.

Schmierungsprobleme nahmen die beeindruckten Kunden in Kauf, denn die Motoren mit hängenden Ventilen waren belastbarer, hitzebeständiger, dank Zentrifugal-Ölpumpe sowie drehzahlabhängigem Öl-Entlastungs-Ventil.

Das war bei hohen Drehzahlen zwecks maximaler Motorschmierung geschlossen, bei niedrigen offen. So umging das Öl das Getriebe und wurde durch den Öltank zurückgeleitet.

Der wohlgeformte Motor konnte bei unachtsamer oder nicht fachgerechter Behandlung an Öl-Rücklaufproblemen leiden. Ursache waren die aufschraubbaren und selten plan aufliegenden Deckel der Blechwannen um die Ventilführung. Die Wanne selbst wurde im Zylinderkopf in die Rückseite der Rockerbox geschoben. Auf der anderen Seite hielt sie die verschraubte Ventilführung.

Durch geschwungene, verchromte Ölsteigeleitungen wurde das Öl zu den Rockerboxen gepumpt. Dort lief es durch Hohlkanäle zur Ventilmechanik. Das nicht verbrauchte Öl sammelte sich in der Rockerbox, wurde von dort vom Unterdruck in den Stößelrohren angesaugt, durch die es dann ins Steuergehäuse gelangte. Alles war dicht und funktionierte gut, ging man feinfühlig und bewußt damit um.

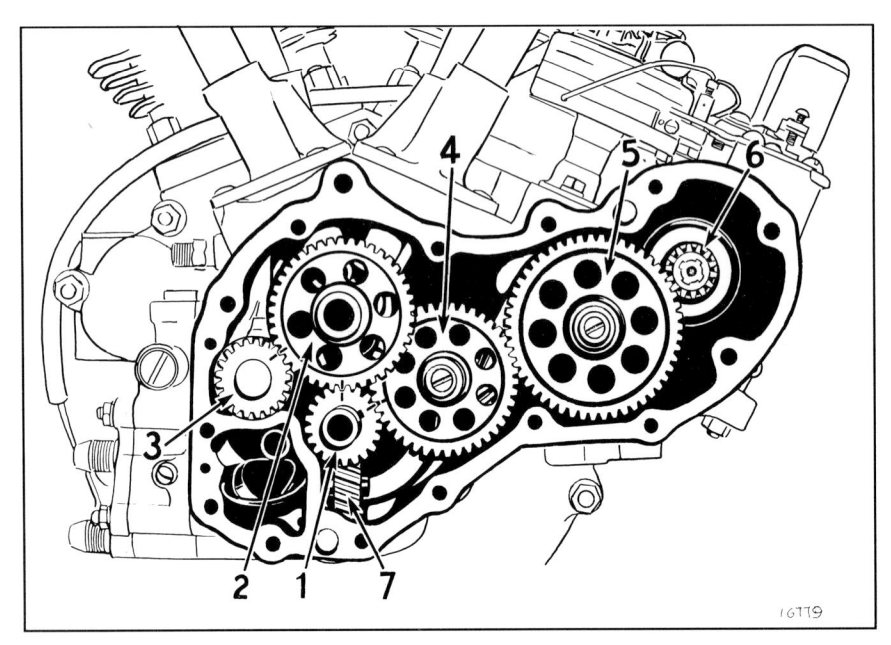

Knucklehead-Steuerzentrale. Vom Kurbelwellenfortsatz gedreht werden die Antriebe für: Nockenwelle (2), Kurbelgehäuse-Entlüfter (3), Unterbrecher (4), Zwischenrad (5), Lichtmaschine (6) und Ölpumpe (7).

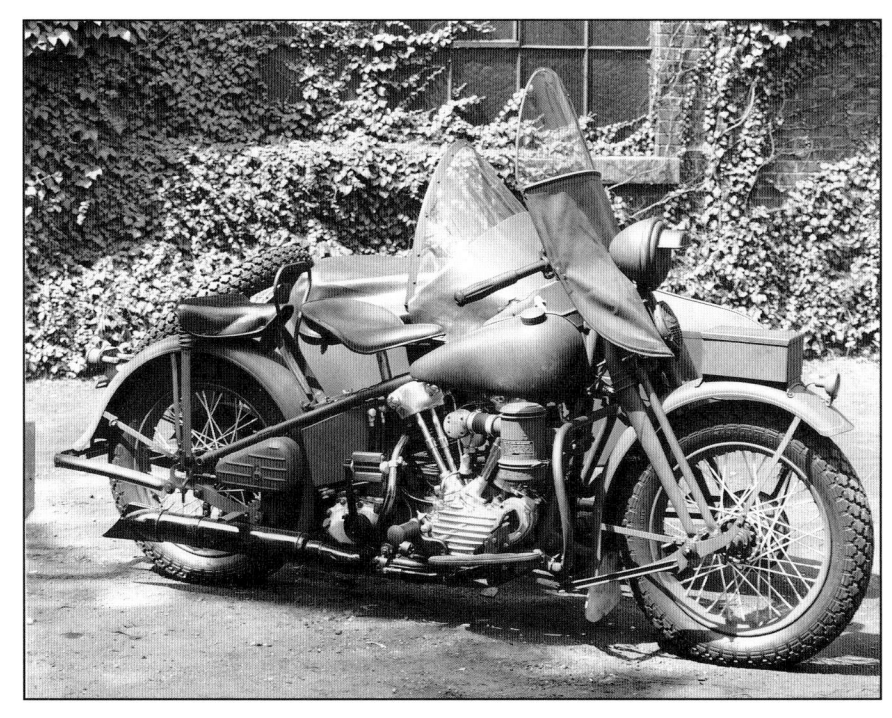

ELC, Stabs- und Verbindungsfahrzeug der kanadischen Armee. Am liebsten kämpften die Kanadier in Ländern mit Linksverkehr, suggeriert das links angebrachte Boot. Der minimal gefederte Sattel überm Hinterrad entstammt nicht dem HD-Zubehörprogramm.

So sieht der auseinandergenommene Knucklehead im Werkstatthandbuch aus.

Am 25. April 1937 starb Produktionschef William A. Davidson. Seine Rolle bei Aufbau und Konsolidierung des Werkes war bedeutend. Die Werkzeug-Abteilung stellte fast alle benötigten Instrumente, Formen, Vorrichtungen selbst her. Die hohe Qualität, die seine Ingenieure, Facharbeiter, Einrichter, Maschinenführer im Werk hielten, läßt sich bestens dadurch belegen, daß H-D seine eigenen Kugellager in diversen Größen selbst herstellte und auch andere Firmen belieferte.

In Milwaukee bereitete man im Winter 1936/37 unter Bill Harleys Leitung ein Weltrekord-Projekt mit einer weitgehend originalen 1000 cm^3 OHV-Großserienmaschine vor. Die Aktion war als Propaganda für das neue Motorrad konzipiert. Pilot war der populäre Joe Petrali, der auch seinen Flitzer mit vorbereitete.

Ein normaler Knucklehead-Motor erhielt zwei Vergaser, eine schnelle Nockenwelle, einen Rennmagnet. Er wurde höher verdichtet, alles wurde sauber verarbeitet, poliert, ausgewuchtet, aber das war es auch schon. Die Anbau-Teile entstammten dem sportlichen H-D-Zubehörprogramm. Auf Aufladung durch einen Kompressor wurde verzichtet. Auf dem Prüfstand wurde er mit 65 PS bei 5700 U/min gemessen. Die H-D-Blechwerkstatt formte aus einer Benzintank-Hälfte einen Lenkerwindschutz, schnitt Radscheiben, die dann die Speichen verdeckten, verkleidete stromlinienförmig die Seiten, wobei dem Piloten eine erträgliche auf dem Bauch liegende Positur zugeschnitten wurde. Leider hatte das Werk zu jener Zeit keinen Windkanal zur Verfügung, um die über den Daumen gepeilte Aerodynamik zu verbessern.

Smokey Joe bewegte das blaulackierte, schöne Gefährt erstmals am 13. März 1937 auf dem ebenen Strand von Daytona bis 200 km/h. Bei diesem Tempo hob das Vorderrad ab. Das Problem des vorderen Auftriebs lösten Bill Harley und er, indem sie den hinteren Super-Bürzel abschraubten.

Beim nächsten, schnelleren Ritt drückte Joe zwecks möglichst wenig Luftwiderstand sein Kinn auf ein Tankkissen auf, um die heftigen Pendelbewegungen zu beruhigen. So sah er nichts durch den undurchsichtigen Windschutz am Lenker, konnte aber auch nicht den Kopf seitlich raushalten, weil dann die Fuhre beängstigend pendelte. Er verfehlte den langen Kontaktdraht der Zeitmessung am Zielstrich.

Die Behörde von Daytona steckte nun eine Einmeilen-Schneise mit zahllosen Fähnchen ab, die nahm Petrali bei seinen nächsten Versuchen aus den Augenwinkeln als rote Bänder wahr. Der alte Rekord stand bei 132 Meilen, also 212 km/h. Nachdem 136,183 Meilen oder 220 km/h erreicht wurden, wollte Bill Harley abbrechen, Smokey Joe aber noch 140 Meilen, also 225 km/h, durchstoßen. Harley argumentierte, daß Indian nun alles tun würde, um die neue Rekordmarke wenigstens um zwei/drei Meilen zu überbieten, und daß dann das eigene Team für eine nochmalige Steigerung besser vorbereitet sei.

Mit der »Indian Arrow« hat es Indian selbstverständlich mit einer verkleideten Maschine versucht. Die kam auf ungefähr dasselbe Tempo, begann aber ab 200 km/h aus unerklärlichen Gründen vorne abzuheben. Auf die Idee, die Verkleidung wegzulassen, kamen die Spezialisten aus dem Wigwam nicht.

Der »Straightleg«-Rahmen der Big Twins wurde 1937 in wesentlichen Punkten verstärkt. Das klassische Fahrwerk war für leichtes Handling, tiefe Sattelposition, enorme Verwindungssteifigkeit bekannt. Die Knuckle- bzw. Flathead-Rahmen wur-

189

Joe Petrali auf der Rekordmaschine. Gut bearbeitet, mit zwei Vergasern versehen, entsprach der Motor sonst der Serie. Das Hinterrad trieb er getriebelos über eine Kupplung an. Versuch Eins am Strand von Daytona, März 1937, hob bei ca 200 km/h ab. Ohne Verkleidung erreichte Joe dann 225 km/h.

den im Werk nach dem Anschweißen der Gußstücke spannungsfrei geglüht. In der Rahmenabteilung war es laut und heiß, die Hartlöt-Geräte röhrten und die glühenden Rahmen leuchteten orange.

1938 wurde die Verkleidung der Rockerarme geändert, mit synthetischem Gummi gedichtet, damit der Kopf leiser und sauberer würde. Das Werk verbesserte die Zylinderkopf-Partie der Knucklehead immer mal wieder. Die California Highway Patrol – CHP – rüstete noch 1938 ihre 40 freundlichen Straßenkontrolleure mit 61-ci-Police-Modellen mit Polizeifunk nach.

1939: Ventilfedern verstärkt, Kolbenringe verbessert, Öldruck reduziert. Deswegen sanken Ölverbrauch, Verschmutzung der Kerzen, und die Primärkette ward fortan adäquater geölt. Der Vergaser erhielt den runden Luftfilter. In diesem Jahr wurde es auf die amerikanische Art eleganter: Ein neues, »stromlinienförmiges« Instrumentenbord, Zierleisten auf den Kotflügeln sowie zweifarbige Lackierung. Die Knuckle wurde ab diesem Jahr erst in zwei (Sport oder De Luxe), dann in drei (Utility, Sport oder De Luxe) Ausstattungs-Varianten geliefert.

Die teure De-Luxe-Version kleidete die Knuckle in einen hübschen Reiseanzug mit beachtenswerten Taschen, Sturzbügeln, Zusatzscheinwerfern, Brems- und Front-Fender-Leuchte, Conchosattel sowie diversem Chi-Chi. Ein nicht zu flüssiger Freund, der seine neue Harley »nur« in der preiswerten Utility-Ausführung geordert hatte, konnte sich für etliche Dollar aus dem Harley-Davidson Zubehör-Katalog auch die besseren Ausstattungen zusammenstellen.

1940 waren einmal mehr die Kipphebelwellen und Finger dran, damit die Ölversorgung besser funktioniere. Die Zylinder-Kühlrippen wurden vergrößert, und weil man gerade dabei war, verrippte man auch gleich den Deckel am Kurbelgehäuse.

1941 brachte das Werk mit großen Hoffnungen die 74 ci oder 1200er Version heraus. Vielleicht hat man bei Harley seit damals gewisse Probleme mit den Japanern, denn die vermasselten mit ihrem Angriff auf Pearl Harbor und dem darauffolgenden US-Kriegseintritt das erste Jahr der großen Knuckle. 1942 wurden nur sehr wenige 1200er Knuckleheads gebaut, 1941 und 1942 gelten ob ihrer hervorragenden Qualität als »H-D-Jahrhundert-Jahrgänge«.

Als abschließende Krönung ihres Lebenswerks hatten sich die Gründer noch zu Lebzeiten mit der Knucklehead ihr unvergängliches Denkmal gesetzt. Walter Davidson verstarb 1942, der Harley-Davidson Mitbegründer und jahrzehntelange Präsident hatte wie kein anderer die amerikanische Motorradindustrie geprägt. Sein Werk überlebte als einziges einer einst um die 300 Firmen umfassenden, herrlichen US-Motorradindustrie. William Herbert Davidson, Sohn des vorher verstorbenen Produktionsmanagers William A. Davidson, wurde Nachfolger seines Onkels Walter als Präsident der Harley-Davidson Motor Company. Er blieb es bis in die 70er Jahre, als AMF ihn entmachtete. Einer seiner Söhne, Willie G. Davidson, arbeitet als Harley-Davidsons heutiger Vizepräsident und Stylingchef.

Am 18. September 1943 starb dreiundsechzigjährig Chefingenieur Bill Harley. Neuer Chefkonstrukteur wurde sein langjähriger Freund und Vize, Bill Ottaway. Dessen Position als Leiter der Rennabteilung nahm Hank Syvertsen ein. Über die meisten Kriegsjahre wurden im Werk hauptsächlich die 750 cm³ WLAs gebaut. Fast nur zu deren Fertigung wurden bewirtschaftete Werkstoffe freigegeben. Während des Krieges konnten Zivilisten Fahrzeuge nur gegen seltene Bezugsscheine kaufen. Wegen dieser und der ebenfalls materialknappen Nachkriegsproblematik konnten bis 1947 nur relativ wenige der OHV-Spitzenmodelle produziert werden.

Der letzten Knucklehead Ölpumpen hatten zusätzlich ein Mitnehmerrad, das verhin-

Harley-Davidson EL, Bj. 1936, in Polizeiausführung.

Que Bellezas! Die Damen, die Harleys, die Indians.

Beamte der California Highway Patrol weihen auf ihren Knuckleheads die Golden Gate Bridge, San Francisco, ein.

Eine privat umgebaute Knucklehead für Langstrecken in der spritarmen Zeit des Krieges

derte, daß bei niedrigen Drehzahlen zu viel Öl ins Primärgehäuse geschleudert wurde. Interessant der Feuerring um die obere Zylinderwand, den es nicht bei allen Knuckles gab und der das Durchblasen der Dichtungen verhindern sollte. Inzwischen war die 74 ci Ausführung F oder FL populärer als die 61er E, EL. Schaltfolge wie Kulisse waren umgedreht. Sturzbügel vorn und hinten kamen serienmäßig. Ebenso ein glatteres Instrumenten-Bord sowie die den Beleuchtungs-Vorschriften der meisten US-Staaten entsprechende »Tombstone«-Rückleuchte. Der zusätzlich vorne angebrachte hydraulische Stoßdämpfer milderte die in die Jahre kommende Springergabel etwas. 1947 war das Abschiedsjahr der Knucklehead.

Die Entwicklungsabteilung hatte sich immer wieder um Ventiltrieb und Schmierung gekümmert. So richtig glücklich wurde man mit den vielen Kopf-Operationen nicht und designte den schließlich für das Baujahr 1948 von Grund auf neu. Das Ergebnis war die der Knuckle ansonsten ähnliche Panhead. Auch die Panhead pflegte den kraftvollen und klassischen Stil. Ebenso wie 1965 deren Ablösung, der wiederum besonders im Zylinderkopf modernisierte Early Shovel den H-D-Charakter behielt. Die große, starke Harley hatte dem amerikanischen Motorrad allerorts neue Freunde gewonnen. Es wurde in seiner Erscheinungsform und Technik bis heute nur behutsam, nie wesensmäßig verändert. Vor allen Dingen ist er über die Jahrzehnte belastbarer bei der Arbeit, leistungsfähiger und weniger launisch geworden. Ohne deswegen seinen Charme zu verlieren. Unsereiner wäre froh, könnte er das über manchen fünfzig-sechzig-jährigen Mitmenschen berichten.

Paul Weyres aus Aachen, germanischer Harley-Aficinado, mit FLXI-Beiwagen. Paul hätte schnellere, billigere Maschinen zu mehr Erfolgen führen können. Aber ihm mußten's Ami Big Twins sein, auch so errang er vor dem Krieg deutsche Meistertitel.

Sport Scouts

1932 setzte Indian, um Kosten zu sparen, 101-Treibsätze in Chief Rahmen, was die Kunden nicht mochten. Darauf versuchte das Werk die Scout Pony, Ablehnung; danach die Scout Motoplane, immerhin schon mit Öl-Umlaufsystem, neue Abfuhr. 1934 mit der leichten Sport Scout stimmte es. Auf dieser Freddie Marsh, geboren 1901, Rennfahrer, Indian-Händler.

Auf ihrer gebobten 1935er Sport Scout: Dot Miller vom Fritzie's Roamers Auxiliary. War die 101 die Scout der Zwanziger, so die Sport Scout die der Dreißiger Jahre.

Bud Acker mit seiner serienmäßigen Sport Scout von 1936, Schriftzug auf Primärdeckel, Schutz vor Lichtmaschine. Die Sport Scout war eine schnelle und robuste Maschine für Normalverbraucher mit mehr Pfiff und Klang als die 750er Harley.

Albert Wolfe, bekannter Trackracer, auf einer eben dafür abgestrippten 1938er Sport Scout. Er kam oft zum Tunen ins Indian-Werk. Man konnte mit der Sport Scout so alles anstellen, sie wurde oft bis 900 cm³ gestrokt und mit Chief Flywheels versorgt. Die Sportscout gab sich ausgesprochen Tuning-freundlich.

Darunter: Bruder Williard Wolfe aus Northhampton, Mass., ein sehr guter Hillclimber, auf seiner 1939 Sport Scout mit dem optionalen World's Fair Tankdesign, nach einem Flattrack-Rennen. Der vordere Kotflügel ist nicht Standard. Gleich wird er wieder Lampen, Fußboarde, Hupe, hinteres Kotflügelende, License Plates anschrauben und nach Hause tuckern.

Woodsie Castonguay aus Springfield, Mass. hat gut lachen: Auf seiner berühmten 45 wurde er immer mal National Champion der Hillclimbs und diverser Flattrack-Distanzen.

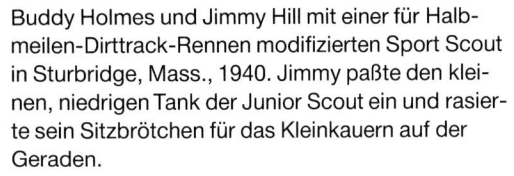

Buddy Holmes und Jimmy Hill mit einer für Halbmeilen-Dirttrack-Rennen modifizierten Sport Scout in Sturbridge, Mass., 1940. Jimmy paßte den kleinen, niedrigen Tank der Junior Scout ein und rasierte sein Sitzbrötchen für das Kleinkauern auf der Geraden.

Hupenverblendung von Timmermann's Indian Supply, Berlin. Christian nahm einen original verpackten »New Old Stock« Deckel als Form. Was ihm seine Gießerei verchromt liefert, kann zumindest ich nicht vom Original unterscheiden und hat manch Restaurateur, der einen I-Punkt für seine I-ndian sucht, aufatmen lassen.

Ein Indian-Messestand, der außer Sport Scout (Mi.) und Chief (re.) links auch der Knaben Wunsch, ein Indian-Fahrrad, präsentiert. Der Pseudotank darauf hat keinen anderen Sinn, als den Buben die Wartefrist aufs Motorrad zu verkürzen.

Run what'cha brung: Fieldmeets

Ras', was'De hast: Verabrede Dich mit Kumpels oder im Club, komm straßenlegal zur Strecke, schraub alles ab, was nicht schnell macht und abgeht, dann los. Vier aus Keene, New Hampshire, auf erleichterten (von li.) 101 Scout 1928–29, Scout od. Chief 1931, Chief-Rahmen mit Sport Scout Motor, 101 Scout 28–31.

Schnell sein, frei sein, ein bißchen Schau muß dabei sein! Ray Jannelle vom M.C. Jesse's Roamers, Rhode Island, er und seine Mühle aufwendig gestylt: 1928 oder 29: 101-Rahmen und 101- Gehäuse, Sport Scout-Zylinder und -Köpfe, Prince-Vordergabel. Zwei schöne Orgelpfeifen hat er sich aus den Auslässen gezogen. Alles, was sich weiß lackieren ließ, hat er weiß lackiert, danach Abziehbilder des 1935er Pfeildesigns auf den Tank gezogen.

Und schon ist Ray unterwegs auf seiner weißen Indian bei einem T.T.-Rennen.

Und wieder eine Selbstgebraute. Walt Brown nahm eine Scout 101 zwischen 1928 und 1931 ran: Lenker, Innenbackenbremse, Bandbremse links hinten aus diesen Jahren, dann ein Junior Scout-Hinterfender und Tank im Design von 1939.

Der Start ging daneben und die Hose (vielleicht auch das Bike) kaputt. So Junge, mach Platz, die andern wollen noch ein Rennen fahren!

Gruppenbild für Veranstalter und Familienalbum. Kumpels, ob auf Harleys oder Indians. Den ganzen Kult um eine Marke, den kochten Händler und Clubfunktionäre hoch! Furchtbar, daß Sektierer so ein lächerliches Affentheater noch heute spielen.

Jedes Wochenende zum Start bereit. Wochenend und Sonnenschein: ein Rennen macht's erst fein!

Eine 101, vorne mit Prince-Vordergabel, hinten der Kotflügel der Chief.

"Bozo" Just getting along

Selten in den vorderen Rängen, Bozo Hoague: »Just Getting Along…« Auf seiner Sportscout, Baujahr irgendwo zwischen 1935 und 1939 aber immer mit dabei.

In weißer Konzentration, blind für alles sonst, jagte er das T.T.-Rennen runter. Die brachte ihn als ersten durch die karierte Flagge und entlädt sich jetzt!

Titelgrafik von »The Motorcyclist«: In den 30er Jahren waren nächtliche Speedway-Rennen sehr beliebt.

Unterwegs in den 30er Jahren. Die wirtschaftlichen Verhältnisse begannen besser, die Straßen gut zu werden. Man konnt' im eignen Wagen auf glatter Strecke – seine Renn-Maschine im Hänger fixiert – entspannt anfahren und ausgeruht das Rennen starten.

Hunderte bis Tausende besuchten oft sonntägliche Fieldmeets mitten in der Landschaft, wie dieses T.T.-Rennen in Agawam, Mass., li. Jesse James.

203

Die Kurve in Laconia, in der nicht nur bei Class-C-Rennen viele abstiegen. Einer mehr.

Jessie W. Faster, rennsportbegeisteter Rot-Kreuz-Erste-Hilfe-Lehrer, fand immer Boy-Scouts, die ihn zu Fieldmeets an der Ostküste begleiten und bei Unfällen helfen wollten.

In Deutschland hat es zu regnen angefangen, deswegen ist Paul Weyres in der Zwischenzeit nicht viel weiter gekommen.

Class C

Ein Sonntag im Leben eines Motorradjournalisten. Bereit, die Action von der Rennstrecke direkt in die Tasten zu geben. Wenn es endlich losginge…

Die beiden Offiziellen, der eine AMA, der andre Veranstalter, finden aneinander kein Ende und die Strecke ist nicht frei…

Der Streckensprecher muß sich drum die Mandeln heiser und den Mund fusslig quatschen, damit die Racefans bei Laune bleiben.

Die Zuschauer drängen sich am Rand des Kurses und könnten bald ungeduldig werden…

205

Leo Anthony mit seiner WRTT. Wollte er statt bei TT-Rennen auf Flatracks mitmischen, hängte er die Vorderbremse aus, seine Maschine entsprach dann deren Regulationen.

Nach dem Krieg lag es nicht an den weißen Bikern oder vielleicht der dünkelhaften AMA, daß wenig Schwarze Motorrad und noch weniger damit Rennen fuhren. War der rechts schwarzes Schaf im weißen Starterfeld oder Wolf im Fell desselben?

Große Rennen konnte Rotkreuzler Jessie Faster (3. v.r) nicht mit Boy Scouts entsorgen. Geschulte Helfer sicherten Class-C-Rennen. Doug Jamison (3.v.l.), erster Schwarzer im M.C. Fritzie's Roamers und AMA überhaupt. Was ein Auto, vor dem sie 1940 warten!

Bis sich Stahleinsätze für den linken Stiefel durchsetzten, wurde der auch nachgezogen. Eisenfüßige Kurventechnik sah dann ein für allemal so wie im Bild aus.

Kurvenkampf in Laconia, New Hampshire, gleich macht er das Gas für die Gerade auf.

Bullen auf Bikes

Los Angeles war eine der ersten Städte, die einen Polizei-Motorradtrupp einführte. Anfänglich, 1911, wurden sechs Männer zur ursprünglichen »Motorcycle Speed Squad« bestellt. Später setzte man außer den Indians Hendersons und Aces ein. Ab den dreißiger Jahren wurden – mit Ausnahme einer Kawasaki-Periode – vom Los Angeles Police Department Harley-Davidsons gefahren. Mounted Police Officers von Los Angeles sind das ganze Jahr im Einsatz, in Tages- und Nachtschichten – und Los Angeles hat ohne Zweifel eine der effizientesten Motorrad-Polizei-Departments der Welt.

In den sechziger Jahren setzte das Department zusätzlich zu der großen Truppe von 398 Polizisten auf Solomaschinen auch 110 Harley-Davidson Servicars (Dreiräder) zum Überwachen parkender Autos und zur Verkehrskontrolle in einigen Abschnitten ein. Es gab noch weitere 48 Three-wheelers in einer Sonderabteilung für Kurier- und interne Behördendienste.

1964 legte die Motorradtruppe 5948455 Meilen zurück, ungefähr 16995 Meilen pro Mann und Jahr. Die Traffic Enforcement Division war da eine moderne Einheit von 350 Beamten und Maschinen, zuständig für die mehr als 459 Quadratmeilen des Los Angeles Raumes.

Die Männer für die Motor Squad werden streng ausgewählt. Ein Beamter kann sich nach einem Jahr Polizeidienst freiwillig melden. Der Volontär muß dann bestimmte Fahreignungstests absolvieren. Sehschärfe, dreidimensionales Wahrnehmungsvermögen, Reaktionsbereitschaft, Koordinierung und peripheres Sehvermögen sind besonders wichtig für den, der in einem latent gefährlichen Aufgabengebiet erfolgreich arbeiten will. Der Proband muß sich der Motorbeamten-Prüfungskommission stellen, vor drei ausgewählten höheren Offizieren erscheinen, die seinen Hintergrund, sein Temperament und seine besonderen Fähigkeiten im Umgang mit Menschen überprüfen. Die Kommission stellt eine Liste bestqualifizierter Kandidaten zusammen, die einem Führungsstab namens »Motor Officer Selection Board« übergeben wird. Die sendet dann gemäß Bedarf die wenigen ausgewählten Polizei-Beamten in eine »Motor Officer Training Class«, wo sie in vierzig Stunden theoretischem Unterricht und zwei Wochen Fahrertraining ausgebildet werden.

Nach Aufnahme in die Klasse erhielt der Beamte bis in die achtziger Jahre seine Harley-Davidson FLH 74 OHV in Polizei-Ausführung. Genaues Kennenlernen der Maschine war sein erster Schritt zum aktiven Motorradpolizisten. Dazu unterwarf er sich einem Standard-Drill. Zuerst wurde nur in niedrigen Gängen gefahren, um sich auf Balance, Gas- und Kupplungskontrolle zu konzentrieren. Enge Links- und Rechtskurven wurden endlos geübt. Dann ging's nach anspruchsvolleren Prüfungen über das richtige Einsetzen der Fuß- und Handbremse ins harte Reiten, trainiert wurden sie dabei auch von Rennfahrern der Spitzenklasse – z.B. Ed Kretz. Jedes mögliche Fahrverhalten des Motorrads mußte der »Mounted Officer« in spe während seines Trainings beherrschen lernen.

Der Motorradtrupp-Einsatz schließt Streifendienst im Tages-, Mittags-, Nachtdienst und die »Special Problems Enforcement Section« (Sonderdurchführungen) ein. Diese Abteilung ist nicht an vorgeschriebene Routen gebunden und arbeitet mit Polizeihubschraubern zusammen. Sie achtet auf Einhaltung der Verkehrsordnung auf den

Mounted Officers des Springfield Police Departments auf Indian Big Chiefs in Polizei-Ausstattung vor der Public Library. Links Arnold Letendre, der oft für Indian-Werbung und Polizei-PR posierte.

Letendre, der Echte, auf Schaufahrt. Rabiat setzte man Geschwindigkeitsgebote durch. Temposünder, von Speedcops gestellt, erwirtschafteten kommunalen Profit. Allzu schnelle Raser flogen ins Kittchen. Am Ortseingang das große, leicht lesbare Schild: »Willkommen in unserer schönen Stadt! Fahr langsam und lern sie kennen. Fahr schnell und lern unsern Knast kennen.«

Auf zwei sicheren Arbeitsplätzen: Gehalt für Spazierenfahren im Sonnenschein! Nicht immer war es leicht. Der Streifenreiter holte Speedy ein, stoppte ihn am Straßenrand, nahm Strafzettel plus Stift, fragte: »O.K. wie heißen Sie?«. Antwort: »Aloysius Alistair Cholmondeley Copypean«. »Well.. Al, lassen Sie sich bloß nicht mehr von mir erwischen…«

Freeways der Stadt und setzt sie gegebenfalls durch, untersucht besondere Verkehrssituationen, sorgt für die Abwicklung nach Unfällen, begleitet Werttransporte und wird nötigenfalls für andere Polizeiaufgaben eingesetzt, wie z. B. flüchtende Kriminelle zu verfolgen. Sind die von der Sorte, die wir uns im Biker-Kapitel anschauen, kann es allerdings hart zur Sache gehen, denn die können ebenfalls verdammt gut mit ihren Motorrädern umgehen.

Springfield's Finest: Bill Beatty (li.), Arnold Letendre (Mi.), ein unbekanntes Monokel. Schneller als Serienautos und ideal für Patrouillen, kamen Indian Chiefs, Fours und Harley Big Twins in Polizei-Ausführungen. In absatzschwacher Zeit überlebenswichtige Modelle.

Harley-Davidson-Präsident William H. Davidson (re.) stellt in den 60ern das erste Servicar mit 2-way-Radio vor.

Harley-Davidson Police Special, 1958. Uwe Illgner machte sich vor 20 Jahren auf einer runtergekommenen Sportster von Friedberg in die Welt. Monate danach schlug er sie in Bombay los und tuckerte per Bus und Bahnen zurück. In Teheran übernahmen Polizei und Schah-Garde grade neue Shovelhead FLs, stellten bisherige Police-Pans außer Dienst. Für ein Trinkgeld ersteigerte Uwe eine kaum benutzte und bummelte mit ihr heim, Richtung Wetterau. Wo er seinen ersten schönen Chopper baute. Sein Spitzname ?: »Lucky«.

Indian Four

Der Springfielder Indianerhäuptling Frank J. Weschler kaufte Anfang 1927 von der Michigan Motor Works Ace' Markennamen, Fertigungsmaschinen sowie den großen Teile-Bestand. Im ersten Indian-Jahr 1927 erhielt die unveränderte Ace grade mal den neuen Familiennamen auf den Tank gepappt: Indian-Ace. Manche sagten, darob wurde sie schamrot, bei Indian wird diese Farbe als Indian-Red geführt. Die rote Bemalung war mit goldenen Pinstripes abgesetzt, Rahmen, Gabel, Felgen in Schwarz. Mit Ace-Chefkonstrukteur Arthur O. Lemon wurden in Springfield noch andere Ace-Leute eingestellt. Die sollten mehr als die Ace pflegen: Eine eigenständige Indian 4 aus der Ace entwickeln. Lemon zählte in der neuen Heimat bald als verläßlicher Krieger.

Fürs neue Jahr (1928) blieb aber bei der Vierer fast alles beim alten. Ein Hochdruck-Schmiersystem mit neuer Ölpumpe und Druckmesser vorn am rechten Fahrerfuß wurden zugegeben. Die Vierer verkaufte sich so gut, daß mitten im Jahr die Ace-Gabeln aufgebraucht waren. Ab dann blattfederte die nunmehr »Indian 401 Model« Geheißene vorn, mit einer Scout-Gabel, die die schwereren Chiefblätter drin hatte. Ansonsten Vorderbremse, Kotflügel, Rad und Instrumentenbrett von der Scout.

Der Single Down Tube Rahmen der alten Ace war noch nicht alle, der wurde erst 1929 mit dem regulation type Indian frame ersetzt. Lemons erste wichtige Änderung am dreifach gelagerten »Ace-Motor« war für Baujahr 1929 dessen fünffache Lagerung. Model 402 war Stufe Zwei der Ace-Indian Metamorphose. 1930 wurde der Rahmen etwas gesenkt, ein stromlinienförmiger Tank eingesetzt. Das Werk empfahl für den Vierzylindermotor Indian Medium oder Light Oil. Neu konstruierte

Grund zum Feiern in Fritzie Baers Laden im Indian-Werk: Model 438, die Ablösung der unglücklichen »Upside-Down« Fours von 1936 und 37 ist da! Pralle Ballonreifen am Dreiecksrahmen, wohlgerundeter Tank, dicker umschlossener Motor-Quader sowie stramme, grade Pipe.

Ölpumpe, neuer Auspuff und Auto-Lite Generator, ein Lenker mit Zwischenstange und 'ne neue Hupe brachten 1931 der Vierer. 1932 verbesserte die Gabelfedern, ein Lenkradschloß wurde serienmäßig, der Tank nicht mehr zwischen die Rahmenrohre, sondern als Satteltank auf sie gesteckt. Die Schöne sah noch schöner aus.

Dank ihrem technischen Aufwand, dem optischem Stil und Gesamt-Niveau eines ausgereiften Produkts war sie als das Gentleman-Motorrad dieser Epoche gefragt. Anfang der dreißiger Jahre galt die Indian-Four schon als klassische Polizeimaschine und wuchs im Lauf der dreißiger Jahre zum Aristokraten der Motorräder.

Die Modelle wurden nunmehr entsprechend ihrem Baujahr gelistet. Ab 1933 erhielt die »434« einen anders gegossenen Zylinderkopf mit mehr Kühlfläche. 1934 im wesentlichen gleich, der Preis der »434« lag bei $ 395,-, Magnetzündung $ 15,- extra. Die »435« hielt Technik wie Preis. Doch 1936 stand mit der ursprünglich als Sportversion gedachten »436« wirklich alles Kopf. Das »436« und das folgende »437« Modell gingen als die »Upside-Down«-Indians in die Motorradgeschichte ein. Statt wie es der liebe Gott gewollt hat, wie es sich gehört und wie es schon immer so war – den Auslaß-Krümmer unterm Vergaser-Einlaß zu plazieren, steckte Lemon den Auslaß nun ganz oben in den Kopf und den Vergaser deutlich drunter. Gestiegen war der Kurswert der »436« auf $ 410,-. Ganz glücklich war man mit der Upside-Down-Regelung nicht auf Anhieb, denn schon 1937 kam ein Doppelregister-Vergaser unter den Krümmer.

Four vor dem Indian-Werk.

Angepaßte Indian 438. Was ließ 1938 den Bub träumen? »Weiß nicht mehr, wüßte ich's, vielleicht verlöre sie Faszination. Fünfzig Jahre später sah ich eine, hörte und kaufte sie«, so Achim von Barnekow. »Für Langstrecken brauche ich heute eine Hinterradfederung und pflanzte die 1940er Indian Gradwegfederung ein.«

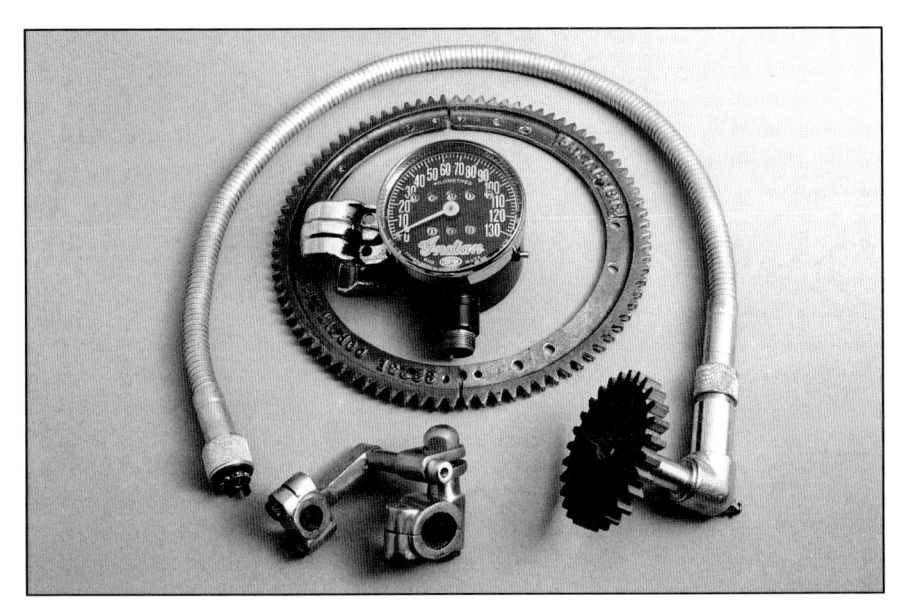

Verkleidete Tachowelle, Umlenkungen, Zahnringe, Befestigungen, Zifferblatt, Zeiger, Glas: Reproduktion des Corbin-Tachometer für Indians. Sieht gut aus und funktioniert.

1938 brachte einen wieder anderen Zylinderkopf aus Alu und zwei doppelt gegossene Zylinder-Paare statt der bisherigen Solisten. Der Vergaser geriet auf die linke Fahrzeugseite, der Ansaugtrakt gewissermaßen mittig und links. Ganz auf Spielereien mochten die Springfielder Ingenieure nicht verzichten. Vom Auspuffrohr an der rechten Seite führte ein Gabelrohr rechts hoch zum Vergaser. Jawoll. Die dadurch aufsteigenden heißen Gase sollten bei kalter Witterung als eine Art Vorwärmmöglichkeit schneller einen besseren Rundlauf erreichen. Das kann auch nicht ganz so doll funktioniert haben, denn schon 1940 legten sie das nicht mehr auf. Dafür kam 1940 mit der hinteren Gradwegfederung (»plunger-sprung rear-frame«) eine zeitgemäße Hinterradfederung. Die verlor wenig an Spurstabilität des Starrahmens, schob aber deutlich Komfort nach. Mit ihr kamen Indians orgiastische Kotflügel, die »full valanced mudguards«.

1938 und 1939 kostete sie in ihrer batteriegezündeten Basisausgabe stolze $ 450,-, 1940 und 1941 $ 460,-. Wem soviel Scheine nicht verführerisch und verfügbar in der Brieftasche knisterten, dem finanzierte sein Indian-Händler gerne den Kauf mit einem interessanten Ratenkredit.

Aber der ursprünglich von Will G. Henderson einmal 1911 erdachte Vierzylinder-Motor der Indian war zu oft geliftet und renoviert worden. Noch 1939 beauftragte das Werk seine Konstrukteure, einen komplett neuen zu zeichnen und die nächste Indian-Four-Generation vorzubereiten. Im Lastenheft standen Vorgaben wie kopfgesteuerter Motor, Viergang-Getriebe, elektrischer Anlasser, hydraulische Telegabel, mehr Federweg hinten, Kardanantrieb, stärkere Bremsen und was nicht alles. Dementsprechend entstanden Motor und Getriebe, und die Entwicklungsabteilung bastelte entlang der klassischen Indian-Linien ein sehr kompaktes Fahrzeug. Der Prototyp durchlief 1941 sein frühes Test-Stadium und gab für seine geplante Markteinführung 1943 oder 1944 zu schönen Hoffnungen Anlaß. Noch 1941 geschah Pearl Harbor.

Der Krieg ist mächtiger als die Kunst, die Rüstungsproduktion der kriegsführenden Vereinigten Staaten erhielt in Springfield absoluten Vorrang und brachte den geplanten neuen Indian-Vierer schon in der Wiege um. Nach dem Krieg waren Rohstoffe wie Arbeitskräfte rar und teuer. Der Verkaufspreis der geplanten Four wäre zu hoch gekommen. Aber ihre Prototypen waren ausgetestet und gegen Kinderkrankheiten geimpft. Trotzdem wurde sie nicht in Produktion genommen. Denn Ralph B. Rogers hatte eine ganz ganz neue Four in Petto.

Von einem außerhalb kontraktierten Ingenieurteam hatte er eigenartige stehende OHV-Einzylinder- und Parallel-Zweizylinder-Motoren übernommen. Einmal dabei, nahm man dann von denen auch noch je vier Zylinder und setzte sie auf die vier Löcher eines neuen Kurbelgehäuses. Schwupps, so dachte man, war ein vollkommen neuer Indian-Vierer fertig. Bevor um diesen 900 cm³ Motor ein richtiges Motorrad entwickelt war, brachten die kleineren 225er und 450er Basisgeräte mit ein oder zwei Zylindern die Traditionsmarke in extreme Schwierigkeiten. Zu schnell, unausgereift und kinderkrank wurden die Arrow, Warrior und Scout Genannten hinaus ins harte Dasein gejagt.

M.C. Fritzie's Roamers

Seit dem Ende des letzten großen Krieges stehen junge Deutsche – das erste Mal in unserer Geschichte – nicht mehr automatisch vor Uniformen stramm. Wie wunderbar, andere Völker mußten sehr dafür bluten, daß unsere Nachkriegsgenerationen mit weniger militaristischem Gedankengut aufwachsen durften. Deutsche Uniformen der letzten hundert Jahre riechen uns nun selbst nach Kadavergehorsam und dem arrogantem Stolz der Menschenmetzger. Unser Volk scheint Aussicht zu haben, sich von seiner furchtbaren Krankheit zu erholen und zu befreien.

Mit den fesch geschnittenen Uniformen, der sich putzenden Eitelkeit manch amerikanischer Motorradclubs hat das alles nichts zu tun. Zogen deren Mitglieder derart Klamotten an und fuhren in gegliederten Formationen, paradierten im Gleichschritt, dann freuten sie sich an einem harmlosen, friedlichem Gruppenerlebnis und drillten sich nicht für Überfall, Mord oder Brandschatzung. Bindendes Gefühl kollektiver Kraft und schniekes Auftreten stärkte das eigene Gemeinschaftsgefühl der Clubmitglieder und entwickelte ein besseres Image der Motorradfahrer. In den Dreißigern waren die in den USA eine sehr isolierte Minderheit. Selbst in Springfield gab es verglichen mit heutzutage sehr wenig Motorräder.

Diese Gedanken diskutierten wir manchmal mit einem deutschen Besucher, der auf folgende Bilder borniert reagierte. Sicherheitshalber schildere ich sie auch hier.

Funktionsträger der Motorcycle Clubs benannten sich nun schon traditionell nach Rängen der US-Kavallerie. Fast geht's zu wie in einer Reiter-Schwadron. Rangmäßig natürlich. Der »Road Captain« verantwortete Planung und Ausführung der Ausfahrten und Treffen. Der »Sergeant at Arms« kümmerte sich unterwegs darum, daß die anderen ungestört rasten oder feiern konnten, er hatte sein Auge auf Maschinen und Material ruhen zu lassen. Ein »Secretary« entsprach dem Schreibstubenhengst, der Schriftverkehr u.ä. abwickelte. »Vice-President« quasi Spieß und »Mutter« der Schwadron. Na, und der »President«, der für alle Formulierende und in ihrem Sinne Auftretende. Gerade mal die letzten Titel besitzen zivile Herkunft.

Weltausstellung New York, August 1939, Trophäen an: (v.li.) George de Leon, Miami; Emma Miller, Fritzie's Roamers Auxiliary; Ernest McQuarters, Greyhound Motorcycle Club, New Jersey; Elsie Phillips, Baltimore Ramblers und Bill Walch aus Kentucky.

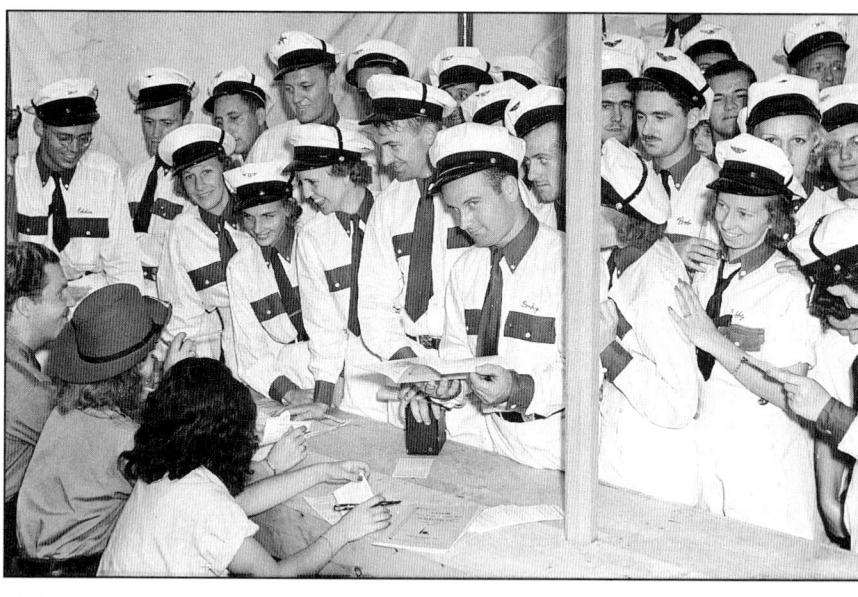

Die Baltimore Ramblers schreiben sich komplett am Motorcyclist's Day der World Fair ein. Porky: »A Penny for Your Thoughts.«

Die gemeinsame Ausfahrt im (US-Bikes Only!) Club, mit das schönste am Motorradleben. Damals wie heute.

Bestsitzende Brechees, flottest getragene Schirmmütze – für was auch immer gewonnen, sie freut sich an ihrer Trophäe.

Und abends im großen Weltausstellungsball zeigten zwei Jesse's Ramblers den Zivilisten, was ein Ausfallschritt ist.

Fritzie Baer konnte und wollte Menschen motivieren und mitziehen. Gleich nachdem er die Indian-Handlung von Springfield übernahm, rief er den »M.C. Fritzie's Roamers« ins Leben. Indian-Händler setzten ihren (Spitz-, Vor-, Nach-) Namen gern dem Clubnamen »Roamers« voran. Das hatten in Worcester die »Armstrong Roamers« so gehalten und irgendwo im Staate Providence die »Jesse Roamers«, nach »Fritzie's Roamers« gründete sich im Süden ein »M.C. Spitzie's Roamers«. Fritzies Club war sofort aktiv, organisierte eine Sicherheitskampagne. Damals starben dreimal mehr Menschen an Verkehrsunfällen als heute, die Hauptursachen: Alkohol und überhöhte Geschwindigkeit. 1933 war die Prohibition beendet, legaler Alkohol ein heißes Thema.

Indian zählte zu der Zeit zu den wichtigsten Arbeitgebern von Springfield, sicher waren die dortigen Medien animiert, dem positiven Anliegen eines der Firmenleitung nahestehenden Vereins Aufmerksamkeit zu schenken. Fritzie's Club gehörten Neuenglands feinste Indianer an: Jimmy und Bobby Hill, Woodsie und Frenchy Castonguay, Bobby Armstrong, Fred Bellevue, ein Renner mehr; Don Creese, Werbemann der Factory, sowie im Werk Arbeitende, die nach Schichtschluß vom Motorrad noch nicht den Kanal voll hatten. Aktive Mitglieder, die mitzogen und Verantwortung übernahmen, waren es zwischen 30 und 40, das Doppelte an Passiveren.

Später setzte Fritzie durch, daß seine Roamers als erster A.M.A.-Club den Aufnahmeantrag eines schwarzen Motorradfahrers akzeptierten. Der AMA-Sekretär in Columbus, Ohio, war strikt dagegen. Erst als Fritzie seine Funktion als AMA-Distrikt-Schiedsmann und die Mitgliedschaft seines Clubs in der AMA aufkündigen wollte, wurde eingelenkt. Neuengland ist Heimat der Yankees, die unter Abe Lincoln für die Einheit der Union und die Abschaffung der Sklaverei gekämpft hatten. Das mit dem Schwarzen machte die meisten im Club irgendwie stolz, sie grenzten Toleranz und Kameradschaft unter Motorradlern nicht an Hautfarbe oder Religion ab. Als aber ein Roamer dann eine Harley kaufte und mit der eine Club-Ausfahrt bestreiten wollte, gab es wildes Theater. Nun stand bezüglich solcher Untat wirklich nichts in den Statuten. Eine solche Schweinerei hätte sich vorher keiner ausdenken können. Am eigenen Busen hatten sie die Natter genährt, die sie jetzt so gemein biß. Schließlich durfte der Unverschämte im Club bleiben. Um aber künftig derartige Provokation auszuschließen, wurde – bei einer Enthaltung – beschlossen, daß die Roamers nicht ein Club irgendwelcher Motorradfahrer seien, sondern fortan einer derer, die Indian-Motorräder fahren.

Konnte sich eine Familie ein Auto und ein Motorrad leisten, so ging's ihr schon sehr gut. Zwei Motorräder aber, eins für Papi und eins für Mami? Der Händler wird nichts dagegen gehabt haben, nur der Fall trat selten ein. Fuhr ein Paar aus, saß er am Steuer, sie hinter ihm auf einem zugekauften Tandem-Seat oder mit Thermoskanne und Butterstullen im Beiboot. Manche Frauen fuhren selbst Motorrad, im Vergleich zu den Männern natürlich wenige. Sie fuhren anders, weniger aggressiv und sportlich. Aktive Frauen, interessierte Eheweiber und Freundinnen von männlichen Clubmitgliedern gründeten im Rahmen des Clubs einen Sub-Verein. Meist »Auxiliary« genannt. Hier bei uns »Fritzie's Roamers Auxiliary«. Sie organisierten Ausstattung, Kindergarten und Küche der Treffen, traten bei Paraden selbst als eigene Einheit auf. Man mag besserwisserisch über hergekommene Rollenverteilung lächeln, aber verdammt nochmal, ein Motorradclub wird sich nie Ansprüche eines Intellektuellenverbandes stellen. Hart Arbeitende schöpfen Kraft für ihren Alltag leichter aus einer heilen Welt. Gönnen wir ihnen die paar Jahre Idylle, bald werden uniformierte Deutsche die Welt aus den Angeln heben wollen. Und werden sich Frauen von »Fritzie's Roamers' Auxiliary« beim Bombenbau im Indian-Werk emanzipieren und nicht wenige männliche Clubmitglieder in Asien und Europa kämpfen und sterben müssen.

Egal welche Marken sie bewegten, zur Saisoneröffnung trafen sich alle freundschaftlich auf den Gypsie Tours, Haupttreffen der Motorradfahrer im Frühjahr. Motorradhändler-Vereinigungen verschiedener Regionen veranstalteten einmal im Jahr die Gypsie Tours. An ihnen nahmen um die 20000 Leute aus einer Region teil. Es gab Rennen, alle möglichen Veranstaltungen, Tanz und jede Menge gute Laune. Die New England Dealers Association, deren Präsident Fritzie Baer eine ganze Weile war, änderte erst jährlich die Ziele, blieb aber dann ab 1938 in Laconia. Es ging freitags am Morgen los. Das Treffen fand in der Resort Area statt, die meisten campten oder schliefen in den Motels dort, manchmal zu acht oder zehn in einem Zimmer.

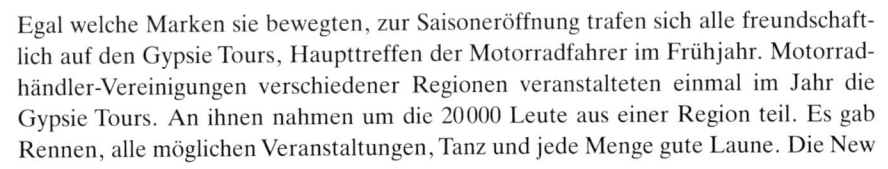

Links außen: »The Winning Club!« – Best uniformierter Motorcycle Club von zwanzig Wettbewerbern: Greyhound Motorcycle Club aus Elizabeth, New Jersey. Blauhemden, silbergraue Breeches, schwarze Stiefel, weißes Koppelzeug sowie blau-grau abgesetzte Mützen.

Den in Linie zu einem Glied angetretenen Sheldon Motorcycle Club könnt' selbst meiner Grundausbildung Uffz. nicht mit: »Wie'n Pißbogen sieht diese Linie aus!« zu blut'gen Rekruten abwerten.

Ankommende werden über die Zeltplätze verteilt. Zu Pfingsten gab's im Norden und Osten nur eins: Gipsy Tour über Hügel und durch Wälder nach Laconia. Dort am See mündeten alle Anfahrten. Besucherandrang, Sport, Spiele und Organisation formten den Höhepunkt des Jahres.

Lifestyle

Kapitaler Hirsch, den der Jagersmann im Boot seiner 1929er Harley mitnimmt. Winterverkleidung und Beinschilder Zubehör.

Wenn ER es nicht wagte, dann war es UNMÖGLICH! Kopfsprung von Putt Mossmann. Falls nicht berühmtester, dann doch vielseitigster Motorrad-Stuntman aller Zeiten. Weltmeister der Motorrad-Stuntmänner, der Hufeisenwerfer und Kopfspringer, gewann er in 43 Ländern und fast so vielen Jahren viel mehr regionale und nationale Titel. Dies hier offenbar kein Sport für Memmen, eher für Idealisten mit trainiertem Hirn.

Putt – mit seiner schönen südafrikanischen Frau – war nicht auf den Kopf gefallen, rauchte und trank nicht. »Jungen und Mädchen, die versprechen, keinerlei Tabak und Alkohol zu nehmen« gehörten für 25 cents im Jahr zu »Putt Mossman's International Health Champions«, erhielten Karten und Erbauliches.

Putts Popularität schuf Nachahmer, Stunts bald beliebter Part der Treffen. Hoch- und Weitsprung sowie…

…Bretterbrüche gehörten dazu. Fieldmeet auf dem alten Flugplatz von Springfield. Übrigens stammen die berühmten, gedrungenen Jee-Bee Airplanes aus dem Gebäude dahinten.

Zu diesem Stunt wurde je Flug ein Wagen addiert. Neal und Lee Lotts »Lucky Lotts Hell Drivers« Karawane verkaufte Crashs. Trainiertes Personal und Gerät übertraf Wanderzirkusse, zählte alle denkbaren Anlagen, von, mit, in denen oder gegen die man spektakulär Auto und Motorrad fahren konnte, z. B. Rampen oder Flammtunnel-Gerüste.

Unmengen von Autos und Motorrädern kauften, modifizierten und lackierten sie oft vor Ort. Berühmt die minutiöse Choreographie sagenhafter »Sterntreffen« Autocrashs. In Autowracks brachen sie weniger Knochen, starben seltener als mit dem Bike. Batter Crooks und seine 1946er Harley

Niedrig, gutmütig und leicht zu fahren, waren Sport Scouts besonders auch bei weiblichen Motorradlern beliebt. Wie Männer, fanden Frauen genauso Grund zum persönlicheren Stil. Für ihre weiße 39er nahm Yowanda (Yondi) Mazarella während der Laconia Gypsie Tour 1940 einen Topf entgegen, der nicht mehr in den Indian-Seitenkoffer reingehen wird. Hinten links die Sport Scout 1940, erstes Jahr der »full valanced Mudskirts«.

Ob und wofür sie die gewonnen hat, konnte keiner sagen, jedenfalls steht sie vor einer Indian Chief 1939 mit Zubehörsattel.

Junge Dame unterwegs auf Harley, hinten der Wettkampfhügel von Laconia, New Hampshire.

»Die wollt' ich beide haben …« mag mancher im Hintergrund gedacht haben.

Semper idem. Immer schon dasselbe: Der Veranstalter hat nicht genug Klos für Ladies organisiert.

Labor Day Parade in Springfield, Massachusetts.

Muß Liebe schön sein…

Abfahrt vom Frauenmeeting in Laconia, irgendwann nach 1940. Vorne mit Harley Big Twin und verchromter Goulding-Bombe Dot Robinson mit Tochter. Die Robinsons sind Harley-Davidson Dealer in Detroit.

Unsereins mokiert sich über Preise auf Rallyes. Wochenend-Einnahmen müssen Standhalter übers Jahr bringen. Kommt öfter, kauft öfter.

Damit ein Haufen Biker einen Haufen Freude erlebt, machen wenige sich einen Haufen Gedanken und Arbeit. Großer nationaler Treffen An- und Abfahrt, Versorgung, Sicherheit, Rennen und Veranstaltungen bereiten Motorradclubs, Handelskammer, Behörden und Polizei detailliert vor. Unterm Hut Fritzie Baer.

Ein Motorradtreffen ist perfekt organisiert, wenn man von der Veranstalter Vorbereitungsarbeit nichts merkt. Spiele bei der Gypsie Tour in Laconia, Tire tossing – wassergefüllte Ringe gilt's über den Pfosten zu werfen. Treffer und Zeit zählen.

Butch Baer: »Nothing like Camping at Laconia!« Nix schönres als am Lagerfeuer liegen, grillen, trinken, lachen und sich auf die am Morgen anstehende Ausfahrt freuen.

Amis sind Entertainer, lachen gerne. Erst recht über sich. Die Mutter der Blais-Family hat es nicht einfach gehabt. All die Kinder, Kostüme machen und pflegen…

…Andere erfreuen und ihnen danach den Dreck wegwischen… Nach der Party zeigt der veranstaltende Club, was er drauf hat, ob er Kids und Konsumenten oder echte Menschen hat.

Harley-Davidson VL, Big Twin, im 1934er »Flying Diamond Design«. Bis weit in die Roosevelt-Ära blieben viele Straßen so. Erst die 50er/60er vergossen überall Asphalt und Beton.

Statistisches

In der Dokumentensammlung zur statistischen Geschichte der Vereinigten Staaten des Bureau of Census of the U.S. Department of Commerce (Statistikabteilung im Handelsministerium) werden Verkaufszahlen und Zulassungen von Motorrädern nicht eigens aufgeführt, sie verschwinden in der Motor Vehicles Klassifizierung unterm Oberbegriff Passenger Cars. Immerhin besitzen die LKWs eine eigene Rubrik. Genauere Zahlen könnten uns höchstens die DMVs – Departments of Motor Vehicles, Zulassungsstellen – einzelner Staaten geben, falls die solche Daten solange bewahrten. Die wir ansprachen, verwiesen uns wieder an Ämter in ihren Staaten. Irgendwann war klar, daß zur Erlangung von »Alles, was man nie wissen will...« – Zahlen zuviel Zeit und Aufwand verschwendet und der Rahmen dieses Buches gesprengt würde. »Andermal vielleicht, wann die Zeit besser reicht« (Haindling).

Aus Veröffentlichungen einzelner Firmen finden sich ja hier immer wieder konkrete, auch auf einzelne Modelle und Jahrgänge aufgeschlüsselte Zahlen. Aus denen lassen sich in Kombination mit den anderen gebrachten Daten Rückschlüsse auf die Lage der Branche ziehen. Sehen wir von zwar image-, aber nicht zahlenmäßig bedeutenden Spezialanbietern, wie Crocker oder Buell ab, verkörperten ab 1930 nur noch zwei Marken, Harley-Davidson und Indian, seit 1948 nur noch Harley-Davidson die Motorradindustrie Nordamerikas. Die für diese Zeiten eingestreuten Ziffern, aus Werksangaben entnommen, stehen dann fast für das ganze heimische Angebot.

Beim versteuerten Verkaufswert der heimischen Zweiradproduktion der gesamten Vereinigten Staaten schaut's besser aus. Allerdings zählte das Statistische Büro da immer Motorräder und Fahrräder zusammen und nur noch die Summe der beiden ist greifbar. Da spiegelt sich der Fahrradboom der 1890er-Jahre bis 1900 mit insgesamt 140 Millionen Dollar. Danach sackte der Fahrradbedarf auf niedrige Werte weg, wer dann keins hatte, der wollte keins. Die gesamte jährliche Zweirad-Umsatzsumme schleppt sich mit eher weniger als über 5 Millionen Dollar bis 1910, wovon wahrscheinlich der größere Teil von Motorrädern stammt. Langsam kommt dann ihre Popularität in Millionen Dollar zum Ausdruck:

1911: 9,4;	1918: 18,9;	1925: 11,3;	1932: 4,6;
1912: 12,0;	1919: 24,0;	1926: 11,9;	1933: 7,5;
1913: 21,9;	1920: 20,8;	1927: 10,1;	1934: 8,2;
1914: 16,2;	1921: 10,2;	1928: 12,0;	1935: 8,6;
1915: 13,3;	1922: 8,9;	1929: 10,6;	1936: 13,9;
1916: 16,3;	1923: 16,3;	1930: 9,2;	1937: 17,9;
1917: 16,7;	1924: 13,3;	1931: 7,7;	

Alles kleine Fische, solche Zahlen; es erstaunt, daß Harley-Davidson und Indian überhaupt weitermachten. Sie müssen gelegentliche Minusjahre gehabt haben. Von diesen Umsätzen werden pro Firma selten mehr als ein Prozent Gewinn geblieben sein. Veranschaulichen wir uns, was die Autobranche umsetzte: Ab 1916 um die Milliardengrenze und darüber, die mittleren zwanziger Jahre immer über zwei Milliarden. Ab 1930 abwärts, nach einem 603-Millionen-Tiefpunkt von 1932, in der schwärzesten Depression, geht's wieder flott in die Milliarden-, zwei- Milliarden und im Krieg Fünf-Milliarden-Dollar-Sphären und immer höher bis zur Energiekrise in den siebziger Jahren. Im Schnitt setzte also die Autobranche etliche hundert Mal mehr im Jahr um als die komplette Zweiradbranche.

Militär

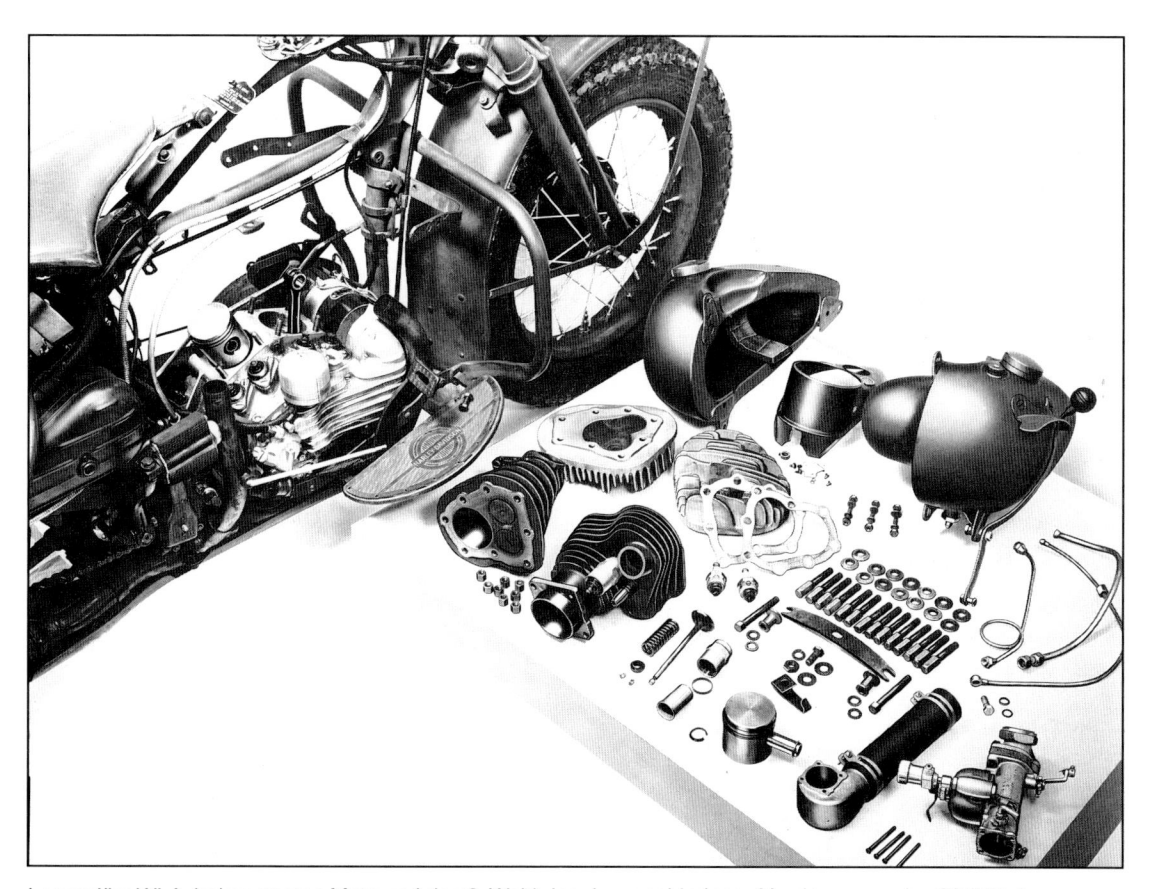

Legendäre WLA, bekanntestes Motorrad des 2. Weltkrieg. In verschiedenen Versionen wurden 89.000 der robusten 750er produziert. Aus Europa nahm nahm die US Army nach Kriegsende nur teuerstes Material zurück. WLAs stapelten sich auf Sammelplätzen, Behörden und Polizei in Holland und Belgien setzten diese WLAs lange ein.

Indian und Harley-Davidson erhielten in den Weltkriegen Excellence-Auszeichnungen. Die Wigwamfront an der Wilbraham Road im Kriegsschmuck für solch Feierstunde. Die Werke mußten teils Munition und Bauteile für andere Firmen herstellen und abkömmliche Mitarbeiter wurden eingezogen. Stephen duPont, Sohn vom Chef, ersetzte im Krieg Chef-Ingenieur Douglas McGregor.

Während des Krieges bildete die Harley-Davidson Service School vorwiegend Militärangehörige aus.

Im Frieden Indian-Pilot und im Krieg US-Navy-Matrose Bobby Baer, AMM 3/c, diente als Besatzungsmitglied eines Marineflugzeuges auf einem Flugzeugträger im Pazifik.

Kurier des 315. Engineer Battalion der 90. Infantery Division, Ende 1944 mit einer WLA unterwegs in Deutschland.

25–40 solcher Knucklehead Trikes stellte Milwaukee 1940 zur Bewertung als Armee Standardfahrzeug zusammen. Wahlweise Kardan oder Kette, Rechtsschaltung, Scheibenräder, die lange, später bei der XA benutzte Gabel. Die US-Army verwandte dann aber WLAs und Jeeps zusammen.

Rationierungsmarken für den Benzinverbrauch. Während des Krieges nahm man sich einen Grund zum Fahren, nahm einem doch jeder Trip Sprit weg. Gebrauchte Motorräder, im Sprit sparsam, wurden wieder populär.

»Bombing Berlin«, Springfields Bomben funktionierten, ich bin in Berlins Trümmern aufgewachsen. Indian Motorcycle News Februar 1945: »Was man in Springfield mache, sei geheim, teils im Traumbike nach dem Krieg verwandt...«. Die Vertikal-Indians, die da angedeutet wurden, zerstörten ebenfalls: das Indian-Werk.

Indian 841, keine Moto Guzzi! Querstehender 90 Grad V-Twin von 720 cm³, verblockt mit Vierganggetriebe, Ölsumpf/Zahnradpumpe, zwei Vergaser, Fußschaltung, Handkupplung, gekapselter Kardanantrieb im Ölbad, Batteriezündung, Doppelschleifen-Rohrrahmen, Radstand 1445 mm, 18« × 4.00 Reifen, 3 l Öltank, Benzintank ca. 20 l: Daten der Indian 841 (Bj.1942) – und, bis ins Detail die der Moto Guzzi V7 (Bj.1965). Unterschiede: Verschiedene Zylinderköpfe (841: SV, V7: OHV), Radaufhängungen, Tankform und Abziehbild.

Dafür baute Harley-Davidson die XA der BMW R 12 nach. Die hatte den Militärs im nordafrikanischen Wüstenkrieg imponiert. Auf Anweisung der US-Army fertigte Harley 1000 solcher XAs. Bis die ausgeliefert wurden, kapitulierte Rommels Afrika-Corps.

Spaß auf und mit kleinen Rädern

Auto-Ped, 1915

Der Benutzer fuhr stehend – es gab keinen Sitz. Kupplung und Bremse wurden durch Vor- und Rückbewegen des Lenkers betätigt. Die Beleuchtung betrieb ein Schwungradgenerator. 2 PS brachten das Vorderradantriebs-Maschinchen auf etwa 35 Meilen die Stunde, gut 50 km/h. Sie wurde von der Auto-Ped Co. of America, New York, vor dem Eintritt der USA in den Ersten Weltkrieg gebaut. Die Deutschen verloren zwar den Krieg, aber gewannen dann das Auto-Ped, Krupp kopierte es einfach. Seinem erfolgreichen Krupproller gab er aber einen Sitz mit.

Hubley

Die gußeisernen Motorräder von Hubley sind die dem Wesen amerikanischer Motorräder am ehesten entsprechenden Spielzeuge: schwer, unzerstörbar und klobig schön. Die originalen Vorbilder der Hubleys wurden fotografiert, teils nachgemessen, ihre Proportionen auf den kleineren Maßstab und die Möglichkeiten der Gußformen vorbereitet. Für ein solch kleines Modell aus Gußeisen läßt der Gußvorgang selbst keine feineren Details zu. Die Hubley-Lenker waren draufgesetzte Alugußteile.

Die Hubley Mfg. Co. hatte 1894 in Lancaster, Pennsylvania, mit elektrischem Eisenbahnspielzeug angefangen, das sich nicht besonders gut verkaufte. Nach dem ersten Weltkrieg lag der Schwerpunkt dann auf dem Guß-Spielzeug – Pferdewagen vom Circus und vom Land, Feuerwehren und Kanonen. Nach und nach kamen Autos dazu, 1928 Motorräder. Wobei die Automodelle großer Automarken in großen Auflagen gegossen, über Kaufhäuser oder Ketten vertrieben wurden und das Werk am Leben hielten. Auseinandernehmbare Landmaschinen und Tiere waren noch im Programm, bis die Firma ab 1942 Kriegsaufträge annehmen mußte. Nach dem Krieg kamen neue Spielzeugreihen und Plastik in Mode. Das Werk nannte sich um und ist dann im CBS-Konzern aufgegangen.

Die ersten Hubley-Motorrad-Modelle waren 1928 sofort gefragt, die Firma schob andere nach. Erschienen sind 1928 ein 25 cm langes Harley-Davidson-Gespann in Postausführung mit hohem Kastenwagen, ein 22 cm gepanzertes Indian-Polizeigespann, 1929 ein 23 cm Indian-V2-Gespann mit Airmail-Aufklebern und eine Solo-Indian-Vierzylinder von 22,5 cm, 1930 ein 23 cm langes Harley-Gespann mit Fahrer auf dem Bike und Sozia im Boot, außerdem ein Traffic Car von 30 cm auf Indian Four-Basis. Ein etwas kleinerer Maßstab zusätzlich wurde ab 1932 gegossen. Maschine und Fahrer wurden nicht mehr getrennt, sondern zusammen gegossen. Konnte man bei den Großen die Fahrer auf- und absetzen, ließ sich bei den ca. 15–17 cm-Kleinen nur der eingesteckte Kopf des Piloten etwas wenden. Seit 1932 konnte man seine großen Gespanne mit aufziehbarem Federantrieb bestellen. 1934 wurde auf diese Option verzichtet, zu viele Eltern hatten sich beschwert, daß ihnen diese rasenden und schweren Gußbrocken zu oft gegen die Möbel geknallt seien. 1935 überraschte ein wunderschöner H-D-Peashooter im kleineren Maßstab, als Hillclimber, mit sportivem Fahrer drauf. 1938 setzte sich Popeye, der berümte einäugige Seemann, aus dem Comic ab und zu auf eine rote Indian Chief von Hubley. In demselben Jahr kam Popeye noch mit einem Servicar in hinten offener Pickup-Version, ausdrücklich zum Transport seines Spinates.

Schob man das Spielzeugmotorrad, dann klackerte das Hinterrad. Ein echtes Motorrad war das Hubley-Modell in der Kinderphantasie, sein Klackern echte Motorarbeit und Röhren des Auspuffs zugleich. Mit einem Magneten läßt sich rausfinden, ob es ein echtes Hubley-Modell mit Messinganteilen, ein mit Blei oder Kunstharz restauriertes oder eine üble Kopie ist.

Hubley-Indian-Gespanne, ca. 1931.

Vindex

Die National Sewing Machine Company aus Belvedere, Illinois, goß nebenbei Autos, Motorräder, Flieger, Bau- und Landmaschinen. Kosteten Hubleys 25 bis 50 Cents, verlangte Vindex für allerdings gut gemachte Modelle das Doppelte und mehr.

Friction Drive

1912, als die erste Militaire mit Reibradantrieb erschien, war dieser Friction Drive schon nichts Neues mehr in den USA. Byron J. Carter hatte ihn sich 1905 patentieren lassen und verwendete ihn in seinen ab 1906 gelieferten Automobilen Marke »Cartercar«. Bis Carter 1908 starb, verkauften sich die Cartercars für damalige Verhältnisse gut, einige hundert Stück im Jahr. General Motors erster Konzern-Architekt William Crapo Durant kaufte gerade rund 30 Automobil-Marken zusammen. Er hielt sehr viel von der Reibradantriebs-Idee und erstand 1909 Cartercar-Werk und -Vertrieb, die Markenrechte sowie Byrons Patente. Mit General Motors Marketing und Verbindungen nahmen zwar freundliche Berichte in der anzeigenabhängigen Presse zu, die Verkaufszahlen aber nicht entsprechend.

Übrigens schien das einem unverständigen General-Motors-Vorstand nicht Durants einzige Fehlentscheidung, worauf er ihn 1910 feuerte. Mit Durants Weggang war das GM-Interesse an Cartercar-Marke und -Technik beendet, Cartercar-Werk und -Anlagen wurden für andere GM-Marken genutzt. Des Byron-Patentes bedienten sich ohne Lizenzgebühren die Nicht-GM-Marken Lambert, Metz, Militaire und Sears, ohne daß General Motor auch nur gegen einen dieser Hersteller seine aggressive Anwaltsmeute loshetzte.

Als der GM-Vorstand 1915 William Durant besser verstand, ihn zurückholte und ihn sich wieder vorsitzen ließ, war die Fiktion des Friktionantriebes in der Industrie schon abgehakt, nach den ersten Einzylinder-Militaires auch bei allen Vierzylinder-Nachfolgemodellen. Anfang der zwanziger Jahre verwendete ihn Neracar noch einmal.

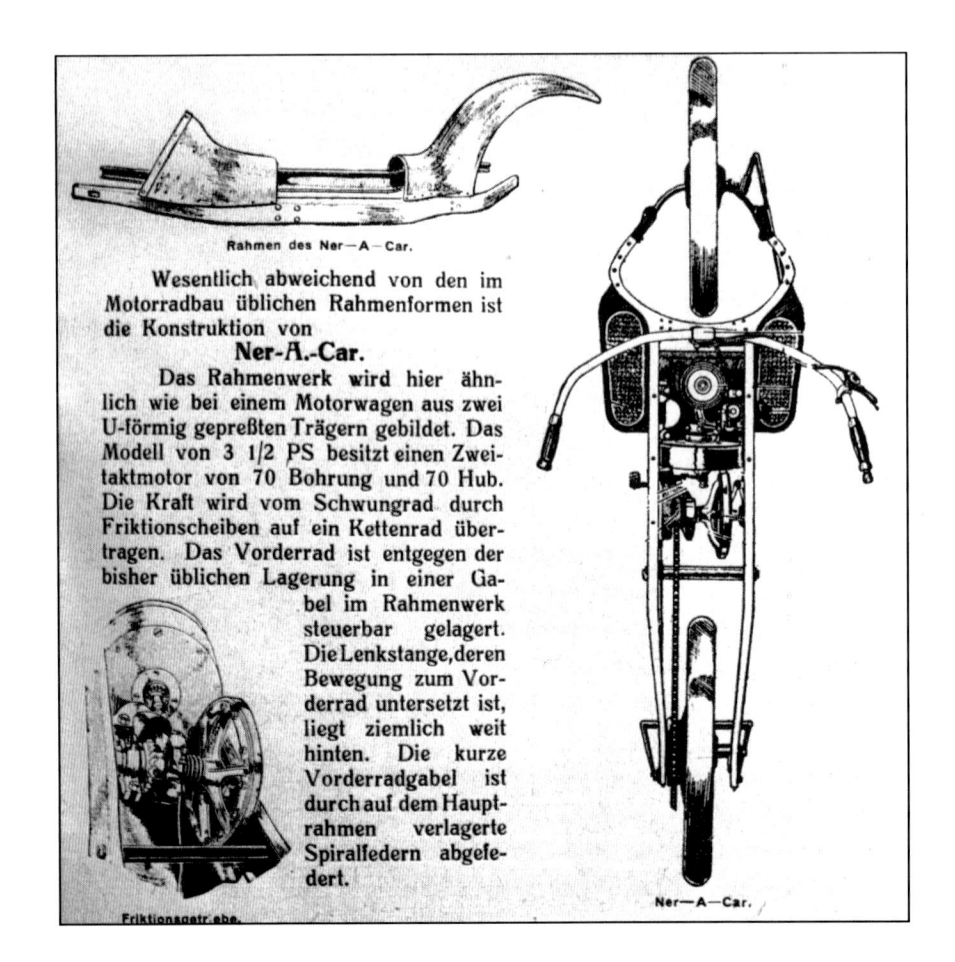

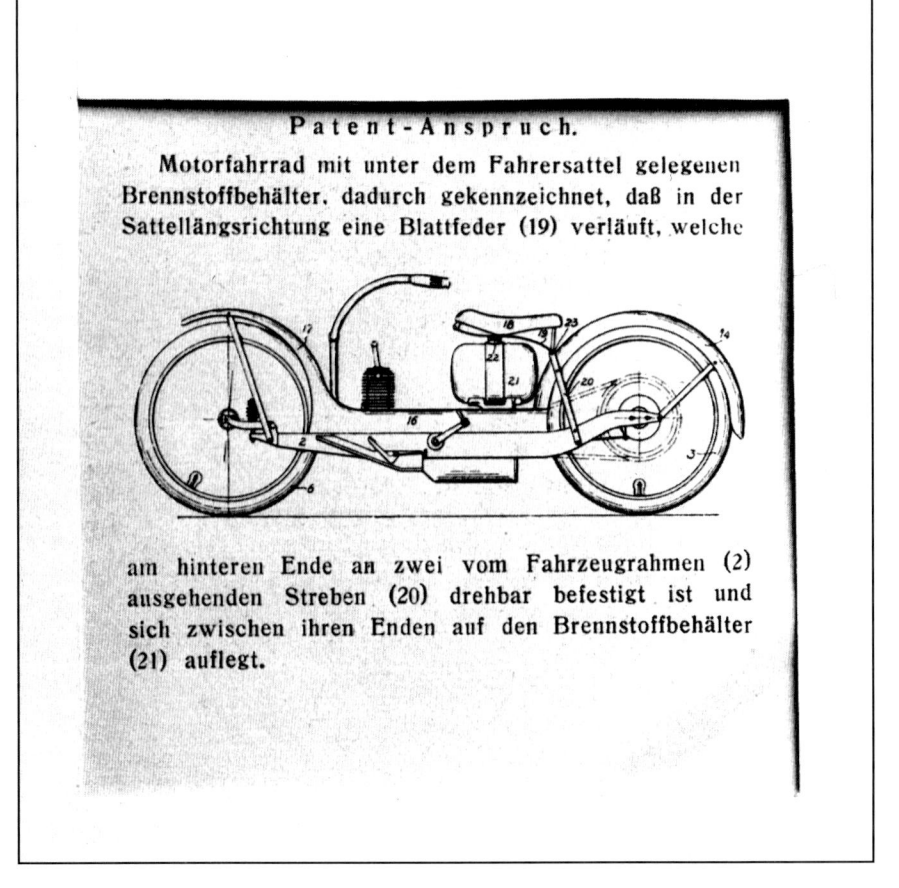

Rahmen des Ner—A—Car.

Wesentlich abweichend von den im Motorradbau üblichen Rahmenformen ist die Konstruktion von **Ner-A.-Car.**

Das Rahmenwerk wird hier ähnlich wie bei einem Motorwagen aus zwei U-förmig gepreßten Trägern gebildet. Das Modell von 3 1/2 PS besitzt einen Zweitaktmotor von 70 Bohrung und 70 Hub. Die Kraft wird vom Schwungrad durch Friktionsscheiben auf ein Kettenrad übertragen. Das Vorderrad ist entgegen der bisher üblichen Lagerung in einer Gabel im Rahmenwerk steuerbar gelagert. Die Lenkstange, deren Bewegung zum Vorderrad untersetzt ist, liegt ziemlich weit hinten. Die kurze Vorderradgabel ist durch auf dem Hauptrahmen verlagerte Spiralfedern abgefedert.

Friktionsgetriebe. Ner–A–Car.

Patent-Anspruch.
Motorfahrrad mit unter dem Fahrersattel gelegenen Brennstoffbehälter, dadurch gekennzeichnet, daß in der Sattellängsrichtung eine Blattfeder (19) verläuft, welche am hinteren Ende an zwei vom Fahrzeugrahmen (2) ausgehenden Streben (20) drehbar befestigt ist und sich zwischen ihren Enden auf den Brennstoffbehälter (21) auflegt.

Dies Fahrzeug bewerten einige Kenner und Sammler nicht als Spielzeug, sondern als Designstudie Harley-Davidsons. In meinem 1. HD-Buch »Mythos aus Chrom und Stahl« ist ein ähnliches Dreirad abgebildet, dies dann »im echten Leben«. Während der Depression suchte man jede Verdienstmöglichkeit.

Deutsches Spielzeug der 30er Jahre, unbekannter Hersteller. Unten drückt der Daumen verdeckte Zahnräder an. Die lassen die Reifen rotieren und einen Feuerstein Funken sprühen. Zu nix sonst war das Spielzeug gut. In einem Land, in dem Motorräder Nutzfahrzeuge mit wenig Hubraum und Indians Vierzylinder teurer als viele Autos waren, mochten Kinder so ein Spielzeug? »Es hatte kaum Spielwert, eigentlich hielt es nur den Traum wach – sogar im Dunkeln«, schmunzelt Horst Schallert, Auto- und Motorradspielzeug-Sammler in Berlin.

Die deutschen Kriegsgefangenen staunen ungläubig, gegen was für Gerät sie den Krieg verloren hatten. Der motorisierte Doodle Bug belegt die Originalität amerikanischer Zweiräder.

Cushman

In Lincoln, Nebraska, gründeten Everitt und Clinton Cushman 1902 ihre Firma, um für Farmer stationäre Zweitaktmotoren bauen und liefern zu können. Zur Befriedigung der einsetzenden regionalen Nachfrage mußten bald Verträge mit Lieferanten erweitert und fünf Beschäftigte eingestellt werden. Die Cushmans benötigten zur Vergrößerung ihres Betriebes mehr Kapital und gaben 100000 Anteilsscheine à 75 Cent aus. Sie kauften mehr Land und richteten eine eigene Gießerei ein. Durch den Ersten Weltkrieg und die Nachkriegsjahre ging das Werk gut, in den späten zwanziger Jahren geriet Cushman finanziell ins Schleudern und fusionierte 1934 mit dem Nachbarbetrieb, der Easy Mfg. Co.

Die Bauern setzten Cushman-Maschinen für alles und jedes ein. Dennoch bestaunte die Belegschaft einen um einen Cushman-Motor herum gebastelten Motorroller, mit dem 1935 ein junger Mann zum Ersatzteilkauf ins Werk rollte. Seine Idee zündete, schließlich brauchten Motorroller Motoren – warum nicht welche von Cushman und warum nicht gleich das Geschäft alleine machen?

Auto Scoot, Custer Scooter und Moto-Scoot hießen die Roller, die einen Markt steigender Nachfrage bedienten. Die Cushman-Leitung kaufte Bauteile ein, wie Spornräder kleinerer Flugzeuge, leichte Bremsen, dünne Rohre und reichlich Blech. Die frühen Karosserien modellierte man noch um Holzformen. Zum Einsatz kamen zwei magnetgezündete Motoren, der im Modell 1 »Auto-Glide« mit $2\frac{3}{8}$ inch Bohrung und 1 S.A.E. PS, der im Modell 1 »Sport Modell« mit $2\frac{3}{8}$ inch Bohrung und 1,5 S.A.E. PS. In den 1937 in Technik- und Jugendmagazinen geschalteten Anzeigen wurden sie mit Verkaufspreisen von $ 99,95 und $ 109,95 angeboten. Ihr Radstand betrug 45 inch, die Reifen waren 5 inch klein und wurden weder vorn noch hinten gefedert. Verglichen mit den Nachfolgern, war die Form primitiv. Um die Roller zu starten, mußte man sie anschieben, Anlasser hatten sie noch nicht. Für Hausfrauen, die zum Einkaufen fahren wollten, sicher eine zu spärliche Ausstattung. Um es der Kundschaft leichter zu machen, drückte man die Preise bis auf $ 92,45.

Das Geschäft muß dennoch interessant oder vielversprechend genug gewesen sein, eine Modell-2-Reihe aufzulegen. Die kam serienmäßig mit Kupplung, Kickstarter, besseren Bremsen, Fahrradleuchten, fünf inch mehr Radstand sowie gefedertem »Cushion«-Sitz. Der Motor mit $2\frac{5}{8}$ Bohrung zählte nun 2 PS. Den Modellen, die zusätzlich mit einem mit dem Motor verblockten Zweiganggetriebe geliefert wurden, gab man zur Unterscheidung ein »T« in die Modellbezeichnung. Das Getriebe lief im Ölbad.

Als die Bestellungen zunahmen und die Cushman-Verantwortlichen mehr riskieren wollten, variierten sie ihre Typenreihe. An sich entsprachen Modell 4 und 4T dem Modell 2 und 2T, nur hatten die Vierer hinter dem Fahrersitz ein Gepäckbehältnis. Modell 6 und 6T waren Modell 2 mit Batteriezündung, Batterie, Lichtmaschine und elektrischer Hupe. Die Sechser liefen knapp 50 km/h und waren die ersten Auto-Glides in voll straßenlegaler Serienausstattung. Eine Kombination aus Vier und Sechs war das Modell 8. Ein »V« in der Modellbezeichnung verwies auf eine (per V-Belt) riemenangetriebene Kupplung.

Jede dieser Auto-Glide-Ausführungen ließ sich an drei Punkten mit einem stabilen Cushman-Beiwagen verbinden, um so als Paketwagen zu dienen. Der Seitenwagen

Rechts Cushmans Kriegsbeitrag, der Fallschirmjäger-Roller.
Links Harley-Davidsons Kriegsbeute, Kopie der DKW RT.

Cushman Model 62, 1947. Einer von Tom Chess' fünf National Winners. Sich in einer Slumgegend von Miami zu behaupten, lernte Tom von seiner alleinstehenden Mutter früh. Tom jobbte schon als 12jähriger in Supermärkten, bis er selber mit Chemie und Cubanos Reinigungsservices für Markets and Malls aufzog. Er lernte gute und schonende Sauberchemie zu mischen und produzieren. 16 Firmen leitet er heutet und leistet sich endlich jedes Moped, das der Knabe früher hat sehnsüchtig vorbeiflitzen sehen.

Cushman Silver Eagle, 1965.

blieb von 1938 bis 1963 fast unverändert. Mit zunehmender Beliebtheit der Roller investierte Cushman in verbesserte und vergrößerte Ausführungen, die um die Jahreswende 1939/1940 erschienen. Ab Modell 12 wurde nun der Radstand um 5 inch auf 54 inch verlängert, Reifen und Bremsen wurden vergrößert.

Seit dem Kriegseintritt der USA nahm die Regierung mit regelmäßig nachbestellten Rollern, Beiwagen und neuen Dreirädern fast die gesamte Kapazität des Cushman-Werkes in Beschlag. Ab 1942 wurde mit der Dreißiger-Reihe der Typ Auto-Glide ausentwickelt, der nunmehr vier PS abgab.

Das Militär verlangte Roller, die man abgesprungenen Fallschirmjägern aus dem Flugzeug nachwerfen konnte. Dazu wurde das Modell 30 auf die absoluten Essentials gestrippt. Die sogenannten »Airbornes« bestanden aus nackten Rahmen oliv besprühter Stahlbleche und Profilteile, Motor, Zweiganggetriebe, nötigsten Hebeleien, 7,5-Liter-Tank, je zwei 6,00×6 Rädern aus dem Jagdflugzeugbau und wurden mit Ringen für die Fallschirmgurte versehen. Wiegen tat das Ding 225 pounds, rund hundert Kilo, und die Streitkräfte bezahlten jeden Airborne mit $ 454,-.

Wieviel wie oft und wo auch immer Airbornes abgeworfen wurden, darüber gibt es verschiedene Anschauungen. Sicher ist aber, daß der kriegsmäßige Einsatz der Airbornes hauptsächlich in Militäreinrichtungen mit festem Boden unter den Reifen stattfand.

Die Bilder und ihre Texte erzählen Cushmans Geschichte bis 1961, als das Werk den USA-Import der Vespa-Motorroller übernahm. Der Cushman-Schriftzug kam über das Vespa-Symbol. Ansonsten blieb es die italienische Vespa. Immerhin, konnten die Cushman Werke so als Firma überleben, wenn auch der Verkauf ihrer schöneren, nicht so wulstig-schwulstigen Cushman Scooter unterblieb.

Cushman-Konkurrent:
Der gut gedachte Salsbury-Automatik-Roller machte sich nicht gut und verschwand.

Mustang

Amerikas Pionier flotter, kleiner Flitzer. Am 19.4 cu.in. (315 cm³) Viertaktmotor wurden echte 12,5 PS gemessen. Einen ganzen Korral Mustangs hat der Händler in der besseren Garagenfirma eingefangen! Da mußten zuhause Nachfrage und im Werk Rabatte stimmen. Offenbar aus einer Werks-Auslieferung der Mustang Twowheeler.

Die Mustang Thoroughbred ging für so'n kleinen Hüpfer super ab, links, die Fußschaltung bediente vier Gänge und verursachte diesen Wheelie. Teleskopgabel, Radstand 134 cm, Sitzhöhe 72 cm. Mustang zählte bald zu den wenigen amerikanischen Zweirad-Marken, die der US-Käufer noch erwerben konnte.

Regierung und Behörden orderten weniger Mustangs als Cushmans. Obwohl doch Mustang Threewheeler für Überwachung von Parkzeiten in Städten besser geeignet schienen.

On the Road Again

F.A.M. und AMA

Im Kings County Wheelman's Club, 33 Grant Square in Brooklyn, (N.Y.,) trafen sich am 7. September 1903 der »Alpha Motorcycle Club«, der »New York Motorcycle Club«, ein Club aus Philadelphia, etliche Repräsentanten anderer Clubs sowie außenstehende Enthusiasten, insgesamt 92 Interessenten, zu etwas, was in der Einladung »Convention« benannt war und den Zweck hatte, einen nationalen Motorrad-Verband zu konstituieren. Vorausgegangen waren Aufrufe, Gespräche, diverse Schriftverkehre, alles die Gründung einer nationalen Motorradfahrer-Vereinigung betreffend. Wieder wurden verschiedenste Gesichtspunkte eines solchen Verbandes diskutiert, bis schließlich einige Entschlossene zur Vollziehung eines Gründungsaktes aufriefen. Die Zeit dränge, alle müßten wieder heim, hätten morgen teils früh aufzustehen. Damit waren prinzipiell relativ viel Teilnehmer einverstanden. Bis ein Dokument zum Unterschreiben rumgereicht wurde, in dem mit Beitritt zwei Dollar fällig wurden.

Da waren's nur noch vierundvierzig. Nicht mal die Hälfte, aber sie hatten offiziell die »Federation of American Motorcyclists« (FAM) ins Leben gerufen. Präsident wurde ein New Yorker namens R.G. Betts. Der Sitz verblieb über Jahre in Neu England (nicht zu weit weg vom Indianwerk). Vier Vizepräsidenten aus jeweils anderen Landesteilen gingen zurück in die Heimat, um dort am Wuchs ihrer Federation zu wirken. Der Verband war nötig, erhielt von Fachpresse und Firmen Rückendeckung. 1906 war es dann soweit, Rennen fanden fortan unter FAM-Aufsicht und -Regeln statt. Leistungsgrenzen gab es keine, der Hubraum eines einzelnen Zylinders war auf 50 ci beschränkt, ein Pilot mußte mindestens 120 pounds, also etwa 55 Kilo, wiegen, ansonsten die Differenz mit Ballast ausgleichen. Populäre Stars waren bei Indian: Shrimp Burns, Ralph Hepburn, Slivers Boyd; bei Harley-Davidson: Ray Weishaar, Fred Ludlow, Red Parkhurst; bei Excelsior: Bill Church; Thor hatte Art Mitchell und Cyclone Dave Kinney und J.A. McNeil. Weil ihn der Professionalismus auszehrte, hätten Sport und schließlich Verband sehr an Interesse verloren, so meinte sauertöpfisch R.G. Betts, erster FAM-Präsident. Die Cracks wären nur wegen des Geldes, nicht wegen des Wettkampfes drin. Die Zuschauer empfanden nicht so, sie strömten in die Arenen.

Obengenannten Unlust an Rennen zu unterstellen, ist absurd. Viele Marken verdankten ihren Bekanntheitsgrad den Siegen ihrer Piloten, über die Tages- und Fachpresse berichteten. Viel Geld und Mühe investierten einige Firmen in ihre Rennabteilungen. Nur verständlich, daß sie dieses für sie lebenswichtige Unterfangen nicht Amateuren überlassen wollten. Weder Funktionären, noch Fahrern. Daß die Fahrer etwas für ihr Risiko haben, für eine ungewisse Zukunft sparen wollten, kann doch nur einem

Die Federation of American Motorcyclists – F.A.M. – setzte sich als erster nationaler Motorradverband durch, ging aber in Inkompetenz und internen Widersprüchen zugrunde. Zeichnung zum F.A.M. Treffen 1916

Pharisäer nicht eingehen. Was längst nicht alle FAM-Funktionäre waren. Doch interne Schwierigkeiten und Richtungsstreitereien brachten derartige Reibungsverluste, daß sich um 1916 die besonders aktive Westküstenszene als »Western Federation of Motorcyclists« mit Sitz in Los Angeles von der Mutter »F.A.M.« trennte.

Darauf gründeten die Firmen der Branche die »Motorcycles and Allied Trades Association« (M.A.T.A.), Vorsitzender A.B. Coffman, um sich selber um Abwicklung der Rennen zu kümmern. Ganz so trat das nicht ein. Die Firmen befanden sich in einer Absatzkrise und nicht jedes Werk wollte weiter Geld, das es eigentlich nicht mehr hatte, in die bodenlose Class-A-Formel werfen. Als erstes der großen Werke gab Harley-Davidson sein Rennprogramm auf und beschränkte sich auf eine milde Unterstützung von Privatfahrern.

Die 1920 gegründete »Riders Division«, als Sektion der MATA, organisierte seit 1921 statt ihrer Muttergesellschaft die Sportveranstaltungen. Sie löste sich dann 1924 von dem Industrieverband MATA und nannte sich seitdem AMA, »American Motorcyclists Association«.

Schon vor dem zweiten Weltkrieg dominierte die AMA die Szene und sanktioniert seitdem Rennen, Messen, große Veranstaltungen; Erinnerungsmedaille für die 1934er Gypsy Tour.

Damit sich amerikanische Motorcyclisten in der American Motorcycle Association zusammenfanden, reorganisierten sich 1924 100 einzelne Vertreter von Firmen, Clubs und andere Motorradfreunde. Als erster AMA-Präsident wurde George T. Briggs vom Vergaserspezialisten Wheeler-Schebler gewählt. James A. Wright, Verkaufs- und Werbechef von Indian, folgte ihm 1928 und verblieb bis 1944 auf dem Posten. Damit nur kein Gegrummel im Mittelwesten aufkomme, man habe vielleicht den Bock zum Gärtner gemacht, übernahm Arthur Davidson, Mitbegründer von Harley-Davidson, die Position von 1944 bis 1950. Sein Nachfolger von 1951 bis 1954: Gregory G. Gilbert, Präsident der Kettenwerke Baldwin-Duckworth, wieder aus Springfield. Milwaukee übernahm den Staffelstab mit Carl Swenson, Präsident der Milsco Mfg. Co. ebendort. Die Stellung des AMA-Präsidenten hat etwas Repräsentatives und Zeremonielles, aber die Macht des Verbandes praktiziert der Sekretär. Erster Sekretär A.B. Coffman (ABC), Nachfolger wurde E.C. Smith, der richtig glücklich mit dem Job war und ihn schier ewig ausfüllte. Ebenfalls wohl in seinem Amt fühlte sich Secretary Lin Kuchler.

Die heutzutage von einem Autor verbreitete Saga, Harley-Davidson habe seit den dreißiger Jahren die AMA gewissermaßen fest im Griff gehabt und für seine Zwecke mißbraucht, wirkt angesichts des AMA-Präsidenten James A. Wright lächerlich, der während seiner AMA-Präsidentschaft von 1928 bis 1944 gleichzeitig Verkaufs- und Werbechef von Indian geblieben war. Allerdings entzog sich Indian nach Kriegsende ganz seiner finanziellen AMA-Verantwortung. Man kann das bei der chaotischen Indian-Dämmerung ab der Rogers-Präsidentschaft verstehen.

Das nur nebenbei gesagt: die AMA wäre verschwunden, hätte Milwaukee sie nicht nur gesponsort, sondern regelrecht durchgezogen. Interessant, daß den erwähnten Vorwurf ehemalige Indian-Verantwortliche zuerst erhoben, offenbar als Hebel für mehr Macht britischer Motorrad-Marken, mit denen sie nach dem Zusammenbruch der Springfielder Marke in Import und Verkauf involviert waren.

In der AMA-Verwaltung in Columbus, Ohio, arbeiteten 1962 fünf Männer und acht Frauen. Chef war der Nationale Sekretär des Verbandes, Lin Kuchler. 1962 zählte die AMA 60000 Mitglieder, die meisten von ihnen waren automatisch über ihre örtlichen Clubs eingetreten. Insgesamt 1350 für sich unabhängige Clubs sind der AMA angeschlossen. Manche bestehen aus einem Dutzend, andere aus 100 oder mehr Motorradfahrern. Der AMA-Club-Direktor hält die Connections aufrecht. Daß der Rubel rollt, reguliert und kontrolliert der Finanzdirektor. 1960 hatte man sich einen Adressograph installiert. Mit dieser nützlichen Maschine war es leichter, 30 Tage vor Ablauf einer individuellen, jeweils ein Jahr geltenden Mitgliedschaft an den anstehen-

Gypsy-Tour in Laconia: Ein AMA-Informationsstand findet reges Interesse.

den Zahlungstermin zu erinnern. Wer einmal eintritt, bleibt sehr lange Mitglied. Die Regelmäßigkeit beweist sich mit jährlich etwa 150 Freunden, die mit Antritt ihres 26. Mitgliedschaftsjahres automatisch die »AMA life membership« lebenslang bekommen. 1962 waren das schon 1250 der Eingeschriebenen, darunter viele große alte Namen im Rennsport.

Die europäische Motorradsportkommission FIM und die AMA haben sich bisher nie miteinander verbunden. Zu unterschiedlich sind ihre Sportauffassungen. Hier dominieren Dirt-Tracks und schwere Viertakter, dort Straßen- und Crossrennen mit leichten Vier- oder Zweitaktern. Sportler, die an Wettbewerben im Stile der FIM in den Vereinigten Staaten teilnehmen wollen, können das nicht auf AMA-Veranstaltungen. In den Fünfzigern bildete sich ein »United States Motorcycle Club«, der dann in Zusammenarbeit mit der (FIM) agierte. Bald nach dem (U.S.M.C.) entstand eine »American Association of Motorcycle Road Racers«, die ebenfalls Rennen im Stil der F.I.M. förderte. Die (AAMRR) hat viele Straßenrennen, überwiegend in den östlichen Staaten und in Florida, unter FIM-Regeln abgewickelt.

Im 62er Jahr sanktionierte die AMA für den heimischen Sport insgesamt 3000 verschiedene sportliche Motorrad-Veranstaltungen, die meisten, ca. 2700, sogenannte »field meets«. Mehr oder weniger lokale Landbrummereien und Gassenhauer, die von einem oder mehreren örtlichen Clubs organisiert wurden. An die zuerst im Ziel eines field meet Angekommenen werden zur Belohnung meist Pokale verteilt. Preisgelder erhalten die Plazierten der etwa 300 »Class C«-Ausrichtungen, in denen es um das »Number One Plate« des »Grand National Champion« geht. Ein Wettbewerbs-Direktor koordiniert und autorisiert alle Rennen. Des Verbandes Rechtsabteilung war bei prinzipiellen gesetzlichen Problemen wichtig, aber nicht immer erfolgreich und will seine Lobbytätigkeit in Washington verstärken. Voll-Mitglieder zahlen jetzt in den Achziger Jahren $ 20 Jahresbeitrag und haben automatisch den »Motorcyclist« abonniert, den ich z.B. lebendiger und interessanter finde als die »ADAC Motorwelt« bei uns. Ein Associate Member, der auf den »Motorcyclist« verzichtet, zahlt nur $ 10 Gebühren. Der Verband betreibt ein Club-Sicherheitsprogramm und verleiht jährlich Sicherheitsstandarten an Clubs, die nachweisen, daß ihre Mitglieder während des Jahrs in keinerlei kostenpflichtige Unfälle verwickelt waren.

Die AMA blieb bis heute der übergeordnete US-Motorradverband.

Von rechts: John Davidson (später einige Jahre Präsident in der AMF Ära), Willie G. Davidson (seit 1971 HD-Designer), E.C. Smith (lange AMA Chef), und ganz links Walter Davidson jr. (bis in die 60er kaufmännischer Direktor).

Die neuen Glides

Ende 1947 oder Anfang 1948 vor dem Harley-Davidson Werk in Milwaukee, Vorstellung der ersten Panhead. Mit Gebietsrepräsentanten und Händlern, 3. v.li. Arthur, 4. v.l. William, re. Gordon Davidson und 7. v.re. John Harley. Inzwischen war Arthur Davidson, der einst mit William Harley anfing, Motorräder zu bauen, der letzte Überlebende der vierköpfigen Pioniermannschaft.

Harley-Davidson Hydra Glide, 1953. Teleskopgabel, vierteilige Lampenverkleidung, Risers, Wishbone Rahmen, Mousetrap Hand-Kupplungsumlenkung. Immer wieder schaffen es Harleys, technisch angemessen und optisch begeisternd zu sein. Echte Motorradtypen reifen über Jahrzehnte aus und können nicht jedem Zeitgeist folgen.

Am Harley-Davidson Werk:
»Motorcycle Parking Only!« Vor dem Bürotrakt-Eingang an der Juneau Avenue, empfängt Chefingenieur und Schatzmeister Bill Harley jun. winterliche »Roughriders« – während der 50er Jahre.

Nach dem 2. Weltkrieg gewann das Exportgeschäft an Bedeutung. Gordon Davidson, re., ein Techniker des Werkes, asiatische Besucher der Service School, und – wie sollte man die amerikanische Sexbombe übersehen – die 1964er FLH, Duo Glide.

Sport nach dem Krieg

Mit 332 km/h wohl schnellste Indian Scout. Neuseeländer M. Munro begann mit einer 1920er Indian Scout seine Munro Special zu erbauen. Statt hündisch Koeffizienten aus andern Koeffizienten, Tabellenwerk und Rechenschieber zu glauben, experimentierte er endlos mit OHV-Konversion, Liegestuhl-Verkleidung und feinwerkelte am Innern und Äußern. Seinen Rekord fuhr er 1962 auf den Bonneville Salt Flats.

George Roeder 1963, auf einer Kurzstrecken KR. Sein Schleuderstil und Tuners Ralph Berndt Motorenarbeit ließen die Konkurrenz verschwinden.

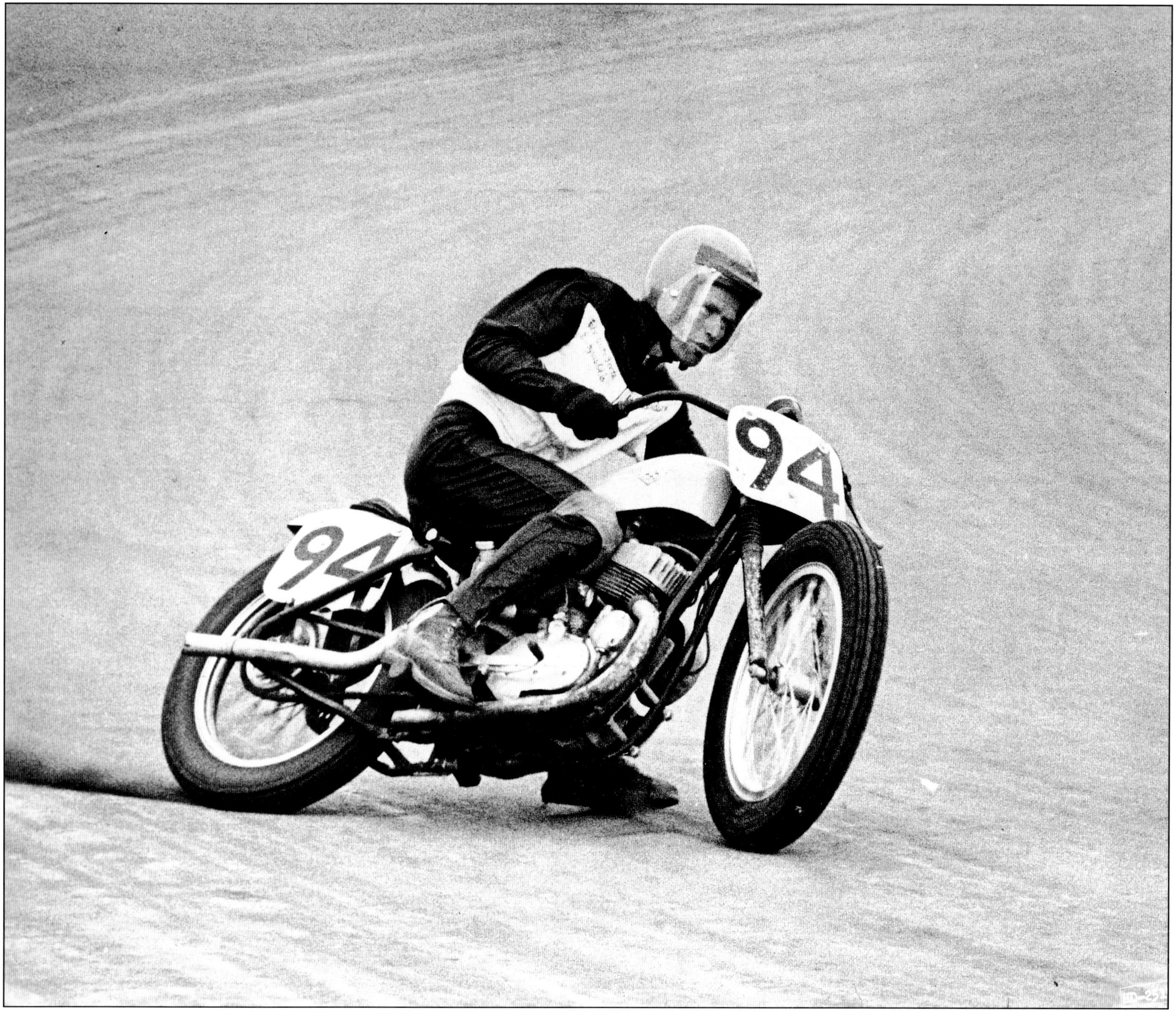

Auf dem Halbmeilen-Kurs von Ionia, Michigan. Caroll Resweber, vierfacher Grand National Champion, vor Brad Andres, 1960. Die beiden machten das Rennen unter sich aus. Resweber siegte. Seine unglaubliche Haltung läßt selbst den grandiosen Andres wie einen Dilletanten aussehen.

Hier nimmt Resweber doch mal den Fuß zu Hilfe. In der Nähe Milwaukees tunt und stylt er heute auch Straßen-Harleys.

Brad Andres – Grand National Champion 1955, 1956 Zweiter, 1958 Vierter, 1959 Dritter, in seinem letzten Rennjahr 1960 wurde er Sechster der Meisterschaft.

Nach einem Spitzenkampf gratuliert Joe Leonard (98) Brad Andres zum Sieg und neuen Rundenrekord beim 100-Meilen-National in Laconia 1957. Brads Vater Leonard Andres, Harley-Davidson Händler in San Diego, CA, strahlt dazu. Die Andres-Jungens haben Grund, stolz zu sein, Joe Leonard war kein Anfänger. Seine Erfolgsliste: Grand National Champion 1954, 1956 und 1957; Zweiter 1958, 1960 und 1961; 1955 Dritter und 1959 Fünfter.

Ziel- und Sieg-Fahne für Brad Andres (4), Laconia 1958

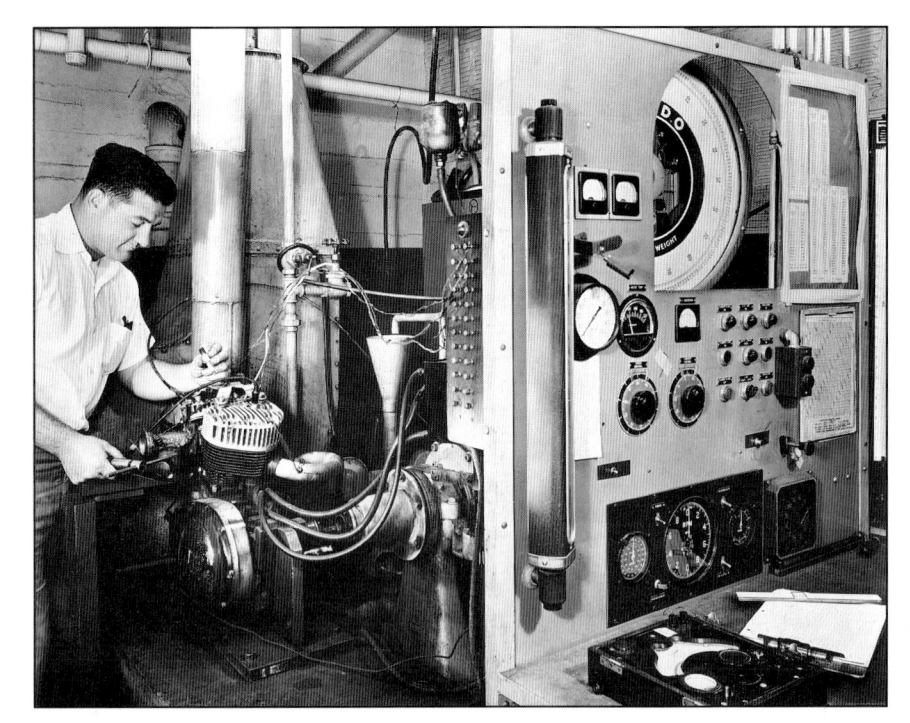

In der Rennabteilung von Milwaukee: KR Seitenventil-Motor auf dem Prüfstand. Harley-Davidson machte aus diesem Konzept bis dann Unglaubliches. Das AMA Class-C-Regelwerk stellte vor dem Krieg den Sport auf breite Basis und enthob die am Ruin entlang schlitternden letzten beiden US-Marken übertriebenem Entwicklungsaufwand. Rennmaschinen entsprachen weitgehend ihren 750 cm³ Seitenventil-Straßenmotorrädern. Amateure konnten sich mit der nationalen Spitzenklasse messen und in sie aufsteigen. Für leichter zu tunende, höher verdichtete OHV und OHC Einzylindermotoren und entsprechend leichtere Racer galt ein durchaus verständliches 500 cm³ Limit. Als nach dem Krieg Indian verschwand und die Engländer in Massen auftauchten, sollte in der AMA zwischen Importeuren englischer Marken und Harley-Davidson ein ewiges Gezeter um diese Regeln stattfinden. Schließlich gab man in Milwaukee nach, auch OHVler waren bis 750 cm³ offen. Ironischerweise gewannen KRs oft noch.

Meist auf Triumph war Bud Ekins in den 50ern und 60ern des Landes schnellster Geländespezialist. Seiner Marke, aber auch Stil und Schneides wegen galt er als »Triumphator« der gewaltigen »Greenhorn Enduro«- und »Jack Rabbit«-Wüstenrennen. Bud wurde Captain der erfolgreichen US-Sixdays-Mannschaft, der u. a. sein schauspielernder Freund Steve McQueen angehörte und die z. B. die Six Days in der DDR gewann. Bud empfand Dirt-Track-Rennen im Vergleich zu seinen Cross-Country-Ritten fast als langweilig, weil er von Triumph gesponsort wurde und auf Harley-Davidsons nicht startete, geriet seine Karriere leider nicht in diese Bereiche.

Sie gewannen viele Male immer wieder nur Pokale …

»Daytona 200«

Seit dem ersten Rennen 1937 waren die »Daytona 200« Amerikas wichtigstes und herausforderndstes Motorradrennen. Über die Jahre haben alle Topfahrer dieses Landes besonders hart um den Sieg in Amerikas längstem Test von Geschicklichkeit, Geschwindigkeit und Ausdauer gekämpft. Zuerst auf dem Strandsandkurs und in späteren Jahren auf dem Asphalt des Daytona International Speedway 3,81-Meilen Straßenkurses mit langen Geraden, Steilwandkurven und den gemeinen Kurven im Infield, dem Innenfeld.

Ed Kretz, Sr. aus Monterey Park, Calif., war 1937 erster Gewinner der »Daytona 200« auf einer Indian, seine Durchschnittsgeschwindigkeit 73,34 mph. Seit des Californiers Triumpf gehörten zu den Siegern u. a. Ben Campanale, Babe Tancrede, Floyd Emde, Dick Klamfoth, Paul Goldsmith, Brad Andres, Joe Leonard, Don Burnett, Ralph White und Roger Reiman.

Den Rekord für die Sandstrecke stellte der 1958er Sieger Joe Leonard auf, nachdem seine 200 Meilen mit einer Durchschnittsgeschwindigkeit von 99.86 mph gemessen wurden. Der Strandkurs am Atlantik blieb bis 1961, als Männer und Maschinen dann zum fertiggestellten International Speedway überwechselten, einem grandiosen, modernen Motodrom. Dort waren die Piloten nicht länger dem unberechenbaren Sand am Strand, den Gezeiten und Wind ausgeliefert. Die Geschwindigkeiten im Speedway steigerten sich bald, aber irgendwas am Reiz der Strandjagd ging einfür allemal verloren.

Start auf dem alten Strandkurs von Daytona, 1948.

Kein anderes Rennen um die National Championship bringt so viel Punkte und ist so wichtig für den Mann, der sein Auge auf das große No. 1 Schild geworfen hat. Roger Reiman, der 1964 mit einem Schnitt von 94,833 mph siegte, nutzten die 101 Punkte der »Daytona 200« zu seinem ersten Titel als AMA Grand National Champion.

***

Einer der AMA Belange galt dem Verbessern der Rennfahrersituation. Der Verband belegt mit Stolz, daß er über die Jahre die Preissummen beträchtlich erhöhen konnte. Dieser Zugang zu Sponsoren und Veranstaltern war sicher mit ein Grund dafür, daß die F.I.M. Rennen in den USA nie so richtig faßten. Die AMA selbst tritt nur als Gestalter, nie als Veranstalter eines Sportereignisses auf. Sie fördert anerkannte Promoter wie J.C. Agajanian, Eddie Witzenberg, Bill France (Daytona Beach), erhält von denen die Oberhoheit über den sportlichen Teil des Rennens sowie einen angemessenen Betrag. Diese Männer haben viele Jahre lang eng mit der AMA zusammengearbeitet, ihre Anstrengungen plus dem guten Ruf des sanktionierenden Verbandes haben zu einer erfolgreichen, kaum skandalgeschüttelten und populären Rennszene geführt.

Diese ist von einer beeindruckende Stabilität, einige der großen Rennen stehen

Auslosung der Startplätze in Daytona 1940 oder 1941; Ted Edwards zieht die Startaufstellung für das bevorstehende große Rennen. Links starten Emile Janell, der dieses Jahr die Konkurrenten auf die 200 Meilen schicken und das Rennen dann abwinken wird.

In der Mitte Fritzie Baer (mit Hut), Babe Tancrede, »der rasende Motorradpolizist« und an seiner Maschine (75) Joe Petrali, 1941.

Dick O'Brien,
langjähriger Leiter der Harley-Rennabteilung, die dem KR-Seitenventil-Motor nicht für möglich erachtete Kraft entlockte. So wie seine KRs englische Marken in Schach hielten, so wuchsen die nachfolgenden OHV-XRs über die japanische Konkurrenz hinaus. Nach Jahrzehnten verließ O'Brien Milwaukee und wurde Tuner des Auto-Rennteams von Burt Reynolds.

Und so broadsliden zwei XRs in die Zielgerade eines Flattrackkurses hinein. Die Jungs bräuchten sich nicht so zu beeilen, weit und breit keine Honda oder Yamaha in Sicht.

249

Meine 1984er Wide Glide
mißt sich mit anderen Beispielen robusten und schweren amerikanischen Maschinenbaus, der »U.S.S. Alabama«, einer B 52 sowie einem schweren Flakgeschütz, im Historischen Park Mobile, Alabama.

Die große USA-Tour:
Wer die nicht fährt, lebt verkehrt! 1984, Uwe und Susanne Illgner unterwegs mit ihrem Knucklehead Chopper in Californien.

Nach 10 Jahren Überzeugungsarbeit stieg Christel nach Honda-Roller und Vespa endlich aufs Motorrad. In Californien setzten wir ihre 89er Sporti mit Corbin-Gunfighter Sattel, HD-Drehzahlmesser, Screamin Eagle-Ölkühler und Gabelstabilisator zusammen; scheinbar hoch und schwer für ein 1.60 m Mädchen, kam sie etwa ab Arizona klar und freute sich dran. Hier erreichten wir nach drei Monaten und 6000 Meilen die Florida-Staatsgrenze. Kalt war's.

Beeindruckt zollt ein Betrachter Respekt. Den Winter vor Daytona werkelte auch der Bastler dieses V 8 die Nächte durch. Sein Raumbedarf dabei wird höher gewesen sein als der des Feinwerkers daneben.

Ein freundlicher Heimwerker

baut Jahr zu Jahr kleinere Bikes und führt sie gerne in Daytona vor. Die andere Seite der Bikeweek: interessante Gespräche mit fantastischen Tüftlern.

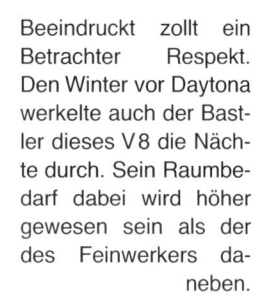

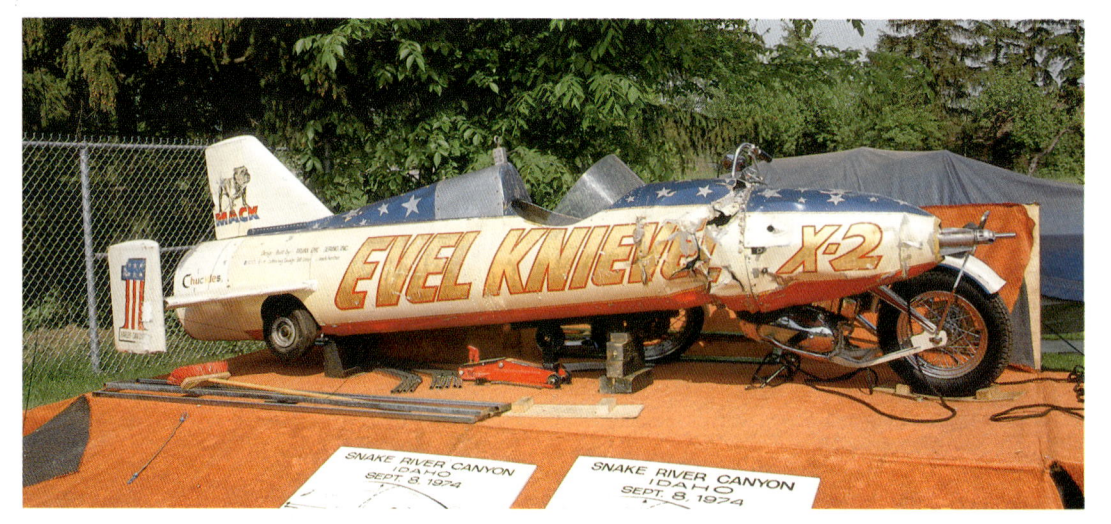

Außer Silbernägeln, die seine Knochen zusammenhalten, blieb Evel Knievel wenig Wertvolles. Der Abenteurer und Gladiator kümmerte sich um seine Stunts und das Verpulvern seiner Honorare mehr als um den grauen Alltag. Banken, Gläubiger und Handwerker übernahmen restliche Relikte seiner Existenz. Hier seine im Snake Valley abgestürzte X–2 sowie seine ebenfalls lädierte Starrahmen XR, mit der er in Las Vegas verunglückte.

In den Siebzigern HD-Werkspilot

und Grand National Champion, leitet Mert Lawwill heute sein eigenes Team. Die XR-Motoren erlebten auch dank seiner Ideen und Mühen einen enormen Leistungszuwachs. Mit ihm sein Fahrwerksspezialist, der junge Dave Garoutte.

Eric Buell,

vorher Mitarbeiter des Harley-Davidson-Rennstalls, fügt aus überarbeiteten 1200er Sportster-Motoren, eigenen Fahrwerken und Verkleidungen zur Zeit Amerikas schnellste SerienMotorräder zusammen. Den 91er Buells nahm er die Seitenverkleidung ab, damit sich die Motoren zeigen.

Psycho Ward, einer der Helden der heutigen US-Motorrad-Szene. Seit seiner Zeit als Deputy Sheriff hing ihm wegen seiner Wildheit der Spitzname »Psycho« an. Mit anderen Bikern, die in der Drogen- und Gewaltkultur am Rand der Motorradszene scheiterten, gründete er vor Jahren den Motorcycle Club »Tribe«, dem heute etliche Chapter in den USA angehören. Psycho Ward bedeutet auch Bekloppenabteilung und beide Worte hat er als Name legalisiert, ich sah seinen Führerschein. Seine Frau gebar ihr erstes Baby, und Psycho denkt manchmal über Gespanne nach.

Erste Wide Glide, FXWG 1980

Läuft das »amerikanische Motorrad«
mal auf zwei Beinen umher anstatt auf zwei Rädern zu rollen, dann sieht es so aus und heißt Willie G. Davidson. Willie G. mit seiner Frau Nancy 1988 in Daytona.

F 80 Der Softail Heritage Freiluftballon
des Malcolm Forbes, der uns leider zu früh jenseits der Wolken und Sphären entschwebte.

**1948er Panhead und
1988er Springer Softail.**
Zwei Generationen schauen sich an.

Jürgen Mohrman
führt seinen Custom Cycle Shop in Schifferstadt bei Ludwigshafen, ein guter Schrauber, verheiratet, Vater zweier Kinder, Mieter einer 3½-Zimmer-Wohnung und Mitglied des »M.C. Bones«.

Harley-Davidson Springer Softail,
hier treffen sie sich wieder nach hundert Jahren amerikanischer Motorradgeschichte: wilde Cowboys, denen ihre Gäule nicht genug bieten und ihre aristokratischen Bikes!

Er ist endlich wieder da:
Der (neue und doch) klassische Rahmen der 1991 FXDB Sturgis. Bei anderen Harley-Davidson-Rahmen bleiben zwischen Zylinderkopf und Rahmenhauptrohr nur mm. Der neue Rahmen gibt den Zylindern noch viel Raum zu wachsen. Design und Federbeinlage zeigen, daß dieses Fahrwerk den großen Tourenmodellen dienen wird. Die Seitenkoffer werden dann ohne innere Einbuchtungen auskommen.

Bye Bye GI and thanks!
Gott sei Dank entfielen die Gründe ihrer Stationierung in Europa, doch der Abschied von den GIs stimmt traurig. Ihnen verdanken wir u. a., daß wir nicht im eisigen Ural großdeutsche Wache schieben müssen. Sie brachten Demokratieverständnis mit, den Rock'n Roll und ihre souveränen Harleys, die einige von uns vom Euro-Japse-Leistungsfetischismus erlösten.

inzwischen 50 Jahre oder mehr auf dem AMA-Kalender, z. B. die jährliche Laconia, New Hampshire New England Tour und Rally, die von einer Gruppe von Motorradhändlern aus Neu England (lange Fritzie Baer) gefördert wird. Andere langjährige AMA-Termine: Daytona Beach, Florida, und Springfield, Illinois, Peoria, Illinois' »Tourist Trophy«, das in dieser Stadt aufs Jahr 1947 zurückgeht; und die Columbus, Ohio, »Charity Newsies«.

Wie in jedem Sport machten große Namen die Geschichte. Unter den Top-Persönlichkeiten der Sechziger finden sich Roger Reiman, Dick Mann, Bart Markel, Ronnie Rall, Ralph White, Georde Roeder, Gary Nixon, Brad Andres, Joe Leonhard, Dick Klamfoth und Carroll Resweber. Ihre Vorgänger in der Motorrad-«Hall of fame« umfassen Joe Petrali, Jim Davis aus Columbus, Babe Tancrede, Dud Perkins, Oscar Lenz, Floyd Clymer, Hap Alzina, Windy Lindstrom und viele andere Stars von damals.

Solch bewährte Experten bilden das 28köpfige Wettkampfkomitee, das Grundsätze erarbeitet, die für Fairneß und Gleichbehandlung im Sport sorgen sollen. Rennen werden unter strengen Sicherheitsvorkehrungen durchgeführt. Mitglieder des Technischen Ausschusses prüfen die Ausrüstung der Rennteilnehmer, bevor sie starten. Das Wettkampfkomitee arbeitet mit Herstellern zusammen, um Rennzubehör einem hohen Standard entsprechen zu lassen.

»Iron Man« Ed Kretz, der zehnfache nationale Champion, lehrte im Krieg auf der Pomona-Armee-Basis den Rekruten Motorrad-Reiten und -Technik. Mit über vierzig Jahren und schon rund um die Hüften, nahm Ed nach dem Krieg noch an nationalen Wertungsläufen teil. Seine Motorradhandlung in Monterey Park geriet nicht in die Strudel von Indians Untergang, denn er hatte längst auch die Triumph-Gebietsvertretung übernommen. Ed sr. galt als Entdecker des fast so erfolgreichen Ed Kretz jr., nach seines Sohnes Talent hat er nicht weit suchen müssen. Aber auch den begnadeten Bud Ekins förderte er. Die beiden Kretz-Eds übernahmen später noch Vertretungen von BMW, Honda und Suzuki.

Ted Evens in der Nordkurve des Daytona-Strandkurses

Die Japaner kommen!

Anfang der Sechziger Jahre hatten die Honda-Rennmaschinen auf den Grand-Prix-Kursen Europas viele Siege davongetragen. Der Markenname Honda wurde zum Begriff. Nach 1960 landete die erste Schiffsladung von 30000 Honda-Motorrädern an der Westküste der USA. Japanische Marken hatten schon vorher versucht, in den USA Fuß zu fassen, unter ihnen Pointer, Tohatsu, Yamaguchi, SPB, Miyatet. Keine von ihnen konnte sich in den USA durchsetzen.

Hondas erste Anzeigen wirkten hilflos, die japanischen Schriftzeichen auf ihnen so – wie das mechanisch übersetzte Englisch lächerlich. Zwar waren die ersten Hondas preiswert, doch ihre Mängel in Leistung und Verarbeitung wurden bald bekannt. Weil der durchschnittliche Japaner viel weniger wog als der durchschnittliche Amerikaner, brachen Fußrasten und Kickstarterhebel ab. Schließlich stellte Honda Jack McCormack ein.

McCormack war ehemaliger US-Marine-Infanterist, fuhr dann eine Weile Motorradrennen und war zu der Zeit beim englischen Triumph-Importeur angestellt. Er galt als großer, schwerer, energischer Mann. Er half in Japan beim verbesserten Design für den amerikanischen Markt, konnte mit seiner aufdringlichen Art die Verkaufsziffern von 3000 bis 17000 und schließlich 1963 auf 85000 Einheiten steigern. Wegen des Wechselkurses des Dollars konnten die kleinen Hondas zu unvergleichlichen Preisen angeboten werden und spielten trotzdem sehr viel Gewinn ein. Diesen Gewinn investierte McCormack fast ganz in Anzeigenkampagnen.

Wo Harley-Davidson und die Importeure englischer Motorräder zusammengenommen kaum 60000 Dollar per annum locker machten, stieg McCormack von Anfang an mit sechsstelligen Zahlen in die Werbung ein. McCormack's Werbekampagne »You meet the nicest people on a Honda« ist inzwischen sprichwörtlich, ihr Erfolg legendär. In ganzseitigen Anzeigen wurden normale freundliche, liebenswürdige Menschen, sei es Hausfrau, Priester, Briefträger, Jungmädchen, Großvater, sogar Frackträger und Bräute auf hübschen kleinen Hondas gezeigt, die so ganz anders als die schweren großen Motorräder Englands oder Amerikas aussahen. In der Werbung wurden Hondas nicht als Motorräder angeboten, sondern als Sportcycles, Funbikes oder Trailbikes, immer bezogen auf einen Zweck, den finstere schmierige Biker mit ihren großen Maschinen nie anstellen würden.

Amerikaner hatten Geld, Freizeit und waren bereit, Neues, Verrücktes zu probieren. Das Werbe- und Modellprogramm von Honda entsprach genau den Kundenwünschen. McCormack hatte das Modellprogramm und die Werbekampagne konzipiert und wurde von der Honda Gesellschaft im fernen Japan nicht ausreichend belohnt oder gewürdigt. Mentalitätsprobleme zwischen den japanischen Direktoren und ihrem amerikanischen Vertreter McCormack sowie seinen Mitarbeitern wuchsen sich zu Problemen aus. 1964 stieg McCormack bei Honda Amerika aus. Seine Tätigkeit wirkte weiter.

Die Nachfrage schnellte nach oben, Honda übernahm 50% des neuen Marktes, Harley-Davidsons Anteil sank auf 10%. Die englischen Marken, Montesa und Bultaco aus Spanien sowie die neu zukommenden japanischen Yamaha, Kawasaki, Suzuki teilten sich den Rest.

Suzuki engagierte als kaufmännischen Direktor McCormack. Man räumte ihm weit mehr Zuständigkeiten und Mitspracheeinmöglichkeiten ein, als er bei Honda hätte erreichen können. Gewinnbeteiligung und Vetorecht bei Personalentscheidungen sowie ein Fünfjahres-Vertrag waren ihm garantiert. Innerhalb von zwei Jahren steigerte er Suzukis Werbeetat von 150000 auf 1 Million Dollar. Nachdem sich der Erfolg einstellte, stellten sich auch wieder die Streitigkeiten und Probleme mit den japanischen Direktoren ein. Trotz seines sicheren Vertrages verließ McCormack nach zwei Jahren mit 1 Million Dollar Abfindung Suzuki USA.

Inzwischen brachten Honda, Suzuki und Kawasaki 750 ccm Superbikes, die in Leistung und Alltagstauglichkeit weit über dem britischen, amerikanischen und europäischen Standard lagen. Der prozentuale Marktanteil der europäischen Marken und der von Harley-Davidson sank weiter, obwohl der Markt weiter expandierte und so die realen Verkaufszahlen auch bei den englischen Marken und Harley-Davidson weiter anwuchsen.

McCormack, der zwei Marken zu ihrem großen Start in den USA verholfen hatte, wollte jetzt endlich seine eigene Motorradmarke einführen und siegen sehen. Mit seinem und dem Geld von Anlegern gründete er die Eagle Motorcycle Company. Außer Motorrädern wollte er noch Dünenbuggies und Schneemobile sowie Boote und später Flugzeuge ins Programm nehmen. McCormack dachte dabei nicht an eine groß angelegte eigene Produktion, sondern hauptsächlich an eine Montage zugekaufter Komponenten. Sein Name war in der Branche ein Begriff und half ihm bei Verhandlungen mit Motoren-, Rahmen-, Getriebe und Zubehörherstellern. Zwar wurde die Marke »Eagle« in der Werbung als rein amerikanische Marke herausgestellt, doch die Bestandteile der Eagle-Motorräder wurden zusammengekauft in den USA, in Kanada, England, Westdeutschland, Italien und Japan.

Mitte 1969 waren die ersten Modelle fertig und Evel Knievel als Promotor unter Vertrag genommen. Knievel sollte nun die Eagle-Motorräder über Rampen und parkende Autos fliegen. Eine Weile sah es so aus, als ob McCormack seinen dritten großen Erfolg landen könnte. Doch dann kamen Schiffe zu spät an, gab es Ärger mit Gewerkschaften, paßten Komponenten oder Teile nicht zusammen oder entsprachen überhaupt keinen wirklichen Qualitätsanforderungen.

McCormack versuchte, Howard Hughes als Partner zu gewinnen. Hughes hatte vor dem Krieg mit seinem Mitarbeiter Petrali, dem großen Motorradrennfahrer der Vorkriegszeit ein eigenes Motorrad entwickelt, was aber nicht in Produktion ging, und war vielleicht jetzt wieder für den Motorradbau zu gewinnen, hoffte McCormack. Aber nichts wollte gelingen. Motorradmagazine, die einst durch seine großen Werbeetats prosperierten, seine Partner, die er vorher mit großen Aufträgen über Wasser gehalten hatte, Männer in der Industrie und den Verbänden, die ihre Position dem Einfluß McCormacks verdankten, alle, alle wandten sich von ihm ab. Irgendwann war es McCormack klar, daß seine Zeit in der Motorradbranche vorbei war. Er schloß als 41jähriger seine Firma, schätzte seine Verluste auf ungefähr 500000 Dollar und wandte sich einer anderen Branche zu. Auch da wurde er Millionär, diesmal ohne japanische Partner.

Clymer-Münch-Indian

Floyd Clymer gab nach dem Zweiten Weltkrieg US-Auto- und Motorrad-Zeitschriften sowie eine Technik-Buchreihe heraus, die noch heute seinen Namen trägt. Er beeinflußte seine Branche auch als Importeur mehrerer Marken, kaufte sich in die »Indian Sales Organisation« ein, die Royal Enfields importierte und als »Indian-Royal Enfield« anbot. Jovial, großsprecherisch und gutmütig, wie es seine Art war, besuchte Clymer Ende der Fünfziger Japan. Der sich stets auch selbst Darstellende nahm die neuen Motorradwerke wahr und ließ sich durch sie führen. Er war beeindruckt von den modernen Fabriken, meinte aber, die japanischen Konstrukteure würden nicht viel mehr als die kleinen Hubraum-Klassen meistern. Hätte er das Ausmaß der Export-Gefahr erkannt, hätte er vielleicht seine Indian-Pläne eher verfolgt.

An McGraw Hill verkaufte er 1963–64 Anteile seiner Zeitschriften- und Buchverlage und tourte anschließend um unseren Globus. Er suchte fähige Ingenieure für sein Indian-Projekt und zog Engländer, Italiener und zwei talentierte junge Japaner in sein Team. Die sorgfältige Auswahl des künftigen Indian-Chefkonstrukteurs reduzierte sich bald auf zwei gegensätzliche Figuren. Den begnadeten, eleganten Australier Phil Irving, der fast nahtlos einen Vincent-Motor in ein Chief-Fahrgestell gegossen hatte, und den verbauten Mechaniker Friedel Münch aus Altenstadt in der Wetterau. Der konnte kein gutes Englisch, niemand hatte ihm feinere Umgangsformen beigebracht, doch goldene Finger besaß er.

Münch hatte in einem Friedberger Kfz-Betrieb gelernt, wurde als junger Spund in die Wirren des Kriegsendes gerissen, kehrte aus der Gefangenschaft in den elterlichen Betrieb zurück. Bald wechselte er zu Horex in Oberursel und wurde dort dank seiner zähen konstruktiven Findigkeit zur Rennabteilung delegiert. Ende der Fünfziger wurde Horex von seinen Besitzern, wirtschaftlicher Schwierigkeiten aber auch mangelnden Kampfgeistes wegen, aufgegeben.

Münch lebte fortan von seinen bekannten Bremsen, die sich viele Rennfahrer in ihre Vordergabeln einbauen ließen, von Auftragsarbeiten und baute auch eigene Rennmaschinen, gern auf Horex-Imperator-Basis. In der deutschen Nachkriegsszene galt er als einer der fähigsten unabhängigen Konstrukteure. Als Clymer ihn besuchte, hatte Friedel gerade seine Pläne für die »Münch Mammuts« aus überarbeiteten NSU-Prinz-Motoren im eigenen Rahmen fertig. Der faszinierte Clymer blieb einige Tage bei Münch und offerierte ihm einen der interessantesten Verträge der Motorrad-Geschichte.

Das war kurz bevor Motorräder in einem noch nie dagewesenen, lang anhaltenden Boom weltweit zu zig Millionen verkauft wurden. Kaum jemand sah diese Entwicklung voraus. Clymers Timing stimmte. Er hätte als Chefentwickler keinen besseren finden können als Münch, der sich sicher bei gleichen Möglichkeiten mit Hondas Watanabe hätte messen können. Friedel baute auf Clymers Wunsch Prototypen, die die ersten, noch provisorischen Modelle der wiedergeborenen Marke »Indian« sein und Händler, Medien, und potentielle Käufer aufrütteln sollten.

Im Anaheim Convention Center bei Los Angeles wurden die Motorräder der Öffentlichkeit vorgestellt. Ein paar kleine Zweitakter italienischer Herkunft bildeten die Unterliga. Die 600er »Indian Prince« mit dem superben Horex-Imperator-Motor in einem Italjet-Rahmen des Konstrukteurs Tartarini sowie die 750er »Indian Scout« mit überarbeitetem Original Indian-Scout Seitenventil-Motor im Münch-Doppelschleifenrahmen, in dem Friedel Prinzipien des Nortonschen Federbett-Rahmens

Floyd Clymer erfährt sich die Horex Imperator, deren Motor ihn so beeindruckt, daß er beschließt, den in seiner bevorstehenden Indian-Modellreihe zu verwenden.

einsetzte. Der Scout-Motor sollte äußerlich weitgehend identisch bleiben, innerlich von Friedel Münch verbessert werden. Als Topmodell stand Friedel Münchs legendäre Vierzylinder Mammut als »Clymer-Münch Mammoth« da. Münch und Clymer einigten sich, die Mammut zwar über ein etwaiges Indian-Händlernetz zu vertreiben, aber weiter als eigenständige Marke, die die Identität ihres Schöpfers nicht in einer größeren Marke aufgehen lassen würde.

Aufträge und Händlerbewerbungen fanden sich ein. Es war abzusehen, daß man nach einer Aufbau- und Akkumulationsphase eigene Modelle entwickeln und Indian mit Münchs folgenden Neukonstruktionen eine aktive Motorrad-Marke werden könne. Doch wie's so heißt: Alle Menschen in der Welt streben nur nach Gut und Geld. Und wenn sie es dann erwerben, legen sie sich hin und sterben. Der stets vitale Clymer kippte um und starb. Sein neues Haus hatte er noch nicht geordnet, keinen Nachfolger festgesetzt, seine Finanzen nicht an Indian gebunden.

Clymers Witwe stellte ihre 55:45 Anteile zum Verkauf. Der Erstgeborene der amerikanischen Familie Bell griff zu. Er war grade 30 Jahre alt geworden und verfügte über ein Millionenvermögen, das seine Eltern einst nach seiner Geburt angelegt hatten. Gemäß bindender Vereinbarungen mit Banken dürfte ihr Baby das erst nach seinem 30. Geburtstag anfassen. Hätten sie gewußt, wie Marijuana und Kokain unreife Gemüter an der Entwicklung hindern, hätten sie wahrscheinlich ihres Säuglings vierzigsten Geburtstag vorgegeben.

Jedenfalls nahm der Junge einen Jet nach Europa, kaufte sich in Italien einen Iso Rivolta, jagte durch die Alpen und erreichte nach einigen Abenteuern Altenstadt in der Wetterau. Hier entfaltete er sich vor dem ungläubig staunendem Publikum

Friedel Münch Mitte der 80er Jahre an der Werkbank

Team« beschriftet. Aus Europa wegziehen oder gar ernsthaft »Indians« zu bauen, stand nicht mehr zur Diskussion.

Bell beschickte einige Rennen und erweiterte die Belegschaft, die sich auf inzwischen 38 Leute stellte. Zwar war Bell der Geschäftsführer, aber meist nicht da, er gab widersprüchliche Orders, setzte sich bei den italienischen Lieferanten nicht durch und keinen stellvertretenden Geschäftsführer ein. Das Konto rutschte langsam in den Keller, die Bank wurde aufdringlich.

Drüben, über dem großen Teich, hatten die Bells keine Lust mehr, die europäischen Eskapaden ihres Sprößlings aus den Gewinnen ihrer Fabriken und Ländereien zu subventionieren. Sie investierten weder Interesse noch Geld in dessen verrücktes

Mittelhessens mit der Urgewalt eines Tornados. Zweieinhalb Millionen von der Chase Manhattan Bank in Frankfurt steckte er in die Münch KG., Grundstück gekauft, Architekt rangezogen, für 1,2 Millionen die Fabrik hingeklotzt und dreißig Leute eingestellt. Den Wetterauer Landmenschen erschloß sich das Wesen des Playboys und Hippies aus Amerika mit einem Vergleich aus ihrer Sphäre: Hat der Bauer Geld, hat es die ganze Welt. Denn mit dem Bezahlen verplemperte Bell bald das meiste Geld. Die Rahmen wurden aus Kostengründen in Italien gefertigt. Sie kamen dann über die Alpen zu Münch, der seine Motoren einsetzen, die Motorräder montieren und in die USA verschiffen sollte. Mit den Italienern gab's Probleme. Mal wollten sie mehr Geld, mal kippten Termine, mal war die Qualität ungenügend, mal blieben Lieferungen aus. Die amerikanischen Händler wurden ungeduldig, setzten Friedel in Altenstadt unter Druck. Die Schwierigkeiten steigerten sich und Bell war irgendwo zwischen Italien und Indien, zwischen schönen und freundlichen jungen Menschen. Irgendwie erreichten ihn irgendwo die Hilferufe seiner hessischen Prolos. In einem Iso Grifo kam er nach 18 Monaten Abwesenheit wieder auf Altenstadt herab.

Die Lösung für die Probleme hatte er sofort parat: »We need a racing department!« Mit Friedel fuhr er zum Pfälzer Helmuth Fath, ehemaliger Gespann-Weltmeister und Tuner. Bell sagte, er wolle Faths Werkstatt kaufen und legte 250000 DM auf Faths Wohnzimmertisch. Friedel Münch wird Faths entgeistertes Gesicht nie vergessen können: Einsame Spitze! Natürlich war der Deal gleich perfekt, das ganze Zeug eingepackt, nach Altenstadt gebracht und einer von Faths Leuten wurde angestellt. Für 156000 Mark Cash wurde ein Daimler Benz Sattelschlepper mit gewaltigem Kastenhänger gekauft, alles designt und mit riesigen Lettern »Münch – URS Racing

Floyd Clymer wirkt wie ein Riese vor seinem Indian Boy Racer. Das Minibike war weitgehend aus europäischen Teilen kombiniert, es sollte Kinder und Jugendliche zum Geländesport führen.

Das Indian-Scout-Konzept, 1952 neu realisiert von Harley-Davidson im Model K. Vier Nockenwellen, Seitenventile, 750 cm³, Motor und Getriebe verblockt.

Die Sportster des Modelljahres 1958 erhielt in der XLCH-Variante für den Geländesport den kleinen Tank der Zweitakt-Harleys.

Die hübscheste und die agilste der Clymer-Indians. Velocette Thruxton 500 cm³ Single Motor, 35 bis 40 PS Leistung, Tatarini Rahmen, 160 kg. Sie soll leichter zu handeln und besser abgegangen sein als die originale Velocette Single.

Clymer-Münch-Mammoth
Clymers Chuzpe hätte Münchs Mammuts (engl. Mammoth) ans amerikanische Motorradpublikum gebracht. Da bat er Münch, sich auf doppelte Zahlen und mehr einzurichten. Wenn nicht, fänge er ihn auf. Friedel kaufte Werkzeug, Material, dann starb Clymer unerwartet. Die Erben waren nicht an sein Freundeswort gebunden, der finanziell überlastete Münch ging durch schwere Zeiten.

Motorrad-Projekt und liquidierten ihren Anteil daran right away – bevor sie mehr Geld verlieren oder Ärger bekommen konnten. Ihr Junge verschwand aus Hessen und überließ Friedel Münch die Verantwortung für dieses Chaos. Friedel reduzierte auf 12 Mann Personal, konzentrierte sich auf die Münch Mammuts.

Nach der Depression, die bei Friedel Münch dem Indian-Abenteuer und dessen Nachwehen folgte, konzipierte, zeichnete und baute der kurze Knarzerich allein seine Vierzylinder-Motorräder. Vieles unter virtuosem Einsatz von anspruchsvollen Werkstoffen, wie z. B. Elektron, aus dem Vollen gedreht oder gefräst. Kein italienisches oder amerikanisches Werk fertigt ihm Gabel, Bremsen, Felgen, Zylinderreihe und -Kopf. Seine punktgenauen und geduldigen Hände im Umgang mit Stahl und Leichtmetall faszinieren den Betrachter. Um finanziellem Druck zu entgehen und um den Kopf frei für Technik und Produktion zu haben, mußte er nichtsdestoweniger bald Teilhaber aufnehmen.

Friedels Geschichte gehört ab diesem Punkt eigentlich eher in ein Buch über Deutsche als Amerikanische Motorräder. Die Nutzung seines eigenen Namens »Münch« sowie seiner so grandiosen Modellbezeichnung »Mammut« ist ihm verwehrt, die Rechte daran hat sich inzwischen ein norddeutscher Händler gesichert. Mit seinem Sohn sowie gelegentlichen Aushilfen aus der Umgebung erarbeitet Friedel Münch inmitten von Drehbänken, Werkzeug- und Bohrmaschinen seine längst legendären Vierzylinder, die er verschieden tauft.

Seine Motorräder der letzten zehn Jahre sind Entwicklungsträger und Experimentalmaschinen. Wie die 1800 cm³ »Titan« mit Wankel-Kompressor, die er einem US-Sammler maßschneiderte.

Des Motorrades großer und leider zu früh verstorbener Imageträger Malcolm Forbes, war Investor und Herausgeber von Forbes' Magazine sowie Besitzer der umfangreichsten Fabergé-Sammlung; er empfand für seine sechs Münchs mehr als für andere: »Mit Münchs Maschinen kann ich mich unterhalten, für mich leben sie«. In seiner Automobil- und Motorradhalle mit über zweihundert handverlesenen Exponaten standen Münchs Vierzylinder als einzige auf einem Podest. Regelmäßig flog er Friedel zur Inspektion über den großen Teich ein. Forbes wollte den Besten und niemand sonst an seinen Sahnestückchen haben. Seinen Respekt vor Münch und sein Bedauern über Clymers unvollendeten Versuch drückte er so aus: »Von all den Vierzylinder-Motorrädern nach dem Zweiten Weltkrieg wären nur die Münch-Konstruktionen es wert gewesen, den von der Original-Henderson abgeleiteten American Fours nachzufolgen!«

Wir wissen nicht, was der große Floyd Clymer und sein Chefkonstrukteur Münch aus »Indian« noch einmal hätten machen können. Jedenfalls ist jede der wenigen Clymer-Münch-Indians heute ein besonderes Sammelobjekt.

Shovels und Sportsters

Der 750er Prototyp ließ lange Wünsche offen. 1949 führte die US-Autoindustrie mit der Automatik die letzte Innovation bis in die 70er ein, sie blühte und gedieh umsomehr. Finanzleute minimierten Kosten, preßten Händler und Kunden mit Maxipreisen aus. Egal, was man der letzten US-Motorradmarke vorwirft, trotz Wasser am Hals, unterblieben Preiskampf und Desinteresse an den Modellen. Als Nachfolger der Seitenventil-KH und Basis kopfgesteuerter Rennmaschinen wurde das KL Model mit 750 cm³ V2 Alu-Motor und je einer obenliegenden Nockenwelle angelegt. Dieser Motortyp war auch als 1100 cm³ Bigtwin ausentwickelt und produktionsbereit. Für den Motorrad Mini-Markt die Produktion komplett umzustellen, hätte enorme Kredite gekostet, die Banken verstanden das nicht.

Einfacher und preiswerter war es jedoch, die KH quasi zur Sportster umzustellen, als mit der KL neu anzufangen. Der Erfolg der Sportster bestätigte die Entscheidung. Sporti von 1958

Clyde Denzer aus der Rennabteilung jagt die Sportster CH, 1962.

Abschlußphoto der Januar 1966 Klasse der Harley-Davidson Service School. Viele US-Arbeiter ruhten sich auf Lorbeeren aus. Seit dem New Deal stieg der Gewerkschaften Macht maßlos. Damals fällige hohe Nachschläge perpetuierten sich, ohne daß Umsatz und Gewinn der Firmen oder Produktivität mithielten. Die Löhne in Branchen mit starken Gewerkschaften waren bald die welthöchsten, verteuerten US-Produkte über Gebühr. Europäische und asiatische Konkurrenz konnte kostengünstigere Waren liefern.

Spezialist beim Einspeichen und Zentrieren. Facharbeiter sind seit Generationen in Milwaukee beschäftigt. Sie wachsen mit den Traditionen des Werkes auf, in einer Einstellung zum kunstgerechten Schaffen des Produktes, die menschliche Befriedigung beschert.

AMF patentierte für immer populärere Bowlingbahnen automatische Kegel-Aufsteller, für das Marketing des Monopolprodukts fehlte Kapital. Das und Knowhow investierte Börsenjobber Gerry Tsai. AMF häufte bald nur so Gewinne, kaufte davon Harley-Davidson. Dieser Familienbetrieb benötigte Geld und Technik, er wäre sonst zusammengebrochen. Tsai steckte viel Geld rein, um mehr herauszuholen. Nur um u. B. eine Maschinenstraße für neue Stoßstangen einzurichten, kalkulierte General Motors z. B. $ 10 Millionen. – Erneuerter Maschinenraum im Harley-Davidson Butler-Werk, Milwaukee.

Full Dresser Electra Glide mit Early Shovelhead Motor, 1966. Mit den Motorrad-Konsumprodukten aus Japan wuchs die Kundschaft und wandelte ihre Mentalität. Garagenbesitzer, die mit Maschinen basteln, nahmen prozentual ab. Der Billigheimer-Typus, der das Motorrad zum Fahren wie den Kühlschrank zum Kühlen und den Mixer zum Mixen nutzt – ohne inneren Bezug oder Interesse – nahm überhand. Um diese Käufer zu halten, versuchte man in der AMF-Ära die Herstellungskosten zu senken, was aber die Qualität senkte. Dann erschien eine Arbeitergeneration, die im selbstverständlichen Wohlstand aufgewachsen, abgeschlafft und verwöhnt war. Stechkarten wurden gestempelt, um Geld für ein vorher unerreichbares Freizeitangebot und Luxus zu haben. Arbeitsqualität war zu vielen zweitrangig.

Sportster Rekordmaschine. Li. Dick O'Brien und Roger Reimann. Nach seiner langen Zeit als HD-Rennchef stieg O'Brien in ein Autorennteam. Roger Reimann ist heute HD-Händler, etwas dicker und fährt noch immer sauber bei Battle of the Twins-Läufen mit.

Vom Werk gechopt: Bigtwin mit Aermacchi-Harley-Davidson Tank und Sportster-Vorderteil mit 19" Rad – Super Glide FXE 1982.

Aber die Sturgis, FXB 1980, eine Harley Low Rider mit Riemenantrieb und die Wide Glide FXWG blieben die heißesten Cruiser der Shovelhead-Ära.

Im roten Bereich

Das erste amerikanische Motorrad, das ich fuhr, war eine Full Dresser Electra Glide, Harley-Davidson. Mit Zwei-Personen-Schwingsattel, Verkleidung, Koffern, Tourpak, Fußbrettern und allen möglichen Chromrohren an jeder Seite. Es war Wochenend und Sonnenschein, ich war neugierig auf die schwere Gurke und wollte mir in Hockenheim das Mai-Pokalrennen ansehen. Mit meiner Frau hinten drauf startete ich in Frankfurt, etwa sechzig Minuten vor Rennbeginn. Sonst in oberen japanischen Drehzahlen mit Lichthupe, Drängeln und Dicht-Auffahren eine leichte Übung. Nur ab 100 km/h vibrierte, wackelte und dröhnte der große amerikanische Möbelwagen so unerträglich, daß jedes zusätzliche Kilometerchen auf dem Tacho alle Beteiligten weiter strapazierte. Harter Kerl, der ich immer sein will, drosch ich den unglücklich zitternden und lärmenden Kasten mit 120 bis 140 runter zum Rennen »inn de Pallz«. Verglichen mit gewohnten waren Harley-Bremsen ein Witz – vorne wenig, hinten weniger – wir gerieten in ein paar Beinahe- und Eben-Grade-Noch-Situationen. In der Autobahnabfahrt setzte das Möbel gemein auf, hebelte uns fast in die Landschaft. Zum Rennen zu spät, aber wegen einsetzender Kopfschmerzen bekam ich sowieso nicht viel mit. So gegen Ende der Horrorgedanke: Jetzt müssen wir den Kackstuhl nach Hause bringen! Mit Siebzig – Achtzig polterten wir sie heim. Als ich die FLH zurück gab, hielt ich den Besitzer für einen Idioten. Für mich war Harley damit erledigt, sowas war meinem modernen Fahrstil nicht angemessen.

Und der ging so: Zitterte die Tachonadel nicht jenseits der Zweihundert, machte ich mich flacher und den Gashahn weiter auf. Zweimal verkaufte ich ein sonst gutes Motorrad, weil das nächste auf der Autobahn einige Teilstriche weiter rechts von der Zwei mit den zwei Nullen zeigte. Ich studierte in Hamburg, schlief da die Woche über bei einem andern Studenten und war spätestens Freitagnachmittag auf der Bahn nach Frankfurt, wo Frau und Heimat warteten. Dauerte der Ritt um die oder gar mehr als vier Stunden, empfand ich persönliches Leistungsdefizit.

Mit zerkrampften Halsmuskeln, die den Kopf gegen den Wind verankert hatten, und zerrütteten Nerven, in denen Lichthupereien, GTI-Zersägen und etliche Fast- oder So-Gut-Wie-Katastrophen nachhallten, räderte ich zu Hause ein. Ich füllte teures synthetisches Öl nach, checkte, sprühte die Kette und freute mich aufs kurze Wochenende, wo meine Frau und ich gemeinsam Zeit hatten, meinem Hobby zu fröhnen: dem Motorradfahren. Ein paar Minuten Anfahrt, um Frankfurt rum liegen Taunus, Odenwald, Spessart, Vogelsberg – Kurven, Kurven, Kurven. Versprühte ich in einer keine Funken, schabten meine Stiefel nicht Asphalt, nagten Zweifel, und ich versuchte, die nächste mit mehr Schräglage zu nehmen. Ließ mich ein mutig vorausgeworfener Radienentwurf so optimal meine Linie ziehen, daß nur wenige Grad Unterschied uns in Gegenverkehr oder Chausseebäume gehauen hätten, war ich satt befriedigt und hungerte erst recht nach der nächsten Bewährungskurve. Sah ich irgendwo vor mir einen bunt belederten Integralbehelmten seine Kreise ziehen, brach mir der Jäger durch: Den krieg' ich und überholte ihn früher oder später. Speed, Speed, Speed. Weichere Reifen, härtere Stoßfedern, windschlüpfigere Klamotten. Der Sammler in mir informierte sich über alles, was den Jäger in mir beschleunigen konnte, und besorgte es meist.

Irgendwann ging das mit anderen Vergasern, Ventilen und Auslässen los. Als ich mir eine ersehnte Nockenwelle nicht leisten konnte, trat ein erstes Quentchen Ernüchterung ein. Meine Frau Sachbearbeiterin, ich Bafögler mit wenig Geldaussichten in einem freien Beruf: Wer sollte das alles bezahlen?

Als Zuschauer bei Rennen fand ich Ablenkung von derartigen Sorgen. Unsere nationalen Wertungsläufe boten Ende der siebziger Jahre Supersport. Reinhold Roth, Manfred Herweh, Martin Wimmer, Mladen Tomic, Walter Hoffmann und wie sie sonst hießen, wie die Kesselflicker droschen sie sich – bis in die karierte Zielflagge. Ab und an trat außer Konkurrenz der damals technisch überlegene Toni Mang an. Wenn Yamaha innerhalb eines Jahres seine Produktionsrennmaschinen um drei Kilo erleichterte oder deren Lenkkopfwinkel um zwei Grad veränderte, erregte mich das persönlich. Für Fachzeitschriften verfaßte ich inzwischen als Freier Artikelchen und erhielt Pressekarten, die ich nutzte. Wir konnten uns keinen Urlaub leisten, weil ich im Sommer unbedingt den europäischen Tourneen des internationalen Grand-Prix-Circus nachreisen mußte. Die absoluten Asse stahlen sich die Wurst und den Käse vom Brot: Kenny Roberts, der junge Randy Mamola, Barry Sheene, Marco Lucchinelli, Graeme Crosby, Wil Hartog. Mir armem Gasgeberchen blieb versagt, womit diese Artisten begeisterten. Mit ihren Maschinen verwachsen, schrappten sie an den Grenzen physikalischer Möglichkeiten entlang und konnten sich voll im Limit gegenseitig noch weiter anstacheln. Ihre unmittelbare Konkurrenz produzierte Kurvenkunst von unendlicher Eleganz. In einer Ästhetik der Bewegung, die ich demütig als erregenden Kunstgenuß erlebte und wie sie mir so bis heute in Erinnerung bleibt.

Es ergab sich, daß ich eine Woche am Nürburgring war, als Martin Wimmer und Mladen Tomic dort auf der Nordschleife mit normalen Straßenmaschinen trainierten. Im moderaten Tempo ließen sie mich ein paarmal hinter sich herrollen, damit ich mir die Linie einprägen könne, zwischendurch hielten sie an Kombinationen an und erklärten mir Rangehensweisen. Dann ging's los. Immer wieder hielten sie geduldig an, um mir nicht den Mut zu nehmen. Dazu sagen muß ich, daß ich auf einer an sich schnelleren Maschine saß, aber offenbar nicht der schnellere Mann war. Trotzdem erreichte ich für einen Amateur beachtliche Rundenzeiten, als es schließlich im scharfen Schuß und ohne Stop von Start zu Ziel ging.

Ich wurstelte eine Weile bei Zuvis rum (Zuverlässigkeitsfahrt und armer Leute Rennsport). Rollte auf eigner Achse an, schraubte wie jeder Lampe, Blinker, Nummernschild ab, hängte Starternummer dran und machte im besseren Schnitt mit. Zuvis auf abgetrennten Kursen sind statistisch sehr viel sicherer als Gebläse auf Straßen, die der StVO unterworfen sind. Aber wenn mein Gerät mit mir wegrutschte, ein andrer mich abschoß, tat's trotzdem weh. Gebrochene Rippen, angebrochene Knochen, Gehirnerschütterung, weite Hautabschürfungen in der Lederkombi. Durch Doppellagen Leder außen und Unterwäsche innen verbackte sich Kunststoffutter mit Hautpartien. Statt mit Aggressivität bekams ich's mit der Angst zu tun, wurde vorsichtiger und bremste für den Sport zuviel. Nach einem Abstieg hätt' ich keine weitere Reparatur zahlen können, wär' weder nach Hause noch zum Studienplatz Hamburg gekommen.

Meine Hamburg-Frankfurt-Zeiten längten sich, obwohl mich bevorstehende Treffen mit meiner Frau aufputschten. Die Bretterei zehrte Substanz, die Erholung zu Hause gab nicht genug zurück. Arbeit und Freude litten, ich war noch nervöser geworden. Bis dahin hatte ich Glück, aber irgendwann würde ein tödlicher oder lähmender Unfall meine Motorradfahrer-Existenz beenden. Irgendwas war an meiner Einstellung zum Motorrad falsch, mußte ich dringend ändern. Und da kam Harley wieder rein.

Beim Pressesprecher der Harley-Davidson GmbH, lag ich im Adressenverteiler, er lud mich einmal im Jahr zur Modell-Vorstellung ein. So einen Termin auf Burg Hohenstein besuchte ich, es quatschten miteinander Harley-Mitarbeiter, Händler,

Kollegen sowie etliche Individuen, mit denen ich mich nicht bekannt machte. Die Atmosphäre war super, ohne dies verklemmte »Euch werd' ich's zeigen«. Auf den Geräten des kommenden Baujahres fuhren wir in kleinen Gruppen immer wieder raus aus dem Burghof hinein ins Kurvenfestival des Rheintaunus.

Die Motorräder waren von einem erheblich besseren Jahrgang, vibrierten und brabberten angenehmer, bremsten besser, hatten weniger Unwuchten als die einstmals Erlebte. Natürlich wollte ich es den andern gleich zeigen, gab Gas, turnte vorneweg, und natürlich wollte keiner als lahmer Hansel scheinen, war der lässige, wettbewerbsfreie Ton auch bei den meisten anderen nur Tünche, und los ging eine Jagd. Gewaltig schob und zog aus den Kurven raus das volle, satte, schwarze Drehmoment und tat sich im überzeugend ehrlichen Röhren kund. Alles im dritten oder vierten Gang, kein nervöses Geschalte und quälendes Hochdrehen. Stabiles, allemal handliches Fahrwerk für ein Motorrad, von solcher Schwere, doch solange der Motor funktionierte und Vortrieb brachte, brauchte ich es ja nicht zu schieben. Noch unterwegs kam ich etwas zu Verstand: ein abgefallener Knopf vom Tacho und der losvibrierte Schalthebel. Im eingelegten dritten Gang wendete ich bequem, fuhr die Straße ab und klopfte das Ding schließlich wieder mit einem Feldstein an. Und wieder Drehmoment, Drehmoment, Drehmoment. Alles andere – Optik, Gefühl, was Besonderes zu reiten – war nicht so wichtig. Dieser Ritt auf einer Super Glide ein Saulus-Paulus-Erlebnis. Objektiv werd' ich vielleicht langsamer gewesen sein als auf einem Sportjapaner, aber subjektiv freute ich mich jede Menge an vorher noch nicht erlebten Spaß, für den ich inzwischen offenbar aufnahmewillig war.

Wie andere habe ich auf meine erste Harley sparen und warten müssen. In unseren Familien und im weiteren Bekanntenkreis versteht keiner, daß man für ein Motorrad mehr als für einen neuen VW Golf ausgibt. Niemand begreift, warum unser getüvter und rund rollender Daimler Benz 280 SE, Baujahr 1976, mit zweitausend DM begutachtet, unsere Harley-Davidson FLH, vom selben Baujahr 1976, sachverständigenseits auf DM 19000,- geschätzt wurde. Wir zweifelten – und zweifeln – selbst oft genug an der Vernunft unserer Gefühle. Auf Harley-Begegnungen erleichterte uns, daß vielen Menschen offenbar ihre Motorräder ebenso wichtig sind. Daß sie sich nicht so furchtbar ernst nehmen, zu wissen scheinen, daß jeder von uns seine Existenz (Gottes unerforschlichen Ratschluß nun mal außer achtgelassen) letztlich einer kurzen Euphorie seiner Eltern verdankt. Freude und Spaß demnach substantielle Grundlage unseres Daseins sind, das keinesfalls auf menschlicher Vernunft begründet ist. Vielleicht auf einer weisen Verrücktheit?

Clark Gable, ungekrönter König Hollywoods, ging in die Knie, um den 50 cm³ Kreidler-Roller des Berliner Kameramannes G. Markert zu studieren. Markert unternahm eine 16 Monate währende Weltreise durch 33 Länder. Clark Gable war für alles auf zwei Rädern zu haben und nahm sich Zeit, mit ihm zu plaudern.

The Wild Ones und Easy Riders, Freiheit: Mehr als ein Wort, ein Traum oder eine Motorradtour?

Die kalifornische Motorradszene blühte vor dem Krieg in einer bunten Vielfalt von Rennen, Rallyes, Clubausfahrten, diversen Treffen und beliebten Kneipen. Die weitaus meisten Clubs unterschieden sich nur wenig von denen, an denen wir uns weiter vorne erfreuten. Exklusiv markenbezogen, wurden sie von der jeweiligen Firma und deren Händlern vereinnahmend betreut und mit der Philosophie von Bücherkreis und Lesezirkel versorgt: Außer der Hausmarke und ihrem Angebot braucht es nichts zum Glücklichsein! Vielen Motorradlern behagte nicht, daß derart Harley- oder Indian-Clubs den Werken obendrein als Aushängeschilder dienten, die im Markeninteresse makellos bleiben sollten.

In Californien bastelten unabhängige Biker gern. Manche hoben z. B. den Hubraum ihrer leichten Scouts auf 52 ci an und setzten die Schwungscheiben und unteren Lager der robusteren 45 ci Harleys ein. Solche Stroker paßten nicht recht in einen braven Indianclub. Vielfältig frisierte und modifizierte Knuckleheads wiederum nicht in einen Harley-Davidson Tourenclub.

Das Tunen und das Tieferlegen waren umso beliebter. Unwesentliche erachtete Teile wurden abgenommen, Bikes auf ihre funktionelle Substanz reduziert. In ihrer populären Sammelbezeichnung »California-Bopper« schwingt diese ursprüngliche Stimmung vor und nach dem Krieg. Viele schnelle und leichte Eigenumbauten wären nie über die technische Abnahme AMA-sanktionierter Rennveranstaltungen bis zum Start gelangt. Ihre Besitzer wollten aber erst recht zeigen, was in ihren Unikaten steckte und umso mehr boomten die wilden Field Meets und Hill Climbs. Dabei

»Wild Angels«, 1966. Party Hardy. Bald geraten bechopperte Neandertaler von der einen an motorisierte Menschenaffen von der anderen Bikergang. Einer von ihnen (Bruce Dern) wird den Löffel abgeben. Ihn nach ihrem Geschmack in einer Hinterlandkapelle aufzubahren, dazu zahlt sein Club einen Bestatter und zwingt den Priester zu einer Predigt.

Schließlich läßt ihre Energie nach, sie schleppen den Sarg an seine Grube, als Polizeisirenen das Begräbnis unterbrechen. Der hastig abgeworfene Sarg rutscht ins Loch, die Jungens treten ihre Chopper an, die Mädels schwingen sich hinter sie, mit Karacho gehts ab vom Gottesacker. Nur Gangleader Peter Fonda bleibt, moralische Verworfenheit bereuend, sitzen: »No Place Else To Go.«, bereit wieder Untertan der Gerechtigkeit – und des Gefängnisses – zu werden. Diesen Schluß ließ Regisseur Corman einfügen, um den erwarteten Aufruhr zu mildern.

Dreharbeiten »Wild Angels«, v.l. Roger Corman, Bruce Dern, Peter Fonda. Voyeuristische Horror- und deftige Gangsterstreifen waren Cormans Spezialität, bis er beide Metiers in seinen Motorradbanden-Filmen zusammenbraute. Gewalt, Drogen, Sex, Nihilismus, Intrigen – in harter Action und kitschigem Schnulz verpackt. Cormans vitale Filme sprachen ohne Skrupel Instinkte an und beuteten sie aus, hinterließen starke Eindrücke und die Zuschauer liebten sie. Corman startete Hollywoodsieger wie Martin Scorcese, Peter Bogdanowich, Frances Ford Coppola, Jonathan Kaplan, Jack Nicholson, John Cassavetes, Bruce Dern. Alle begannen bei ihm ihr Filmleben. Doch, was immer Filmkunst ist, Biker-Movies sind sicher nicht die künstlerisch bedeutendsten.

erwischte Mitglieder der AMA zugehörigen Motorradclubs hätten statutengemäß ausgeschlossen werden müssen.

Außenseiter, denen ihr Eigenbau-Motorrad oft sehr viel mehr als brave Markentreue bedeutete, fanden sich in eigenen Kreisen und Clubs zusammen, die mit der AMA nichts mehr am Hut hatten. Wie's so ist, jede Seite dünkte sich der anderen überlegen und sah auf diese herab. In manchen der »wilden« Clubs sammelten sich heranwachsende Männer, die sich aus Wildheit oder Dummheit ihrer »Zivilisation« verweigerten, dafür die »gezähmte« angepaßte Mehrheit verachteten. Jeweils so 20 bis 50 Unangepaßte, Unzufriedene, Rebellische formten Clubs wie die M.C. »Galloping Gooses«, M.C. »Winoes«, M.C. »Booze Fighters«. Sie bauten sich teils beeindruckende Motorräder zusammen und legten nicht nur gelegentlich ein rüdes Verhalten an den Tag. Ihnen war es recht schnurz, ob die Allgemeinheit ihretwegen auch kreuzbrave Motorradler als was Unanständiges ansah.

***

1947 im kleinen kalifornischen Knoblauchanbau-Städtchen Hollister, südlich von San Francisco. Am Wochenende um den 4. Juli, dem nationalen Unabhängigkeitstag, sollten auf dem Racetrack und einem steilen Hügel »öffentliche« Motorradrennen stattfinden. Die Kontestanten brauchten keine AMA-Rennlizenz vorzuweisen, zahlten nur ein geringes Startgeld. Die »4th of July Races« waren wegen der Amateur-Teilnahmemöglichkeiten populär. 3- bis 4000 Fans aus der ganzen Umgebung rollten meist auf ihren eigenen Maschinen an, Freunde trafen sich bei Lagerfeuer und Barbecues.

Nach heißen, staubigen, teils schlecht organisierten, frustrierenden Wettkämpfen, hielten abends auf der Hauptstraße etliche Biker noch Spurtrennen ab, machten 'was Radau, bevölkerten die Kneipen, tranken, quatschten, lärmten. Mit dem Alkohol wurde die frustrierte Stimmung aggressiver, röhrende Mühlen jagten die Hauptstraße rauf und runter, die Anwohner kamen nicht zum Schlafen. Auseinandersetzungen zwischen angetrunkenen und sie zurückhaltenden Motorradfahrern eskalierten zu einer Massenschlägerei.

Drei der sieben Hollister-Polizisten waren im Ort und sahen machtlos einer wildwestreifen Saloonschlacht zu und wie anwesende Frauen ordinär angegangen wurden. Auf Versuche der Ordnungshüter, Ordnung zu schaffen, reagierten Anwesende, indem sie Hosen runter ließen und Polizisten ihr bloßes Gesäß entgegenstreckten. So richtig konnte nie geklärt werden, was genau an diesem Wochenende geschah, aber in der Nacht entlud sich die explosive Stimmung weiter heftig, schlug Scheiben ein und verbrannte Papierkörbe. Von den wilden Clubs waren Mitglieder des MC Boozefighters, der Galloping Gooses und der Winoes dabei.

Gesetzeshüter der Umgebung wurden zusammengetrommelt. Die meisten Sportsfreunde hatten längst Fersengeld gegeben, grade mal 29 Polizisten und Deputy Sheriffs hatten dann spätestens am Nachmittag des 5. Juli alles im Griff, verhängten Geldbußen und Strafbefehle. 50 Anwesende wurden ärztlich behandelt, einige, die bei den Rennen gestürzt waren sowie Prügelknaben, Polizisten und von Polizisten Verletzte. Nach mehreren Bikern wurde gefahndet: Der schwerste Vorwurf galt obszönem Verhalten.

In Zusammenhang mit den Hollister-Vorfällen erregte sich die öffentliche Meinung. Dankbar nutzten die Medien dieses Spektakel zum Stopfen des Sommerlochs. Sie stellten die Geschehnisse fast als Hunnenüberfall auf ein wehrloses Dorf dar. Inmitten dieser auch auf das Gericht einwirkenden Atmosphäre kam später die höchste verhängte Strafe gerade auf neunzig Tage Haft wegen unsittlicher Entblößung. Was die Vorgänge sehr relativiert.

Besonders die Boozefighters aus San Bernadino wurden damals in den Medien zum Abschuß freigegeben. Um den von ihnen kaum verstandenen Wutausbrüchen auf ihren Namen und dem Druck der Öffentlichkeit auszuweichen, formten etwa ein Jahr später etliche Boozefighters mit anderen Freunden einen Club mit noch nicht einschlägig bekanntem Namen, den »MC Hell's Angels«. Das legendäre erste »Berdo« Chapter der Angels war entstanden.

Die damals spießige American Motocycle Association nahm die Vorfälle zum Anlaß, Nicht-AMA Clubs ordentlich eins reinzugeben, und fuhr gegen diese eine regelrechte Kampagne ab. Gestatte man Rowdies, die höchstens ein Prozent der Motorradfahrer darstellten, sich in eigenen Verbänden zu organisieren, sähe man ja jetzt, wohin das führe. Dieses Ein-Prozent-Gerede über den Aussatz sonst rechtschaffener Biker wurde häufig und bieder und bis zur Lächerlichkeit wiederholt. Irgend jemand bot bald Aufnäher mit einem 1%-Symbol an und machte so ein gutes Geschäft.

***

Mal knallten Clubs aufeinander, mal rollten sie gemeinsam mit vielen Hunderten auf Veranstaltungen der AMA. Es kam an Wochenenden zu haarigen Situationen, wenn Gruppen in ein Städtchen einfielen, Kneipen und Geschäfte leer soffen, Randale machten. Derartige Konfrontationen platzten gelegentlich in Orgien von Gewalt und Obszönität.

Im Frühjahr 1951 fuhren etwa tausend Biker zum mexikanischen Grenzort Tecate, nahe bei Tijuana. Wegen ihrer Störungen und Auftritte wurden die angesagten Rennen abgebrochen, worauf sie nur noch mehr Theater machten und sich diverse Prügeleien mit anderen, am Sport interessierten Besuchern entwickelten. Als die Situation außer Rand und Band geriet, riefen die Behörden die Armee zur Hilfe. Die erschien mit zwei motorisierten Bataillonen, kesselte die Biker ein und zwang sie, in eskortierten Kolonnen zur kalifornischen Grenze zu fahren.

Einige Jahre später nahm der Produzent Stanley Kramer den Hollistervorfall als Stoff für seinen Film »The Wild Ones«, kratzte ein Budget zusammen, verpflichtete junge Schauspieler, namentlich Marlon Brando für den Antihelden und Lee Marvin als Bösewicht. Beide waren selbst kalifornische Biker der Fünfziger Jahre.

Lee Marvins maßloser, wilder Part entsprach eher Realitäten als Marlon Brandos Rolle: Ein verzweifelter junger Mann, dem die Sinnfindung seines Lebens nicht gelang, der seine Leere aber nicht mit Regeln oder Glaubensbekenntnissen zustopft, noch gegen diese aufbegehrt. Ein um seine Autonomie kämpfender Mensch, kein antiautoritärer Meuterer. Offenbar vom Klischee des revoltierenden Jünglings ausgehend, fragen ihn verständnisbereite Bürger, gegen was er denn rebelliere? Seine Gegenfrage »What'cha got?« Was biet'ste denn? enthüllt des Spießers Gutmütigkeit als dumm und zeigt den wilden, unausgegorenen Brando als tiefer empfindenden Menschen, der Leben bewahren und formen möchte. Überlegen dem am Leben Vorbeilebenden, dem seine Abgestumpftheit selbstverständliche Norm bedeutet, der sich auch die nächste Generation zu unterwerfen habe.

Gegen Filmende wird der niemandem ein Leid antuende, nur lästige Brando von aufgebrachten Einwohnern fast gelyncht. Ein Szenario, das wohl in manchen späteren, realen Vorfällen Wirklichkeit wurde. Kramers Gespür, aus Hollister 47 ein

»The Wild One«, 1953. Marlon Brando, erstmals im Part des wilden, bösen Buben, den er später noch oft geben würde. Lee Marvin stellte viel weniger affektiert und leider viel zu kurz, seinen Gegenspieler in der Bikerwelt dar. Wieder mal zog, das gemäß AMA höchstens eine Prozent Motorrad-Amerikas, das sie darstellten, 100 Prozent der Publizität an!

»What'cha Got? – Was bietest'de denn?« reagiert Brando auf des bemühten Polizisten Frage, gegen was er denn rebelliere. Soll heißen, angepaßte, fein säuberlich im Schubladensystem denkende Spießer verstehen Wilde eh' nicht.

James Deans Tod im Porsche wertete das Markenimage in den USA positiver auf, als Werbung und Sport es hätten können. Wäre der auch Bikes extrem bewegende Jim Dean tödlich mit seinem Motorrad verunfallt, nicht vorzustellen, welch negatives Feedback für sein und das Motorrad-Image gefolgt wäre…

Stimmungsbild aufbegehrender Jugend Mitte der Fünfziger zu schaffen, sowie die in ihren Rollen überzeugenden Darsteller machten »The Wild Ones« zum Kinoerfolg. Ein Abenteurertyp war kreiert, dem, um sein Mensch- und Frei-Sein-Wollen, Konventionen nicht kümmern dürfen. Ein mobiler, widersprüchlicher Freibeuter von aggressiv-aufgeputschter Sensibilität wie selbstgefälligem Liebeshunger. Brandos Darstellung wurde Zünder eines Steppenbrandes.

Für Kramer, Brando und Marvin war es der kommerzielle Durchbruch. Als Kultfilm wenigstens so wichtig und stilbildend wie für die nächste Motorradgeneration »Easy Rider«. Frank, von 1955 bis 62 sagenumwobener Präsident des San Francisco Chapter der Hell's Angels, fuhr mit seinen Mannen aus dem Kino kommend direkt nach Hollywood. Dort kaufte er das von Lee Marvin im Film getragene blau/gelb gestreifte Sweatshirt. Er trug es unter seinen Colours, bis es buchstäblich zerfiel.

***

Ende der Fünfziger, Anfang der Sechziger bildete sich der Biker-Lifestyle aus. Anders als bei den ebenfalls zur Aussteigerbewegung angeschwollenen Beatniks, stand bei Motorcycle Outlaws selbstgefälliger Intellektualismus nie hoch im Kurs. Ihnen gefielen einfach-deftige Freuden des Daseins. Als diese sahen sie ihre Motorräder, ihre spezielle Sorte »Bop till you drop«-Parties: Auf irgendeinem Grundstück tagelange Gelage voll Lärm und Liebe, Drogen und Alkohol. Zu Parties trabten Clubs aus anderen Staaten, oft nach endlosen Motorradritten, an.

Man muß sich den atemberaubenden Impakt solch einer vielleicht 50 bis 100 Motorräder schweren, eine Ortschaft durchfahrenden Gruppe vorstellen: Dicht gestaffelt, jeweils zwei auf einer Fahrspur, die Häuserwände reflektierten und multiplizierten ihren Donner. In diesen langgabligen, archetypischen Maschinen hockten sehnig-drahtige, junge weiße Männer, andere mit dem dunkleren Teint der Latinos, etliche groß, dick und kräftig. Alle ziemlich langhaarig, mehr oder weniger bärtig. Nackte, tätowierte Arme hängen an hohen Apehanger-Lenkern. Beine stecken in Jeans, Engineerboots oder Stiefeln, die Oberkörper in Lederwesten oder Levi-Cutoffs. Auf deren Rücken das Markenzeichen des Clubs, um das Emblem genäht Schriftstreifen, oben meist der Name des Clubs, unten die Region ihres Chapters. Seit den Tagen verblichener Wild West Horden hatte es keine derart geschlossen auftretenden, gefährlich wirkenden Outlawgruppen mehr gegeben. Kein Wunder, daß sich ängstliche, aber auch romantische Vorstellungen an ihnen entzündeten. Eine Jugendmode brach sich Bahn mit zahllosen B-Filmen der Sorte »Run, Angel, Run« oder »Wild Angels« usw., Roger Corman machte die erfolg- und einflußreichsten dieser Filme. Plattenhits wie »Leader of the Pack« reizten eine nach starken Gefühlen hungernde Jugend. Viele junge Kerle, die nichts mit sich anzufangen wußten, gern Motorrad fuhren und den US-Mainstream-Idealen fremdblieben, übernahmen den Part des berädderten Rebellen als Lebensentwurf und stießen zu älter, ruhiger und weniger Geworderen der Szene. Der Outlaw Kult sollte sich bis heute autonomer und lebensfähiger erweisen als längst begrabene Hippies, Mods, Beatniks, Exis, Teddyboys, Punks und weiß der Geier was sonst.

»Easy Rider«, 1969 eine Offenbarung. Dennis Hopper kürzte das gedrehte Material zuerst auf 240 Minuten, dann 220, 180, 160 und schließlich auf die 94 Minuten Kino-Version. Die zeigt nicht den Hintergrund von Billy und Captain America als durch Feuertunnel und über Rampen bretternde Stuntrider oder viele, fast hypnotische Überland-Fahrpassagen. »Wie viele Kinogänger wollen drei oder vier Stunden im Motorradsattel sitzen?«, so verlangte der Vertrieb immer neue Kürzungen. Captain America's und Billy's Impakt intensivierte weltweit den Verkauf ihrer »Great American Freedom Machines« (wie Harley bald in die zeitgemäße Werbung stieg).

Kent Custom Show, 1985. Viele harte Biker wurden besonnene Arbeiter und überlegene Unternehmer. Respektierte Mitglieder der Gemeinschaft, gute Steuerzahler und Familienväter.

Country Superstar David Allan Coe z.B., Raub, Einbruch, Jahre Zwangsarbeit im Gefängnis. Da begann er, Lieder zu machen. Nach einem Knastkonzert half Johnny Cash ihm, neu anzufangen. Ein Plattencover aus den 70ern, David gehörte einem Chapter der M.C. Outlaws an, der Südstaaten statushöchsten Clubverband.

Steve McQueen sammelte, bastelte und fuhr alles, was ihm Klasse und Stil auf zwei Rädern bedeutete. Sein Indian Big Chief Chopper, nach seinem Tod für $ 6000 ersteigert soll nun Spieler in ein Las Vegas Casino zu locken

McQueen besuchte jedes erreichbare Antique Meet. Sprichwörtlich seine Motorradbesessenheit. Die selbstgestellte Aufgabe, das amerikanische Motorrad-Museum, erleichterte ihm in den letzten Jahren die Sinnfindung seines Daseins. Sein Projekt vollendete er nicht. Fünf Auktionare im Smoking brachten es 1980 für runde 50% über dem damaligen Marktpreis in Las Vegas unter den Hammer. Beispiele: Ace Four, 1923, $ 14.250; Cyclone Board Tracker, $ 20500; Henderson Four, 1924, $ 6500; alkoholverbrennender Class A Indian Racer u. FLXI sidecar, $ 10.250; Chief Gespann, 1930, $ 9000; Chief US Mail Gespann, 1930, $ 15.000; Indian Chief California Highway Patrol, 1941, $ 18.000; Sport Scout Flat Tracker, 1940, $ 7250; Indian Arrow (Vertical), 1949, $ 3500; oft persönlich benutzte Indian Chief 1950, $ 8000; Neracar, 1924, $ 4250; Pierce Four, 1909, $ 25.000; Pierce Single, $ 11.000.

Manche Clubs werden inzwischen zu klassischen Männerbünden gezählt und verbreiten wie die geächteten Gesellen um Robin Hood oder Schinderhannes einen Hauch von Gefahr und Romantik. An Bildung, Unternehmungsgeist, Wohlstand zu kurz Gekommenen verslumter Stadtghettos mögen sie wie Selbsthilfegruppen scheinen, die sonst tiefer Stürzenden Hoffnung auf urige Lebenskraft und -freude verleihen. Sie versprechen Würde und Kraft einer Gemeinsamkeit, die sie vielleicht davor bewahrt, isoliert, vom grauen, verbürokratisierten Alltag zerrieben zu werden.
Andern sind sie übelste Zusammenrottungen Asozialer, Deklassierter und Verdorbener, organisierter Abschaum. Hemmungslos Entwurzelte, allein ohne Chance, die aber gemeinsam eine miese Bedrohung krimineller Energie stellen; wert sind, ausgemerzt zu werden.
Was auch immer, sie wählten Normen und Standards, die sich mit denen der spätbürgerlichen Gesellschaft nur teilweise decken. Manche der wilden Clubs leben in einem archaischen Wertesystem aus Brüderlichkeit, Rittertum, Ehre, Macht, Abenteuer und Freiheit, Stil und Klasse. Ihre Liebe zum echten Motorrad hat sie einst zusammengeführt und ihre tiefe Beziehung zu dem scheint das Modernste in ihrem Seelenleben. »Hogs« – Wildschweine: Harley-Davidson Bigtwins, verkörperten wie kein anderes großes Motorrad das kraftvolle archaische Image. Mit Limey-Bikes, den eleganteren englischen Maschinen, konnten sich derbe Outlaws kaum identifizieren. Dieses galt für andere europäische Marken ebenso, und erst recht natürlich für die Massenprodukte aus Japan.

Der jahrzehntelange FBI-Chef (und »überzeugte Junggeselle«, weil man als Homosexueller noch als absolut unakzeptabel galt), J. Edgar Hoover, hatte den Jungens aus den Motorradclubs übrigens folgende Botschaft übermittelt:
»Höflichkeit ist der Schlüssel zum Akzeptiert-werden. Die Motorradclubs wie auch Privatfahrer können durch striktes höfliches und defensives Verhalten viel für die Sicherheit unserer Highways tun.«

***

Gehörte es in ein Daimler-Benz Buch, daß Prostituierte gerne Mercedes-SLs durch Stadtviertel rollen, in denen sich Bordelle, Clubs, Spielcasinos u.ä. konzentrieren und Freier auf Ausschau nach beeindruckenden Hetären wandern? Oder daß Zuhälter aufgeprotzte S-Klasse-Limousinen als Statussymbole nutzen? Redete man dann von SL- oder Mercedes-Benz-Banden?
Leider gehört folgendes in ein Buch über amerikanische Motorräder: Prostituierte erfüllen eine Dienstleistung, die gefragt und profitabel ist. Wo Geld zu holen ist, besteht Konkurrenzkampf. Etliche ortsansässige wilde Jungens und Mädels, die auch Harleys fahren, teils M.C.s angehören, wählen einen Lebensstil, der sie ins sogenannte Nachtleben einbezieht und davon in relativ einfachem Rahmen leben läßt. Nur weil ein paar Kraftmeier anchopperten und im Rotlichtviertel verdienen wollten, packten alteingessene Zuhälter nicht ein und überließen denen ihr Lehen. Im Gegenteil. Aus der Bikerszene ins Milieu Wechselnde blieben Amateure im Vergleich mit dynamischen, millionenschweren Zuhältern, die die Prostitution dominieren. Wiener, Hamburger, türkische und israelische Zuhälter kämpfen in Gruppen um Macht und Geld in deutschen Großstädten. Von etlichen ist bekannt, daß sie für politische Parteien spenden und über Verbindungen verfügen. Solange sie »low profile« auftraten, brauchten sie wegen ihres Gewerbes keine Berührungsängste in der Oberliga Hamburger und Hessischer Justiz und Politik zu haben. Die Kerls fahren Daimler, Jaguar, Ferrari – und wenn es Vespas oder Isettas wären: was würde das über sie aussagen, außer, daß sie bestimmte Marken mögen und diese sich leisten.
Keine Redaktion verbünde deren ethnische Herkunft, ihre politische Richtung oder Automarke ursächlich mit ihrer Tätigkeit.
Scheinheilig aber bringen sie manche Motorradclubs in den Verdacht, kriminelle Organisationen zu sein, weil manchmal einige ihrer Mitglieder Zuhälterei betreiben. Die meisten Biker gehen einer mehr oder weniger anerkannten irdischen Beschäftigung nach, sind Ingenieure, Schlosser, Bäcker, Postangestellte, Studenten, andere leben von Gelegenheits- und Brutalojobs.

Another One Bites The Dust: Malcolm Forbes, Multi-Millionär, Flotter Single und Harley-Freak, Einer von uns, vor uns nach draußen gegangen. Der Gentleman Forbes half dem Motorradfahrer-Image mehr als andere.

»Angels as hard as they come«, Film von 1971. Comic-Charaktere, unverdauliche Handlung. Brains z. B. trägt immer Dostojewski's Werke bei sich. Zwei Clubs (Dragons und Angels) machen es miteinander aus. Der durchgedrehte Präsi der Dragons verliert in einem Rennen gegen den die Angels anführenden Härtetyp.

Die Rivalen entführen zwei Brothers und ein gesundes Girl, nehmen die ran und demütigen sie. Sex, Drugs, Violence. Big Twin Brumm-Brumm-Brumm. Worte, wo vorhanden, im Slang ausgeflippter LSD-Freaks, kein Gesäusel von Blumen-Hippies.

Im Bierzelt reden sie sich heiß über 1 oder 2 mehr Pond Anzugmoment, Teilstriche möglicher Federbelastungen, lächerliche Einstellungsdetails, mögliche geringe Viskositätsirritationen sorgsam auserwählter Maschinenöle. Sind sich der Empfindlichkeiten ihrer Maschinen Materialien wie Stahl, Leichtmetall, Guß oder Gummi bewußt. Ihren eigenen, ungleich sensibleren, Körper halten sie für unzerstörbar und traktieren ihn mit Gewalt, Alkohol, Gras und Tabak.

Fliegender Donner

Drag-Racing. Eine eigene Szene mit Brennstoff-, Reifen-, Fahrwerks-, Getriebe- und Motoren-Spezifikationen, um die schnellste Quarter Mile (ca. 400 m.). zu jagen. Große Twins bilden eine eigene Klasse.

Zeichnung XRTT, 1971. Viele englischer Marken-Importeure waren ehemalige Indian-Führungskräfte, die das von ihnen mit geschaffene Class C Regelwerk ablehnten, weil es ihren jetzigen Marken nicht mehr reinpaßte. Schließlich hatten die HD-Verantwortlichen es satt, gaben die originär amerikanischen Class C Statuten auf und strokten Sportster-Maschinen auf 750 cm³ runter. Die Ära der XR OHV Motoren begann.

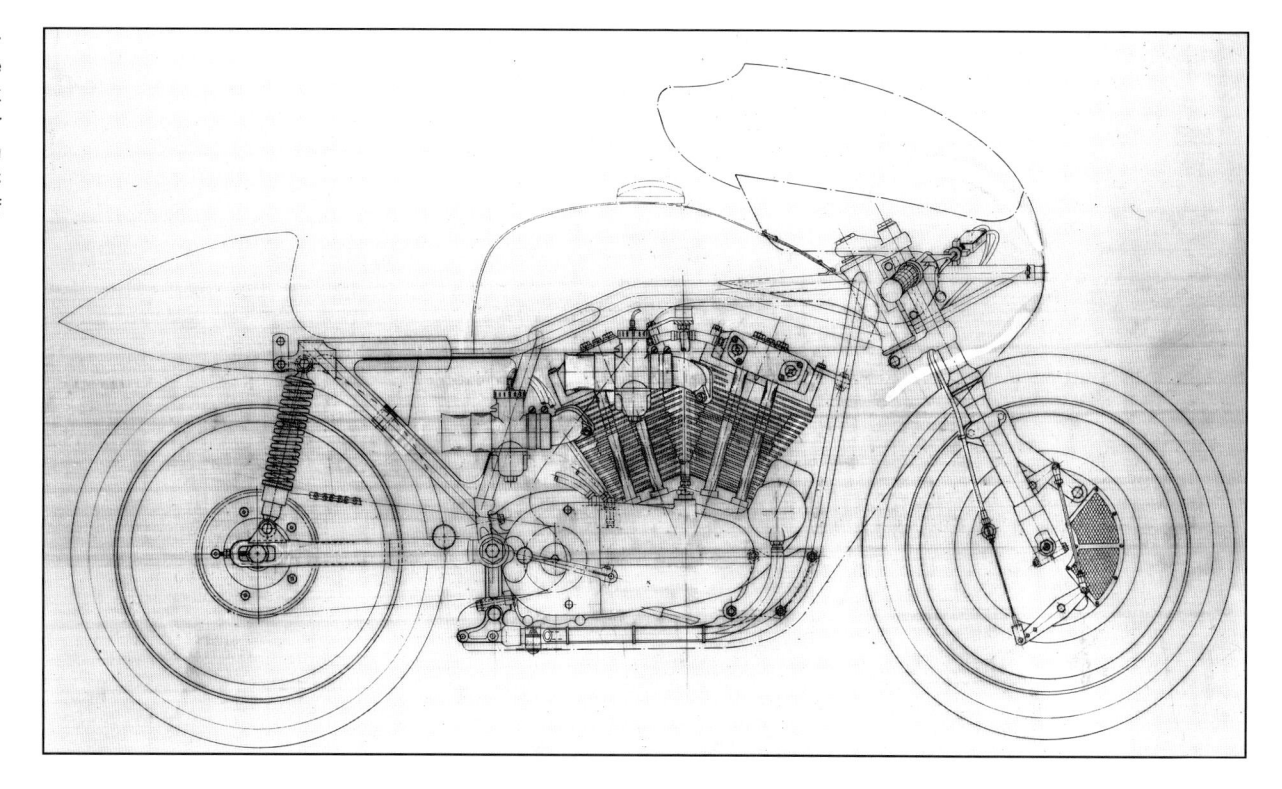

Anfänglich verursachten Guß-XRs Probleme, bald bereitete man Leichtmetall XRs vor. Qualität und Käuferdrang waren für 1972 gut genug, um 200 Stück in Flattrack- und TT-Versionen zu produzieren. Die von der AMA zur Homologation vorgeschriebene Anzahl. Cal Rayborn's XRTT, 1972.

Cal Rayborn wurde 1967 Achter, 1968 und 1969 Dritter und 1972 Neunter in der Nationalen Meisterschaft.

»Bad« Bart Markel aus Flint, Michigan. Seine Grand National Erfolgsreihe sieht so aus: 1959 Siebter, 1960 Dritter, 1961 und 1964 Vierter, 1965 und 1966 Champion und 1968 wie 1969 wieder Vierter. Danach kümmerte er sich um andere Sachen und startete nur unregelmäßig. Hier mit einer Light Alloy XR nach 1972.

XR 750, 1972; mit der Light-Alloy-Ausführung begann in Milwaukee eine Ausentwicklung voller Fleiß und Mühe. Letzlich ließ die XR keine anderen Götter neben sich zu. Mit all ihrem Aufwand konnten sich selbst Japans gigantische Götzen nicht dauerhaft gegen sie behaupten.

Bill Werner tunte jahrelang Jay Springsteens XRs, war einer der dafür verantwortlichen Techniker, daß nach wie vor der gemäß Fachbuch ineffiziente und längst überholte Stoßstangenmotor der Konkurrenz OHC-, DOHC-, 2-Takt- und Mehrzylinder-Maschinen überholt. Über Jay Springsteen gib's nicht viel mehr zu sagen, als daß er der Größte ist. Gewinner der meisten »Nationals« Rennen. Eine Weile behinderten ihn Gesundheits-, vielleicht auch Motivationsprobleme. Inzwischen kehrte er in die Punkträge zurück.

TUNER: BILL WERNER with JAY SPRINGSTEEN

Scott Parker beim Broad Slide. Sogar im eignen Tempel in Milwaukee hatten junge Konstrukteure einen bärenstarken, »flüssigkeitsgekühlten Mehrventil 60 Grad V2 Motor mit zwei obenliegenden Nockenwellen« und anderm zur Materie geronnenen Technik-Zeitgeist geschaffen. Doch dann nahmen ihnen die alten Hasen das Spielzeug weg, der gute alte XR wurde von Grund auf überholt und siehe da, Scott Parker gewann mit ihm wieder die Meisterschaften von 1988, 1989 und 1990!

Sie holen Bartel den Most: V. li. Fahrwerksspezialist Dave Garoutte, 3. v. li. Jay
Springsteen, 4. v. re. Randy Goss.

Evolution

I. Geschäfte und Menschen

US-Präsident Ronald Reagan beehrte im Sommer 1987 die Harley-Davidson Motor Company mit einem fernsehgerecht inszenierten Besuch. Er zog ein schwarzes Biker T-Shirt über und gratulierte mit seiner schmelzig-angerauhten Stimme Management und Belegschaft dazu, daß sie aus der vor sechs Jahre zuvor Untergang bedrohten, desolaten Hog-Schmiede eine der Vorzeige-Firmen der Vereinigten Staaten gemacht und Harley-Davidson wieder zum Inbegriff von Stil und Qualität auf zwei Rädern erhoben haben.

Reagan hatte Grund zur Gratulationstour. Etwas vom guten alten amerikanischen Unternehmungs- und Unternehmergeist hatte sich mit Harley-Davidsons Wiedergeburt als nach wie vor lebendig erwiesen. Wichtig in einer Zeit, in der bürokratisch verwaltete Menschen immer mehr den selbständigen Kampf um ihre Existenz aufgeben. Anstatt sich ihren eigenen Platz im Leben zu schaffen, suchen sie lieber ein stilles Örtchen in behäbigem Angestelltentrott, den angeödet und uninteressiert abzuspulen und dann in der Freizeit ihre allerdings wenig verbrauchten Energien auszutoben. Im Arbeitsleben eigenverantwortlich Initiativen umzusetzen muß mehr Menschen Sinn im Leben sein, soll eine freie Gesellschaft funktionieren und frei bleiben.

Anders als der große Chrysler-Star Lee Iacocca verbriet H-D-Chef Vaughn Beals zur Rettung seiner Motor Company keinen einzigen Steuerdollar. Das Management in Milwaukee führte in bravouröser Art ein Stück industrieller Kunstfertigkeit vor. In den späten siebziger Jahren wurde klar, daß die Verbindung AMF und Harley-Davidson beiden nicht mehr zum Besten gereichte.

1977 hatten die USA, meist aus Europa, 200000 Mopeds eingeführt. AMF Marketing Chef Peter C. Tworoger glaubte, bis 1980 hätte der US-Markt eine Aufnahme-Kapazität von einer guten Million Stück. Anfang 1978 kündigte er für seine AMF Corporation an, daß AMF noch dieses Jahr voll in den Mopedmarkt einsteige. Mit dem AMF »Roadmaster«-Moped, das in Fernost gefertigt und unabhängig von AMF Harley-Davidson eingeführt und vertrieben würde. AMF bestellte und verhob sich dabei gewaltig, denn die Prognose stimmte einfach nicht. Weder aus dem AMF Roadmaster noch den Traumzahlen wurde was. Ein Beispiel mehr, wie AMF Verantwortliche den Zweiradmarkt verstanden – oder nicht. Mit Verlusten zog man sich aus diesem Projekt zurück. In anderen AMF Konzernbereichen sah es auch nicht viel besser aus.

Die Muttergesellschaft AMF war selbst ins Trudeln gekommen und von Spezialisten übernommen worden, die sich darauf verstehen, übergewichtige Konglomerate zu tranchieren, zu zerteilen und in kleinen Stücken zu verkaufen, um vielleicht wenigstens das ursprüngliche Gerippe zu retten.

Allen daran Interessierten stand bei genügend Kaufkraft der Erwerb der Motorradfirma offen. Daß sich ein Interessentenkreis aus dem bisherigen H-D-Management, langjährigen Freunden des Werks und Mitgliedern der Gründerfamilien zusammenfand, bezeichnet deren bisheriges Engagement in der Firma und erklärt den dann gern gebrauchten, die Harley-Szene motivierende Begriff vom »Buyback«. »Bereit sein, Dollars dahin zu stecken, wo die Worte schon sind.« Für seine Überzeugung und Wünsche zu zahlen und zu riskieren. Nur die Beals Gruppe besaß Vertrauen in ihr Produkt und sich selbst, Tatkraft und unternehmerischen Wagemut, doch nicht genug Geld.

Schon unter AMF in verantwortlichen Positionen bei Harley-Davidson, verschloß sich Vaughn L. Beals nicht der bitteren, schmerzenden Bestandsaufnahme am Ende jener Zeit. Mit anderen HD-Managern besuchte er große japanische Werke und fand viel zu lernen dort. Mit Optimismus führte er Harley-Davidsons Wiedergeburt, die »Buyback«-Operation an. Ein Unternehmer, der Leidenschaft in ruhiger Argumentation disziplinieren und Mitarbeiter, Kunden, Kreditoren und Ministeriale motivieren kann.

Kurz vor der 1981er Bike-Week in Daytona einigten sich die Manager von Harley-Davidson und AMF über die Modalitäten der Trennung. Am 3. März erklärte Beals dann in Daytona Ab- und Aussichten des Rückkaufs. Die Meldung über den »Buyback« wurde von H-D-Mitarbeitern, Händlern und Kunden mit lärmendem Enthusiasmus aufgenommen. Vielleicht war der Jubel so laut, um die Angst zu übertönen. Die Transaktion war wohl die einzige Chance, noch mal auf eigenen Füßen zu stehen, bezahlt mußte sie aber trotzdem werden.

Zehn Millionen Dollar brachten die neuen Manager aus eigenem Vermögen und persönlichen Verschuldungen ein, der Rest von siebzig Millionen sollte auf dem Kapitalmarkt besorgt werden. Wie fragwürdig H-D's Chancen nach dreizehn AMF-Jahren eingeschätzt wurden, bewiesen die Absagen, die sich Beals und Teerlink, der neue Vizepräsident für Finanzen, holten. Im Juni 1981 überwies schließlich die New Yorker CitiCorp-Bankgruppe den Restbetrag an AMF.

Deren Risikobereitschaft mußte die wieder unabhängige Harley-Davidson Motor Company mit jährlich 12 Millionen Dollar Zinsen- und Ratenzahlungen vergolden. Dessen ungeachtet sicherte sich die CitiCorp bei der Unterzeichnung der Kreditverträge das H-D-Betriebsvermögen. Unter diesen Bedingungen hätte man in den nächsten Jahren nur Zinsen berappt und wäre dennoch eingegangen. Die Banker hätten obendrein alles mobile wie immobile Hab und Gut abgreifen können.

Trotz Niedergang des Motorrad-Marktes erreichte das Buyback-Team über langfristige Anlagen von Versicherungen und Fonds eine günstigere Umschuldung. Diese Finanziers wurden zwar von Prototypen des neuen V2-Evolution-Motor überzeugt, machten jedoch effizienzbewußtere Produktionsmethoden und moderne Personalführung zur conditio sine qua non, ohne die lief nichts bei ihnen. Konkret bedeutete das blaue Briefe für jeden Mitarbeiter, der nicht unabkömmlich für Produktion oder Vertrieb war. Büros wurden entvölkert, das Archiv geschlossen, die Kantinen mini-

Richard F. Teerlink, Finanzmann und Kredite-Kosten Jongleur, mit einer in geometrischen Abläufen, in Raum, Zeit und Strukturen wirkenden Zahlenphantasie, die Buchhalter, Computer und Kalkulationsprogramm versagt bleibt. Harley-Davidson-Aktien sollen hoch oben fahren. Was die letzten Jahre weitgehend so war.

miert, soziale Dienste aufgehoben. Von 3500 Beschäftigten blieben 2000. Die Gehälter der leitenden Angestellten, bei AMF hoch, wurden zur Hälfte reduziert. Prämien, Zuschüsse und Vergünstigungen entfielen. Bei den Arbeitern hielt man sich mit Kürzungen vergleichsweise zurück.

Nach vielen Minusjahren von bis zu 20 Millionen Dollar per annum, hat das Werk eine Perspektive. Trotz insgesamt rückläufiger Motorrad-Verkaufszahlen steigerte Milwaukee seinen Ausstoß von Jahr zu Jahr. 1984, 1985, 1986, 1987 wurde die Bilanz mit jeweils etwa zehn Millionen Dollar Gewinn abgeschlossen. Der neue V2-Evolution-Motor stampft sein Erzeugerwerk weiter vorwärts. Sogar die Harley-Verkaufspreise ließen inzwischen etwas nach...

Die 1981 auf Pump vollzogene Buyback Operation aus dem AMF-Konzernverbund und der Aufstieg des Werkes wurde allgemein beachtet und machte Schule. Manager so unterschiedlicher Firmen wie der Kaufhauskette Macy, dem Kosmetikkonzern Revlon sowie des Jeans-Giganten Levi Strauss kauften sich mit Riesen-Krediten ihren jeweiligen Laden. Eine von neuen Besitzern persönlich geführte Firma operiert dynamischer und erfolgreicher als eine anonyme Konzernfiliale (und zahlt selbst horrende Zinsen pünktlich an die Banken).

II. Motor und Maschinen

Lärmbestimmungen, Emissionswerte sowie Garantie- und Wartungsprobleme des Shovels veranlaßten die Konstrukteure 1978 dessen Ausführung zu überdenken. Größere Zuverlässigkeit, gesteigertes Drehmoment, höhere Leistung bei weniger Selbstkosten waren gefordert. Erste Versuchsträger standen im selben Jahr, endgültiges Konzept und Eckdaten 1979. Eine kleine Sonderreihe von Testmaschinen spulte über ein und eine Viertel Million Testkilometer sowie 5600 Stunden auf dem Prüfstand ab. 1982/83 lief die Fertigung an, es war geplant, die neue Maschine 1983 einzuführen, doch diverse Probleme in der Produktion und dann im Produkt galt es noch zu lösen. Außerdem mußte man ihm dieses Jahr lieber noch Mucken austreiben. 1984 wurde an die Händler ausgeliefert.

Ab 1980 paßte man Rahmenhöhe und Motorbefestigung einiger Modelle auf den zu erwartenden Neuling an. Für die Evo-Bigtwins und das neue Fünfgang-Getriebe wurde der Tour-Glide-Rahmen gezeichnet. Motor und Getriebe lagen vibrationsarm in Kunststoffelementen, außerdem war an Raum für den Riemenantrieb gedacht, auf den kontinuierlich umgestellt werden sollte. In Milwaukee war man sich bei Auslegung von Motor und Fahrwerk einig, daß der Pilot trotz Silentblöcken weiter spüren sollte, wie schnell er fährt. »Tempo 220 streßfrei« schien den Konstrukteuren überhaupt nicht erstrebenswert, ein sinnloser und letztlich verrückter Irrweg. Drum geben die neuen Tourenmaschinen oder Cruiser nach den heutigen verrutschten Maßstäben wenig PS-Leistung ab und gefallen eben deswegen mit ihrem rundum runden Fahrverhalten.

Das neue Fahrwerk fuhr sich zwar angenehmer, wirkte aber klobiger und sah nicht so schön aus wie das alte. Es ist inzwischen der H-D-Standardrahmen, dem später mit der »Softail«-Konstruktion sowie nun dem Dyna Glide Fahrwerk-Ventiltrieb (Stoßstangen-Ventiltrieb) der ästhetisch gelungene, zeitgemäße Motorradrahmen beigestellt wurde.

Trotz theoretisch konstruktiver Nachteile, wie Stoßstangen: getrenntes Getriebe, nicht am numerischen Leichtgewicht fixierter, sondern großzügiger Materialverwendung, finden sich heute wohl kaum bequemere und angenehmere Tourenmaschinen der großen Klasse. Vom Niveau in Stil und Ausstrahlung der serienmäßigen Custom-Bikes ganz zu schweigen.

Der Evolution- oder Blockhead-Motor bietet im Vergleich zum Vorgänger spürbar fülligeres Drehmoment bei niedrigeren Drehzahlen. Das Fünfganggetriebe paßt sich dem Motorencharakter an und verwöhnt auf langen Autobahnstrecken geradezu. Das Motorrad hängt treu und jederzeit bißbereit an der Gashand. Manchmal vermisse ich an ihm etwas vom groben Poltern des Shovels. Weniger Geräusch, ohne Drehmoment oder Ballerbaß zu verlieren. Gleichgebliebener Spritkonsum von fünf bis sechs Litern und: der Neue blieb bei all dem der unverkennbare Harley-Davidson Big Twin.

Das einst 1936 mit der Knucklehead begonnene, über Pan- und Shovelhead führende V2-OHV-Konzept reifte während seiner fünfzigjährigen Entwicklung weiter. Die Philosophie des ersten OHV-Twins unterscheidet sich kaum von der aktuellen, seine Alltagstauglichkeit allerdings. Gleich bleiben beim großvolumigen Shovel- wie Blockhead Hub – 108 mm oder 4.25 inch – und Bohrung – 88,8 mm bzw. 3.498 inch. Weiter Kurbelgehäuse und -welle. Der Hubraum blieb bei 1340 cm³, die Leistung stieg um ca. zehn Prozent, das fettere maximale Drehmoment lag bei niedrigeren Drehzahlen an. Die Verdichtung wurde auf immer noch zivile 8,5:1 erhöht. Je nach Motorrad erhielt das nach Väter Sitte getrennte, aber angeflanschte Getriebe erst vier oder fünf Gänge. Heute ist Fünfgang Standard. Beide Zylinder lassen sich miteinander austauschen. Zylinderwinkel wie gehabt 45 Grad. Kolben, Pleuel, Zylinderköpfe, Stößel und Nockenwelle sind neu. Damit sie weniger an den Wänden der Graugruß-Laufbuchsen schleifen, werden die Kolben im Werk um zwei Achsen geschliffen. Sie sind nun flach und kürzer, bestehen aus Aluminium und zwölf Prozent Silikon. Jetzt drücken die hohlen Stoßstangen das Öl in die Zylinderköpfe, nicht mehr separate Steigleitungen. Drum staut's sich nicht in den Ventilführungen, rutscht auch nicht in den Brennraum, sondern läuft komplett zurück ins Kurbelgehäuse. Der Ölverbrauch

»The Road to Sturgis«, suchterzeugendes Computerspiel. Am PC bin ich in 'zig Stunden noch nicht den halben Weg nach Sturgis gekommen. Hätte ich in der Zeit geschrieben, redigiert und verkauft, reichten Honorare für den echten Flug im reellen Leben.

sank auf geradezu unglaublich niedrige Werte, die kaum von der Konkurrenz erreicht werden.

Zur Service-Erleichterung bestehen die Rockerboxen aus drei Teilen. Die Rockerarme und Tappets sind leichter und wurden in Material wie Ausführung verbessert. Die Ventile werden kürzer geöffnet. Sie hängen asymmetrisch im Zylinderkopf, im Einlaß 27, im Auslaß 31 Grad. Ihre Ventilteller sind schmaler, dabei reichen sie tiefer in den Brennraum. Die gerader geführten Einlaßkanäle haben geringeren Durchmesser. Der umdesignte Brennraum sowie der geänderte Sitz der Kerzen sorgen für höhere Flammgeschwindigkeit bei niedrigeren Brenntemperaturen.

Mit der Sportster-Reihe zuletzt werden inzwischen alle Harley-Hinterräder von Zahnriemen angetrieben. Kein Schmieren und so gut wie kein Spannen nötig, kaum Leistungsverlust, keine Lastwechselreaktionen – dennoch viel leichter als ein Kardan. Harley-Davidson kann sich gutschreiben, diese Kraftübertragung mit Good Year entwickelt und als Maßstab auf den Markt gebracht zu haben.

Die Tour Glide FLT von 1985 war die erste Harley, die ich mich traute, stundenlang mit 150 bis 160 km/h über die Autobahn zu hetzen. Es hat ihr nicht geschadet, unterwegs ging nichts verloren, Bremsen und Fahrwerk spielten mit, Öl und Spritverbrauch hielten sich in Grenzen.

1988 mußte eine peinliche Rückrufaktion eines Postens ausgelieferter Motorräder durchgezogen werden. Wegen Materialfehlern einer Anzahl von außerhalb kontraktierten und bezogenen Schaltgabeln konnten im Fahrbetrieb unter bestimmten Umständen schlimme Getriebedefekte auftreten. Außer dem Kratzer am Image schnitt die internationale Auswechselprozedur des Teils erhebliches Geld weg. Investiert wurde nun in eine verbesserte Materialkontrolle im Werk, die diese Teile ausgesiebt hätte.

III. Werk und Arbeit

Qualitätskontrolleure, meist bewährte Arbeiter, überprüfen Geräteeinstellungen, Produkttoleranzen, nehmen Stichproben aus der laufenden Fertigung. Jedes zwanzigste Fahrzeug wird genau vermessen. Den in der Industrie seltenen Kontrollaufwand betreibt man seit 1981. Anfänglich wuchsen so die Ausschußquoten ins Ungeheure. Aber die Beteiligung der Arbeiter am »I Make The Eagle Fly«-Programm, ihre Motivierung, nicht zuletzt wirtschaftliche Anreize, regten sie zur Bildung ausschußarmer »Quality Circles« an.

Unvergleichlicher Stil, Wiederverkaufswert, erstaunlich gestiegene Qualität der Charaktermotorräder und besonders der familiäre Zusammenhalt der Harleyszene, der Menschen, die sie bauen, verkaufen und fahren; begründeten den sagenhaften Aufstieg des Werkes während der letzten Jahre, den wir alle erlebten.

Auf einer 1988er Electra Glide fuhren wir die Pazifikküste auf dem US 1 hoch und runter.

Willie G. Davidson auf Richard Morris' Crocker Bigtwin von 1938. Willie G. restaurierte selber gern altes US-Eisen – nicht nur solche aus Milwaukee.

Die dem alten Starrahmen entsprechenden Leder-Seitentaschen stehen der Softail Heritage Classic, FLST/C, viel besser als die vorher verwandten Befransten.

Fat Boy, FLST/F, Heritage Variante zweiter Generation, die fast schon wieder dem Vorbild von 1985 entspricht. Alu-Scheibenräder, Auspufführung, farblich abgesetzte Zylinderköpfe, machen die kleine Unterschiede.

1991er Ausführung der beiden beliebten Modelle

Harley-Davidson Springer Softail

Würde Ford die Heckflosse wieder einführen, Mercedes die Blattfederung? Natürlich nicht. Harley-Davidson die Springergabel? Aber selbstverständlich! Zunächst mal: Sie funktioniert. Und zwar super. Besser als so ziemlich jede Teleskop-Gabel.

»We are a crazy company!« war Willie G. Davidsons lachender Kommentar, als er die Springer-Softail in den Saal ritt. Der H-D-Chefstylist und Vizepräsident erzählte, daß er auf Harley-Treffen dauernd gefragt wurde, warum denn Milwaukee nicht wieder die wunderschöne alte Springergabel baue. Beim Vergleich mit der eigenen fünfzig Jahre alten Knucklehead hätte ihn dann die Frage selber gejuckt: Warum sollten wir das eigentlich nicht versuchen?

Die vier Firmengründer, unter ihnen Willie G.'s Großvater, rüsteten ihre Motorräder ab 1907 mit der originalen, von Bill Harley konstruierten Gabel aus. Harleys Frontfederung stach damals auf Anhieb und noch lange danach alles aus, was der internationalen Konkurrenz zu dem Thema einfiel. George Brough z. B., der britische Motorrad-Künstler, lizenzierte sie über zwanzig Jahre für seine exklusiv konfektionierten Brough-Superiors. Das beibehaltene Bauprinzip verbesserten Chefkonstrukteur Bill Harley sowie sein Nachfolger Bill Ottaway. Gepflegte Harleys gewährten eine bekanntermaßen exakte Lenkung und lange ausreichende Federung. Ihr Hauptnachteil waren ihre relativ schnell ausschlagenden Messinglager. Hatten die zuviel Spiel oder Reibung kam es zum gefürchteten Schimmy-Effekt. Nur in ihren letzten Jahre wurde die Gabel von einem Öldämpfer unterstützt. Als letzter wichtiger Motorrad-Hersteller hatte H-D erst 1949 die mechanische Federgabel durch eine Teleskopgabel ersetzt. Bald vierzig Jahre später führt Harley die mechanische nun wieder ein.

Belastungs-Berechnungen arbeiteten die Ingenieure mit schnellen Computern in infiniter-Elemente-Analyse aus. Der mathematische Prozeß wurde in unzählige Einzeloperationen aufgesplittet. Je länger sie an der Konstruktion des neuen Vorderteiles waren, desto näher wären sie an die primären alten Formen gekommen und ihr Respekt vor der Leistung ihrer Vorgänger gewachsen.

Den geringen Federweg des Vorbildes verdoppelten die heutigen Techniker auf 10 cm. Das Verbindungsstück zwischen dem nicht- und dem federnden Bein ist entsprechend länger. Die Dämpfung ist an den Schraubenfedern individuell verstellbar. Die sphärischen Lager der Hebelpunkte sind nur dünn teflonbeschichtet. Das Teflon ist so eingebettet, daß es nicht rausgepreßt werden kann. Schwingenlagern anderer Harleys arbeiten schon so.

Wo sich diese Lager verwenden lassen, sind sie im Vergleich zu anderen Lagern widerstandsfähiger und belastbarer. Die äußeren Lager sind in speziellen Schalen befestigt, etwa alle 10000 Meilen soll Nachstellen nötig sein, bei jedem zweiten oder dritten Reifenwechsel. Mit Gußteilen und Rohren wurde solange experimentiert, bis Stärke und Steifigkeit optimiert waren. Beide Beine sind elliptisch geformt. Wegen des längeren Federweges konnte der Reifen nicht mehr so satt im Schutzblech liegen wie früher. Es schaut trotzdem nicht wie eine Motocross-Maschine aus. Beim höheren heutigen Rahmen mußte die Gabel länger ausfallen.

Die tiefe Sitzposition im niedrigen, dem Starrahmen nachempfundenen Softail-Fahrgestell könnte kaum besser sein. Besonders auf den ersten 150 Springerkilometern erstaunte mich das Gefühl, fein und exakt, auf Gradminuten genau steuern zu können. Vorn am Lenker stimmte fast alles. Wir sind die Springer-Softail drei Tage und 1000 Kilometer gefahren. Durch Stop-and-Go-Rhythmus zäher Rush-Hours, Spur-Halten und Switchen im L. A.-Highway-Karussell. Dessen Bahnen von Regenrinnen gerillt und von Schlaglöchern gesprenkelt sind. Dann von Null auf über 2000 Meter die engen Kurvenkombinationen des San Bernadino National Forest hoch und im Los Padres Park die Haarnadeln wieder runter. Leise und nach Rangern Ausschau haltend über steile, steinige Feldwege, als wir zwei Motorrad-Sammler in ihren Wochenend-Verstecken besuchten. Nachts sind wir vom oben in den Bergen gelegenen Lake Arrowhead runter ins Tal gerollt. Vor uns lagen San Bernardino sowie andere Orte am Rande von Los Angeles. Kalte Bergluft vermischte sich mit des Flachlands aufsteigender Thermik. Hunderttausende Lichter flimmerten und blinkten in einer prächtigen Lightshow. Mit niedrigen Drehzahlen von einer Kurve zur nächsten.

Die Hebelei um die Scheibenbremse vorn erfüllt ihren Auftrag wohl ziemlich getreu, ich nahm kein nennenswertes Bremsnicken oder andere Störungen selbst bei scharfem Bremsen wahr. In Kalifornien dürfen Motorradfahrer zwischen zwei sich langsam bewegenden Autoschlangen durchschießen. Die Fahrspuren sind von den üblichen weißen Mittelstreifen sowie eingelassenen Stahlkuppeln getrennt. Die überall in den Fahrbeton gefrästen Regenrinnen, eingegrabene Spurrillen, gelegentlichen Löcher und Risse oder beliebige Kombinationen davon brachten nichts zum Flattern. Mit Vollgas bei 150, 160 km/h blieb der Geradeauslauf einwandfrei, in langen Tempokurven vorn etwas leicht, aber kein Pendeln.

Bei einer Softail sind die mit wenig Federweg bedachten Gasdruckdämpfer unterm Getriebe versteckt, auf daß der Rahmen wie ein alter, starrer aussehe. Mit jedem Schlag ins Kreuz ein allzu spürbarer Kompromiß zwischen Optik und Komfort. Ex-H-D-Pressesprecher Buzz Buzzelli machte anders rum einen Schuh draus: Weil das Vorderteil so wunderbar sei, falle das nicht ganz so gute Hinterteil überhaupt erst auf. Ich bin nur eine FXST/S aus der ersten Serie gefahren, bei den 89er und 90er Modellen soll das besser geworden sein.

Der originale Sattel sieht Spitze aus, aber das Sozia-Brötchen auf dem hinteren Schutzblech ist eine Macho-Zumutung. Die FXST/S kommt zudem serienmäßig ohne Sissybar, schraub eine dran! Ohne die wärst Du die Frau da hinten drauf schnell los. Entweder verlierst Du sie, weil sie auf dem harten Hinterhöckerchen rumhoppelt und runterfällt oder sie läßt sich solch Tortur nicht zumuten. Entweder jeder seine eigene FXST/S oder wenigstens einen anständigen Sitz zukaufen. Ich bin gespannt darauf, wie sich eine Version der Heritage Softail mit der neuen Gabel anfühlt.

Des Chopperbauer's Traumgrundlage: Springer Softail FXST/S 1991. Das 1991er Modell sah ich (Ende 1990) nur auf diesem Foto. Auf dem wirkt der Soziasattel bequemer als der zuvor. Die Gasdruckdämpfer unterm Gebriebe sind längst verstellbar.

Daten und Tabellen

Marke	Baujahr	Modell	Bohrung, Hub und Hubraum	Zyl.-anzahl	Hersteller-PS	2- oder 4-Takt	Gewicht in lbs. und Kilo	Preis $	Serien-Nr./ wo zu finden	Zylinder-anordnung	Zündung	Schmiersystem	Kupplungsart und Bedienung	Getriebe	Kraft-übertragung	Reifen-Größe
ACE	1924	Standard-Modell	2.750 × 3.250 1234 cm³	4	10	4	365/165	375	*	vertikal	H.T. Magnet	Spritzschmierung automatische Zahnradpumpe	Mehrscheiben-Stahlreib-paarungs-(Naß)-Kplg. Hand & Fuß	eigenes 3-Gang	Kette	27" × 3½"
		Sporting Solo Modell	2.750 × 3.250 1234 cm³	4	10	4	365/165	395	*	vertikal	H.T. Magnet	Spritzschmierung automatische Zahnradpumpe	Mehrscheiben-Stahlreib-paarungs-(Naß)-Kplg. Hand & Fuß	eigenes 3-Gang	Kette	27" × 3½"
	1925	Standard Modell	2¾ × 3¼ 1234 cm³	4		4	365/165	400	*	vertikal	Simm Magnet	Spritzschmierung automatische Zahnradpumpe	Mehrscheiben-Stahlreib-paarungs-(Naß)-Kplg. Hand & Fuß	eigenes 3-Gang	Kette	27" × 3½" oder Ballon
		Sporting Solo Modell	2¾ × 3¼ 1234 cm³	4		4	365/165	420	*	vertikal	Simm Magnet	Spritzschmierung automatische Zahnradpumpe	Mehrscheiben-Stahlreib-paarungs-(Naß)-Kplg. Hand & Fuß	eigenes 3-Gang	Kette	27" × 3½" oder Ballon
	1926 1927	Standard-Modell/ Sporting Solo Modell	2.750 × 3.250 1234 cm³	4	10	4	365/165		*	vertikal	H.T. Magnet	Spritzschmierung automatische Zahnradpumpe	Mehrscheiben-Stahlreib-paarungs-(Naß)-Kplg. Hand & Fuß	eigenes 3-Gang	Kette	27" × 3.85"

* Auf der linken Seite des Kurbelgehäuses

Marke	Baujahr	Modell	Bohrung, Hub und Hubraum	Zyl.-anzahl	Hersteller-PS	2- oder 4-Takt	Gewicht in lbs. und Kilo	Preis $	Serien-Nr./ wo zu finden	Zylinder-anordnung	Zündung	Schmiersystem	Kupplungsart und Bedienung	Getriebe	Kraft-übertragung	Reifen-Größe
CLEVE-LAND	1920		2¾ × 2¾ 268 cm³	1	3	2	175/79		16001-24000 *	stehender Einzelzylinder	H.T. Magnet	Gemischschmierung	Multilamellenkupplung Handbedienung	eigenes 2-Gang	Schnecke und Kette	26″ × 3″
	1921		2¾ × 2¾ 268 cm³	1	3	2	175/79		24000-30000 *	stehender Einzelzylinder	H.T. Magnet	Gemischschmierung	Multilamellenkupplung Handbedienung	eigenes 2-Gang	Schnecke und Kette	26″ × 3″
	1922		2¾ × 2¾ 268 cm³	1	3	2	175/79		30000-50000 *	stehender Einzelzylinder	H.T. Magnet	Gemischschmierung	Multilamellenkupplung Handbedienung	eigenes 2-Gang	Schnecke und Kette	26″ × 3″
	1923	EL	2¾ × 2¾ 268 cm³	1	3	2	215/97		50000 ff. *	stehender Einzelzylinder	H.T. Magnet	Gemischschmierung	Multilamellenkupplung Handbedienung	eigenes 2-Gang	Schnecke und Kette	26″ × 3″
		ML	2¾ × 2¾ 268 cm³	1	3	2	198/90		50000 ff. *	stehender Einzelzylinder	H.T. Magnet	Gemischschmierung	Multilamellenkupplung Handbedienung	eigenes 2-Gang	Schnecke und Kette	26″ × 3″
	1924	EL	2¾ × 2¾ 268 cm³	1	3	2	215/97		*	stehender Einzelzylinder	H.T. Magnet	Gemischschmierung	Multilamellenkupplung Handbedienung	eigenes 2-Gang	Schnecke und Kette	26″ × 3″
		ML	2¾ × 2¾ 268 cm³	1	3	2	198/90		*	stehender Einzelzylinder	H.T. Magnet	Gemischschmierung	Multilamellenkupplung Handbedienung	eigenes 2-Gang	Schnecke und Kette	26″ × 3″
	1925	SML	2¾ × 2¾ 268 cm³	1	2¾	2	198/90		*	stehender Einzelzylinder	H.T. Magnet	Gemischschmierung	Multilamellenkupplung Handbedienung	eigenes 2-Gang	Schnecke und Kette	26″ × 3″
		SE	2¾ × 2¾ 268 cm³	1	2¾	2	215/97		*	stehender Einzelzylinder	H.T. Magnet	Gemischschmierung	Multilamellenkupplung Handbedienung	eigenes 2-Gang	Schnecke und Kette	26″ × 3″
	1926	SML & SE	2¾ × 2¾ 268 cm³	1	3	2	198/90		37000 ff. *	stehender Einzelzylinder	H.T. Magnet	Gemischschmierung	Multilamellenkupplung Handbedienung	eigenes 2-Gang	Schnecke und Kette	26″ × 3″
		Light Four	2³⁄₁₆ × 2⁷⁄₁₆ 600 cm³	4	6	4	250/113		1. Auslief. Okt. 1925	Reihe	Bosch-H.T. Magnet	zwei Pumpen	Trockenscheibenkupplung	eigenes 3-Gang	Kette	27″ × 3″
	1927	Master Four	57 × 71 750 cm³	4	7,5	4	460/208		auf dem Kurbelgehäuse	'En Bloc'	H.T. Magnet	Trockensumpfschmierung	Einscheibenkupplung Fußbedienung	eigenes 3-Gang	Kette	27″ × 3½″
		Master Four Electric	57 × 71 750 cm³	4	7,5	4	470/213	345		'En Bloc'	H.T. Magnet	Trockensumpfschmierung	Einscheibenkupplung Fußbedienung	eigenes 3-Gang	Kette	27″ × 3½″

* Auf der Rückseite des Kupplungsgehäuses

Marke	Baujahr	Modell	Bohrung, Hub und Hubraum	Zyl.-anzahl	Hersteller-PS	2- oder 4-Takt	Gewicht in lbs. und Kilo	Preis $	Serien-Nr./ wo zu finden	Zylinder-anordnung	Zündung	Schmiersystem	Kupplungsart und Bedienung	Getriebe	Kraft-übertragung	Reifen-Größe
CROCKER	1939	O.H.V.	3¼" × 3⅝" 1000 cm³	2		4				V Twin	Zündspule	Trockensumpf-schmierung	Mehrscheibenkupplung Fußpedal	3-Gang	Kette	18" × 400"
DAYTON	1915	C3	84.1 × 88.9 999 cm³	2	8	4	265			V Twin	Magnet	Doppelschmier-system aus Tropf- & Druck-schmierung	Dayton-2-Gang und -Kupplung Seitenhebel		Kette	28" × 3"
	1917	E8	88.9 × 93.22 1157 cm³	2	9	4	315			V Twin	Magnet Gen.	Tauchkolbenpumpe + Handpumpe	Trockenscheibenkupplung Hand & Fuß	3-Gang	Kette	28" × 3"
EMBELM	1918		820 cm³	2	5/7	4	225			V Twin	Magnet		»Free Engine« Kupplung	3-Gang	Kette	26" × 3"
EXCEL-SIOR	1921		3⅜"¼ × 3½ 999 cm³	2	7/9	4	360/163		*	V Twin	H.T. Magnet	mechan. Pumpe	Scheibenkupplung Hand und Fuß	eigenes 3-Gang	Kette	27" × 3½"
	1922	22S	3⅜"¼ × 3½ 999 cm³	2	7/9	4	360/163		*	V Twin	H.T. Magnet	mechan. Pumpe	Scheibenkupplung Hand und Fuß	eigenes 3-Gang	Kette	27" × 3½"
	1923		84.5 × 88.9 999 cm³	2	7/9	4	360/163		*	V Twin	H.T. Magnet	mechan. Pumpe	Scheibenkupplung Hand und Fuß	eigenes 3-Gang	Kette	27" × 3½"
	1924		84.5 × 88.9 999 cm³	2	7/9	4	380/172		*	V Twin	H.T. Magnet	mechan. Pumpe	Scheibenkupplung Hand und Fuß	eigenes 3-Gang	Kette	27" × 3½"
	1925		84.5 × 88.9 999 cm³	2	7/9	4	380/172	270	*	V Twin	H.T. Magnet	mechan. Pumpe	Scheibenkupplung Hand und Fuß	eigenes 3-Gang	Kette	27" × 3½"

Marke	Baujahr	Modell	Bohrung, Hub und Hubraum	Zyl.-anzahl	Hersteller-PS	2- oder 4-Takt	Gewicht in lbs. und Kilo	Preis $	Serien-Nr./ wo zu finden	Zylinder-anordnung	Zündung	Schmiersystem	Kupplungsart und Bedienung	Getriebe	Kraft-übertragung	Reifen-Größe
SUPER X	1926		3" × 3⁷⁄₃₂" 738 cm³	2	5/6	4	330/150		2000 aufwärts *	V Twin	H.T. Magnet	Druck-Handpumpe	Scheibenkupplung Fußbedienung	eigenes 3-Gang	Kette	25" × 3.85"
	1927	Touring oder Sport	3" × 3⁷⁄₃₂" 738 cm³	2	5/6	4	330/150	350	*	V Twin	H.T. Magnet	Druck-Handpumpe	Scheibenkupplung Fußbedienung	eigenes 3-Gang	Kette	25" × 3.85"
	1928	Touring oder Sport	3" × 3⁷⁄₃₂" 738 cm³	2	5/6	4	330/150	350	XS 5000 aufwärts *	V Twin	H.T. Magnet	Druckschmierung zusätzl. Handpumpe	Scheibenkupplung Fußbedienung	eigenes 3-Gang	Zahnräder und Kette	25" × 3.85" 26" × 3"
	1929	Touring oder Sport	3" × 3⁷⁄₃₂" 738 cm³	2	5/6	4	330/150	350	XS 5000 aufwärts *	V Twin	H.T. Magnet	Druckschmierung zusätzl. Handpumpe	Scheibenkupplung Fußbedienung	eigenes 3-Gang	Zahnräder und Kette	27" × 4" 27" × 4.40"
	1930	Touring oder Sport	3" × 3⁷⁄₃₂" 738 cm³	2	5/6	4	330/150	350	XS 5000 aufwärts *	V Twin	H.T. Magnet	Druckschmierung zusätzl. Handpumpe	Scheibenkupplung Fußbedienung	eigenes 3-Gang	Zahnräder und Kette	18" × 4"
	1931	Die Produktion wird eingestellt.														
FLYING MERKEL	1912	W.S.	3.45" × 3.25" 499 cm³	1	4	4	215			stehnd.	H.T. Magnet	automat. + zus. Druckpumpe	»Free Engine«-Kupplung Handhebel		Riemen oder Kette	28" × 2½"
	1914	473	3¼" × 3⅝"¾" 999 cm³	2	7	4	290			V Twin	H.T. Magnet	automat. Tropf-Öl-schmierung + zusätzl. Druckpumpe	»Fee Engine«-Kupplung Handhebel		Kette	28" × 2¾"

* Auf dem Kurbelgehäuse

Marke	Baujahr	Modell	Bohrung, Hub und Hubraum	Zyl.-anzahl	Hersteller-PS	2- oder 4-Takt	Gewicht in lbs. und Kilo	Preis $	Serien-Nr./ wo zu finden	Zylinder-anordnung	Zündung	Schmiersystem	Kupplungsart und Bedienung	Getriebe	Kraft-übertragung	Reifen-Größe
HARLEY-DAVIDSON	1915	F	84.1 × 88.9 989 cm³	2	7/9	4	290/131		alle Nr.* enden mit K	V Twin	H.T. Magnet	mechanisch und Handpumpe	Multilamellenkupplung Hand- und Fuß	eigenes 3-Gang	Kette	28″ × 3″
		J	84.1 × 88.9 989 cm³	2	7/9	4	300/136			V Twin	Remy Generator	mechanisch und Handpumpe	Multilamellenkupplung Hand- und Fuß	eigenes 3-Gang	Kette	28″ × 3″
	1916	F	84.1 × 88.9 989 cm³	2	7/9	4	300/136		alle Nr.* enden mit M	V Twin	H.T. Magnet	mechanisch und Handpumpe	Multilamellenkupplung Hand- und Fuß	eigenes 3-Gang	Kette	28″ × 3″
		J	84.1 × 88.9 989 cm³	2	7/9	4	320/145			V Twin	Remy Generator	mechanisch und Handpumpe	Multilamellenkupplung Hand- und Fuß	eigenes 3-Gang	Kette	28″ × 3″
	1917	F	84.1 × 88.9 989 cm³	2	7/9	4	300/136		alle Nr.* beginnen mit 17T	V Twin	H.T. Magnet	mechanisch und Handpumpe	Multilamellenkupplung Hand- und Fuß	eigenes 3-Gang	Kette	28″ × 3″
		J	84.1 × 88.9 989 cm³	2	7/9	4	320/145			V Twin	Remy Generator	mechanisch und Handpumpe	Multilamellenkupplung Hand- und Fuß	eigenes 3-Gang	Kette	28″ × 3″
	1918	F	84.1 × 88.9 989 cm³	2	7/9	4	300/136	290	alle Nr.* beginnen mit 18T	V Twin	H.T. Magnet	mechanisch und Handpumpe	Multilamellenkupplung Hand- und Fuß	eigenes 3-Gang	Kette	28″ × 3″
		J	84.1 × 88.9 989 cm³	2	7/9	4	320/145	320		V Twin	Remy Generator	mechanisch und Handpumpe	Multilamellenkupplung Hand- und Fuß	eigenes 3-Gang	Kette	28″ × 3″
	1919	W	69.8 × 76.2 584 cm³	2	4	4	250/113		alle Nr.* beginnen mit 19W	längs eingeb. Boxer	H.T. Magnet	mechanisch und Handpumpe	Multilamellenkupplung Hand- und Fuß	eigenes 3-Gang	Kette	26″ × 3″
		F	84.1 × 88.9 989 cm³	2	7/9	4	300/136		alle Nr.* beginnen mit 19A	V Twin	H.T. Magnet	mechanisch und Handpumpe	Multilamellenkupplung Hand- und Fuß	eigenes 3-Gang	Kette	28″ × 3″
		J	84.1 × 88.9 989 cm³	2	7/9	4	320/145			V Twin	Remy Generator	mechanisch und Handpumpe	Multilamellenkupplung Hand- und Fuß	eigenes 3-Gang	Kette	28″ × 3″

* Auf der linken Seite des Kurbelgehäuses unter dem vorderen Zylinder.

Marke	Baujahr	Modell	Bohrung, Hub und Hubraum	Zyl.-anzahl	Her-steller-PS	2- oder 4-Takt	Gewicht in lbs. und Kilo	Preis $	Serien-Nr./ wo zu finden	Zylinder-anordnung	Zündung	Schmiersystem	Kupplungsart und Bedienung	Getriebe	Kraft-übertragung	Reifen-Größe
HARLEY-DAVIDSON	1920	W	69.8 × 76.2 584 cm³	2	4	4	250/113		alle Nr.* beginnen mit 20 W	längs eingeb. Boxer	H.T. Magnet	mechanisch und Handpumpe	Multilamellenkupplung Hand- und Fuß	eigenes 3-Gang	Kette	26″ × 3″
		F	84.1 × 88.9 989 cm³	2	7/9	4	300/136		alle Nr.* beginnen mit 20 T	V Twin	H.T. Magnet	mechanisch und Handpumpe	Multilamellenkupplung Hand- und Fuß	eigenes 3-Gang	Kette	28″ × 3″
		J	84.1 × 88.9 989 cm³	2	7/9	4	320/145			V Twin	H.D. Generator	mechanisch und Handpumpe	Multilamellenkupplung Hand- und Fuß	eigenes 3-Gang	Kette	28″ × 3″
	1921	W	69.8 × 76.2 584 cm³	2	4	4	250/113		alle Nr.* beginnen mit 21 W	längs eingeb. Boxer	H.T. Magnet	mechanisch und Handpumpe	Multilamellenkupplung Hand- und Fuß	eigenes 3-Gang	Kette	26″ × 3″
		F	84.1 × 88.9 989 cm³	2	7/9	4	300/136		alle Nr.* beginnen mit 21 T	V Twin	H.T. Magnet	mechanisch und Handpumpe	Multilamellenkupplung Hand- und Fuß	eigenes 3-Gang	Kette	28″ × 3″
		J	84.1 × 88.9 989 cm³	2	7/9	4	320/145			V Twin	H.D. Generator	mechanisch und Handpumpe	Multilamellenkupplung Hand- und Fuß	eigenes 3-Gang	Kette	28″ × 3″
	1922	W	69.8 × 76.2 584 cm³	2	4	4	250/113		alle Nr.* beginnen mit 22 W	längs eingeb. Boxer	H.T. Magnet	mechanisch und Handpumpe	Multilamellenkupplung Hand- und Fuß	eigenes 3-Gang	Kette	26″ × 3″
		F	84.1 × 88.9 989 cm³	2	7/9	4	300/136		alle Nr.* beginnen mit 22 T	V Twin	H.T. Magnet	mechanisch und Handpumpe	Multilamellenkupplung Hand- und Fuß	eigenes 3-Gang	Kette	28″ × 3″
		J	84.1 × 88.9 989 cm³	2	7/9	4	320/145			V Twin	H.D. Generator	mechanisch und Handpumpe	Multilamellenkupplung Hand- und Fuß	eigenes 3-Gang	Kette	28″ × 3″
	1923	F	84.1 × 88.9 989 cm³	2	9.89	4	ca. 300/136		23 F	V Twin	Magnet	mechanisch und Handpumpe	Multilamellenkupplung Hand- und Fuß	eigenes 3-Gang	Kette	28″ × 3″
		FD	87.3 × 100 1064 cm³	2	12.00	4	320/145		23 FD	V Twin	Magnet	mechanisch und Handpumpe	Multilamellenkupplung Hand- und Fuß	eigenes 3-Gang	Kette	28″ × 3″
		J	84.1 × 88.9 989 cm³	2	9.89	4	320/145		23 J	V Twin	H.D. Generator	mechanisch und Handpumpe	Multilamellenkupplung Hand- und Fuß	eigenes 3-Gang	Kette	28″ × 3″
		JD	87.3 × 100 1064 cm³	2	12.00	4	340/154		23 JD	V Twin	H.D. Generator	mechanisch und Handpumpe	Multilamellenkupplung Hand- und Fuß	eigenes 3-Gang	Kette	28″ × 3″
		W	69.8 × 76.2 584 cm³	2	5.84	4	250/113	(nur noch Export)	23 W *	längs eingeb. Boxer	H.D. Generator	mechanisch und Handpumpe	Multilamellenkupplung Fußbedienung	eigenes 3-Gang	Kette	26″ × 3″

* Auf der linken Seite des Kurbelgehäuses unter dem vorderen Zylinder.

Marke	Baujahr	Modell	Bohrung, Hub und Hubraum	Zyl.-anzahl	Hersteller-PS	2- oder 4-Takt	Gewicht in lbs. und Kilo	Preis $	Serien-Nr./ wo zu finden	Zylinder-anordnung	Zündung	Schmiersystem	Kupplungsart und Bedienung	Getriebe	Kraft-übertragung	Reifen-Größe
HARLEY-DAVIDSON	1924	FR F	84.1 × 88.9 989 cm³	2	9.89	4	360/163		24FR 23F	V Twin	Magnet	mechanisch und Handpumpe	Multilamellenkupplung Hand- und Fuß	eigenes 3-Gang	Kette	28″ × 3″
		FE	84.1 × 88.9 989 cm³	2	9.89	4	360/163		24FE	V Twin	Magnet	mechanisch und Handpumpe	Multilamellenkupplung Hand- und Fuß	eigenes 3-Gang	Kette	28″ × 3″
		FD	87.4 × 101.6 1208 cm³	2	12	4	366/166		24FD	V Twin	Magnet	mechanisch und Handpumpe	Multilamellenkupplung Hand- und Fuß	eigenes 3-Gang	Kette	28″ × 3″
		FDCA	87.4 × 101.6 1208 cm³	2	12	4	366/166		24FDCA	V Twin	Magnet	mechanisch und Handpumpe	Multilamellenkupplung Hand- und Fuß	eigenes 3-Gang	Kette	28″ × 3″
		JR J	84.1 × 88.9 989 cm³	2	9.89	4	360/163		24JR 23J	V Twin	H.D. Generator	mechanisch und Handpumpe	Multilamellenkupplung Hand- und Fuß	eigenes 3-Gang	Kette	28″ × 3″
		JE	84.1 × 88.9 989 cm³	2	9.89	4	360/163		24JE	V Twin	H.D. Generator	mechanisch und Handpumpe	Multilamellenkupplung Hand- und Fuß	eigenes 3-Gang	Kette	28″ × 3″
		JD	87.4 × 101.6 1208 cm³	2	12	4	366/166		24JD	V Twin	H.D. Generator	mechanisch und Handpumpe	Multilamellenkupplung Hand- und Fuß	eigenes 3-Gang	Kette	28″ × 3″
		JDCA	87.4 × 101.6 1208 cm³	2	12	4	366/166		24JDCA	V Twin	H.D. Generator	mechanisch und Handpumpe	Multilamellenkupplung Hand- und Fuß	eigenes 3-Gang	Kette	28″ × 3″
		W	69.8 × 76.2 584 cm³	2	5.84	4	250/113	(nur noch Export)	24W *	längs eingeb. Boxer	H.D. Generator	mechanisch und Handpumpe	Multilamellenkupplung Fußbedienung	eigenes 3-Gang	Zahnrad und Kette	26″ × 3″
	1925	JE	84.1 × 88.9 989 cm³	2	9.89	4	380/172	315	25JE	V Twin	H.D. Generator	mechanisch und Handpumpe	Multilamellenkupplung Hand und Fuß	eigenes 3-Gang	Kette	26″ × 3″
		FE	84.1 × 88.9 989 cm³	2	9.89	4	380/172	295	25FE	V Twin	Magnet	mechanisch und Handpumpe	Multilamellenkupplung Hand- und Fuß	eigenes 3-Gang	Kette	26″ × 3″
		JDCB	86.9 × 101.6 1208 cm³	2	12	4	388/176	335	25JDCB	V Twin	H.D. Generator	mechanisch und Handpumpe	Multilamellenkupplung Hand- und Fuß	eigenes 3-Gang	Kette	26″ × 3″
		FDCB	86.9 × 101.6 1208 cm³	2	12	4	388/176	315	25FDCB *	V Twin	Magnet	mechanisch und Handpumpe	Multilamellenkupplung Hand- und Fuß	eigenes 3-Gang	Kette	26″ × 3″
	1926	F	84.1 × 88.9 989 cm³	2	9.89	4	390/177		26F*	V Twin	Magnet	mechanisch und Handpumpe	Multilamellenkupplung Hand und Fuß	eigenes 3-Gang	Kette	26″ × 3″
		J	84.1 × 88.9 989 cm³	2	9.89	4	420/190		26J	V Twin	H.D. Generator	mechanisch und Handpumpe	Multilamellenkupplung Hand- und Fuß	eigenes 3-Gang	Kette	26″ × 3″
		JD	87.3 × 100 1208 cm³	2	12	4	428/194		26JD	V Twin	H.D. Generator	mechanisch und Handpumpe	Multilamellenkupplung Hand- und Fuß	eigenes 3-Gang	Kette	26″ × 3″
		FD	87.3 × 100 1208 cm³	2	12	4	398/180		26FD *	V Twin	Magnet	mechanisch und Handpumpe	Multilamellenkupplung Hand- und Fuß	eigenes 3-Gang	Kette	26″ × 3″

* Auf der linken Seite des Kurbelgehäuses unter dem vorderen Zylinder.

Marke	Baujahr	Modell	Bohrung, Hub und Hubraum	Zyl.-anzahl	Hersteller-PS	2- oder 4-Takt	Gewicht in lbs. und Kilo	Preis $	Serien-Nr./ wo zu finden	Zylinderanordnung	Zündung	Schmiersystem	Kupplungsart und Bedienung	Getriebe	Kraftübertragung	Reifen-Größe
HARLEY-DAVIDSON	1926	A	73.024 × 82.548 345 cm³	1	2¾	4	250/113		A	stehender Einzylinder	Magnet	mechanisch und Handpumpe	H.D. Einscheiben-Trockenkupplung	eigenes 3-Gang	Kette	22″ × 3″
		B	73.024 × 82.548 345 cm³	1	2¾	4	250/113		B *	stehender Einzylinder	H.D. Generator	mechanisch und Handpumpe	H.D. Einscheiben-Trockenkupplung	eigenes 3-Gang	Kette	26″ × 3″
	1927	F	84.1 × 88.9 989 cm³	2	9.89	4	390/177		27F	V Twin	Magnet	mechanisch und Handpumpe	Multilamellenkupplung Hand- und Fuß	eigenes 3-Gang	Kette	26″ × 3″
		J	84.1 × 88.9 989 cm³	2	9.89	4	420/190	310	27J	V Twin	H.D. Generator	mechanisch und Handpumpe	Multilamellenkupplung Hand- und Fuß	eigenes 3-Gang	Kette	26″ × 3″
		JD	87.3 × 100 1208 cm³	2	12	4	428/194	320	27JD	V Twin	H.D. Generator	mechanisch und Handpumpe	Multilamellenkupplung Hand- und Fuß	eigenes 3-Gang	Kette	26″ × 3″
		FD	87.3 × 100 1208 cm³	2	12	4	398/180		27FD	V Twin	Magnet	mechanisch und Handpumpe	Multilamellenkupplung Hand- und Fuß	eigenes 3-Gang	Kette	26″ × 3″
		A	73.024 × 82.548 345 cm³	1	2¾	4	250/113	235	A	stehender Einzylinder	Magnet	mechanisch und Handpumpe	H.D. Einscheiben-Trockenkupplung	eigenes 3-Gang	Kette	26″ × 3″
		B	73.024 × 82.548 345 cm³	1	2¾	4	250/113		B *	stehender Einzylinder	H.D. Generator	mechanisch und Handpumpe	H.D. Einscheiben-Trockenkupplung	eigenes 3-Gang	Kette	26″ × 3″
	1928	Details 1928-Modelle wie 1927 mit Ausnahme des Schmiersystems, jetzt gaskontrolliert, Motoröler, Handpumpe.														
	1929	J	84.1 × 88.9 989 cm³	2	9.89	4	400/181	310	29J	V Twin	Doppel-Zündspule	mechanische Pumpe	Multilamellenkupplung Fußbedienung	eigenes 3-Gang	Kette	26″ × 3″
		JD	86.9 × 101.6 1208 cm³	2	12.08	4	420/190	320	29JD	V Twin	Doppel-Zündspule	mechanische Pumpe	Multilamellenkupplung Fußbedienung	eigenes 3-Gang	Kette	26″ × 3″
		D	69.8 × 96.8 742.6 cm³	2	7.5	4		290	29D	V Twin	Doppel-Zündspule	mechanische Pumpe	Einscheibenkupplung Fußbedienung	eigenes 3-Gang	Kette	25″ × 3.85″
		B	73 × 82.5 345.7 cm³	1	3.5	4	250/113	235	29B *	stehender Einzylinder	Zündspule	mechanische Pumpe	Einscheibenkupplung Fußbedienung	eigenes 3-Gang	Kette	26″ × 3″
	1930	V und VL	86.97 × 101.60 1208 cm³	2	12.08	4	490/222	340	30V 30VL	V Twin	Doppel-Zündspule	mechanische Pumpe	Multilamellenkupplung Fuß und Hand	eigenes 3-Gang	Kette	26″ × 3″
		D und DL	69.85 × 96.85 742.6 cm³	2	7.42	4	400/181	310	30D 30DL	V Twin	Doppel-Zündspule	mechanische Pumpe	Multilamellenkupplung Fuß und Hand	eigenes 3-Gang	Kette	25″ × 3″
		C	69.85 × 96.85 742.6 cm³	1	5	4	370/167	260	30C	Single	Doppel-Zündspule	mechanische Pumpe	Multilamellenkupplung Fuß und Hand	eigenes 3-Gang	Kette	25″ × 3″
		B	73.02 × 82.55 345.7 cm³	1	3.50	4	300/136	235	30B *	Single	Doppel-Zündspule	mechanische Pumpe	Multilamellenkupplung Fuß und Hand	eigenes 3-Gang	Kette	26″ × 3″

* Auf der linken Seite des Kurbelgehäuses unter dem vorderen Zylinder.

Marke	Baujahr	Modell	Bohrung, Hub und Hubraum	Zyl.-anzahl	Hersteller-PS	2- oder 4-Takt	Gewicht in lbs. und Kilo	Preis $	Serien-Nr./ wo zu finden	Zylinder-anordnung	Zündung	Schmiersystem	Kupplungsart und Bedienung	Getriebe	Kraft-übertragung	Reifen-Größe
HARLEY-DAVIDSON	1931	V und VL	86.97 × 101.60 1208 cm³	2	12.08	4	490/222	340	31 V 31 VL	V Twin	Doppel-Zündspule	mechanische Pumpe	Multilamellenkupplung Fuß und Hand	eigenes 3-Gang	Kette	26″ × 3″
		D und DL	69.85 × 96.85 742.6 cm³	2	7.42	4	400/181	310	31 D 31 DL	V Twin	Doppel-Zündspule	mechanische Pumpe	Multilamellenkupplung Fuß und Hand	eigenes 3-Gang	Kette	26″ × 3″
		DLD	69.85 × 96.85 742.6 cm³	2	7.42	4	400/181	325	31 DLD	V Twin	Doppel-Zündspule	mech. Pumpe und Gashebelsteurg.	Dreischeibenkupplung Fuß und Hand	eigenes 3-Gang	Kette	25″ × 3″
		C	69.85 × 96.85 742.6 cm³	1	5	4	370/167	260	31 C *	Single	Doppel-Zündspule	mechanische Pumpe	Multilamellenkupplung Fuß und Hand	eigenes 3-Gang	Kette	25″ × 3″
	1932	V und VL	86.97 × 101.60 1208 cm³	12.08	9.89	4	490/222	320	32 V 32 VL	V Twin	Doppel-Zündung	mech. Pumpe Gashebelsteurg.	Multilamellenkupplung Fuß und Hand	eigenes 3-Gang	Kette	27″ × 3″
		R und RL	69.85 × 96.85 742.6 cm³	2	7.42	4	400/181	295	32 R 32 RL	V Twin	Doppel-Zündspule	″	Multilamellenkupplung Fuß und Hand	eigenes 3-Gang	Kette	26″ × 3″
		RLD	69.85 × 96.85 742.6 cm³	2	7.42	4	400/181	310	32 RLD	V Twin	Doppel-Zündspule	″	Multilamellenkupplung Fuß und Hand	eigenes 3-Gang	Kette	26″ × 3″
		C	69.85 × 96.85 742.6 cm³	2	5	4	370/167	235	32 C	Single	Doppel-Zündspule	″	Multilamellenkupplung Fuß und Hand	eigenes 3-Gang	Kette	26″ × 3″
		B	73.62 × 82.55 345.7 cm³	1	3.50	4	300/136	195	32 B *	Single	Doppel-Zündspule	″	Multilamellenkupplung Fuß und Hand	eigenes 3-Gang	Kette	26″ × 3″
	1933	Außer niedrigerem Preis keine wesentlichen Änderungen.														

* Kurbelgehäuse.

Marke	Baujahr	Modell	Bohrung, Hub und Hubraum	Zyl.-anzahl	Hersteller-PS	2- oder 4-Takt	Gewicht in lbs. und Kilo	Preis $	Serien-Nr./ wo zu finden	Zylinder-anordnung	Zündung	Schmiersystem	Kupplungsart und Bedienung	Getriebe	Kraft-übertragung	Reifen-Größe
HARLEY-DAVIDSON	1934	VLD und VDS	86.97 × 101.60 1208 cm³	2	12.08	4	490/222	310	34 VLD 34 VDS	V Twin	Doppel-Zündspule	mechanische Pumpe	Multilamellenkupplung Fuß und Hand	eigenes 3-Gang	Kette	27″ × 4.50″
		RL	69.85 × 96.85 742.6 cm³	2	7.42	4	400/181	280	34 RL	V Twin	Doppel-Zündspule	mechanische Pumpe	Multilamellenkupplung Fuß und Hand	eigenes 3-Gang	Kette	26″ × 4″
		RLD	69.85 × 96.85 742.6 cm³	2	7.42	4	400/181	290	34 RLD *	V Twin	Doppel-Zündspule	mech. Pumpe	Multilamellenkupplung Fuß und Hand	eigenes 3-Gang	Kette	26″ × 4″
	1935	Keine wesentlichen Änderungen														
	1936	VLD und VDS	86.97 × 101.60 1208 cm³	2	12.08	4	490/222		36 VLD 36 VDS	V Twin	Doppel-Zündspule	mechanische Pumpe	Multilamellenkupplung Fuß und Hand	eigenes 3-Gang	Kette	27″ × 4.50″
		RL	69.85 × 96.85 742.6 cm³	2	7.42	4	400/181		36 RL	V Twin	Doppel-Zündspule	mechanische Pumpe	Multilamellenkupplung Fuß und Hand	eigenes 3-Gang	Kette	26″ × 4″
		RLD	69.85 × 96.85 742.6 cm³	2	7.42	4	400/181		36 RLD *	V Twin	Doppel-Zündspule	mech. Pumpe	Multilamellenkupplung Fuß und Hand	eigenes 3-Gang	Kette	26″ × 4″
	1937	UH & UHS Side Val.	3$\frac{7}{16}$″ × 4$\frac{5}{32}$″ 1300 cm³	2	13.00	4	540/245		37 UH 37 UHS	V Twin	Doppel-Zündspule	mechanische Pumpe	Multilamellenkupplung Fuß und Hand	eigenes 4-Gang	Kette	4″ × 19″
		U, US & UF Side Val.	3$\frac{7}{16}$″ × 4″ 1208 cm³	2	12.08	4	520/236		37 U 37 US 37 UF	V Twin	Doppel-Zündspule	mechanische Pumpe	Multilamellenkupplung Fuß und Hand	eigenes 4-Gang	Kette	4″ × 19″
		E, EL & ES O.H.V.	3$\frac{5}{16}$″ × 3½″ 1000 cm³	2	10.00	4	500/227		37 E 37 EL 37 ES	V Twin	Doppel-Zündspule	mechanische Pumpe	Multilamellenkupplung Fuß und Hand	eigenes 4-Gang	Kette	4″ × 19″
		W, WL & WLD	2¾″ × 3$\frac{13}{16}$″ 750 cm³	2	7.50	4	440/199		37 W 37 WL 37 WLD *	V Twin	Doppel-Zündspule	mechanische Pumpe	Multilamellenkupplung Fuß und Hand	eigenes 3-Gang	Kette	4″ × 18″
	1938	UH & UHS Side Val.	3$\frac{7}{16}$″ × 4$\frac{5}{32}$″ 1300 cm³	2	13.00	4	540/245		38 UH 38 UHS	V Twin	Doppel-Zündspule	mechanische Pumpe	Multilamellenkupplung Fuß und Hand	eigenes 4-Gang	Kette	4″ × 19″
		U, US & UF Side Val.	3$\frac{7}{16}$″ × 4″ 1208 cm³	2	12.08	4	520/236		38 U 38 US 38 UF	V Twin	Doppel-Zündspule	mechanische Pumpe	Multilamellenkupplung Fuß und Hand	eigenes 4-Gang	Kette	4″ × 19″
		E, EL & ES O.H.V.	3$\frac{5}{16}$″ × 3½″ 1000 cm³	2	10.00	4	500/227		38 E 38 EL 38 ES	V Twin	Doppel-Zündspule	mechanische Pumpe	Multilamellenkupplung Fuß und Hand	eigenes 4-Gang	Kette	4″ × 19″
		W, WL & WLD	2¾″ × 3$\frac{13}{16}$″ 750 cm³	2	7.50	4	440/199		38 W 38 WL 38 WLD *	V Twin	Doppel-Zündspule	mechanische Pumpe	Multilamellenkupplung Fuß und Hand	eigenes 3-Gang	Kette	4″ × 18″
	1939	UH & UHS Side Val.	3$\frac{7}{16}$″ × 4$\frac{5}{32}$″ 1300 cm³	2	13.00	4	540/245		39 UH 39 UHS	V Twin	Doppel-Zündspule	mechanische Pumpe	Multilamellenkupplung Fuß und Hand	eigenes 4-Gang	Kette	4″ × 18″
		U, US & UF Side Val.	3$\frac{7}{16}$″ × 4″ 1208 cm³	2	12.08	4	520/236		39 U 39 US 39 UF	V Twin	Doppel-Zündspule	mechanische Pumpe	Multilamellenkupplung Fuß und Hand	eigenes 4-Gang	Kette	4″ × 18″
		E, EL & ES O.H.V.	3$\frac{5}{16}$″ × 3½″ 1000 cm³	2	12.08	4	500/227		39 E 39 EL 39 ES	V Twin	Doppel-Zündspule	mechanische Pumpe	Multilamellenkupplung Fuß und Hand	eigenes 4-Gang	Kette	4″ × 19″
		W, WL & WLD	2¾″ × 3$\frac{13}{16}$″ 750 cm³	2	7.50	4	440/199		39 W 39 WL 39 WLD *	V Twin	Doppel-Zündspule	mechanische Pumpe	Multilamellenkupplung Fuß und Hand	eigenes 3-Gang	Kette	4″ × 18″

* Kurbelgehäuse.

Marke	Baujahr	Modell	Bohrung, Hub und Hubraum	Zyl.-anzahl	Hersteller-PS	2- oder 4-Takt	Gewicht in lbs. und Kilo	Preis $	Serien-Nr./ wo zu finden	Zylinder-anordnung	Zündung	Schmiersystem	Kupplungsart und Bedienung	Getriebe	Kraft-übertragung	Reifen-Größe
INDIAN	1915	A	70 × 65 500 cm³	2	3½	4			Nrn. beg. mit G	V Twin	H.T. Magnet	mechanische Pumpe	Trockenscheibenkupplung Fußbedienung	3-Gang	Kette	28″ × 2½″
		B	70 × 89 684 cm³	2	5	4		260	*	V Twin	H.T. Magnet	mechanische Pumpe	Trockenscheibenkupplung Fußbedienung	3-Gang	Kette	28″ × 2½″
		C	82½ × 93 994 cm³	2	7	4		275		V Twin	H.T. Magnet	mechanische Pumpe	Trockenscheibenkupplung Fußbedienung	3-Gang	Kette	28″ × 3″
		D Speedway	82½ × 93 994 cm³	2	7	4		250		V Twin	H.T. Magnet	mechanische Pumpe	Trockenscheibenkupplung Fußbedienung	spez. eingerichtet für »High Speed«	Kette	28″ × 2½″
	1916	B	70 × 89 684 cm³	2	5	4			Nrn. beg. mit H	V Twin	H.T. Magnet	mechanische Pumpe	Trockenscheibenkupplung Fußbedienung	3-Gang	Kette	28″ × 2½″
		G	79 × 100 997 cm³	2	7	4		250	*	V Twin	H.T. Magnet	mechanische Pumpe	Trockenscheibenkupplung Fußbedienung	3-Gang	Kette	28″ × 3″
		F	79 × 100 997 cm³	2	7	4		275		V Twin	H.T. Magnet	mechanische Pumpe	Trockenscheibenkupplung Fußbedienung	3-Gang	Kette	28″ × 3″
	1917 1918	O	2″ × 2½″ 257 cm³	2	2½	4		180	*	längs eingeb. Boxer	H.T. Magnet	Spritzschmierungen	Mehrscheibentrockenkupplung Fußpedal	3-Gang	Kette	26″ × 2¼″
		N	3⅛″ × 3³¹⁄₃₂″ 997 cm³	2	7	4		275		V Twin	H.T. Magnet	mechanische Pumpe	Mehrscheibentrockenkupplung Hand und Fuß	3-Gang	Kette	28″ × 3″
	1919	NE	79 × 100 997 cm³	2	7	4			Nrn. beg. mit M *	V Twin	H.T. Magnet	mechanische Pumpe	Trockenscheibenkupplung Fußbedienung	3-Gang	Kette	28″ × 3″
	1920	NE	79 × 100 997 cm³	2	7	4		390	Nrn. beg. mit R	V Twin	H.T. Magnet	mechanische Pumpe	Trockenscheibenkupplung Fußbedienung	3-Gang	Kette	28″ × 3″
		G	70 × 78 596 cm³	2	4	4		295	*	V Twin	H.T. Magnet	mechanische Pumpe	Trockenscheibenkupplung Fußbedienung	3-Gang	Spiralzahnräder und Kette	26″ × 3″
	1921	NE	79 × 100 997 cm³	2	7	4			Nrn. beg. mit S	V Twin	H.T. Magnet	mechanische Pumpe	Trockenscheibenkupplung Fußbedienung	3-Gang	Kette	28″ × 3″
		GE	70 × 78 596 cm³	2	4	4			*	V Twin	H.T. Magnet	mechanische Pumpe	Mehrscheibenkupplung Fußbedienung	3-Gang	Spiralzahnräder und Kette	26″ × 3″
	1922	GE	70 × 78 596 cm³	2	4	4			Nrn. beg. mit T *	V Twin	H.T. Magnet	mechanische Pumpe	Mehrscheibenkupplung Fußbedienung	3-Gang	Spiralzahnräder und Kette	26″ × 3″
		NE	79 × 100 997 cm³	2	7	4				V Twin	H.T. Magnet	mechanische Pumpe	Mehrscheibenkupplung Fußbedienung	3-Gang	Kette	28″ × 3″
		Chief	79 × 100 997 cm³	2	8	4				V Twin	H.T. Magnet	mechanische Pumpe	Mehrscheibenkupplung Fußbedienung	3-Gang	Spiralzahnräder und Kette	28″ × 3″

* auf dem Kurbelgehäuse.

Marke	Baujahr	Modell	Bohrung, Hub und Hubraum	Zyl.-anzahl	Hersteller-PS	2- oder 4-Takt	Gewicht in lbs. und Kilo	Preis $	Serien-Nr./ wo zu finden	Zylinderanordnung	Zündung	Schmiersystem	Kupplungsart und Bedienung	Getriebe	Kraftübertragung	Reifen-Größe
INDIAN	1923	GE	70 × 78 596 cm³	2	4	4			Buchst. V i. Motornr. integriert	V Twin	H.T. Magnet	mechanische Pumpe	Mehrscheibenkupplung Fußbedienung	3-Gang	Spiralzahnräder und Kette	26″ × 3″
		NE	79 × 100 997 cm³	2	7	4			*	V Twin	H.T. Magnet	mechanische Pumpe	Mehrscheibenkupplung Fußbedienung	3-Gang	Spiralzahnräder und Kette	28″ × 3″
		HE Chief	79 × 100 997 cm³	2	8	4				V Twin	H.T. Magnet	mechanische Pumpe	Scheibenkupplung Fußbedienung	3-Gang	Spiralzahnräder und Kette	28″ × 3″
		HEP Super Chief	82 × 122 1204 cm³	2	10	4				V Twin	H.T. Magnet	mechanische Pumpe	Mehrscheibenkupplung Fußbedienung	3-Gang	Spiralzahnräder und Kette	28″ × 3″
		am 7. April 1923 wurde die 250000ste Indian gebaut, und zwar ein Modell HEP mit der No. 92 V 188.														
	1924	G, GE	70 × 78 596 cm³	2	5.96	4			Buchst. X i. Motornr. integriert	V Twin	H.T. Magnet	mechanische Pumpe	Mehrscheibenkupplung Fußbedienung	3-Gang	Spiralzahnräder und Kette	26″ × 3″
		HEP	82 × 112 1204 cm³	2	12.04	4			*	V Twin	H.T. Magnet	mechanische Pumpe	Mehrscheibenkupplung Fußbedienung	3-Gang	Spiralzahnräder und Kette	28″ × 3″
	1925	L, LE Prince	68 × 90 348 cm³	2	3.48	4	235/106	185 215	Buchst. Y i. Motornr. integriert	stehender Einzylinder	H.T. Magnet	mechanische Pumpe	Trockenscheibenkupplung Lenkst.-Bedienung	3-Gang	Kette	26″ × 2½″
		G, GE Scout	69 × 70 596 cm³	2	5.96	4	320/145	240 275	*	V Twin	H.T. Magnet	automatische Druckschmierung und zusätzl. Handpumpe	Mehrscheibenkupplung Fußbedienung	3-Gang	schräg verzahnte Räder und Kette	26″ × 3″
		HEP Big Chief	82 × 112 1204 cm³	2	12.04	4	425/193	335		V Twin	H.T. Magnet	automatische Druckschmierung und zusätzl. Handpumpe	Mehrscheibenkupplung Fußbedienung	3-Gang	schräg verzahnte Räder und Kette	27″ × 3.85″
	1926	L, LE	68 × 90 348 cm³	1	3.48	4			Buchst. Y i. Motornr. integriert mit Z nach d. Endziffer	steh. Einzyl.	H.T. Magnet	mechanische Pumpe	Trockenscheibenkupplung Lenkst.-Bedienung	3-Gang	Kette	25″ × 3.30″
		G, GE	69 × 70 596 cm³	2	5.96	4				V Twin	H.T. Magnet	autom. Druckschmierung und zusätzl. Handpumpe	Mehrscheibenkupplung Fußbedienung	3-Gang	schräg verzahnte Räder und Kette	25″ × 3.85″
		HEP	82 × 112 1204 cm³	2	12.04	4			*	V Twin	H.T. Magnet	autom. Druckschmierung und zusätzl. Handpumpe	Mehrscheibenkupplung Fußbedienung	3-Gang	schräg verzahnte Räder und Kette	27″ × 3.85″
	1927	L, LE	68 × 90 348 cm³	1	3.48	4	270/122		vorangestellt: BL, BLE	steh. Einzyl.	H.T. Magnet	mechanische Pumpe	Trockenscheibenkupplung Lenkst.-Bedienung	3-Gang	Kette	25″ × 3.30″
		G, GE	69 × 77 596 cm³	2	5.96	4	320/145		BG, BGE	V Twin	H.T. Magnet	autom. Druckschmierung und zusätzl. Handpumpe	Mehrscheibenkupplung Fußbedienung	3-Gang	schräg verzahnte Räder und Kette	25″ × 3.85″
		HEP	82 × 112 1204 cm³	2	12.04	4	425/193		BHEP *	V Twin	H.T. Magnet	autom. Druckschmierung und zusätzl. Handpumpe	Mehrscheibenkupplung Fußbedienung	3-Gang	schräg verzahnte Räder und Kette	27″ × 3.85″

* auf dem Kurbelgehäuse.

Marke	Baujahr	Modell	Bohrung, Hub und Hubraum	Zyl.-anzahl	Hersteller-PS	2- oder 4-Takt	Gewicht in lbs. und Kilo	Preis $	Serien-Nr./ wo zu finden	Zylinder-anordnung	Zündung	Schmiersystem	Kupplungsart und Bedienung	Getriebe	Kraft-übertragung	Reifen-Größe
INDIAN	1928 1929	Prince	68 × 90 348 cm³	1	3.48	4			vorangestellt: CL	steh. Einzyl.	H.T. Magnet	mechanische Pumpe	Trockenscheibenkupplung Lenkst.-Bedienung	3-Gang	Kette	24″ × 3.30″
		Scout	69 × 77 596 cm³	2	5.96	4			CG	V Twin	H.T. Magnet		Mehrscheibenkupplung Fußbedienung	3-Gang	schräg-verzahnte Räder und Kette	25″ × 3.85″
		Super Scout	73 × 88 744 cm³	2	7.44	4			CGP	V Twin	H.T. Magnet	autom. Druckschm. und zusätzliche Handpumpe	Mehrscheibenkupplung Fußbedienung	3-Gang	schräg-verzahnte Räder und Kette	25″ × 3.85″
		Big Chief	82 × 112 1206 cm³	2	12.06	4			CH	V Twin	H.T. Magnet		Mehrscheibenkupplung Fußbedienung	3-Gang	schräg-verzahnte Räder und Kette	27″ × 3.85″
		Indian ACE	69 × 82 1265 cm³	4	12.65	4			CA *	steh.	H.T. Magnet	Hochdruck-umlaufschmierung	Mehrscheibenkupplung Fußbedienung	3-Gang	Kegelzahn-räder und Kette	25″ × 3.85″
	1930	Scout	69 × 77 596 cm³	2	5.96	4			DG	V Twin	H.T. Magnet		Mehrscheibenkupplung Fußbedienung	3-Gang	schräg-verzahnte Räder und Kette	26″ × 4.00″
		Super Scout	73 × 88 744 cm³	2	7.44	4			DGP	V Twin	H.T. Magnet	autom. Druckschm. und zusätzliche Handpumpe	Mehrscheibenkupplung Fußbedienung	3-Gang	schräg-verzahnte Räder und Kette	26″ × 4.00″
		Chief	82 × 112 1206 cm³	2	12.06	4			DHP	V Twin	H.T. Magnet		Mehrscheibenkupplung Fußbedienung	3-Gang	schräg-verzahnte Räder und Kette	26″ × 4.00″
		4	69 × 82 1265 cm³	4	12.65	4			EA *	steh.	H.T. Magnet	Hochdruck-umlaufschmierung	Mehrscheibenkupplung Fußbedienung	3-Gang	Kegelzahn-räder und Kette	26″ × 4.00″
	1931	Scout	69 × 77 596 cm³	2	5.96	4	390/177		DG	V Twin	H.T. Magnet		Mehrscheibenkupplung Fußbedienung	3-Gang	schräg-verzahnte Räder und Kette	26″ × 4.00″
		Super Scout	73 × 88 744 cm³	2	7.44	4	399/181		DGP	V Twin	H.T. Magnet	autom. Druckschm. und zusätzliche Handpumpe	Mehrscheibenkupplung Fußbedienung	3-Gang	schräg-verzahnte Räder und Kette	26″ × 4.00″
		Chief	82 × 112 1206 cm³	2	12.06	4	458/207		DHP	V Twin	H.T. Magnet		Mehrscheibenkupplung Fußbedienung	3-Gang	schräg-verzahnte Räder und Kette	26″ × 4.00″
		4	69 × 82 1265 cm³	4	12.65	4	451/204		EA	steh.	H.T. Magnet	Hochdruck-umlaufschmierung	Mehrscheibenkupplung Fußbedienung	3-Gang	Kegelzahn-räder und Kette	26″ × 4.00″

* auf dem Kurbelgehäuse.

Marke	Baujahr	Modell	Bohrung, Hub und Hubraum	Zyl.-anzahl	Hersteller-PS	2- oder 4-Takt	Gewicht in lbs. und Kilo	Preis $	Serien-Nr./ wo zu finden	Zylinder-anordnung	Zündung	Schmiersystem	Kupplungsart und Bedienung	Getriebe	Kraft-übertragung	Reifen-Größe
INDIAN	1932	Scout Pony	2½ × 3¹⁄₁₆ 500 cm³	2	4.99	4	315/143	225	*	V Twin	H.T. Magnet	automatische Druckschmierung	Mehrscheibenkupplung Fußbedienung	3-Gang	Kette	18″ × 3.30″
		45	73 × 88 744 cm³	2	7.44	4				V Twin	Zündspule	automatische Druckschmierung	Mehrscheibenkupplung Fußbedienung	3-Gang	schrägverzahnte Räder und Kette	26″ × 4.00″
		74	82 × 112 1206 cm³	2	12.06	4				V Twin	Zündspule	automatische Druckschmierung	Mehrscheibenkupplung Fußbedienung	3-Gang	schrägverzahnte Räder und Kette	26″ × 4.00″
		4	69 × 82 1265 cm³	4	12.65	4				Reihen-4	H.T. Magnet	Hochdruckumlaufschmierung	Mehrscheibenkupplung Fußbedienung	3-Gang	Kegelzahnräder und Kette	26″ × 4.00″
	1933	Scout Pony	2½ × 3¹⁄₁₆ 500 cm³	2	4.99	4			*	V Twin	Zündspule	Trockensumpfschmierung	Mehrscheibenkupplung Fußbedienung	3-Gang	Kette	18″ × 3.30″
		Motoplane	73 × 88 744 cm³	2	7.44	4		250		V Twin	Zündspule	Trockensumpfschmierung	Mehrscheibenkupplung Fußbedienung	3-Gang	Kette	18″ × 3.30″
		Scout 45	73 × 88 744 cm³	2	7.44	4				V Twin	Zündspule	Trockensumpfschmierung	Mehrscheibenkupplung Fußbedienung	3-Gang	schrägverzahnte Räder und Kette	26″ × 4.00″
		Chief 74	82 × 112 1206 cm³	2	12.06	4				V Twin	Zündspule	Trockensumpfschmierung	Mehrscheibenkupplung Fußbedienung	3-Gang	schrägverzahnte Räder und Kette	26″ × 4.00″
		Indian 4	69 × 82 1265 cm³	4	12.65	4				Reihen-4	Zündspule	Druckschmierung	Mehrscheibenkupplung Fußbedienung	3-Gang	Kegelzahnräder und Kette	26″ × 4.00″
	1935	Scout Pony	2½ × 3¹⁄₁₆ 500 cm³	2	4.99	4	315/143	250	535	V Twin	Zündspule	Trockensumpfschmierung	Mehrscheibenkupplung Fußbedienung	3-Gang	Kette	25″ × 3.30″
		Sport Scout	73 × 88 744 cm³	2	7.44	4	436/198	300	635	V Twin	Zündspule	Trockensumpfschmierung	Mehrscheibenkupplung Fußbedienung	3-Gang	Kette	18″ × 4.00″
		Scout 45	73 × 881 744 cm³	2	7.44	4	489/222	310	235	V Twin	Zündspule	Trockensumpfschmierung	Mehrscheibenkupplung Fußbedienung	3-Gang; wahlw. 4-G. oder Rückw.	Kette	18″ × 4.00″
		Chief 74	82 × 112 1206 cm³	2	12.06	4	507/230	320	335	V Twin	Zündspule	Trockensumpfschmierung	Scheibenkupplung Fußbedienung		Kette	18″ × 4.00″
		Indian 4	69 × 82 1265 cm³	4	12.65	4	531/240	395	435 *	Reihen-4	Zündspule	Druckschmierung	Mehrscheibenkupplung Fußbedienung	3-Gang	Kegelzahnräder und Kette	18″ × 4.00″
	1936	Scout Pony	64 × 78 499 cm³	2	4.99	4	154		536	V Twin	Zündverteiler	Trockensumpfschmierung	Trockenlamellenkpl. Hand oder Fuß	3-Gang	Kette	18″ × 3.30″
		Sport Scout	73 × 88 744 cm³	2	7.44	4	202		636	V Twin	Zündverteiler	Trockensumpfschmierung	Lamellenkupplung	3-Gang	Kette	18″ × 4.00″
		Scout 45	73 × 88 744 cm³	2	7.44	4	203		236	V Twin	Zündverteiler	Trockensumpfschmierung	Lamellenkupplung	3-Gang; wahlw. 4-G. oder Rückw.	Kette	18″ × 4.00″
		Chief 74	82 × 112 1206 cm³	2	12.06	4	218		336	V Twin	Zündverteiler	Trockensumpfschmierung	Lamellenkupplung Fußbedienung		Kette	18″ × 4.00″
		Indian 4	69 × 82 1265 cm³	4	12.65	4	234		436 *	Reihen-4	Zündverteiler	Druckschmierung	Lamellenkupplung	3-Gang	Kegelräder und Kette	18″ × 4.00″
	1938 1939	Indian 4	69 × 82 1265 cm³	4	12.65	4	532/241	489	438 439	paarweise gegossen	Zündverteiler	Druckschmierungen	Lamellenkupplung	3-Gang	Kegelräder und Kette	18″ × 4.00″
		Chief 74	82 × 112 1206 cm³	2	12.06	4	504/228	426.50	338 339	V Twin	Zündverteiler	Trockensumpfschmierung	Lamellenkupplung	3-Gang; wahlw. 4-G. oder Rückw.	Kette	18″ × 4.00″
		Sport Scout	73 × 88 744 cm³	2	7.44	4	440/199	392.50	638 639	V Twin	Zündverteiler	Trockensumpfschmierung	Lamellenkupplung		Kette	18″ × 4.00″
		Junior Scout	64 × 78 499 cm³	2	4.99	4	358/162	239	538 539 *	V Twin	Zündverteiler	Trockensumpfschmierung	Trockenlamellenkupplung	3-Gang	Kette	18″ × 3.30″

* auf dem Kurbelgehäuse.

Marke	Baujahr	Modell	Bohrung, Hub und Hubraum	Zyl.-anzahl	Hersteller-PS	2- oder 4-Takt	Gewicht in lbs. und Kilo	Preis $	Serien-Nr./ wo zu finden	Zylinder-anordnung	Zündung	Schmiersystem	Kupplungsart und Bedienung	Getriebe	Kraft-übertragung	Reifen-Größe
HEN-DERSON	1919	Z	2¾″ × 3″ 1168 cm³	4	10	4	360/163		*	einz. gegoss. in Reihe	H.T. Magnet	mechanische Pumpe	Scheibenkupplung Fuß und Hand	eigenes 3-Gang	Kette	28″ × 3″
	1920	2Z	2¾″ × 3″ 1168 cm³	4	10	4	360/163		*	einz. gegoss. in Reihe	H.T. Magnet	mechanische Pumpe	Scheibenkupplung Fuß und Hand	eigenes 3-Gang	Kette	28″ × 3″
	1921	K	2¹¹⁄₁₆″ × 3½″ 1301 cm³	4	11.5	4	420/190		*	einz. gegoss. in Reihe	H.T. Magnet	Druckölung	Scheibenkupplung Fuß und Hand	eigenes 3-Gang	Kette	27″ × 3½″
	1922	De Luxe	2¹¹⁄₁₆″ × 3½″ 1301 cm³	4	11.5	4	420/190		**	einz. gegoss. in Reihe	H.T. Magnet	Druckölung	Scheibenkupplung Fuß und Hand	eigenes 3-Gang	Kette	27″ × 3½″
	1923		2¹¹⁄₁₆″ × 3½″ 1301 cm³	4	11.5	4	420/190		**	stehend in Reihe	H.T. Magnet	Druckölung	Scheibenkupplung Fuß und Hand	eigenes 3-Gang	Kette	27″ × 3½″
	1924	De Luxe	2¹¹⁄₁₆″ × 3½″ 1301 cm³	4	11.5	4	420/190		**	stehend in Reihe	H.T. Magnet	Druckölung	Scheibenkupplung Fuß und Hand	eigenes 3-Gang	Kette	27″ × 3½″
	1925	De Luxe	2¹¹⁄₁₆″ × 3½″ 1301 cm³	4	11.5	4	420/190	380	5 Ziffern mit D davor **	stehend in Reihe	H.T. Magnet	Druckölung	Scheibenkupplung Fuß und Hand	eigenes 3-Gang	Kette	27″ × 3½″
	1926	De Luxe	2¹¹⁄₁₆″ × 3½″ 1301 cm³	4	11.5	4	420/190		**	stehend in Reihe	H.T. Magnet	Druckölung	Scheibenkupplung Fuß und Hand	eigenes 3-Gang	Kette	27″ × 3.85″
	1927	De Luxe	2¹¹⁄₁₆″ × 3½″ 1301 cm³	4	11.5	4	420/190	400	**	stehend in Reihe	H.T. Magnet	Druckölung	Scheibenkupplung Fuß und Hand	eigenes 3-Gang Rückw.-G. wahlweise	Kette	27″ × 3½″ 26″ × 3″ od. 27″ × 3.85″
	1928	De Luxe	2¹¹⁄₁₆″ × 3½″ 1301 cm³	4	11.5	4	420/190	435	ACD **	stehend in Reihe	H.T. Magnet	Druckölung	Scheibenkupplung Fuß und Hand	eigenes 3-Gang	Zahnräder und Kette	26″ × 3″ 27″ × 3½″ 710 × 90 700 × 85 27″ × 3.85″
	1929	De Luxe	2¹¹⁄₁₆″ × 3½″ 1301 cm³	4	11.5	4	420/190	435	NCD **	stehend in Reihe	H.T. Magnet	Druckölung	Scheibenkupplung Fuß und Hand	eigenes 3-Gang	Zahnräder und Kette	27″ × 4″ 27″ × 4.40″
	1930 1931	De Luxe	2¹¹⁄₁₆″ × 3½″ 1301 cm³	4	11.5	4	450/204		KJ **	stehend in Reihe	H.T. Magnet	Druckölung	Scheibenkupplung Fußbedienung	eigenes 3-Gang	Zahnräder und Kette	18″ × 4.40″
	1931	Wird die Produktion eingestellt. Exportgeschäft teils bis 1932.														

* Auf dem Kurbelgehäuse.
** auf der Magnetkonsole.

Marke	Baujahr	Modell	Bohrung, Hub und Hubraum	Zyl.-anzahl	Hersteller-PS	2- oder 4-Takt	Gewicht in lbs. und Kilo	Preis $	Serien-Nr./ wo zu finden	Zylinder-anordnung	Zündung	Schmiersystem	Kupplungsart und Bedienung	Getriebe	Kraft-übertragung	Reifen-Größe
MILITAIRE	1916		2¹¹⁄₁₆″ × 3″ 1115 cm³	4	11½	4	385/174	335		einzeln. gegoss.	H.T. Magnet	Zahnradpumpe	Trockenscheibenkupplung Fußpedal	3-Gang + Rückw.	Propellerwelle	28″ × 3″
NER-A-CAR	1921 1922		2.5 × 275 211 cm³	1	2¼	2	180/82		*	steh.	H.T. Schwungrad-Magnet	Gemisch-schmierung	Friktionskupplung Lenkst.-Bedienung	variabel	Kette	26 × 2¼
	1923	B	70 × 70 285 cm³	1	2¾	2	195/88		3000 aufwärts *	steh.	H.T. Schwungrad-Magnet	Gemisch-schmierung	Friktionskupplung Lenkst.-Bedienung	variabeler 5-Gang	Kette	26 × 2¼
	1924	B	70 × 74 285 cm³	1	2¾	2	195/88	225	*	steh.	H.T. Schwungrad-Magnet	Gemisch-schmierung	Friktionskupplung Drehgriff	Friktions-Getriebe 5-Gang	Kette	26 × 2¼
	1925	B	70 × 74 285 cm³	1	2¾	2	195/88		*	steh.	H.T. Magnet	Gemisch-schmierung	Friktionskupplung Drehgriff	Friktions-Getriebe 5-Gang	Kette	26 × 2½
		C	71 × 88 348 cm³	1	2¾	4	250/113		*	steh.	H.T. Magnet	mechanische Pumpe	Friktionskupplung Drehgriff	3-Gang	Kette	700 × 80
PIERCE	1912	12A	3½ × 3¾ 215 cm³	1	5	4	180/82	225		steh.	H.T. Magnet	Spritzschmierungs-pumpe	keine	3-Gang	Flachriemen	28″ × 2½″
		4 Zyl. Modell	2⁷⁄₁₆ × 2¼ 360 cm³	4	6/7	4	190/86	400		einzeln. gegoss.	H.T. Magnet	Druckschmierung Zahnradpumpe	Mehrscheibenkupplung	2-Gang-Schieberad	Antriebswelle	28″ × 2½″
POPE	1916	TM-16	3⅝ × 3¹¹⁄₁₆ 623 cm³	1	10.1	4		240		stehend.	H.T. Magnet	mechan. Schmiervorr. Handpumpe f. Notfall	Mehrscheibenkupplung Hand und Fuß	3-Gang	Kette	28″ × 2¾″
		T-16	3²¹⁄₆₄ × 3½ 1000 cm³	2	15.4	4		275		V Twin	H.T. Magnet	mechan. Schmiervorr. Handpumpe f. Notfall	Mehrscheibenkupplung Hand und Fuß	3-Gang	Kette	28″ × 3″
READING STANDARD	1916	16B	3⅜ × 3¾ 1115 cm³	2	12	4		265		V Twin	H.T. Magnet	mechan. + Handpumpe	Mehrscheibenkupplung	3-Gang	Kette	28″ × 3″
	1921		85 × 102 1170 cm³	2	8/10	4	346/157		auf dem Kurbel-gehäuse	V Twin	H.T. Magnet	Zahnrad-Pumpe	Scheibenkupplung Hand und Fuß	eigenes 3-Gang	Kette	28″ × 3″
	1922 1923		85 × 102 1170 cm³	2	8/10	4	370/168			V Twin	H.T. Magnet	Zahnrad-Pumpe	Scheibenkupplung Hand und Fuß	eigenes 3-Gang	Kette	28″ × 3″
	1924	RSM	3⅝″ × 4″ 1170 cm³	2	8/10	4	343/155			V Twin	H.T. Magnet	Zahnrad-Pumpe	Scheibenkupplung Hand und Fuß	eigenes 3-Gang	Kette	28″ × 3″
		Electric-Modell RSE	3⅝″ × 4″ 1170 cm³	2	8/10	4	366/166			V Twin	Bosch Magnet-Generator	Zahnrad-Pumpe	Scheibenkupplung Hand und Fuß	eigenes 3-Gang	Kette	28″ × 3″
YALE	1911		3¼ × 3⁴³⁄₆₄ 391 cm³	2	4	4	175/79	300		V Twin	H.T. Magnet	Druckpumpe	»Free Engine« Spannrolle	3-Gang	Flach oder Keilriemen	28″ × 2½″

* am rückwärtigen Rahmen

Schluß

Und wenn sie nicht gestorben wären, lebten sie heute noch...
In dem Buch ging's um den Hauptfeind der Menschheit, die Zeit. Was geschieht, es ist vorbei. Nichts hast Du, halt's fest und schon bist Du es los. Das grinsende Zucken im Mundwinkel des startbereiten Piloten, der fast sicher um seinen Triumph im augenblicklich startenden Rennen weiß: nur dann und da hat es das gegeben und nur da und dann hat es gestimmt und er hätte es nie wieder besser oder anders machen können. Auch weil sich wenige Minuten und Runden später sein mehrfach überfahrener, geprellter, gequetschter und gebrochener Körper wand und zuckte. In seiner zermatschten Mundregion nichts mehr spielte, aus ihr nur noch Stöhnen und Seufzer gurgelten. Sein Geist, sein Wille kämpften noch, dem ihn überfordernden Schock und Schmerz zu entgehen und sackten erleichtert weg, als sein System zumachte. Sein Grinsen, sein Schmerz und Tod, Unverstehen bis Entsetzen der Zuschauer, verzweifelte Bemühungen der Kameraden und Helfer, ihn zu stützen, zu trösten – alles Wahrheit und längst aufgelöst im Zeitengrab. Weil aber lichtbildnerisches Erfassen Dir und mir den Bruchteil dieser Sekunde vorhält, in dem etwas außerhalb seiner Kontrolle und aus ihm heraus so siegessicher seine Lippen formte, legt er uns ein Gleichnis auf.

Noch können wir vergangene Generationen am Leben erhalten mit dem, was sie von sich auch für uns festgehalten und bewahrt haben. Aufzeichnungen, Dinge, Pläne, Taten, Überlegungen, weitergegebene Erzählungen und für uns Motorrad-Beklöppte natürlich ihre bewahrten Motorräder. Alles weckt uns das Gefühl, Zeit betrügen zu können, bringt einen längst verflogenen Geschmack zurück, dessen Aroma wir mit unseren heutigen Einstellungen und Zutaten nie komponieren könnten.

Freudenträume von rollender Kraft: auf menschlichen Maschinen und Straßen durch Gottes Natur, dem Wetter, der Landschaft, dem Leben. Macht sie Euch wahr.

Wie das pralle Mädchen neben ihrem Gespann am Strand steht und wie sie mich lustig anschaut – was sie mir vielleicht sagt, ich kann's im zeitlosen Rauschen nicht mehr verstehen. Aber ihr Blick schaut mich über Jahrzehnte an, möchte mich rüber ziehen. Hopp, marschier, laß Dich drauf ein.

So wie ich das jetzt schreibe, liest Du, verehrter Leser, das sechs Monate oder Jahre später. Dir gefällt's oder ja, hast Deine Gedanken dazu, und ich weiß dann längst nicht mehr, was ich Dir jetzt gerade sage. Meine philosophischen Gedanken einer Frankfurter Sommernacht brauchen für die paar Meilen dahin, wo Du jetzt gerade meinen Blödsinn liest, länger als die Lichtstrahlen von den sieben Planeten hin und zurück. Die siehst Du wie sie grade noch waren. Das was jetzt, in meinen Hirnwindungen dämmert, teils formuliert über Finger, Tastatur, Papier, Verlag und Buchhandel zu Dir findet, ist so vorbei wie das Leuchten in den Pupillen eines anderen jungen Freundes, der sich für Dich und mich auf seine Maschine postierte. Der so verständliche Besitzerstolz am ersten eigenen Motorrad ist in Gesicht und Körpersprache geschrieben. Sichtbar seine Vorfreude darauf, wie er kleiner, schwacher Mensch fortan mit deren brutaler Kraft leicht, unbeschwert, in allen drei Dimensionen und sonst nie erreichbarer Eleganz durch Gebirge und Landschaft tanzen darf: Endlich stand ihm seine Art Paradies offen. Wie oft wird er hineingefahren und es verlassen haben. Alles vorbei oder im Nirwana, gleich nebenan.

Und auch hier, jetzt vor Dir, mir und unseren lesenden Freunden amerikanischer Motorräder sowie denen von dann, die sich hier agierend mit uns in diesem Band trafen. Jeweils auf der andern Seite des Bildes, das wir grade betrachten. Keine blasierten Knaben auf James-Dean-Trip oder Schikkis, die für je eine Szene im Flutlampenlicht richtige Menschen geben, so wie's sie oder ihr Regisseur halt verstehen. Die hier gezeigten Menschen sind und waren keine kostümierten Schauspieler, die uns 'was vorspielten. Es sind die Echten in ihrem echtem Leben, so wie sie sind und waren. Biker, Abenteurer im Leben, der Technik und des Geschäftemachens. Echte Motorräder bereiten mehr als Spaß, sie brauchen Arbeit und verursachen manchmal Schmerz. Das eine nicht ohne das andere.

Mein demütiger Dank an Willie Nelson, David Allan Coe, Merle Haggard, Haindling, die Kinks, diverse Verdi-Interpreten und ich weiß nicht wen, daß sie Gefühle in Worte und Töne packten und auch für meinen Genuß konservieren ließen. Den Elektronik-Ingenieuren von Sony meinen Respekt für die Repeat Shuffle Funktion an meinem US-$ 120,- CD Player. CD rein, drei Knöpfchen gemäß Vorgabe im Sichtfeld drücken, dann brauchte ich während der nächsten gutgelaunten drei Tipp-Stunden nur noch zum Cappucino-Machen oder Pinkeln aufzustehen. Mein Textprogramm Word Perfect 5.1 möcht' ich nach 500 Manuskriptseiten noch loben. Da konnt' ich so ungefähr die meisten seiner Möglichkeiten ausprobieren. Manchmal etwas klotzig und dann wieder so schnittig und herrlich. Fast wie ein amerikanisches..., aber lassen wir das. Erstmals kann ich nun einen Index bieten, bei so einem teuren Buch gehört sich das wohl. Jedenfalls haben wir die letzten Jahre viel sehen und einiges lernen dürfen. Und davon kann man leben. Wenn ich nicht so faul, besonders schreibfaul, wäre, sogar noch besser. Habt Geduld mit mir, Verlag und Leser, es sei Euch gedankt.

Literaturverzeichnis:

American Heritage (Hg.) – »The History of American Business & Industry«
»The History of the Automobile in America«, New York, N.Y.
Anderson, Scott – »Check the Oil«, Lombard, Ill.
Autocar (Hg.) – »Motoring Milestones«, London
Automobile Quarterly (Hg.) – »General Motors The First 75 Years of Transportation Products«, Princeton, N.J.

Babson, Steve – »Working Detroit«, Detroit, Mich.
Bettmann, Otto L. – »The Good Old Days – They were Terrible«, New York, N.Y.
Bochroch, Albert R. – »American Automobile Racing«, Cambridge
Bowman, Hank Wieand – »Motorcycles In Competition«, Greenwich, Conn.
Braden, Donna R. – »Leisure and Entertainment in America«, Dearborn, Mich.
Brown, Allan E. – »The History of the American Speedway«, Marne, Mich.
Bryson, Arthur – »United States Military Vehicles«, North Point

Cannon, William A./Fox, Fred K. – »Studebaker The Complete Story«, Blue Ridge Summit, Penns.
Casey, Louis S. – »Curtiss The Hammondsport Era«, New York, N.Y.
Chamberlain, Neil W./Cullen, Donald E. – »The Labor Sector«, New York, N.Y.
Cincinnati Milacron (Hg.) – »Finding better ways«, Cincinnati, Ohio
Clymer, Floyd – »A Treasury of Motorcycles«, New York, N.Y.
    »Early American Automobiles«,
    »Floyd Clymer's Motor Scrapbook« Ausgabe 1 bis 8, Los Angeles, Calif.
    »Henry's Wonderful Model T«, New York, N.Y.
    »Indianapolis Official Yearbook«, Los Angeles, Calif.
    »Those Wonderful Old Automobiles«, New York, N.Y.
Cooke, Donald E. – »Marvels of American Industry«, Maplewood, N.J.
Crabb, Richard – »Birth of a Giant«, Philadelphia, PA

Drie, H.v./Akker, G.v.d. – »Harley-Davidson in Nederland«, Culemborg/NL
Dubreuil, H. – »Arbeiter in U.S.A.«, Leipzig
Dunn, Charles W. – »American Democracy Debated«, Morristown, N.J.

Edison Institute, The (Hg.) – »The Herald« Vol. 7, No. 2, Dearborn, Mich.
Elbert, J.L. – »Duesenberg the Mightiest American Motor Car«, Arcadia, Calif.

Firestone, Harvey S. – »Men and Rubber«, Garden City, N.Y.
Fletcher & Son (Hg.) – »Motorcycle Index 1926«, Norwich
Ford, Henry – »Mein Leben und Werk«, Leipzig
Foster, Gerald – »Ride It! Flat Track Racing«, Yeovil, Somerset
Frostick, Michael – »A History of Motors and Motoring«, Yeovil, Somerset

Girdler, Allen – »Harley-Davidson Buyers Guide«, Osceola, Wisc.
    »Harley Racers«, Osceola, Wisc.
Glasscock, C.B. – »The Gasoline Age«, Indianapolis
Goodheart-Willcox (Hg.) – »Automotive Encyclopedia«, South Holland, Ill.
Gottschalk, Lillian – »American Motortoys«, London

Harris, Maz – »Bikers, Birth of a Modern Day Outlaw«, London
Hendry, Maurice – »Harley-Davidson«, New York, N.Y.
    »Cadillac Standard of the World«, Princeton, N.J.
Hodgdon, T.A. – »Golden Age of the Fours«, Orinda, Calif.
Hounshell, David A. – »From the American System to Mass Production 1800-1932«, Baltimore, Maryland

Jackman, W.J. – »ABC of the Motorcycle«, Chicago, Ill.

Karolevitz, Bob – »Yesterday's Motorcycles«, Mission Hill, SD
Kimes, Beverly Rae (Hg.) – »Packard A History of the Motor Car and the Company«, Princeton, N.J.
    »Standard Catalog of American Cars«, Iola, Wisc.
Krackowizer, Dr. Helmut – »Motorräder«; »Motorrad Album«, Wiesbaden
    »Meilensteine der Motorrad-Geschichte«, Motorbuch Verlag Stuttgart
(Hg.) »Motorrad Edition«, Braunschweig

Langworth, Richard M./Norbye, Jan P. – »Chevrolet«, New York, N.Y.
    »The Complete History of General Motors«, Skokie, Ill.
    »The Complete History of Chrysler«, Skokie, Ill.
Lewis, David L./McCarville, Mike/Sorensen, Lorin – »Ford«, New York, N.Y.
Lipkin, Robert »Bitchin« -»Brotherhood of Outlaws«, Calif.
Lucero, John R. – »Legion Ascot Speedway«, Huntington Park, Calif.

Manchester, Albert D. – »Trails Begin where Rails End«, Glendale, Calif.
Mandel, Leon – »American Cars«, New York, N.Y.
Marchand, F. – »Motos-Jouets«, Paris
Markham, Lois – »Theodore Roosevelt«, New York, N.Y.
Mathison, Richard R. – »Three Cars in Every Garage«, Garden City, N.Y.
McCullagh, James C. – »American Bicycle Racing«, Emmans, Penns.
Mohs, Bruce Baldwin – »The Amazing Mr. Mohs«, Madison, Wisc.
Morris, Edmund – »The Rise of Theodore Roosevelt«, New York, N.Y.
Murphy, Jack – »History of the US Marines«, New York, N.Y.

Pagé, Victor – »Early Motorcycles«, Arcadia, Calif.

Questions and Answers – Cedar Springs, Mich.

Ralston, Marc – »Pierce-Arrow«, San Diego, Calif.
Reck, Franklin M. – »The Romance of American Transportation«, New York, N.Y.
Reid, Peter C. – »Well Made in America«, New York, N.Y.
Remise, Jac et Frédéric – »Attelages Automobiles et Cycles«, Lausanne
Rintoul, William – »Oildorado«, Santa Cruz, Calif.
Ritchie, Andrew – »King of the Road An Ill. History of Cycling«, London
Robinson, Dean – »Hell Driver«, Erin, Ontario
Roe, Fred – »Duesenberg The Pursuit of Perfection«, London
Roseberg, C.R. – »Glenn Curtiss Pioneer of Flight«, Nw York, N.Y.
Ross, Walter S. – »The Last Hero: Charles A. Lindbergh«, New York, N.Y.

Sagnier, Thierry – »Bike! Motorcycles and The People Who Ride Them«, New York, N.Y.
Saltman, Sheldon – »Evel Knievel on Tour«, New York, N.Y.
Sands, Jack M. – »The Motorcycle Marines«, Bloomfield, N.J.
Sarafan, David – »The Liberators«, U.S.A.
Scalzo, Joe – »The Motorcycle Book«, Englewood Cliffs, N.J.
    »The Bart Markel Story«, Newport Beach, Calif.
    »Evel Knievel and Other Daredevils«, New York, N.Y.
Sears, Roebuck – »The 1902 Edition of the Sears, Roebuck Catalogue«, New York, N.Y.
Sifakis, Carl – »American Eccentrics«, New York, N.Y.
Sloan, Jr., Alfred P. – »My Years with General Motors«, New York, N.Y.
Smith, Philip Hillyer – »Wheels within Wheels«, New York, N.Y.
Sorensen, Lorin – »The Ford Road«, St. Helena, Calif.
Spence, James/Brown, Gar – »Motorcycle Racing in America«, Chicago, Ill.

Talbot, Frederick A. – »Motor Cars and Their Story«, London
Teresi, Joe (Hg.) – »Tech Tips«, »Earlyriders«, Agoura, Calif.
Thawley, John – »How to Go Racing at Bonneville«, Santa Ana, Calif.
Tragatsch, Erwin : »The Illustrated Encyclopedia of Motorcycles«, London
    »Motorräder Berühmte Konstruktionen«, Bielefeld
    »Motorräder«, »Rennmotorräder«, Motorbuch Verlag Stuttgart

Unger, Irwin – »These United States«, Boston
US Bureau of the Census/Social Science Research Council – »The Statistical History of the United States from Colonial Times to the Present«, Stamford, Conn.

Wiesner, Wolfgang – »Harley-Davidson – Mythos aus Chrom und Stahl«
 »Harley-Davidson im Bild«, Motorbuch Verlag Stuttgart
 »Harley-Davidson Photographic History«, Osceola, Wisc.
Williams, Mark – »Road Movies«, New York, N.Y.
Williamson, Harold F. – »Winchester«, Washington
Wise, David Burgess – »The Illustrated Encyclopedia of The World's Automobiles«, New York, N.Y.,
Wright, David K. – »The Harley-Davidson Motor Company«, Osceola, Wisc.
Wright, Stephen – »American Racer I, 1900-1940«
 »American Racer II, 1940-1980«, Huntington Beach, Calif.

Zeitschriften und Magazine

All-American Indian Motorcycle News
American Heritage
American Heritage of Invention & Technology
American History Illustrated
American Motorcyclist and Bicyclist
Antique Motorcycle
Antique Motor News
Automobile Quarterly
Automobile Trade Journal

Backstreet Heroes
Bicycle and Motorcycle Illustrated
Bicycling Word
Bicycling World and Motorcycle Review
Bigtwin
Biker's Lifestyle

Classic Bike
Cycle
Cycle and Automobile Trade Journal
Cycle Guide
Cycle World

Deutsche Kraftfahrt

Easyriders

Hammondsport Herald
Harley-Davidson Dealer
Horseless Carriage
Hog
Hot Bike

Indian News

Indian Motorcycle News
Iron Horse

Klein-Motor Sport

La Manovella

Markt – klassische Automobile und Motorräder
Minnesota Motorcycles
Modern Cycle
Motor Cycling
Motorcycle Illustrated
Motorcycle and Bicycle Illustrated
Motorcycling
Motorcyclist
Motorcycling and Bicycling
Motor Cycling and Motoring
Motorrad
Motor World

Outlaw Biker
OZ-Bike

Pacific Motorcycling
Pow Wow
Puffs

Service Shots for Indian Dealers
Street Chopper
Supercycle

Technical World Magazine
The American Bicycler
The American Wheelman
The Classic Motorcycle
The Enthusiast
The Indian Magazine
The Motocycle News
The Motorcyclist
The Mounted Police Officer
The Siren
The Springfield Sunday Union and Republican
The Wigwam News
The Vintage Road Test Journal

Vintage Mounts

Walneck's Classicfieds
Western Motorcyclist
Wheelman
Wheels & Tracks

von den einzelnen Marken :

– Verkaufs-, Promotion- und Pressematerial
– Fahrer-Handbücher
– Reparatur-Anleitungen
– Service-Tips
– Teile- und Zubehörlisten

Amerikanische Motorradmarken, woher sie kamen und wie lange es sie gab

Ace (I)	Philadelphia, Pa.	1920-24
Ace (II)	Blossburg, Pa.	1925
Ace (III)	Detroit, Mich.	1926-27
AMC	Chicago, Ill.	1912-15
America	LaPorte, Ind.	1904-06
American	Chicago, Ill.	1911-14
American	Louisville, Ky.	1921
American	?	1939
American Motor Bicycle	Hartford, Conn.	1901
American Rocket	Monterey Park, Calif.	1952
Apache	Denver, Colo.	1907-11
Argyle Scooter-Club	Memphis, Mo.	1957-61
Armac	Chicago, Ill.	1905-13
Arrow	Chicago, Ill.	1909-14
Atco	Pittsburgh, Pa.	1912
Aurora	?	1912
Auto-Car	Pittsburgh, Pa.	1899-1904?
Autocycle	Philadelphia, Pa.	1907
Autoped	New York, N.Y.	1915-21
Auto-Scoot	?	1938
Badger	Milwaukee, Wis.	1919-21
Barber Special	Brooklyn, N.Y.	1900
Bayley-Flyer	Chicago, Ill./Portland, Ore.	1913-17
Barr Steam	Middletown, Ohio	1940
Bi-Auto-Go	Detroit, Mich.	1908-12
Black Diamond	Philadelphia, Pa.	1905
Black Hawk	Rock Island, Ill.	1911-13
Bonanza	San Jose, Calif.	1967-69
Bradley	Philadelphia, Pa.	1905-14
Breed	Bay City, Mich.	1912
Briggs & Stratton	Milwaukee, Wisc.	1919-?
Buckeye	Columbus, Ohio	1905
Buffalo	Buffalo, N.Y.	1984
Caille Traveler	Detroit, Mich.	1935-37
California	San Francisco, Calif.	1903
Camden	Camden, N.J.	1906-08
Camfield Steam	?	?
Centaur	New York, N.Y.	1961
Century	Chicago, Ill.	1917
Champion	St. Louis, Mo.	1911-13
Chicago 400	Chicago, Ill.	1905
Clark Cyclone	South Gate, Calif.	1947-48
Clarke	St. Louis, Mo.	?
Clement	Hartford, Conn.	1903-09
Cleveland	Hartford, Conn.	1902-04
Cleveland	Cleveland, Ohio	1915-29
Cleveland Welding		1950
Clinton-Tower	Cleveland, Ohio	1895
Columbia	Hartford, Conn.	1900-05
Comet	Elwood, Ill.	1911
Comet	Minneapolis, Minn.	?
Commando	Minneapolis, Minn.	1950
Constructa-Scoot	Chicago, Ill.	1935-37
Copeland Steam	Phoenix, Ariz.	1885
Cooper		1972
Crawford	Morgantown, W.Va.	1913-14
Crescent	Hartford, Conn.	1902-04
Crocker	Los Angeles, Calif.	1934-41
Crosley	Cincinnati, Ohio	1943
Crouch	Stoneham, Mass.	1904-06
Crown	LaPorte, Ind.	1910
Culp	Columbus, Ohio	1903
Curtiss	Hammondsport, N.Y.	1905-12
Cushman	Lincoln, Neb.	1938-42, 1945-65
C.V.S.	Philadelphia, Pa.	1910-17
Cycle-Scoot	Indianapolis, Ind.	1953-55
Cyclemobile	Toledo, Ohio	1917
Cyclemotor	Rochester, N.Y.	1916-27
Cyclone	St. Paul, Minn.	1913-15
Dayton	Dayton, Ohio	1911-18
Delaware	Delaware, Ohio	1909
Delong	Phoenix, N.Y.	1902
Deluxe	Chicago, Ill.	1912-15
Detroit	Detroit, Mich.	1910-11
Detroit Bi-Car	Detroit, Mich.	1911
Doodlebug	Webster City, Iowa	1947-58
Driver	Philadelphia, Pa.	1903
Duck	Stockton, Calif.	1905
Duesenberg	Garner, Iowa	1903
Dukelow	Chicago, Ill.	1913
Dyke	St. Louis, Mo.	1903-06
Dynacycle	St. Louis, Mo.	1949-52
Eagle	Minneapolis, Minn.	1909
Eagle	St. Louis, Mo.	1911
Eagle	Chicago, Ill.	1910-15
Eagle	Brockton, Mass.	1913-20
Electra	?	1912
Elk	Elkhart, Ind.	1911
Emblem	Angola, N.Y.	1909-24

312

Erie	Hammondsport, N.Y.	1909-11	Johnson	Terre Haute/South Bend, Ind.	1918-22
Eshelman	Baltimore, N.Y.	1954			
Evans	Rochester/Albany, N.Y.	1917-27	Kaestner	Chicago, Jll.	1903
Excelsior	Chicago, Ill.	1907-24	Kane-Pennington	Racine, Wis.	1895
			Keating	Middletown, Conn.	1901-02
Fairchild	Pasadena, Calif.	?	Kellogg Bearcat	Rochester, N.Y.	1950
Feilbach Limited	Milwaukee, Wis.	1912-15	Kenzler-Waverly	Cambridge, Wis.	1910-14
Flanders	Detroit, Mich.	1911-14	Kiefler	Buffalo, N.Y.	1909-11
Fleming	White Plains, N. Y.	1901	Kokomo	Kokomo, Mich.	1909-11
Flying Merkel	Pottstown, Pa./		Kulture	Rochester, N.Y.	1909
	Middletown, Ohio	1911-16			
Fowler Four	Cleveland, Ohio	1924	Lamson	Abington, Mass.	1902-03
Franklin	Mt. Vernon, Wash.	1899-1900	Landgraf	Chicago, Ill.	1906
Freyer & Miller	Columbus, Ohio	1902-07	Langford	Denver, Colo.	1916-21
			LaRay	Milwaukee, Wis.	1946-48
Geer	St. Louis, Mo.	1902-09	Leo	Oakland, Calif.	1905
Gelbke Auto-Four	Chicago, Ill.	1971-72	Lewis	Brooklyn, N. Y.	1901-02
Gerhart	Mt. Holly Springs, Pa.	1912-15	Liberty	?	1918
Gibson Mon-Auto	New York, N.Y.	1915-17	Light	Pottstown, Pa.	1901-08
Globester	Joliet, Ill.	1946-49	Light	Marietta, Pa.	1913
Greyhound	Buffalo, N.Y.	1907-14	Lowther Lightning	Joliet, Ill.	1949
			Lunford	Marble, N.C.	1916
Hafelfinger	?	?			
H & H	San Diego, Calif.	1902-03	Majestic	?	1912-13
Hampden	Springfield, Mass.	1901	Mansen-Marsh	Brockton, Mass.	1906
Harley-Davidson	Milwaukee, Wis.	1903-	Manson	Chicago, Ill.	1904-08
Hausman	Milwaukee, Wis.	1918-?	Marathon	New Haven, Conn.	1911-12
Haverford	Philadelphis, Pa.	1909-14	Marks	San Francisco, Calif.	1902
Hawthorne	Chicago, Ill.	1912	Marman	Inglewood, Calif.	1948
Heald	Benton Harbor, Mich.	197?	Marsh	Brockton, Mass.	1900-06
Henderson	Chicago, Ill.	1911-31	Marsh-Metz	Brockton, Mass.	1906-13
Hercules	Hammondsport, N.Y.	1903-04	Marvel	Hammondsport, N.Y.	1910-13
Herring	St. Joseph, Mich.	1899	Maxim	Hartford, Conn.	1895
Hilaman	Moorestown, N.J.	1906-12	Maxim	?	1914
Hoffman	Chicago, Ill.	1906-07	Mayo	Pottstown, Pa.	1905-08
Holley	Bradford, Pa.	1902-11	MB	Buffalo, N.Y.	1916-20
Holmes	?	vor/um 1900	McDonald	Chicago, Ill.	1905
Horten Autoette	Detroit, Mich.	1911	Meadowbrook	Hempstead, N.Y.	1905
Hudson	Middletown, Ohio	1910-11	Mead Ranger	Chicago, Ill.	1938
			Merkel	Milwaukee, Wis.	1902-08
Imperial	Chicago, Ill.	1903-10	Merkel Light	Pottstown, Pa.	1909-11
Indian	Springfield, Mass.	1901-53	Merkel Motor Wheel	Rochester, N.Y.	1917-?
Indian Scout	El Monte, Calif.	1968	Meteor	Chicago, Ill.	1909-11
Iver-Johnson	Fitchberg, Mass.	1907-16	Metz	Waltham, Mass.	1901-06
			Miami	Middletown, Ohio	1905-08
Jack & Heintz	Cleveland, Ohio	1949-55	Michaelson	Minneapolis, Minn.	1908-13
J.B. Special	Long Island, N.Y.	1950	Michigan	Detroit, Mich.	1911
Jeepette	Los Angeles, Calif.	1943	Midget Bi-Car	Lynbrook, N.Y.	1908-09
Jefferson-Waverley	Jefferson, Wis.	1911-14	Militaire	Cleveland, Ohio/Buffalo, N.Y.	1911-17

Militor	Jersey City, N.J./ Springfield, Mass.	1917-22	Pratt	Elkhart, Ind.	1911-12
			P.T.	New York, N.Y.	1900
Minneapolis	Minneapolis, Minn.	1909-14	Puddlejumper	Kearney, Neb.	?
Mitchell	Racine, Wis.	1901-06			
Mohs	?	196?	R & H	Brockton, Mass.	1905
Monarch	Hartford, Conn.	1902-04	Racycle	Middletown, Ohio	1904-11
Monarch	Owego, N.Y.	1912-15	Rambler	Hartford, Conn.	1902-04
Monark	Chicago, Ill.	1950-55	Razoux	Boston, Mass.	1903
Montgomery-Ward	Chicago, Ill.	1911-12	Reading Standard	Reading, Pa.	1903-24
Moore Car	Indianapolis, Ind.	1917	Red Arrow	Athens, Ohio	?
Morgan	Brooklyn, N.Y.	1902	Redman	?	1902-09
Morse-Beauregard	Detroit, Mich.	1912-17	Regas	Rochester, N.Y.	1900-02
Motopede	Rutherford, N.J.	1921	Reliance	Addison/Owego, N.Y.	1903-12
Moto-Glide	Los Angeles, Calif.	193?	Riotte	New York, N.Y.	1895
Motormaster	Cleveland, Ohio	1939	Rocket	Columbus, Neb.	1962
Moto-Scoot	Chicago, Ill.	1938-48	Rockola	?	?
Mustang	Glendale, Calif.	1945-65,71	Rokon	Keene, N.H.	1964-?
			Rollaway Motor Attachment	Toledo, Ohio	1919-23
Nelk	Palo Alto, Calif.	1905-12	Roper Steam Velocipede	Roxbury, Mass.	1869
Ner-A-Car	Syracuse, N.Y.	1922-27	Royal	Worchester, Mass.	1901-09
New Era	Dayton, Ohio	1909-13	Royal Pioneer	Worchester, Mass.	1909-10
New Hudson	?	?	Ruggles	Brooklyn, N.Y.	1909
New London	New London, Ohio	1896	Rupp	Mansfield, Ohio	1973-74
Nilsson's Uno Wheel	?	1936			
Nyberg	Chicago, Ill.	1911-13	Salisbury	Chicago, Jll.	1895
			Salsbury	Oakland,Pomona,Inglewood, Calif.	1936-42 1945-51
Oakes	Johnstown, Pa.	1916			
Okay	Brooklyn, N.Y.	1916	Schickel	Stamford, Conn./Ithaca, N.Y.	1911-23
Orient	Waltham, Mass.	1900-05	Scout	Detroit, Mich.	1911
Overman	?	1900	S.D.M	Brooklyn, N.Y.	1910-11
			Sears	Chicago, Ill.	1912-16
Pam Autocyclette	New York, N.Y.	1921-22	Safticycle	LaCrosse, Wis.	1945-50
Pansy	Taberg, N.Y.	1905	Shaw	Galesburg, Kan.	1911-25
Paramount	Columbus, Ohio	1917-18	Simplex	New Orleans, La.	1935-42, 1945-64
Parkin	Philadelphia, Pa.	1903			
Patee	Indianapolis, Ind.	1901	Sinclair Militor	Springfield, Mass.	1922
Peerless	Boston, Mass.	1912-16	Singer	?	?
P.E.M.	Jefferson, Wis.	1911-15	Skootmobile	Chicago, Ill.	1938
Pennington	Cleveland, Ohio	1895-96	Smith Motor Wheel	Milwaukee, Wisc.	1915-18
Phoenix	Milwaukee, Wis.	1906-08	Snell	Toledo, Ohio	1904-05
Pierce	Buffalo, N.Y.	1909-13	Spacke	Indianapolis, Ind.	1911-14
Pioneer	Jersey City, N.J.	1903	Spiegel Airman	Chicago, Ill.	1948
Pirate	Milwaukee, Wis.	1913-15	Springcycle	Los Angeles, Calif.	1938-42
Playboy	Oakland, Calif.	1956	Spiral	New York, N.Y.	1896
Pony Cycle	Clarkston, Mich.	1955	Stahl	Philadelphia, Pa.	1910-14
Pope	Hartford, Conn./ Westfield, Mass.	1911-18	Starlite	Crystal Lake, Ill.	196?
			Steam Flyer	San Francisco, Calif.	?
Powell	Compton, Calif.	1939-42, 1945-52	Steffey	Philadelphia, Pa.	1900-10
			Sturges	?	vor/um 1900

Super X (Excelsior)	Chicago, Ill.	1924-31
Sylvester & Jones (S&J)	Weymouth, Mass.	1903
Thiem	St. Paul, Minn.	1903-14
Thomas Auto-Bi	Buffalo, N.Y.	1900-07
Thompson	Beverly Farms, Mass.	1909
Thor	Aurora, Ill.	1908-18
Thoroughbred	Reading, Pa.	1905
Tiger Autobike	Chicago, Ill.	1915-16
Tiger Special	New York, N.Y.	1906-09
Tinkham	New Haven, Conn.	1898-99
Torpedo	Geneseo, Ill.	1907
Torque	Plainfield, N.J.	1945
Tourist	Newark, N.J.	1906-07
Tribune	Hartford, Conn.	1903-?
Trimoto (American Bicycle Co.)	Hartford, Conn.	1900-01
Triumph	Detroit, Mich.	1912-13
Twombly	Portland, Maine	1895
Valiant	?	1956
Vard	Pasadena, Calif.	1944
Victor	Cleveland, Ohio	1911
Victoria	?	vor/um 1900
Victory Clipper	?	?
Wagner	St. Paul, Minn.	1901-14
Waltham	Waltham, Mass.	1903
Warwick	Springfield, Mass.	1903
Wasson	Haverhill, Mass.	1903
Westover	Denver, Colo.	1912-13
Whipple	Chicago, Ill.	1906
Whizzer	Los Angeles, Calif./ Pontiac, Mich.	1949-62
Williams	New York, N.Y.	1915
Williamson	Philadelphia, Pa.	1903
Willis	New York, N.Y.	1903
Wilson	Wichita, Kan.	1910
Wizzard	New Orleans, La.	195?
Woods	Denver, Colo.	1914
Wood & Meagher	Richmond, Va.	1896
Wysecycle	Dayton, Ohio	1947-50
Yale	Toledo, Ohio	1902-15
Yale-California	San Francisco, Calif.	1904-08
Yankee	Chicago, Ill.	1922-23
Yankee	Schenectady, N.Y.	1972-73
Yardman Motorette	Jackson, Mich.	1959
Zimmerman	Cleveland, Ohio	195?

PERSONEN-INDEX

Acker, Bud 149, 194
Agajanian, J.C. 248
Alzina, Hap 124, 249
Andres, Brad 244, 245, 247, 249
Anthony, Leo 206
Armstrong, Bobby 215
Armstrong, Pop 175, 176, 177
Arnold 53
Artley, Roy 141, 154

Baer, Bobby 175-177, 226
Baer, Butch 9, 34, 84, 128, 175-178, 223
Baer, Fritzie 84, 175-178, 211, 215, 216, 222, 248, 249
Baer, Louise 9, 175-178
Baer, Tommy 9, 176, 177
Baker, Erwin G. »Cannonball« 54, 69, 142, 153, 154, 178
Balke, Charles »Fearless« 103
Barnekow, Achim von 9, 122, 212
Battilani, Benito 9, 122, 161
Bauer, L.E. 159, 160, 169
Beals, Vaughn L. 286
Beattie, John R. 73
Beatty, Bill 209
Beck, Jim 9, 37, 49
Bedell, Allan 154
Bell 259, 260
Bell, Alexander 13
Bellevue, Fred 215
Benbow 42
Bennett, Wells 54, 55, 103, 110, 154
Betts, R.G. 108, 236
Bigsby, P.A. 123, 179, 180
Blake, Glen 90
Blais-Family 223
Boido, Lorenzo 55, 110
Bolles, Norman T. 159, 160
Borglum, Gutzon 23
Bowden, Colonel 46
Boyd, »Slivers« 103, 236
Brando, Marlon 272, 273, 274
Briggs, George T. 237
Brincks, Eddie 171
Brough, George 292
Brown, Walt 198
Brownson, L.R.M. 52
Budelier, Rich 173
Buell, Eric 224, 255
Burnett, Don 247
Burns, Shrimp 103, 110, 115, 236
Buzzelli, Buzz 9, 292

Calamity Jane 26
Campanale, Ben 247
Caroll, Teddy 114

Carr, Chris 285
Carter, Byron J. 230
Castonguay, Frenchy 183, 215
Castonguay, Woodsie 182, 183, 195, 215
Ceresole, Claude 119
Champion, Albert 16
Chapple, Arthur G. 47, 138, 139
Chess, Tom 9, 233
Chrysler, Walter Percy 95
Church, Bill 103, 236
Clifton, Bob 9, 121
Clymer, Floyd 87-90, 113, 164, 180, 249, 259-261
Clymer, J.B. 87, 88
Coe, David Allan 150, 277
Coffin, Charles A. 21, 22
Coffman, A.B. 185, 236, 237
Cole, E.J. 9, 28
Colgate, William 12
Collins, Walter »Mile-a-Minute« 103
Colt, Sam 12
Constantine, Arthur R. 56, 145
Corman, Roger 271, 274
Crandell 176
Creese, Don 215
Crocker, Albert M. 178-180, 224
Crooks, Batter 219
Crosby, Graeme 269
Crouch, W.L. 47, 48
Curtiss, Glenn H. 24, 29-32, 41-45, 86
Cushman, Everett und Clinton 232

Davidson, Arthur 26, 64, 92, 115, 185, 188, 237, 239
Davidson, Gordon 239, 241
Davidson, John 238
Davidson, Nancy 256
Davidson, Walter 26, 76, 174, 185, 186, 188, 190
Davidson, Walter jr. 238
Davidson, William A. 26, 185, 189
Davidson, Willie G. 9, 185, 190, 238, 256, 289, 292
Davidson, William Herbert 174, 190, 210, 239
Davis, Francis 90
Davis, Jim 112, 116, 170, 249
Davis, Volney 69, 153
Dean, James 273
DeDion, Graf 130
Deere, John 12
Delong, Everett 142, 143
Denzer, Clyde 265
Derkum, Paul J.C. »Dare Devil« 103
Dern, Bruce 271
Dewey, Commodore 27

Duesenberg, Fred S. 24, 48
Duffield, M.B. 52
duPont, E. Paul 124, 160, 169, 178
duPont 12, 64
Durant, William Crapo 230
Dutch, Vaughn 35

Edholm, Charlton Lawrence 135
Edison, Thomas Alva 13, 32, 156
Edwards, Ted 248
Egan, Mike 127, 164
Ekins, Bud 9, 36, 95, 246, 249
Emde, Floyd 247
Erskine, M.E. 55
Evans, George L. 55
Evens, Ted 249
Everitt, Barney F. 93

Fahnestock, Murray 53
Fairfield, George A. 14
Farnsworth 94
Faster, Jessie W. 204, 206
Fath, Helmuth 260
Feilbach-Brüder 95
Fischer, Philipp Moritz 13
Fisher, Carl 67, 102
Flanders, Walter E. 93, 95
Fonda, Peter 271, 274
Forbes, Malcolm 256, 261, 278
Ford, Henry 24, 93, 138, 156, 157
France, Bill 248
Franklin, Charles B. 62, 97, 100, 142, 160

Gable, Clark 270
Garner, James 36
Garoutte, Dave 254, 285
Geer, Harry R. 28
Gerhart, Charles W. 134
Gilbert, Gregory G. 237
Godfrey, Oliver C. 62
Goerke, Walter 47
Goldsmith, Paul 247
Gompers, Samuel 26
Goodyear, Charles 12
Goudy, Carl 54, 55, 56, 110
Grant, Gary 170
Grant, Ulysses 14
Graves, Fred 64
Gustafson, Charles 39, 91, 97, 142, 160

Hansen, »Rainmaker« 29
Harding, Warren G. 146
Harley, Bill jr. 240
Harley, John 239
Harley, William 26, 57, 115, 185, 186, 188-190, 292

Hartog, Wil 269
Hasha, Eddie »Smasha« 179
Hass, H.J. 19
Hedstrom, Carl Oscar 17, 19-21, 39, 45-47, 62, 64, 97, 99, 100, 178
Hekscher, Walter 52
Hendee, George M. 16-18, 20, 45, 46, 64, 74, 98, 99, 178
Hendée, Richard 20
Henderson, Thomas W. 92, 131-133, 140, 142
Henderson, William G. 131-133, 140-144, 213
Henshaw, Charles 17, 64
Hensley, Dean 9
Hepburn, Ralph 103, 114, 116, 236
Herkuleijns, Hans 119
Herweh, Manfred 269
Hickock, Wild Bill 26
Hicks, J. 176
Hill, Bobby 215
Hill, Jimmy 151, 170, 177, 178, 183, 196, 215
Hillard, C.A. 55, 110
Hoague, Bozo 201
Hodgdon, Ted A. 134, 152
Hoffmann, Walter 269
Holden, George 153
Holmes, Buddy 196
Holthaus 9,83
Hoover, J. Edgar 278
Hopper, Dennis 274
Hosley, Loring F. 160, 178
Hübner, Wolfgang 9, 125, 162
Hughes, Howard 250
Humiston, Lee 53, 55

Iacocca, Lee 286
Illgner, Uwe 9, 210, 253
Illgner, Susanne 253
Irving, Phil 259

Jameson, Hap 188
Janell, Emile 248
Jannelle, Ray 187
Jefferson, Thomas 23
Jefford, Gertrude 179
Joerns-Brüder 96, 97
Johns, Don 79, 97
Jones, Maldwyn 78, 111, 116
Joy, Henry 67

Kane, Thomas 18
Karner, Rupert 119
Kelecom, Paul 129
Keller, E.W. 49, 50

316

Kelly 93
Kettering, Charles F. 22
Kinney, Dave 103, 236
Kirkham, Charles 32, 42
Klamfoth, Dick 247, 249
Knabenshue, Roy 42
Knievel, Evel 86, 250, 254
Koller, Joe 9, 40, 51, 95
Kramer, Frank L. 16, 130
Kramer, Stanley 272, 274
Kretz, Ed 177, 178, 208, 247, 249
Krieger, Marcel 94
Kuchler, Lin 237

Lallement, Pierre 13
Lance, Roy 97
Landon, Joe 122
Lattin, Jim 9, 59, 82
Lauer, Al 181
Lawson, Harry John 18
Lawwill, Mert 254
Lemon, Arthur O. 121, 142-144, 160, 211
Lenz, Oscar 249
Leonard, Joe 245, 247, 249
LeRoy, Alfred 153
Letendre, Arnold 208, 209
Lewis, William Turnor 28, 29
Lincoln, Abraham 14, 23, 69, 156
Lindbergh, Charles 146, 148
Lindstrom, Windy 249
Linscott, J.M. 47
Loose, T.L. 97, 160
Lucchinelli, Marco 269
Ludlow, Fred 103, 116, 124, 173, 236

Mack, Perry E. 51
Macmillan, Kirkpatrick 13
Mamola, Randy 108, 269
Mang, Toni 269
Mann, Dick 249
Markel, Bart 249, 282
Markert, G. 270
Marsh, Freddie 112, 194
Marvin, Lee 272-274
Mazarella, Yowanda 220
McCollum, A.J. 49, 50, 92
McCormack, Jack 250
McCormick 12
McKinley, William B. 23, 27
McNeil, J.A. 55, 56, 97, 103, 236
McQueen, Steve 246, 277
Merkel, Joseph F. 48, 62, 86, 87
Metz, Charles Hermann 21, 22, 50
Metzger, William E. 93
Michaelson, Joe, Jack und Walter 85, 86
Michaux, Pierre 13
Miller, Dot 194
Milne, Jack 179
Milne, Cordy 179
Mitchell, Art 103, 236

Mitchell, Henry 28
Mitzel, Howard 181
Mix, Tom 176
Mohrmann, Jürgen 9, 257
Monroe, Vaughn 176
Moody, Frank 177
Moore, W.G. 135, 137
Moorhouse, Alan 62
Morris, Richard 9, 39, 95, 121, 125, 137, 161, 289
Mossmann, Putt 218
Mueller, Louis 153
Münch, Friedel 9, 164, 259-261
Munro, M. 242

Ness, Arlen 167
Nixon, Gary 249
Nuvolari, Tazio 120

O'Brien, Dick 251, 268
O'Connor, John 103, 179
Oberwegner, Alfred R. 85
Olds, P.G. 135, 136
Olds, Ransom Eli 88, 135
Ottaway, Bill 111, 115, 116, 178, 186, 190, 292

Page, A.A. 57
Page, Victor W. 57
Parker, Lysle 9, 77
Parker, Scott 284
Parkhurst, Red 103, 114, 116, 138, 236
Parriott, Sam 180
Parti, Mike 9, 34, 34, 36, 128
Payne, Hugh 144
Pelletier, Leroy 95
Pennington, Edward Joel 18
Penton, John 154
Perkins, Dudley 181, 249
Perry, Bob 54-56, 110
Petrali, Joseph 56, 123, 145, 172-174, 182, 186, 188-190, 248-250
Pfersich, Elmer 142
Pierce, George N. 130
Pierce, Percy 130
Pink, Reggie 183
Piper, John W. 21
Plass, C.W. 142
Pope, Colonel Albert A. 14, 15, 18, 22, 24, 25
Pope, Albert Linder 75
Pratt, Charles 15
Prince, Jack 102, 103

Rall, Ronnie 249
Rayborn, Cal 281, 282
Reagan, Ronald 286
Reiman, Roger 247, 249, 268
Remppis, W.A. 90, 91
Resweber, Carroll 244, 249

Rhyne, Gene 173
Roberts, Kenny 108, 269
Robinson, Dot 221
Roeder, George 243, 249
Rogers, Ralph B. 162, 178, 213, 237
Roosevelt, Franklin D. 160, 169
Roosevelt, Theodore 23-28
Roth, Reinhold 269
Russell, Jane 170

Schallert, Horst 9, 231
Scheff, G.W. 90
Scherer, Hap 100, 154
Schmeling, Max 170
Schuster, George 19
Schwinn, Ignaz 53, 55, 56, 113, 143
Schwinn, Frank 53, 55, 84, 133, 141, 143, 145
Scripps-Booth, James 139, 140
Shamp, D.C. 131
Shapiro 86
Sharps 14
Sheene, Barry 269
Sherman, George W. 52
Silverton, Dr. 45
Sinclair, N.R. 134-138
Sinclair, Upton 25
Sladkin, Max 140, 141
Sloane, Alfred P. 22
Smellie, James H. 30
Smiley, Pete 79
Smith, E.C. 237, 238
Smith, Mose Jackson 90
Smith, W.W. 159, 160
Spiegelhoff, Johnny 178
Springsteen, Jay 284, 285
Stevens, Carl 133
Stewart, Jack 178
Stewart, James 148
Stokes, Glen 55, 97, 110
Strand, Andrew 96
Stubbs, Robert 47
Studebaker-Brüder 12
Swenson, Carl 237
Syvertsen, Hank 116, 174, 186, 190

Taft, William Howard 27, 28
Tancrede, Babe 247, 248, 249
Tartarini 259, 261
Taylor, Liz 256
Taylor, Marshall W. 16
Teerlink, Richard F. 286, 287
Thiem, Ed 96
Thomas, Erwin Ross 19, 64
Timmermann, Christian 9, 121, 149, 162, 196
Tinker, George M. 21
Tomic, Mladen 269
Tragatsch, Erwin 134
Tsai, Gerry 266

Tworoger, Peter C.

Very, A.O. 21
Villa, Pancho 64

Wagner, Clara 49
Wagner, George 48
Wait, J. Russell 159, 160
Walker, Gene 111
Walker, Otto 103, 104, 107, 116
Ward, Psycho 9, 255
Warnke, Ingo 9, 162
Washington, George 23
Watanabe 259
Waters, Leonard C. 43, 44
Watling, Major 185
Webster, Noah 185
Weed 14
Weishaar, Ray 80, 103, 110, 115-117, 236
Wells, Billy 62
Werner, Bill 284
Weschler, Frank J. 99, 115, 159, 160, 211
Weyres, Paul 193, 204
White, Ralph 247, 249
Whitney, Eli 12
Wilson, Woodrow 74, 146
Wimmer, Martin 269
Winkler, Eduardo 120
Witzenberg, Eddie 248
Wolfe, Albert 195
Wolfe, Warren 178
Wolfe, Williard 178, 195
Wolters, Joe 55, 90, 103, 110
Wolverton, Red 121, 142
Wormer, C.C. 52
Wright, James A. 160, 169, 177, 237
Wright, Stephen 9, 81
Wright-Brüder 24, 45
Wyman, George 85

SACH-INDEX

AAA (American Automobile Association) 67
Ace 121, 140-143, 145, 146, 153, 154, 159, 208, 211, 277
Aermacchi 277
Allis-Chalmers Co. 86
AMA (American Motorcyclists Association) 177, 178, 185, 205, 206, 215, 236-238, 246, 248, 249, 270, 272, 273, 281
American Cycle Mfg. Co. 15
American Express 66
American Motorcycle Co. 22
AMF 190, 266, 267, 286, 287
Antique Motorcycle Club of America 134, 152
Apache 20
Armac 49, 50
Armstrong's Roamers 176
Arrow 130, 213, 277
Ascot Speedway 55, 56
Aster 22, 24
Aurora 20, 58
Aurora Automatic Machinery Company 20, 21, 58
Auto-Bi 19, 20, 64, 89
Autoped 228
Auxiliary 214, 215

Baldwin-Duckworth 237
Bayliss Thomas Werke 53
Berling 54, 95
Better-Roads-Movement 15
Bi-Autogo 139, 140
Bicycling World 15, 24
Blue Bird 28
BMW 154, 217, 249
Boardtrack 101-108, 131
Bollee's Motor-Tandem 18
Boozefighters 272
Buffalo 19
Buick 56
Bullard Machine Tool Company 134, 139
Bultaco 250
Buyback 286, 287

Cadillac 88, 139, 140, 145, 153
California 28, 85
California Arrow 42
California Motor Co. 85
Canada Dry 150
Cantilever 136, 137
Cartercar 230
Champion 134, 137
Chevrolet 22

Chief 100, 151, 152, 159, 160, 162, 163, 175, 178, 186, 197, 208, 220, 259, 277
Chrysler 95
CitiCorp 286
Class A 81, 104-106, 108, 181, 236, 277
Class C 126, 204-207, 238, 246, 281
Cleveland 15, 91, 143
Clymer's Spotlight 89
Coca Cola 150
Columbia 14, 15, 20
Concord Wagen 134
Consolidated Mfg. Co. 85
Crandell & Hicks 176
Crescent 20
Crocker 123, 125, 174, 178-180, 289
Crouch 35, 47, 48
Crouch Mfg. & Transportation Co. 47
Curtiss Mfg. Co. 41, 42
Curtiss-Museum 29, 45
Curtiss-Wright 45
Cushion Fork 46, 47, 58, 61, 100
Cushman 232-234
Cycle & Sundry Co. 47
Cyclecar 50, 64, 98, 140
Cyclemotor Corporation 87
Cyclone 56, 79, 80, 92, 96, 97, 102-104, 106, 111, 236, 277

Daimler 18
Daimler-Benz 260, 270, 278
Day-Elders Motors Corporation 134, 139
Dayton 74
Daytona 42, 44, 45, 47, 111, 128, 164, 175, 189, 190, 247-249, 254, 286
DeDion 17, 18, 19, 21, 24, 97, 130
DeDion-Bouton 22
DeLuxe 86
Department of Motor Vehicles 99, 224
Dirttrack 101-103, 108, 110, 117, 153, 173, 246
Dodge 157
Doodle Bug 221
Douglas 100, 183
Drag-Racing 280
DuPont 12, 64
Duesenberg Motor Company 48
Dunlop 14
Duryea 134

Eagle 31
Eagle Motorcycle Company 250
Eclipse Machine Co. 42
Electra Glide 64, 168, 267, 269, 290
Emblem 74, 83, 131

E-M-F 88, 93, 95
Euro Road Racer 184
Evans 87
Everitt Motor Car Company 93
Evolution 286, 287
Excelsior 47, 53-56, 73, 75, 83, 84, 89, 90, 102, 103, 110, 113, 133, 139, 140-146, 151, 154, 236
Excelsior Autocycle 36, 52
Excelsior Motor Manufacturing and Supply Company 52, 53

F.A.M. 49, 62, 67, 97, 102, 108, 236
F.I.M. 102, 108, 238, 248
Fat Boy 291
Feilbach 95
Field Meet 176, 197, 204, 219, 270
Flanders 88, 89, 93-95, 97, 172
Flanders Motor Company 93-95
Flattrack 108, 109, 117, 126, 131, 195, 206, 281
FLH 164, 241, 269, 270
Flying Merkel 38, 78, 86, 87, 109, 111
FN 129, 130
Ford 93, 156, 157, 292
Ford Model T 22, 93, 138, 142, 157, 176
Fournier 17
Friction Drive 230
Fritzie's Roamers 206, 213-215

Galloping Gooses 128, 272
General Electric 21
General Motors 22, 88, 140, 156, 159, 230, 266
Gerhart 134
Green Egg 28
Greenfield Village 156
Gypsie Tour 178, 216, 220, 222, 237

Harley-Davidson 26, 36, 37, 40, 45, 47, 56-58, 60, 72-76, 79-81, 84, 89, 90, 99, 100, 102-104, 107, 108, 110, 111, 114, 115, 117-120, 122, 123, 125-128, 136, 138-140, 145-148, 150, 153, 157, 158, 160, 162, 164, 168-174, 177-193, 199, 206, 208-210, 215, 217, 219-221, 224-227, 229, 231, 232, 236-246, 250-258, 262-270, 274-276, 278, 280-293
Harley-Davidson GmbH 269
Harley-Davidson Motor Company 155, 286
Harness and Bicycle Store 31
Hartford 15
Haverford 140

Hell Drivers 219
Hell's Angels 272, 274
Hendee Mfg. Co. 19, 20, 46, 99
Hendee Special 63, 64
Hendeeville 98, 99
Henderson 82, 89, 122, 131-133, 138, 140, 143-145, 154, 185, 208, 261, 277
Henshaw Motor Company 64
Hercules 30, 41, 42, 44
Heritage Softail 256, 291, 292
Hertel 134
Hillclimb 141, 142, 175, 180, 181, 195, 270
Hillclimber 180-183
Holley 22, 28
Hollister 272
Honda 139, 249, 250, 251, 253
Horex 164, 259
Hubley 229

Imperator 259
Imperial 20
Indian 19-21, 28, 34, 36, 39, 45-47, 54, 56, 62-64, 69, 73-76, 78-80, 84, 89-91, 97-100, 102, 103, 105, 110-112, 114, 115, 121, 123, 124, 126, 128, 136, 139, 140, 142, 145, 147, 149-154, 159-164, 169, 170, 174, 175-186, 189, 192, 194-199, 201, 208, 209, 211-213, 215, 220, 224-227, 229, 231, 236, 237, 242, 246, 247, 249, 259-261, 270, 277, 281
Indian Day 62
Indian Sales Organisation 259
Indian-Auto 159
Isle of Man 62, 100
Italjet 259
Iver-Johnson 92

JAP 123, 174, 179
Jefferson 51
JDH 158

Kane-Pennington 18
Kawasaki 208, 250
Keller & Risque Motor Company 50
Keller-Kar Co. 50
Kirk Mfg. Co. 85
Knockabout 130
Knox Motor Company 134
Knucklehead 125-127, 185-193, 226, 270
K&R Conversion Kit 50

Laconia 164, 178, 204, 207, 216, 220, 222, 223, 249, 287, 292
League of American Wheelmen 15
Liberty Motor 100

Light Cycle Co. 87
Lincoln Highway 67-69
Lincoln Highway Association 67
Lusitania 64, 74

M.A.T.A. (Motorcycles and Allied Trades Association) 108, 236
Macadam 67, 69, 184
Mammut 259, 261
Manson 31
Marsh 20, 22, 28, 50
Marsh-Metz 50
Marvel 44
Maxwell 88, 95
McLaglen Motorcycle Corps 166
Merccdcs 278, 292
Merkel 20, 28, 29, 39, 62, 73, 87, 89, 92, 110
Merkel Mfg. Co. 86
Merkel Motor Co. 87
Merkel Motor Wheel 87
Merkel-Light Motorcycle Co. 87
Metzger Motor Car Company 93
Miami 86, 87
Michaelson 85, 86
Militaire 82, 134-139, 230
Militaire Auto Company 134, 135
Militor 138, 139
Militor Corporation 134, 139
Milsco Mfg. Co. 237
Minneapolis 73, 85, 86
Mitchell 20, 22, 28, 29, 85
Mitchell & Lewis Company 29
Monarch 20
Montesa 250
Moore Car 134
Moto Guzzi 227
Mount Rushmore National Monument 23
Mustang 166, 235

National 31
Neracar 153, 230, 277
New Deal 169, 186
New Era 135
Norton 259
NSU 25, 259

Old Sol 137
Olds 134
Oldsmobile 87, 88, 135
Orient 20-22, 28, 34, 50
Orient Buckboard 22, 41
Ormond Beach 31, 42, 45
Owesboro 134

P.E.M. 51
Packard 67, 145
Page Motor Vehicle Company 57
Panhead 162, 193, 210, 240, 241, 257, 287
Peashooter 170, 172, 174, 186

Pierce 36, 82, 97, 130-132, 145, 277
Pierce Cycle Co. 130, 131
Pope 54, 73, 75, 103
Pope Manufacturing Company 14, 15
Pope Motor Car Company 51
Powerplus 97-99, 111, 114, 142, 176
Prest-O-Lite 102
Prince 99, 149, 170, 259
Prohibition 148, 150

Racycle 87
Rambler 20
Reading Standard 56, 73, 74, 78, 90, 91, 97, 142, 143
Remington 13
REO 88, 135
Reynolds 14
Robinson Motor Vehicle Company 15
Route 66 68, 70
Royal Enfield 259
Rudge 179
Runabout 21, 22, 130

Safety Bicycle 14-18
Salsbury 234
Schebler 54, 137, 237
Scirocco Blower 136
Scout 56, 84, 100, 124, 126, 128, 142, 149, 151, 154, 159, 160, 179-181, 194-198, 201, 213, 220, 242, 263, 270, 277
Scripps Rocket 140
Sears 61
Sears & Roebuck 15
Shapiro-Michaelson Motor Co. 86
Sharps Rifle Mfg. Co. 14
Sheepshead Bay Speedway 104, 138
Shovelhead 210, 262, 267, 276, 287
Silver King 14
Sinclair Militor 139
Singer 14
Smith Mfg. Co. 51
Smith Motor Wheel 51, 175
Smithsonian 73, 160
Spacke 86, 140
Splitdorf 97
Sportster 86, 186, 253, 255, 262-265, 268, 275, 281, 288, 289
Springer Softail 257, 258, 292, 293
Stanhope 24, 130
Stewart-Tacho 137
Studebaker 12, 88, 93, 134
Sturgis 23, 288, 258, 276
Super Glide 275
Super-X 54, 56, 84
Suzuki 95, 249, 250

Telford 67
Thiem 96
Thomas 29, 34, 88
Thomas Flyer 19, 64

Thor 20, 28, 39, 54, 58, 73, 95, 102, 103, 178, 236
Tiffany 95
Titan 261
Tour Glide 287, 288
Tourist 50
Tourist Trophy (TT) 62, 100
Traub 95
Tribune 15, 22
Triumph 51, 52
Triumph (brit.) 246, 249, 250
T.T.-Rennen 197, 202, 203, 206, 249

Underslung 134, 135
US Army 12, 74, 75, 126, 136, 139, 152, 225-227

Vespa 139, 180, 234, 253, 278
Vincent 259
Vindex 230
Volstead Act 148, 150

Wagner 48, 49, 102

Waltham Mfg. Company 21, 22
Warrior 213
Warwick 20, 21
Warwick Cycle & Automobile Co. 21
Waverly 51
Weed Sewing Machine Company 14
Wells Fargo 66
Wheeler-Schebler 237
Wide Glide 252, 255, 276
Winoes 272
Wisconsin Wheel Works 28
WLA 126, 128, 190, 225, 226
Worcester Bicycle Manufacturing Co. 17, 19
WR 126, 177, 184

XA 226, 227
XR 281-284

Yale 38, 85
Yale-California 85, 89
Yamaha 250, 251, 269

Umrechnungswerte

1 cubic inch (cu. in.)	=	16,4 Kubikzentimeter (ccm)
21,5 cu. in.	=	350 ccm
30,5 cu. in.	=	500 ccm
45 cu. in.	=	750 ccm
61 cu. in.	=	1000 ccm
74 cu. in.	=	1200 ccm
80 cu. in.	=	1340 ccm
1 inch (in.)	=	0,08 foot
		25,4 Millimeter
1 foot (ft)	=	12 inches
		0,303 yard
		30,48 Zentimeter
1 Kilometer (km)	=	0,62 mile
1 mile (mi.)	=	1,609 Kilometer
		1760 yards
1 mile per hour (mi./h)	=	1,609 Kilometer je Stunde
1 gallon (US) (gal)	=	3,785 Liter
		8 pints
1 pound (lb.)	=	0,453 Kilogramm

Bedankt:

Besonders halfen uns Mitarbeiter der Harley-Davidson Motor Co. Inc., der Harley-Davidson GmbH, Harrah's Automobile Collection, des Smithsonian Institute, Timmermann's Indian Supply, Österreichisches Motorrad-Archiv Dr. Krackowizer, zahllose Public Libraries sowie das Glenn H. Curtiss Museum.

Wir sind ganz schön rumgekommen, führten ein interessantes, teils aufregendes Leben. Die Honorar-Prozente, die pro Verkauf eines meiner beiden Harley-Davidson-Bücher vom selben Verlag rüberkommen, steckten meine Frau und ich in diesen Titel. Ich beschäftige mich gerne mit solch faszinierenden Themen und möchte weiter darüber Bücher machen. Darum bedanke ich mich besonders bei denen, die dies Buch nicht nur lasen, sondern gekauft haben und weiter empfehlen.

Fotos:
Archiv Bigtwin, Butch Baer, Harley-Davidson, Uwe Illgner, Richard Morris, Friedel-Münch-Archiv, Motorrad-Foto-Archiv Dr. Krackowizer W. Wiesner, Österreichisches Motorradarchiv Dr. Krackowizer, A. Schrödinger, M. Schrumpf, Otto Stepanek, Kurt Wörner, Christel Wiesner, Wolfgang Wiesner.

SUPER BIKES IN SUPER-BÜCHERN

Wolfgang Wiesner
Harley Davidson – Mythos aus Chrom und Stahl
Die Geschichte der Harley Davidson, des unerreichten Grandseigneurs unter den Motorradmarken, ist zugleich ein beeindruckendes Industrie-Epos. Wolfgang Wiesner schildert in dieser begeisternden Dokumentation den Aufstieg der „Harley" zu Amerikas Motorradmarke Nr. 1. Es ist die geschlossene Darstellung der Harley-Davidson-Geschichte – die Geschichte eines Mythos aus Chrom und Stahl.
192 Seiten, 180 Abb., davon 60 in Farbe, geb., Großformat,
48,– Best.-Nr. 01097

Wolfgang Wiesner
Harley Davidson im Bild
417 Farb- und Schwarzweiß-Fotos zeigen die schönsten Maschinen aus der über 80jährigen Firmengeschichte. Ein prachtvoller Bildband mit vielen erstmals veröffentlichten Werksfotos.
244 Seiten, 417 Fotos, davon 70 in Farbe, geb., Großformat,
68,– Best.-Nr. 01205

Motorbuch Verlag
Der Verlag für Motorradbücher
Postfach 10 3743 · 7000 Stuttgart 10

Mario Colombo
Moto Guzzi
Ein Prachtband, ebenso edel wie die bekannte italienische Motorradmarke selbst. Serienmotorräder und Rennmaschinen, Militär- und Polizei-Motorräder – eine überzeugende Darstellung der gesamten Moto Guzzi-Modellpalette von gestern und heute in Wort und Bild.
364 Seiten, 569 Abb., davon 16 in Farbe, geb.,
98,– Best.-Nr. 01274

Mick Walker
Moto Guzzi Twins
Die detaillierte Entstehungsgeschichte der Moto Guzzi mit Zweizylinder-V- und Reihenmotor: Von den ersten V7-Typen über die 750er und 850er bis zu den 1000er Le-Mans- und California, den kleinen Twins, den Endurance- und Polizeimaschinen.
196 Seiten, 164 Abb., geb.,
39,– Best.-Nr. 01210

Mick Woollett
Honda-Motorräder
Die ersten Honda-Motorräder von 1948 waren Kopien europäischer Modelle. Heute gehört Honda zu den Spitzenreitern der Motorradtechnik. Der Autor schildert die Geschichte der Firma und ihrer Motorräder sowie deren Erfolge. Das Buch wurde damit zur authentischen Darstellung der profiliertesten japanischen Motorradmarke.
176 Seiten, 205 Abb., geb.,
48,– Best.-Nr. 01102

Robert Croucher
BMW-Motorräder
„Meine BMW-Story sollte eine Zusammenfassung von Fakten, Anekdoten, Erzählungen und historischer Daten sein". Das schreibt der Autor im Vorwort über sein Buch. Und das ist ihm hervorragend gelungen.
128 Seiten, 124 Abb., geb.,
29,80 Best.-Nr. 10972

Alan Cathcart
Ducati exklusiv
Ein ungewöhnlicher Bildband, Pflichtlektüre für Ducatisti: Werks-Rennmaschinen, Prototypen und Sonderanfertigungen – feinster italienischer Motorradbau im Großformat und in Farbe – ein wahrer Augenschmaus für jeden Fan.
128 Seiten, 122 Farbfotos, gebunden,
49,– Best.-Nr. 01257

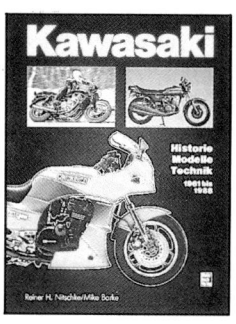

Erwin Tragatsch
Alle Motorräder 1894 bis 1980
Dieses umfassende „Motorrad-Lexikon" präsentiert rund 2500 Marken. Es informiert ausführlich über Firmengeschichte, Maschinen und Fahrer, von der Nürnberger Abako bis zur polnischen Z.Z.R.
476 Seiten, 522 Abb., geb.,
48,– Best.-Nr. 10410

Nitschke / Barke
Kawasaki
Z 900, Z1-R, GPZ 900 – hinter diesen nüchternen Bezeichnungen verbirgt sich Mortorrad-Faszination pur. Diese Firmenchronik beschreibt erstmals alle Modelle von 1961 bis 1988, ihre Technik und die absoluten Höhepunkte in der Motorradentwicklung bei Kawasaki.
176 Seiten, 109 teils farbige Abbildungen, geb.,
54,– Best.-Nr. 30190

Franz Josef Schermer
Alle Motorräder 1980 bis 1990
Im Motorradbau der letzten zehn Jahre hat sich eine Menge geändert. Franz Josef Schermer stellt Marken, Technik und Modelle vor, vermittelt wichtige Daten und Bilder.
ca. 300 Seiten, ca. 300 Abb., geb.,
49,– Best.-Nr. 01334
(Erscheint Anfang 1991)

Rund um's Motorrad sind wir die Grössten!

MOTORRAD

Europas größte Motorrad-Zeitschrift

14 täglich samstags im Zeitschriftenhandel.